2023 洛江年鉴

中共泉州市洛江区委党史和地方志研究室 编

方志出版社

图书在版编目（CIP）数据

洛江年鉴. 2023 / 中共泉州市洛江区委党史和地方志研究室编. —北京 ： 方志出版社, 2023.12

ISBN 978-7-5144-6047-6

Ⅰ. ①洛… Ⅱ. ①中… Ⅲ. ①区（城市）－泉州－2023－年鉴Ⅳ. ①Z525.74

中国国家版本馆CIP数据核字(2023)第253060号

责任编辑：王娜
责任校对：张玉霞
责任印制：梅中英
出 版 者：方志出版社
地　　址：北京市朝阳区潘家园东里 9 号（国家方志馆4层）
邮　　编：100021
网　　址：http://www.zgfzcb.cn
发　　行：方志出版社图书营销中心（010-67110500）
印　　刷：福州喜临门彩色印刷有限公司
开　　本：889毫米×1194毫米　1/16
印　　张：19.25
字　　数：547千字
版　　次：2023年12月第1版
印　　次：2023年12月第1次印刷
定　　价：260.00元

洛江区地方志编纂委员会

顾　　问： 颜丽明

主　　任： 郭　宁

副 主 任： 王志宏　沈艺程　杜德森　黄杜英　杜天生

委　　员： 王炜煌　王　震　王梓榕　尤全到　史萃婷　吕培基
吕翔宇　刘鑫淼　刘延宁　刘永水　许坤芳　许奕智
许旨钦　朱德华　杜灿辉　杜金基　杜丽卿　杜荣文
杜永会　李　骏　苏　森　苏永川　张　汀　张晓丽
陈东升　陈锦华　陈世财　陈体明　连　超　林伯强
林海明　林江滨　林康前　林堃鹏　林少白　林顺健
林志斌　林足水　杨伟鹏　杨文谦　洪天配　姚秋惠
郭晓晖　黄克航　黄连生　黄子达　谢剑锋　谢凛凛
谢世谊　赖添才　蔡海芳　蔡　涛　潘凯锋　戴志东

《洛江年鉴》总编室

主　　审： 王志宏

主　　编： 杜天生

副 主 编： 蔡荣汽

执行副主编： 赖云鹏

编　　辑： 吴文守　曾焕呈　李　驰　陈小吟　郑达娜

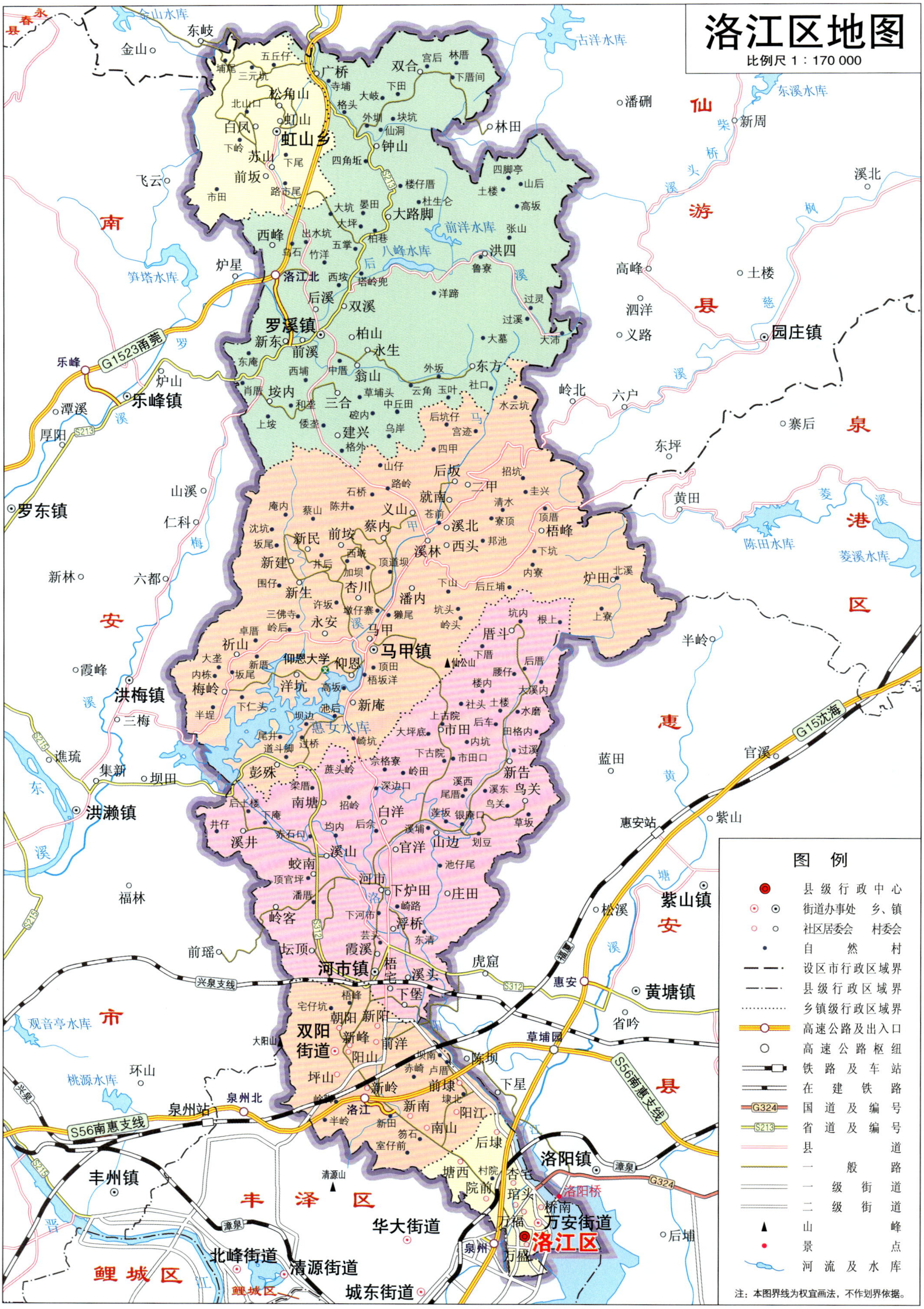

编制单位：福建省地图出版社　审图号：泉S〔2023〕22号　资料截至：2022年12月

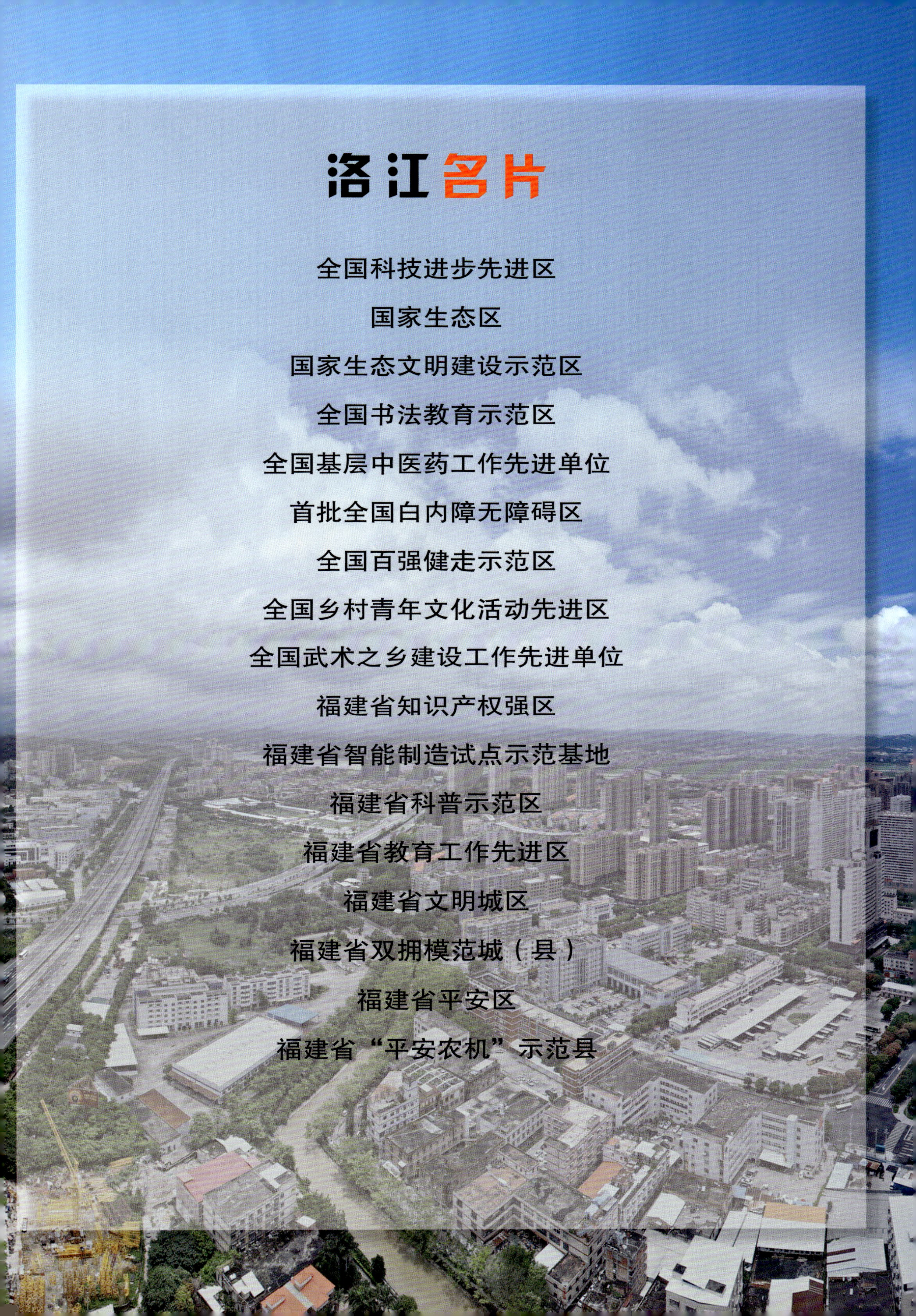

洛江名片

全国科技进步先进区

国家生态区

国家生态文明建设示范区

全国书法教育示范区

全国基层中医药工作先进单位

首批全国白内障无障碍区

全国百强健走示范区

全国乡村青年文化活动先进区

全国武术之乡建设工作先进单位

福建省知识产权强区

福建省智能制造试点示范基地

福建省科普示范区

福建省教育工作先进区

福建省文明城区

福建省双拥模范城（县）

福建省平安区

福建省“平安农机”示范县

年度聚焦|建设更高水平的智造洛江生态新城

2022年，洛江区全面学习宣传贯彻党的二十大精神，完整、准确、全面贯彻新发展理念，把洛江工作放在全省、全市大局中谋划和推进，奋力谱写全面建设社会主义现代化国家洛江篇章，实现更高质量、更有效率、更加公平、更可持续、更为安全的发展，全年完成地区生产总值355.11亿元，比上年增长3.6%，被生态环境部命名为第六批国家生态文明建设示范区。

洛江生态新城俯瞰图（2022年3月摄）　　（图/洛江区融媒体中心）

2022年1月12日，中国共产党泉州市洛江区第六届委员会第二次全体会议在洛江区政府四楼会议室召开，听取和审议区委常委会工作报告，审议通过《中共泉州市洛江区委关于深刻领会党的百年奋斗重大成就和历史经验，汇聚加快建设智造洛江、生态新城强大精神动力的决定》。图为表决大会决议现场（图/洛江区融媒体中心）

2022年2月10日，洛江区召开民营经济发展工作会议，公布63家民营企业纳税大户红榜，为36家纳税大户代表颁授牌匾，举行首批20名“招商引才顾问”聘任仪式及12个招商项目和9个银企对接签约仪式，宣传解读进一步支持民营企业高质量发展系列政策措施（图/洛江区融媒体中心）

2022年3月2日，洛江区召开建筑业高质量发展大会，发布《关于促进洛江区建筑产业高质量发展的若干措施》，提出5个方面、36条“硬核举措”，助推全区建筑业转型提升和高质量发展。图为表彰建筑业纳税大户现场（图/洛江区融媒体中心）

2022年3月11日，洛江区教育发展促进会成立暨捐赠大会在洛江区政府四楼会议室召开，宣布洛江区教育发展促进会第一届理事会组织机构成员名单，15家企业代表上台捐款，会上共募集资金超1.5亿元。图为中共洛江区委书记颜丽明（左）为洛江区教育发展促进会授牌

（图/洛江区融媒体中心）

2022年7月19—22日，福建省第十七届运动会青少年部社会俱乐部组轮滑冰球比赛在洛江举办，全省各地市9支队伍近200名青少年运动员参加比赛，图为获得甲、乙组亚军的洛江区代表队

（图/洛江区融媒体中心）

2022年8月16日，洛江区组织参加“晋江经验”20周年招商签约大会，开展洛江分会场签约活动，签约32个项目，总投资313亿元

（图/洛江区融媒体中心）

2022年12月15日，中共泉州市洛江区第六届委员会第四次全体会议召开，审议通过《中共泉州市洛江区委关于深入学习宣传贯彻党的二十大精神，加快建设更高水平智造洛江、生态新城的决定》。图为开幕式现场　　（图/洛江区融媒体中心）

2022年12月27—28日，中国人民政治协商会议泉州市洛江区第六届委员会第二次会议在洛江区政府四楼会议室召开，119名政协委员履行政治协商、民主监督、参政议政职能，为全区经济社会各项事业发展出谋划策。图为开幕式现场　　（图/洛江区融媒体中心）

2022年12月28—29日，洛江区第六届人民代表大会第二次会议在洛江区政府四楼会议室召开，听取和审议区人民政府工作报告、区人大常委会工作报告、区人民法院工作报告、区人民检察院工作报告，审查和批准洛江区2022年国民经济和社会发展计划执行情况及2023年计划（草案）的报告、洛江区2022年财政预算执行情况和2023年财政预算（草案）的报告。图为洛江区人民政府区长郭宁在会上作工作报告　　（图/洛江区融媒体中心）

都市之美

2022年，洛江区抢抓泉州中心市区一体化开发建设契机，统筹城乡融合发展，坚定不移推进新型城镇化和乡村全面振兴，城市骨架不断拉大，基础设施、教育质量、医疗资源、养老服务等实现提档升级，产城融合配套更加完善，营商环境持续优化，城市综合承载力、核心竞争力、集聚辐射带动力明显提升，全年实施城建项目156个，完成投资58.54亿元，城市更加宜商宜业，乡村更加幸福宜居。

洛江区城区主干路网建设提升现况（2022年9月摄）（图/洛江区融媒体中心）

2022年，洛江区开展市容市貌环境提升行动，执法、管理、服务同步推进，确保市容市貌干净有序。图为中心城区街道和景观小品（2022年10月摄）

（图/洛江区融媒体中心）

洛江中心城区（2022年8月摄）　　（图/杨小玲）

洛江区万安街道品质城区建设一角（2022年9月摄）　　（图/洛江区融媒体中心）

2022年，洛江区聚焦群众对美好生活的向往，整合各乡镇特色资源，打造洛江生态新城特色的精美小城镇。图为仰恩湖畔的市级小城镇马甲镇（2022年3月摄）　（图/洛江区融媒体中心）

2022年，洛江区河市镇新告村以“水韵幽谷·浪漫新告”乡村旅游项目为依托，打造成集农耕、休闲、运动、养生、娱乐等功能于一体的山水田园综合型旅游村，实现村域治水事业创新发展。图为新告村航拍图（2022年12月摄） （图/叶晓峰）

2022年2月18日，洛江区专题部署实施绿化美化亮化净化智化“五化”提升工程，推进“抓城建提品质”专项行动。图为洛江区安吉路部分路段夜景 （图/洛江区融媒体中心）

2022年5月，洛江区举办第三届乐购生活节，发放2000万元消费券，涵盖汽车、建材、商超、餐饮、住宿等领域，带动社会消费复苏和商贸业发展。图为工作人员主动服务参与乐购生活节活动的商家　　（图/洛江区融媒体中心）

2022年，洛江区推进“党建+”社区邻里中心“事有所办”服务多样化，将涉企审批服务事项由区行政服务中心前移至社区邻里综合服务大厅，实现辖区企业办事“多点办”“就近办”。图为永安村“党建+”邻里中心　　（图/洛江区融媒体中心）

2022年12月14日，洛江区专题研究部署基础教育高质量发展工作，加快教育强区建设步伐，努力办好人民满意的教育。图为争创省一级达标高中的奕聪中学

（图/洛江区融媒体中心）

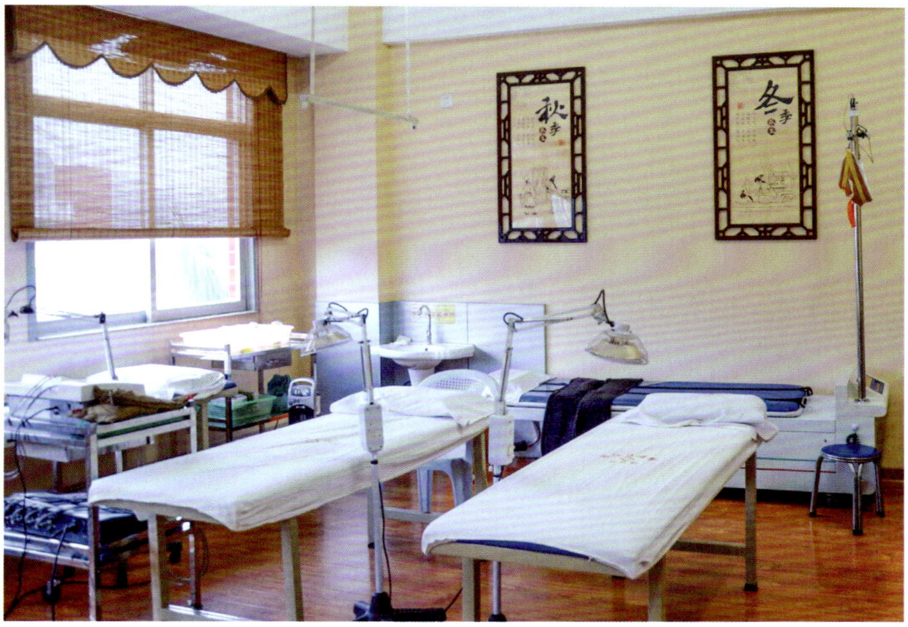

改造提升后的洛江区医院中医馆（2022年9月摄）

（图/洛江区融媒体中心）

2022年，洛江区推进“惠民生补短板专项行动”实施，持续开展政府购买服务居家养老专业化服务工作，着力解决辖区老年人的日常生活服务、安全保障等问题，为老人们的晚年幸福生活“加码”。图为金秋家园颐养中心

（图/洛江区融媒体中心）

创造之美

2022年，洛江区围绕构筑特色现代产业体系和全面提速创新型城区建设，持续强化创新赋能，推进产业基础高级化、产业链现代化，持续做大做强智能制造产业，培育发展建筑科技产业链条，加快数字经济赋能发展，打造集智慧园区管理于一体、高新科技为引擎的新型高新技术产业基地，全年实现智能装备行业产值158.4亿元，比上年增长8.9%，规模以上高技术产业增加值增长6.6%，城市弥散出智慧与创新的独特魅力。

2022年，洛江区深入实施科技创新“四个倍增”计划，完善“初创企业—科技型企业—高新技术企业—科技“小巨人”企业”全链条梯级培育模式，打造一批创新水平高、成长潜力大、科技支撑作用强的科技创新主体。图为科技成长型企业新源重工生产车间
（图/洛江区融媒体中心）

2022年，洛江区持续抓龙头培育、政策帮扶、链条延伸、园区建设，引领产业迸发新活力，智能制造产业不断提质发展，入选全市“数控一代”产品占比达20%。图为佳泰数控（泉州）有限公司
（图/洛江区融媒体中心）

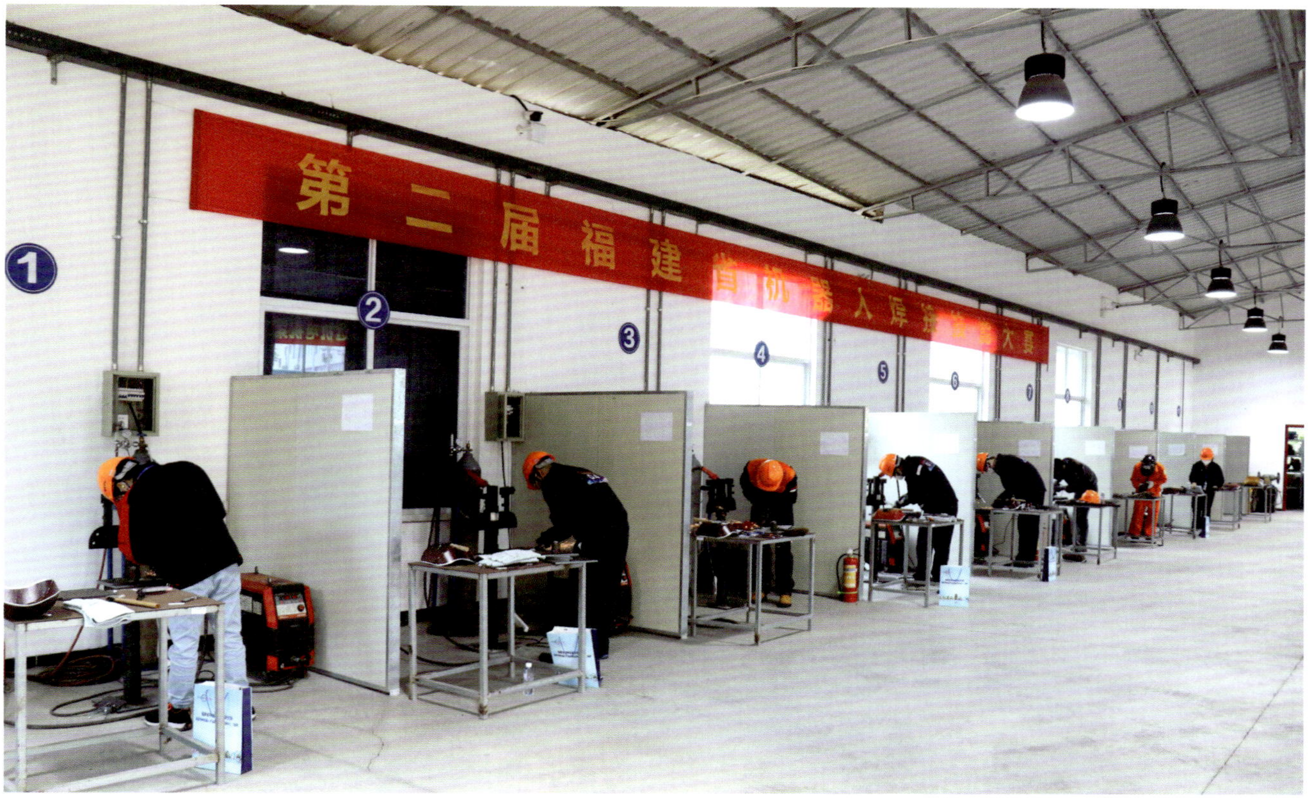

2022年7月27—28日，第二届福建省机器人焊接技能大赛在洛江举行，全省各地市共22名选手参赛。图为国家特种机器人产品质量检验检测中心的大赛现场　　（图/洛江区融媒体中心）

2022年5月，洛江区14家企业被列入2022年泉州市上市和挂牌后备企业名单，涉及智能装备和新材料产业等领域。图为入选泉州市上市后备企业的国家制造业单项冠军企业福建省铁拓机械股份有限公司　　（图/洛江区融媒体中心）

2022年，洛江区持续推动一批龙头企业实现增产提效，筑牢经济发展“压舱石”。图为增资扩产的数控机床车间 （图/洛江区融媒体中心）

2022年7月26日，洛江区举行制造业数字化转型专项行动启动仪式暨企业“智改数转”项目培训对接会。图为启动仪式现场

（图/洛江区融媒体中心）

2022年，洛江区帮助企业破解数字化提升“不敢转、不会转”等堵点问题，引导企业智能化改造、数字化转型，推动数字新业态与实体经济深度融合。图为数字化生产车间

（图/洛江区融媒体中心）

洛江经济开发区工业走廊（2022年5月摄） （图/张九强）

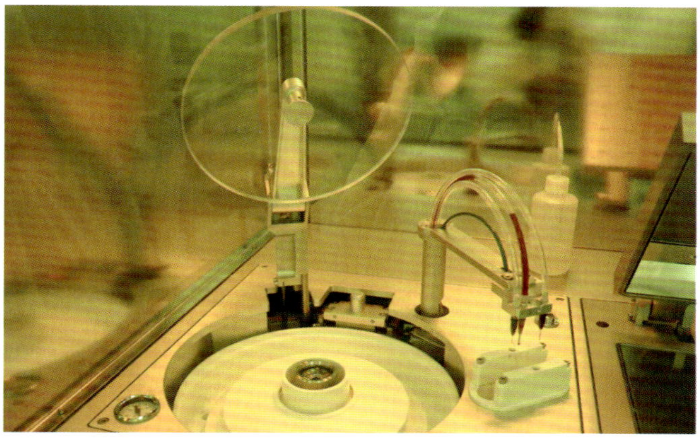

西人马联合测控（泉州）科技有限公司芯片生产车间（2022年7月摄）
（图/洛江区融媒体中心）

2022年5月17日，洛江区举行第二季度重点项目集中开（竣）工仪式，参加集中开（竣）工的项目3个，总投资20.42亿元。图为开工项目洛江数字经济产业园建设现场（图/洛江区融媒体中心）

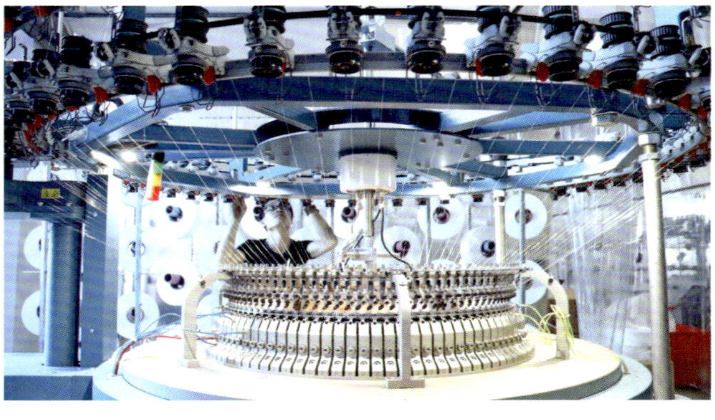

泉州禾伦织造有限公司技改生产线（2022年7月摄）　（图/洛江区融媒体中心）

泉州信和石墨烯研究院项目成果对接展厅（2022年6月摄）　（图/洛江区融媒体中心）

盛景之美

2022年，洛江区牢固树立和践行绿水青山就是金山银山的理念，以创建国家生态文明建设示范区为抓手，坚持“生态宜居”“绿色发展”，协同推进降碳、减污、扩绿、增长，蓝天、碧水、净土保卫战取得新成效，生态环境稳定向好，全区林地保有量2.25万公顷，森林覆盖率64.4%，主要流域和小流域水质优良比例达100%，如画洛江的秀美山川得到精心的守护呵护。

2022年，洛江区率先在全市探索实行“河长+林长”共治机制，建立联合巡查组机制，统筹推进互花米草除治、河道周边环境管护和红树林、湿地保护措施落实。图为泉州湾河口湿地（洛江段） （图/杨小玲）

2022年，洛江区加强统筹规划，借生态搭台、以文化赋能，不断完善旅游公共服务体系，全力打造“悠游洛江”旅游品牌。图为省级风景名胜区仙公山远景 （图/洛江区融媒体中心）

2022年，洛江区启动乡村振兴整镇推进“五好”创建工作，推进重点示范县、示范乡村创建提升，培育培优“一村一品”“一镇一业”。图为河市镇生态茶园 （图/杨小玲）

2022年，洛江区深入开展生态环境整治攻坚行动，让城市建设和生态保护相得益彰，为市民带来更多“绿色福利”。图为洛江区滨江路沈海高速公路至南惠高速公路段环境整治工程 （图/张九强）

河市镇新告村粮食耕种收成场景（2022年6月摄） （图/杨小玲）

2022年，洛江区深入实施乡村建设行动，开展美丽乡村庭院、美丽乡村微景观、美丽乡村小公园（小广场）、美丽田园、美丽乡村休闲旅游点“五个美丽”创建评比活动。图为马甲镇美丽田园风光（2022年10月摄） （图/洛江区融媒体中心）

罗溪镇生态休闲旅游示范线（2022年11月摄） （图/洛江区融媒体中心）

2022年5月16日，洛江区政府研究通过“绿满泉城”三年行动计划，推动实施一批绿化提升项目，进一步提升城区绿化精细化管理水平。图为中心城区绿化效果 （图/洛江区融媒体中心）

2022年1月，洛江区制定下发“洛江区有关部门生态环境保护责任清单”，构建内容完善、边界清晰的生态环境保护责任体系。图为开展流域整治后的河市东溪 （图/杨小玲）

马甲镇永安村蝴蝶兰花卉生产基地（2022年12月摄） （图/洛江区融媒体中心）

2022年，洛江区积极推动特色农业与休闲旅游融合，带动农村产业结构优化，扩大农民就业和增收，进一步就业促进农村经济发展。图为虹山乡油菜花基地农业休闲观光项目

（图/洛江区融媒体中心）

人文之美

2022年，洛江区坚持文化自信自强，以社会主义核心价值观为引领，充分发挥人文景观和自然景观交相辉映的优势，保护利用“泉州：宋元中国的世界海洋商贸中心”世界遗产点的宋代洛阳古桥等30处重点文物，挖掘传承“陈三五娘传说”“俞家棍”等近50项非物质文化遗产，持续夯实公共文化基础，繁荣发展文化事业和文化产业，人均文化设施面积达0.52平方米，走出走好洛江特色的文旅融合之路。

集宗教朝圣、游览观光、休闲娱乐、修学度假于一体的省级风景名胜区仙公山（2022年10月摄）
（图/杨小玲）

世界文化遗产点、中国四大古桥之一洛阳桥（2022年9月摄） （图/杨小玲）

2022年，洛江区加大对俞大猷历史文化遗存的修缮保护力度，完善俞大猷公园、俞大猷纪念馆基础设施和功能配套，推动俞大猷纪念馆、俞大猷历史文化与全区文旅资源的整合提升，将俞大猷纪念馆打造成为爱国主义教育载体、非遗文化展示窗口、洛江发展宣传阵地。图为2022年1月重装开馆后的俞大猷纪念馆

（图/洛江区融媒体中心）

2022年11月4日，洛江区在洛阳桥举办“共话二十大 智慧游洛江”文旅分享会，推动洛阳桥世遗文化传播，引导文旅经济发展，打造“悠游洛江”文旅品牌。图为活动现场的南音表演

（图/洛江区融媒体中心）

国家非物质文化遗产陈三五娘文化园（2022年10月摄）

（图/洛江区融媒体中心）

2022年8月3日，“奔跑吧·少年”2022年闽台港澳青少年武术文化夏令营在泉州南少林国际（洛江）学校开营，吸引36名在泉州的台、港、澳青少年及114名泉州本地青少年参加。图为开营仪式

（图/洛江区融媒体中心）

2022年，洛江区多措并举大力推动书香校园建设，营造积极向上、清新高雅、健康礼貌的校园文化氛围。图为全国书香校园建设典型案例——闽南师范大学洛江区附属小学阅读馆

（图/洛江区融媒体中心）

河市镇厝斗村畲族民族学校（2022年9月摄）

（图/洛江区融媒体中心）

2022年9月9日，2022年侨家乐·福建省华侨美食风情文化节在洛江区双阳峇厘民俗文化园开幕　　（图/洛江区融媒体中心）

爱国主义教育基地洪四村红色记忆点之洪四影剧院（2022年10月摄）
（图/洛江区融媒体中心）

洛江乡村记忆传统习俗大鼓吹（2022年3月摄）　　（图/洛江区融媒体中心）

洛江非物质文化遗产项目展厅（2022年5月摄）　　（图/洛江区融媒体中心）

编辑说明

一、《洛江年鉴》是由中共泉州市洛江区委员会、泉州市洛江区人民政府主办，中共泉州市洛江区委党史和地方志研究室编纂的年度性资料文献。首卷于2013年编纂出版，每年1卷，《洛江年鉴（2023）》为第11卷。

二、《洛江年鉴》以马克思列宁主义、毛泽东思想、邓小平理论、“三个代表”重要思想、科学发展观、习近平新时代中国特色社会主义思想为指导，坚持辩证唯物主义和历史唯物主义的立场、观点和方法，实事求是地记载洛江区自然、政治、经济、文化、社会和生态等发展情况。

三、《洛江年鉴（2023）》记载时限为2022年1月1日至12月31日，采用分类编辑法，主体内容分为类目、分目、条目3个层次，以条目为记述的基本形式。全书卷首设图片专辑、专记、大事记，主体部分设区情概览、智造洛江、中共泉州市洛江区委员会、泉州市洛江区人民代表大会、泉州市洛江区人民政府、政协泉州市洛江区委员会、纪检监察、民主党派和工商联、群众团体、外事 侨务 台港澳事务、法治、军事、应急管理、生态环境、经济管理、金融、洛江经济开发区、城乡建设管理、农业与农村、工业、交通 邮政 通信、商贸服务业、旅游业、教育、科技 文化 体育、卫生健康、社会生活、乡镇（街道）、荣誉 人物，卷末设附录、索引。条目文体以记述体为主。

四、文中未标明具体地区的“省”均指“福建省”，“市”均指“泉州市”，“区”均指“洛江区”。除“民主党派和工商联”部分外，未标明党派的“省委”均指“中共福建省委”，“市委”均指“中共泉州市委”，“区委”均指“中共泉州市洛江区委”。“党员”均指“中共党员”，“党建”均指“中国共产党建设”。

五、《洛江年鉴（2023）》所收录的资料，主体由洛江区各党政机关、群众团体、企事业单位等提供。引用的统计数据，凡国家有统一规定范围、口径和计算方法的，均按国家规定统计。数字用法、标点符号用法分别采用国家标准《出版物上数字用法》（GB/T 15835—2011）、《标点符号用法》（GB/T 15834—2011）。计量单位采用国家技术监督局1993年12月发布的《量和单位》系列国家标准，农田、土地面积仍沿用“亩”作为计量单位。部分专有名词，随文括注。

六、《洛江年鉴（2023）》配备双重检索系统，卷首设有目录，卷后配有索引。索引用主题分类法，条目按汉语拼音字母顺序排列。

目 录

专 记

大事记

区情概览

智造洛江

中共泉州市洛江区委员会

泉州市洛江区人民代表大会

泉州市洛江区人民政府

政协泉州市洛江区委员会

纪检监察

民主党派和工商联

群众团体

外事 侨务 台港澳事务

法 治

军 事

应急管理

生态环境

经济管理

金 融

洛江经济开发区

城乡建设管理

交通 邮政 通信

商贸服务业

旅游业

教 育

科技 文化 体育

卫生健康

社会生活

乡镇（街道）

荣誉 人物

附 录

洛江区学习贯彻党的二十大精神综记

党的二十大胜利召开以来，洛江区探索多元化立体式理论传播模式，打造理论传播“五大课堂”，有效推动党的二十大精神“洛”地生根。

“板凳课堂”送学上门。构建理论宣讲与反馈双向发力机制，一方面依托“洛地有声”微宣讲、新时代文明实践中心（所、站）等载体，邀请党代表、乡村讲师等开展分众化宣讲；另一方面打造邻里“微享堂”，搭建学习心得与生活感悟的分享平台，形成宣讲成效反馈闭环。开展“板凳课堂”200多场次，覆盖群众1000多人次。

“空中课堂”奏响强音。建成全市首个覆盖全域的县级应急广播体系，启用全区三级平台478个点位，与区融媒体矩阵搭建联动机制，定期推出“每日学习”“悦读党的二十大报告”等系列广播节目，让党的声音作为广播系统落地后发出的“第一声”，精准传遍千家万户。

“互动课堂”沉浸学习。结合文明实践、“三下乡”等形式开展宣传活动。在南山杏厘民俗文化园、洛阳桥、罗溪新时代文明实践体育公园等地，面向归侨侨眷、外来游客、本地群众等开展沉浸式游园宣传、“世遗+非遗”微展演微宣传等活动3场，相关报道在中新网、“学习强国”学习平台、新福建、泉州电视台等10多个中央省市平台刊发，阅读量达10万余人次。

“指尖课堂”触手可及。充分发挥区级融媒体矩阵作用，制作推出“学习贯彻二十大精神”“我谈幸福感”等专栏报道18期，制作《二十大报告，我印象最深的一句话》《速览二十大主播带你一起学》等短视频41个，具象化宣传好党的二十大精神。策划推出《二十大精神在基层》

2022年10月15日，洛江区学习贯彻党的二十大精神“文艺+微宣讲”活动在洛阳桥畔举行。图为活动歌舞节目《百花争妍》（图/洛江区融媒体中心）

系列栏目，聚焦二十大报告与洛江发展实践，组织团队到基层一线采编，以金句表述、贯彻举措“1+1”模式，推出系列融媒体作品18个，在中央、省市官方平台刊发相关报道60余篇次，阅读量超100万人次，全面展现洛江学习贯彻会议精神的积极实践。

“文艺课堂”春风化雨。启动“幸福圩日”，采用“文艺+”模式，将会议精神与南音、掌中木偶等非遗文化相结合，推出网络美术书法作品展4期50余件，制作《高举旗帜向未来》《颂福》等文艺串烧、朗诵作品10个(篇)，开展文化展演5场，以文化人，让党的二十大精神宣传更有“土味”、更有“雅味”、更有“趣味”。

（洛江区委宣传部 供稿）

洛江区创建“第六批国家生态文明建设示范区”

洛江区全面贯彻落实习近平生态文明思想，牢固树立“绿水青山就是金山银山”理念，坚持“生态宜居”“绿色兴区”，主动融入“海丝名城、智造强市、品质泉州”建设大局，聚焦产城人融合，常学常新“晋江经验”，以“敢为天下先”“爱拼才会赢”的开拓创新精神，走出一条具有洛江特色、彰显优势的绿色转型发展之路。2022年11月，洛江区获得生态环境部“第六批国家生态文明建设示范区”命名。

完善制度体系夯实绿色之蕴

党的二十大报告指出，推动经济社会发展绿色化、低碳化是实现高质量发展的关键环节。洛江始终坚持绿色发展、生态优先原则，着力构建权责清晰、导向明确、多元参与的生态文明建设工作体系，先后组织编制《洛江区生态文明建设规划（2019—2025年）》《洛江区“十四五”生态环境保护专项规划》，把生态文明建设融入经济社会发展全过程、各方面。同时，出台《泉州市洛江区有关部门生态环境保护责任清单》，明晰各级各部门生态环保工作职责，为构建大生态环保工作格局提供制度保障。充分发挥“绿色考核”指挥棒作用，将生态文明建设和环境保护工作纳入党政领导班子综合考核评价指标体系，通过构建公益保护法律监督体系，推动生态环境治理府院联动，为生态环境保护注入司法力量。

治理保护并举绘就绿色之美

在全市率先定制开发建设巡河App（应用软件）。“洛江智慧河长”针对水环境治理中污染源排查难度大、问题处置滞后等问题，依托GPS（全球定位系统）、基站定位、云计算等技术，在保障河道管护不留盲区的同时，确保河道问题“即知即改”。全区重点流域、重点湖库、小流域III类水质达标率100%。

近年，洛江多措并举推进生态长治，深入打好蓝天、碧水、净土保卫战。聚焦大气、水、土壤污染等重点领域，深入打好污染防治攻坚战。开展大气环境治理，推广应用清洁能源，加强油烟污染治理，推进建筑施工扬尘污染防治。加快推进受污染耕地安全利用，全区受污染耕地安全利用率达93%以上。大力实施国土绿化工程，全区森林覆盖率达64.4%。

做强生态产业成就绿色之势

绿水青山就是金山银山。为发挥绿色生态优势，洛江围绕优先发展智能制造、商贸物流、生态旅游等绿色产业做文章，实现生态与经济正向互动。

智造是洛江最大的产业优势。对此，洛江主动融入“制造强省”“制造强市”大局，先后获批省级智能制造产业基地、市级传感智能制造产业基地，以产聚才、以产兴城，全力打造新型材料、感知测控、动力系统、传感芯片四大产业，擦亮“智造洛江”名片。

推进现代服务业多元拓展，生态旅游、汽车服务等产业成型成势，信和新材料、铁拓机械分别获评国家级服务型制造示范企业、示范项目。发展生鲜电商、社区电商、直播电商等新业态，14 个村入选全国“淘宝村”。打造“滨海蓝色旅游、洛阳江金色乡村旅游、山地绿色生态旅游”三大旅游带，全力打响“悠游洛江”品牌。近三年，全区旅游收入均增长 15% 以上。

落实生态利民共享绿色之福

城市治理既要有城区扩容的“大手笔”，也需要有细致入微的“工笔画”。走进万安街道院前社区，昔日杂乱的场景已然不见，呈现在眼前的是干净整洁的巷道、设施齐全的文化广场，社区内随处可见别具特色的景观小品和文化墙，无不透露出一派自然、清新、舒适的宜居景象。

万安街道院前社区环境的全面改善，是洛江生态城区建设的一个缩影。多年来，洛江顺应新时代群众对美好生活的期待，推进生态城区建设，狠抓农村人居环境整治，通过完善“多规合一”规划管控体系，加强重点片区城市设计，高标准推进阳江新城开发建设，抓好阳江片区市政道路等项目建设，实施滨江路沈海高速至南惠高速段环境整治工程，构建生态区、绿道、公园、小游园、微绿地五级城市绿化系统。同时，不断完善城乡基础设施，全区城乡范围内建成污水管网约 140 千米，城镇污水集中处理率达 85% 以上，建成 83 座农村污水处理设施，所有行政村生活污水实现有效治理。

（黄秋莹　陈伟强　李莹）

省级双拥模范城“五连冠”创建

栉风沐雨，春华秋实。2017 年以来，洛江区双拥工作以习近平同志为核心的党中央坚强领导，伴随着全面建成小康社会和强军兴军步伐，在继承中发展，在改进中创新，取得省级双拥模范城“五连冠”成绩。一曲曲悦耳动听的双拥之歌、一个个感人至深的双拥故事在洛江区干部、军人、群众中广为传颂。

健全体系夯实基础

区委、区政府始终把双拥工作作为一项重要政治任务纳入党委政府重要议事日程和全区经济社会发展规划中，持续巩固发展军政军民团结。

1. 织密双拥组织网络。及时调整充实区双拥工作领导小组，由区委书记任组长、区长任第一副组长，党政一把手亲自部署、亲自研究双拥工作。充实区双拥办力量，落实 7 名专、兼职人员和办公场所，实行军地合署办公，形成“军地绿色通道”。2017 年以来，落实双拥创建工作经费 110 万元，有力保障双拥工作深入开展。健全乡镇（街道）双拥组织机构，配齐村、社区双拥工作联络员，形成了以区双拥领导小组为龙头、部门、乡镇（街道）和企业为主体、基层群众性双拥服务组织为基础的双拥组织网络。

2. 强化双拥工作责任。把双拥工作纳入《区委工作要点》《政府工作报告》和驻洛部队建设的重要内容，纳入区“十三五”“十四五”规划。区委常委会、区政府常务会和部队党委定期研究双拥工作、听取双拥工作汇报，解决双拥工作的重大问题。印发《泉州市洛江区关于创建省级双拥模范城“五连冠”迎检工作的通知》及《泉州市洛江区关于创建省级双拥模范城“五连冠”迎检工作的通知任务分解表》，对双拥创模《考评标准》中的 10 个大项 80 个小项考评内容进行细化，逐项分解到各职能部门，确保工作落实。

3. 健全双拥长效机制。建立完善双拥工作例会、党委议军会议、总结表彰、军政座谈会、区领导现场办公、走访慰问、领导干部过“军事日”、驻军首长过“经济日”等 8 项制度。始终坚持“五纳入、四优先”，即把拥军优属工作纳入党委政府的重要议事日程，纳入精神文明建设和经济发展的总体规划，纳入区、乡镇（街道）党政“一把手”工程，纳入各级领导政绩考核内容，纳入单位创优评先指标；优先安排双拥工作经费，优先照顾军烈属家庭，优先落实军转仝干部待遇，优先保障在乡六级以上革命伤残军人医疗费用。军地双方不断加强统筹协调，完善工作机制，形成领导高度重视、部门积极配合、社会参与的双拥工作新格局。

营造浓厚拥军氛围

“军人优先”绝不只是一句口号。近年来，洛江积极探索创新拥军方法路子，注重社会化拥军，开展网络拥军、法治拥军，深入开展“国防教育、双拥宣传进机关、军营、学校、企业及城乡社区”活动，续写着更加精彩的拥军故事，营造浓厚双拥创建氛围。

1. 结合信息媒体，重点宣传双拥知识。充分利用广播、网络等媒体，开办“国防知识之窗”“双拥之花”等专题栏目；在洛江新闻网建立洛江双拥专题网页，在“洛江教育信息网”“洛江德育之窗”网站开设双拥分网页；在中国网、闽南网、东南前哨、福建双拥、福建退役军人厅、泉州网等网站（公众号）刊发报道洛江双拥工作中的重大事件、典型人物。2017 年以来，在双拥专栏等媒体编发双拥宣传稿 190 多篇，编发双拥简报 22 期，营造双拥工作的强大舆论声势。

2. 结合阵地建设，重点开展国防教育。一是建立干部国防教育阵地，依托区委党校，把国防教育纳入干部培训规划，不断强化干部的国防观念。二是建立青少年国防教育阵地，设立南少林国际学校、泉州十一中等多所国防教育学校，加强对青少年经常性国防教育，增强学生的国防意识。三是建立群众性国防教育阵地，投入 500 多万元，完善市级爱国主义教育基地俞大猷公园、俞大猷纪念馆基础设施和功能配套，全方位、多角度展现民族英雄俞大猷非凡的生平事迹和崇高的家国情怀，开展深刻而又生动的爱国主义教育；同时在洪四村内特别整合洪四影剧院、党群同心馆、军装发展史馆、人民英雄纪念碑等红色教育基地和青少年党史国史教育基地。投入 30 多万元，开展零散烈士设施抢救保护工作，修缮散葬烈士墓 10 个。2017 年以来，举办国防教育讲座 60 多场，军训学生 1.1 万多人，培训国防教育骨干 100 多人。

3. 结合重要时点，重点营造双拥氛围。在国防教育日及春节、八一建军节等重大节日期间，区四套班子领导起表率作用，每年到部队开展走访慰问活动，到部队过“军事日”；开辟国防教育宣传专栏，组织悬挂国防教育标语和《中华人民共和国国防教育法》宣传图片；举办以“中国梦、强军梦”为主题的国防教育征文活动；组织宣讲团到企业、乡村、社区、中小学开展国防教育巡回报告；举办“谱写双拥曲、共叙鱼水情”宣传文化演出活动；召开拥军优属座谈会；举办军民联欢联谊活动等，不断深化双拥宣传，营造全社会关心双拥、支持双拥、参与双拥的浓厚氛围。

4. 结合宣传载体，重点提高宣传广度。建设宣传载体，在城区设立党建＋双拥文化公园，以及“微型”双拥主题公园；在 324 国道洛江段、福厦高速公路西福立交桥及乡镇（街道）驻地显眼处设立双拥宣传牌（墙），利用城区交叉路口、村（社区）主干道口地名标牌设置双拥宣传灯箱；在区属各医院、银行、工商、税务等窗口及旅游景点设立现役军人、残疾军人“优先优惠服务窗口”；设立 1 座移动式的双拥图片展廊，定期开展双拥宣传图片巡回展；策划制作洛江双拥画册，生动宣传展示双拥动态。结合各种宣传策划活动，把双拥标识树立到群众的身边，让双拥意识融入群众的思想中，营造良好的双拥氛围。

军民共建富有成效

区委、区政府始终把关心、支持军队建设和改革看作分内事，把驻军警部队解难事、办实事作为一种责任、一种使命，下大力气处理好、解决好，有力地促进了部队各方面的建设发展。

1. 加大投入力度，部队建设得到有效发展。2017 年以来，洛江区投入资金支持部队基础设施、训练设施、文化设施和菜篮子工程“四项建设”。在支前、保障部队演习方面，党政主要领导率队到现场慰问、进行现场办公，亲自协调解决演训部队的住房、用水、用电等问题，4 年来慰问驻训部队 2 批次。在为驻军官兵办实事方面，部队干部和区机关干部同等享有购买经济适用房的待遇，并统筹解决限价房，为区人武部官兵租赁住房，租金列入区财政预算，投入资金建设洛江区人武部新营院。积极解决随军家属就业问题，对暂时未就业的随军家属，每人每月发给 800 元生活补助费。到驻洛江部队开展“送岗位进军营”活动，优先安排随军家属就业，为部队家属办理就业失业登记证，为随军家属免费求职登记，将职业介绍作为“春风行动”就业专项活动中一项重要内容。每年春节、“八一”等节日期间，党政主要领导都亲自率队走访慰问驻泉部队官兵。

2. 创新形式，“四进军营”开展有声有色。在科技拥军方面。2017 年以来，投入科技拥军专项资金，并设立科技拥军基金，支持部队信息化建设，向驻军赠送电脑 20 台、数码照相机 2 台、图书 1500 多册，先后培养军地两用人才多名；支持人武部正规化、信息化建设，投入 7 万元购置电脑、办公桌椅等用品；高新技术企业也积极加入科技拥军行列，坚持落实科技拥军现场办公制度，摸底收集洛江辖区内科技拥军项目，进一步完善泉美园艺科技拥军示范基地，帮助泉美园艺申报国家科技富民强县项目并通过专家评审，协助申报市级科技拥军项目。在法律拥军方面。区委政法委牵头，区法院、区检察院、区公安分局、区司法局及驻洛部队协同，深入开展“送法律进军营”活动，建立“送法律进军营”联席会议制度，每年上半年与驻洛部队进行一次衔接，对年度“送法律进军营”活动的组织形式、宣传内容进行部署；洛江区法院在消防大队设立“法律拥军服务站”，维护和保障军人军属的合法权益。在文化拥军方面。区文体旅新局先后为部队赠送科技、生产、生活类图书 2000 多册；区教育局组织舞蹈教练，建立一支由中小学文艺骨干组成的舞蹈队伍，为有需要的部队培训适合军营特点、有洛江特色健身休闲舞蹈，丰富军营文化生活。在教育拥军方面。在《洛江区 2017 年（2018、2019、2020、2021 年）秋季小学招生工作的意见》《关于洛江区 2017 年（2018、2019、2020、2021 年）初中毕业升学考试和普通高中招生工作意见》文件中，明确规定现役军人子女中考具体优待标准和实施细则，确保优待政策落实到位。

3. 联动共建，企业拥军推进。找准经济工作与拥军优属工作的结合点，充分发挥洛江区民营企业较多的优势，做到经济工作与拥军优属工作相互促进，共同发展。成立区企业拥军协会，建立双拥工作例会、双拥情况汇报、联络员会议等长效机制，确保企业拥军工作长期化、经常化、规范化。发挥企业会员行业资源、技术、人才等方面的优势，协助部队做好国防科研、技能培训、文化教育等工作。创造条件接收安置退役士兵和部队随军家属，帮助部队解决训练、工作、生活中的实际问题，积极支持国防现代化建设。区企业拥军协会有成员单位40多个，先后帮助驻洛部队培训军地两用人才多名，接收安置退役士兵和随军家属。

4. 真抓实干，“我为老兵办实事”和“法律政策落实年”活动深入开展。为落实“法律政策落实年”工作要求，切实将“我为老兵办实事”落到实处，洛江区于12月9日，举办“法律政策落实年”系列活动——老兵永远跟党走，携手市退役局、联勤保障部队第九一〇医院走进马甲镇，开展“法律政策落实年”系列活动——我为老兵办实事，以巡诊、义剪、慰问、送政策等形式传递党和政府对退役军人的关心关爱，切实让老兵感受到社会、政府的关怀，提升老兵的幸福感、获得感和安全感。2020年11月11日，《中华人民共和国退役军人保障法》出台，为退役军人提供全方位保障。洛江区积极开展普法工作，制定洛江区“法律政策落实年”活动实施方案，加强普法宣传阵地建设，依托区镇村服务中心（站）统一制作宣传架，印制涉军相关法规、政策宣传册10余种，内容涉及《中华人民共和国退役军人保障法》《福建省拥军优属条例》等，详细介绍退役军人就业安置、待遇保障、优抚优待等方面的政策法规，提高涉军政策在老兵中的知晓率和普及率；开展法律宣传咨询活动，依照普法宣传“六进”要求，走进仰恩大学、罗溪镇洪四村、武警机动中队等地进行普法宣传，以分发宣传手册、开展现场咨询、举办书画展和文艺演出等形式，让广大退役军人和人民群众充分了解《中华人民共和国退役军人保障法》《中华人民共和国英雄烈士保护法》等法规，营造关爱、尊重退役军人的氛围；举办“普法进军营”活动，为武警机动中队现役官兵举办讲座，详细解读《中华人民共和国退役军人保障法》；开展退役返乡士兵适应性培训，介绍退役后的相关优抚政策，并向退役士兵分发《中华人民共和国退役军人保障法》、涉军相关政策宣传册400余份，提供现场咨询服务，为退役士兵答疑解惑，加深广大退役军人对涉军法律政策的理解；加强普法宣传阵地建设，为洛江区所有乡镇（街道）、村（社区）退役军人服务站统一配备宣传架及涉军法规政策书籍、宣传册。

优抚优待温暖人心

在区财力有限的条件下，坚持每年投入优抚经费增长速度不下降，在各项优抚安置工作上求新突破。

1. 抚恤定补及优待金支出有新突破。全面落实抚恤定补、优待标准自然增长机制，各类标准逐年按一定比例提高，均高于省定标准27%以上。如2021年将在乡六级因公残疾军人的抚恤金提高到48846元，超省定标准28%；对城乡病故军人家属实行同一抚恤标准，提高到每月3234元，城市超省定标准29.5%，农村超省定标准2倍多；解放前入伍的在乡老复员军人定补标准，提高到2547元/月，解放后入伍的提高到2441元/月，均超省定标准70%以上；自2021年起农村义务兵家属优待金提高到上年度农民人均收入的100%，2021城镇义务兵家属优待金提高到上年度城镇居民可支配收入的50%以上。2017年以来，按时足额发放优抚对象抚恤、定补款，兑现义务兵家属优待金。

2. 优抚对象“三难”的解决有新方法。针对大部分重点优抚对象年老体弱的现状，区委、区政府对优抚对象实行“四优先”，即优先解决扶持财物、优先安排挂钩扶持、优先安排生产生活及医疗救助、优先纳入低保，尽力解决优抚对象的现实困难。在解决优抚对象“生活难”方面。2017 年以来，投入资金补助生活困难优抚对象，对 20 名生活困难的重点优抚对象，除每月发放抚恤、定期生活补助外，还优先纳入最低生活保障；对洛江区重点优抚对象实施有线电视收费减免措施，减免有线电视收看费用。在解决优抚对象“住房难”方面。2017 年以来，实行“三点工程”（即政府拨一点，群众帮一点，自己拿一点），区级投入资金先后帮助重点优抚对象修缮房屋。在解决重点优抚对象“医疗难”方面。构建五条医疗保障线：（1）免费参加城乡合作医疗。重点优抚对象参加新型农村合作医疗，所需资金由区财政支付；六级以上残疾军人医疗费由区医保中心参照离休干部医疗报销标准在医保范围内给予 100% 报销，且两个月报支一次。（2）合作医疗报销后再享受第二次补助。重点优抚对象的住院医药费在合作医疗报销后，再给予合作医疗报销费 60% 的二次补助。（3）给予重点优抚对象门诊和医疗困难补助。按照重点优抚对象个人补助资金年标准 600 元的 30%，发给重点优抚对象每人每年门诊费 180 元；余下部分建立区医疗救助补助基金，解决重点优抚对象重大疾病医疗困难。（4）实施第三次医疗“兜底”救助。每年底对符合合作医疗规定项目的医疗费用，除合作医疗报销及二次救助费用外，余下（1 万元以内）的医疗费用由区医疗救助补助基金全额支付。（5）实行多项医疗减免措施。在本区优抚对象医疗服务定点医院，对重点优抚对象免收挂号费、注射费、输液费；床位费、护理费减免 50%；手术费、诊疗费、检查费等减免 20%。2017 年以来，为在乡六级以上残疾军人报销、减免、发放医疗补助金，为重点优抚对象发放门诊就医补助金，为重点优抚对象发放第三次医疗“兜底”救助资金，解决了优抚对象重大疾病医疗困难。此外，还每两年一次组织全区重点优抚对象参加免费健康体检或发放每人 300—400 元的健康体检补助。

3. 转业、退伍军人安置有新成效。一是把军转干部安置作为重要政治任务来抓。2017 年以来，区委、区政府从有限的行政事业编制中挤出职数安置军转干部，安置率达 100%。二是积极探索以自谋职业为主、重点安置为辅的退役士兵安置新路子。2017 年来，接收退役士兵，安置在区属企事业单位及市级事业单位，退役士兵安置率达 100%，为退役士兵发放地方经济补助金。三是通过“退役士兵就业服务站”，为退役士兵就业提供便利，免费为退役士兵、随军家属提供劳动合同鉴证服务，优先和免费推荐优抚对象培训或就业。四是为重点优抚对象办理养老保险。为重点优抚对象办理养老保险，为 60 岁以上重点优抚对象办理养老保险。同时，及时应对新形势，积极做好优抚对象维稳工作。

4. “情暖兵心，爱满洛江”系列活动有新发展。洛江区围绕提高退役军人优待抚恤和服务保障水平，不断创特色、增亮点，以“情暖兵心爱满洛江”为主题，奋力打造退役军人工作的“洛江”品牌。一是下好困难补助“及时雨”，采取一次性困难补助政策，并提供医疗商业保险补助。二是办好拥军优属“暖心事”，定期慰问驻洛部队及跨区共建部队。三是延长帮扶援助“服务链”，帮助失能军属以及退役军人。四是确保政策普及“零盲区”，提高涉军政策在老兵中的普及率。五是织密就业帮扶“保障网”，为退役军人提供就业创业精准服务。六是争当退役军人“知心人”，促进退役士兵心理健康的发展。

5. 服务保障体系建设有序推进。退役军人服务中心是直接联系退役军人的桥梁纽带，是落实党和国家有关决策的关键环节，是服务退役军人的“最后一公里”。2017年来，洛江区按照“有机构、有编制、有人员、有经费、有保障”的五有要求，不断完善提升服务中心效能，健全常态化信息采集机制，构建“互联网+退役军人服务”平台，为每名退役军人建档立卡，确保退役军人服务保障水平不断提高，巩固发展退役军人服务体系“五有”“全覆盖”成果，实现从“有”到“优”；对服务中心进行装修改造，在退役军人服务中心设立专门窗口，“一站式”办理退役军人相关事项，设立来访接待室、心理咨询室、法律援助室、政治文化展示区、荣誉墙等区域，并常态化播放“军味”宣传片、展示“军味”文化墙、荣誉墙，为退役军人提供规范化、亲情化综合服务，打造“五有”退役军人之家。

聚焦服务拥政爱民

驻洛江部队视洛江为第二故乡，投入大量人力物力反哺于人民，积极参与帮扶助学、项目建设、结对扶贫、抢险救灾、无偿献血、义务植树、学生军训等活动。驻洛部队通过开展“拥政爱民周”“我为第二故乡献青春”等系列活动，积极支援驻地经济社会建设。

在重点项目建设方面。积极参与万虹路拓改、滨江大道、双阳华侨经济开发区等重点项目建设，受到群众的赞誉；积极参加区“绿化办”组织的植树活动，绿化营区1.7亩。

在平安建设方面。在全区“创平安家园、让群众满意”专项行动中，积极开展与驻地共创“平安社区”“平安学校”“平安工业园区”“平安路段”等系列活动。

在扶贫济困、兴教助学和学生军训等方面。2017年以来，向群众赠送科普书籍2000余册；扶贫济困33户，捐款18.1万元；为各大、中、小学校军训学生2万多人；结对帮扶11对，捐资助学16人，发放助学金1.4万元；区消防大队为学校、企业开展消防安全培训40余期，受训人数达4000余人次；新增军民共建结对12个；多名驻洛江部队干部战士参与街道社区的环境卫生整治活动；参加无偿献血活动，献血3.3万毫升；在承担急难险重任务方面，驻洛部队发扬“召之即来、来之能战、战则必胜”的战斗精神，2017年以来投入民兵、预备役、部队官兵，抢险救灾360次，抢救遇险群众193人，扑救火灾86次，加固山体滑坡5处，参加防汛抗旱15起，减少灾害损失1000多万元。同时，自觉加强官兵的思想教育，密切军政军民关系，加强军民融洽。

为民兴利鱼水情深

军地双方紧密联系实际，不断拓宽共建领域，创新活动载体，丰富共建内涵，使军民共建活动向纵深发展。

1.紧密联系城市社区建设开展双拥共建。坚持把双拥工作列为城市社区建设的重要内容，建立区、街道、社区三级联动的双拥服务网络，引导军民立足社区，多方位、多层次拓展社区双拥共建工作内容。一是选准、用好共建载体，建立社区双拥共建文化广场及双拥工作联络站等社区双拥服务网络，共建单位之间经常开展形式多样的文体活动，在军民同乐中增进情谊。二是与驻洛江部队双拥共建，例如通过参观、学习、讲座、图片展、培训现场会等形式，推进“消防进社区”工作；推进军地协力共建“平安社区”“文明社区”“绿色社区”等。三是积极推进军（警）社区共建工作。深入开展社区双拥共建活动，坚持把双拥共建工作纳入社区建设规划，建立以社区居委会、部队、学校、医院、企业以及各类服务行业单位为主要成员的社区双拥工作站，整合各类社会资源参加社区双拥活动，形成“军民共建社区，军地共同发展”的社区双拥工作格局。

2. 紧密联系新农村建设开展双拥共建。由区人武部或驻洛部队在农村成立“双拥共建站”，并以此为载体，积极探索农村双拥工作。一是强化互动共提素质。在区人武部和相关部队的精心指导下，各村不断创新基层管理新机制，建立健全户代表会议及村监督委员会等制度，不断深化党务公开等工作。通过军地互动，不仅增强了村领导班子的凝聚力和战斗力，也提高部队干部服务群众、服务新农村建设的能力和水平。二是立足特色共谋发展。立足实际，共建单位与所挂钩村积极探索促进“三农”发展的新路子，并从政策、资金、思路等方面给予大力支持。如河市镇南塘村与区人武部积极探索“做大做强无公害蔬菜基地”发展路子，区人武部多次邀请农技专家到该村举办蔬菜种植培训班，参训菜农达1000多人次。南塘村现有无公害蔬菜基地达500亩，蔬菜大棚100多个，其中区人武部“菜篮子”基地2亩、大棚5个。三是支持农村公益事业。挂钩共建部队通过与村贫困户结对子，“一对一”扶贫济困；经常性组织官兵和青年民兵到村开展义务劳动，帮助清理建筑垃圾、建设水利设施、整治道路周边环境，出动民兵、预备役、部队官兵，出动车辆200辆次，清除淤泥200余立方米；捐赠500余册国防等书籍，捐建2套体育健身设施，篮球架及1座，乒乓球桌2座，文化宣传栏2座；种植“双拥林”1000余株。

（洛江区退役军人事务局 供稿）

洛江打造“洛地有声”一流营商品牌

营商优则企业兴。营商环境是一座城市持久的发展动力和核心竞争力，关乎区域能走多远、能走多稳。洛江区委、区政府高度重视营商环境工作，实施营商环境“一把手”工程，持续推进优化营商环境三年行动，不遗余力优化“政务、市场、法治、投资、人文”五大环境，全力擦亮打响“洛地有声”一流营商环境品牌，以拼的姿态、抢的劲头，加快建设更高水平的智造洛江、生态新城。

流程再造 审批提速写好“必答题”

营商环境代表城市形象，对招商引资和地区口碑具有风向标意义，而“营商便利度”则是当中最具参考价值的重要指标。洛江区在优化政务环境，破除制度壁垒，实现流程再造，推动行政审批服务提质增效方面先行先试，创设一系列行之有效的领先举措。

洛江成立区优化营商环境工作推进小组，由区委、区政府主要领导全面统筹部署优化营商环境工作，成立17个营商环境工作专班，区政府分管领导分别牵头统抓商事制度改革、政府服务、工程领域改革、财税贸易、法治建设、创新创业创造六大领域专项小组，重点推进工程项目审批、智慧政务、市场减负增效等重点事项，构建起“领导小组全面统筹、专项小组协调推进、工作专班坚决落实、相关单位全力配合”的高效工作机制，狠抓落实，大抓落实，跳起摸高，全力优化营商。

针对与企业、群众联系紧密，市场主体关切的事项，洛江推出“快速办”“一次办”“临近办”等领先举措。落实行政许可事项“三减一提升”工作，782项行政许可事项“减时间”达91.29%、“减跑动”至0.05次、“减材料”至3.69份、“即办件”占比提升至77.11%。推行新建商品房项目“交房即交证”不动产登记工作，实现交房与办证同步到达的新服务模式。在区行政服务中心设立“泉州金控集团驻洛江区金融服务站”，开设以来，对辖内中小微企业和个体工商户担保增信服务70余笔，涉及在保金额超5亿元。

依托已建成的15个“党建+”邻里中心示范点，洛江开展“政务服务标准化、规范化、便利化”行动，打造多点布局、功能全面的“15分钟便民服务圈”。试点南山社区“社区涉企服务综窗”，梳理首批79项可服务前移、委托、下放的涉企审批服务事项清单进社区进小区，实行“社区就近受理、区级综合审批、证照就近领取”服务模式，为办事群众带来全新的办事体验。

融合服务 政企联动答好“自选题”

营商环境如何，企业和群众最有发言权。一直以来，洛江区非常注重发挥有为政府和高效市场作用，实行专班推进，强化督促考核，加强多方融合、条块结合，全面汇聚起持续优化营商环境的强大合力。

产业要发展，项目是抓手。洛江针对工程建设项目审批服务事项的相关办事材料、时限等要素进行极限压缩，累计压缩办理时限17个工作日，精简材料40多份，尤其创新出台《重点建设项目模拟审批工作方案》，为洛江数字产业园等项目实行模拟审批，不仅方便办事企业，提升操作便利度，还提高审批效率，助推项目早落地早见效，诠释“洛地有声”营商品牌的“加速度”。

营商环境对应的各项指标数据是冰冷的，但体现在部门优化提升营商环境的各项周到服务上却无比温情。去年以来，结合“百名干部进百企、一企一策促发展”专项行动，洛江“清单式”解决企业“急愁难盼”问题，累计调研对接服务企业超800家次、解决事项130多项。鼓励企业多渠道拓展海外市场，开展外贸企业出境大走访抢订单拓市场专项行动，组织超40家企业参加广交会、中国跨境电商交易等各类展会，兑现外贸扶持资金超2100万元，76家次外贸企业获外贸贷，纾困贷放款1.07亿元以上，以金融活水灌溉服务企业发展。政企同频共振，密切联动，助推洛江营商环境持续向善向好。

改革试点 放管结合探索“加分项”

营商环境涉及领域多，覆盖范围广，既抽象又具体，体现在企业、群众生产生活的方方面面，但无论每一阶段营商改革有何不同侧重点，洛江都始终坚持以企业为中心、以企业、群众需求为导向，同时不忘持续推进改革试点，一路“闯关升级”。

法治是最好的营商环境。围绕打造公平公正透明可预期的法治环境，发挥司法护航服务营商的作用，洛江区不断加大知识产权保护力度，由区法院与区工商联（商会）联合成立“知识产权保护服务工作站”，同步对接和深度融合知识产权案件诉源治理、多元化解和司法保护机制建设，去年累计受理各类知识产权民事案件799件，审结798件，其中经调解后双方达成和解或撤诉结案455件，构建起协调联动、高效便捷的知识产权协同长效保护机制。

“优化营商环境只有进行时，没有完成时。接

2022年11月18日，洛江举办2022泉州洛江“营商环境进园区”暨社会信用体系建设主题宣传活动。图为宣传活动现场 （图/洛江区发展改革局）

下来，我们将继续以‘放管服’为抓手，以实施‘深学争优、敢为争先、实干争效’行动为契机，进一步聚焦市场主体关切，强化信息数字化支撑，围绕政务环境提优、市场环境提质、法治环境提标，强弱项、树品牌，不断增强‘洛地有声’营商品牌的吸引力和承载力，服务全市高质量发展大局。”洛江区发改局（营商办）相关负责人介绍。

（来源：泉州市人民政府网）

“百名干部进百企 一企一策促发展”专项行动

2022年，洛江区贯彻市委、市政府决策部署，围绕企业发展需求，坚持问题导向、目标导向，深入开展“万名干部进万企　一企一策促发展”专项行动，主动为企业办实事、办好事。

制定工作方案，成立协调机构

洛江区制定《洛江区开展“百名干部进百企　一企一策促发展”专项行动工作方案》，设立专项行动总协调室，由区政府办主要领导任总协调人，由区政府分管副区长任日常协调人，下设办公室。建立区四套班子28位处级领导干部、区直48个部门及各乡镇街道挂钩帮扶全区205家规上工业企业、91家商贸企业、80家高新技术企业“全覆盖、全挂钩、全联系”，深入了解企业生产运营情况、疫情影响、发展思路和存在的困难问题，对企业在达产满产、增资扩产、提质强产等生产经营和发展中遇到的困难问题，实施“一企一策”“一事一议”精准帮扶。制定《洛江区“百名干部进百企　一企一策促发展”专项行动总协调室办公室关于企业问题办理反馈机制的通知》，建立健全企业问题征集、办理、反馈闭环机制，从问题来源、问题办理、问题调度、问题反馈4个方面明确责任单位、办理实效，推进企业反馈问题快速高效解决。

实行分类推进，解决共性问题

洛江区企业问题主要集中于用地、用工、融资方面，企业反映用地问题26个，用工问题9个，融资问题8个。

针对用地问题，区自然资源局积极推进用地报批，落实用地保障。出台《洛江区“项目攻坚2022”资源要素保障行动方案》，组建由区自然资源局、财政局、乡镇政府等多部门组成的用地报批工作专班，成立重点项目资源要素保障跟踪服务和分片指导工作小组，综合协调和统筹推进责任片区内的重点项目资源要素保障工作。多部门细化清单管理，专班、专人跟踪落实，实行“一条龙”全面服务、“一对一”集中攻坚、“面对面”上门解难等工作机制，集中人员、集中精力开展用地报批服务保障工作。2022年上报省政府审查农用地转用和土地征收项目10个项目，面积约1150亩，已获批准4个批次，面积约916亩。获批准规划调整2个批次，45个项目，调整规划面积552.08亩。与铁拓机械、新源重工、和诚鞋业、荣祺食品4家企业签订一企一策扶持协议，帮扶铁拓机械、荣祺食品解决企业用地问题，正在推进解决新源重工、精镁机械、绿能环保等企业用地问题。

针对用工问题，区人社局摸清用工底数，助力稳工稳岗。“引才”方面，积极对接泉州市高校就业中心，免费推送65家企业330余个岗位招聘信息至黎明大学、仰恩大学、闽南科技学院招聘网。同时开展2022年泉州市洛江区助企复工复产网络视频招聘会。“稳工”方面，指导企业申请稳工补贴，实施“一企业一议”工作机制，累计为50家企业解读一次性劳务补助政策和一次性稳就业奖补政策等人社领域复工复产政策，同时提供线上提交审核材料服务，优化申请流程，提高企业申报效率。用工调剂引进工人，解决企业燃眉之急。鼓励企业利用调剂平台开展淡旺季用工调剂，区工信局积极联系对接，从石狮蚶江镇调剂工人150人至洛江区万安街道蓝天食品有限公司，解决了该公司旺季缺工问题。点对点接返员工，创新思路精准服务。为统筹做好疫情防控和经济社会发展，最大限度减少疫情对经济社会发展的影响，本着高效、安全、便捷的目的，积极帮助协调企业点对点接返员工，福建新源重工有限公司从南安丰州镇点对点接返员工80人，及时保障企业能够按时复工复产。

针对融资难问题，区金融办不断强化工作举措，持续优化企业金融服务，提升金融服务实体经济能力，推动企业申报省第六、七期纾困增产增效专项贷，通过在工业企业群、外贸企业群、微信公众号等平台，加大纾困专项贷宣传，全区64家企业获得纾困增产增效专项贷3.21亿元。开展“政银企担”融资对接。组织各乡镇（街道）、行业主管部门推送企业融资对接清单，对申报的29家企业逐一组织银行开展对接，涉及家具制造、汽车制造、机械制造、建筑服务、工艺制品等行业领域。推送金融特色产品“大礼包”。联合驻洛银行业机构精心整理疫情期间金融特色产品28个，通过官方媒体在线发布的形式，集合“打包”送到企业和群众指尖，为疫情防控和复工复产注入金融力量。组织开展政银企对接会，认真宣贯金融政策，2022年组织3场政银企对接会，签订意向授信约28.63亿元。开展行长走企业活动，深入企业一线办公，为企业提供全方位、精准化金融服务，对接20家，授信合计约23990万元。

出台惠企政策，扶持企业发展

2022年，洛江区兑现各级财政奖补资金225351万元，其中省市资金4459万元，区级配套资金17892万元。出台《洛江区贯彻落实国务院、省、市扎实稳住经济一揽子政策措施实施方案》。从财税支持、扩消费促投资、稳外资稳外贸等7大方面70项举措，统筹疫情防控和经济社会发展，落实“两稳一保一防”。出台《洛江区促进商贸服务业高质量发展若干措施》。从扶持商贸企业做优做强、鼓励新零售和新业态发展、鼓励开展促消费活动、扶持壮大汽车服务业4个方面出台6条扶持措施，全面复苏线下消费，提振重点消费，繁荣热点消费。

全面细致摸排，推进增资扩产

2022年，洛江区在19个泉州市增资扩产项目的基础上，全面摸排全区制造业龙头企业、高新技术企业、商贸企业等重点企业增资扩产项目需求，形成洛江区重点企业增资扩产项目名单，项目总数48个，总投资118.6亿元，其中用地需求类18个，技术改造类30个。印发《区领导挂钩联系重点企业增资扩产项目和上市后备企业工作方案》，由区委、区政府主要领导统筹，区领导挂钩联系重点企业增资扩产项目，通过定期走访企业，强化政策宣传，积极协调企业问题，全力推进项目落地建设，区工信局定期汇总工作开展情况，督促问题落实到位。

（洛江区工业和信息化局 供稿）

1 月

1 日　位于双阳街道朝阳社区境内的洛江区西环路朋虹街—经九段市政道路工程宅仔坑隧道贯通，全长 195 米，是项目中的重要一环，该项目总投资 7.3 亿元。

7 日　位于洛江区万安街道的信和新材料股份有限公司入选 2021 年省级工业企业质量标杆名单。

10 日　洛江区委书记颜丽明主持召开区委常委会（扩大）会议，传达贯彻市委十三届二次全会精神，研究召开区委六届二次全会有关事宜；传达贯彻市十七届人大一次会议、市政协十三届一次会议精神；听取区人大常委会、政府、政协党组及区纪委监委工作情况汇报。

11 日　2022 年泉州市文化科技卫生“三下乡”集中服务活动在虹山乡启动，现场设立 23 个咨询服务台开展农业种植技术、健康、育儿等服务。

12 日　中共泉州市洛江区委第六届委员会第二次全体会议召开，区委委员 27 人，区委候补委员 5 人、区纪委委员、有关方面负责人参加，全会听取和审议区委常委会工作报告，审议通过《中共泉州市洛江区委关于深刻领会党的百年奋斗重大成就和历史经验，汇聚加快建设智造洛江、生态新城强大精神动力的决定》。

15 日　洛江区举办“赓续文化薪火·辉映时代光芒”俞大猷纪念馆的重装开馆系列活动，重装开馆的俞大猷纪念馆占地面积 500 平方米，馆内分为“青年才俊”“剿灭倭寇”“清正廉明”“文韬武略”“传世流芳”等篇章。

21 日　洛江区全面推行林长制工作会议在区政府会议室召开，会议听取区林长办汇报洛江区林长制实施工作开展情况，并就林长制五项制度和乡镇级林长考核评分细则进行说明。

21 日　第三届“蔡襄杯”泉州市少年儿童书法大赛获奖作品展览开幕仪式在洛江区图书馆举行，1 月 21 日至 2 月 15 日展出获奖作品 95 件。

26 日　洛江区“党建 +”社区邻里中心建设工作推进会召开。贯彻落实泉州市委十三届二次全会和全市“党建 +”社区邻里中心建设工作现场推进会精神，部署推进全区“党建 +”社区邻里中心建设，致力打造“15 分钟便民服务圈”，提升服务群众能力和综合治理能力。

2 月

5—7 日　洛江区相继在万安街道、双阳街道、河市镇、马甲镇 4 个人流相对集中区域举办“‘洛’地有声”2022 年新春就业招聘会，面向有求职创业意愿的城乡劳动者、就业困难人员、往届毕业生、退役军人及随军家属等提供 10 多个行业近 1000 个岗位。

11日 泉州洛江祭十班习俗入选第七批省级非物质文化遗产代表性项目名录。

13日 区委书记颜丽明，区委副书记、区政府区长郭宁会见浙江万洋集团总裁吴建明一行。

13日 泉州市市长蔡战胜到河市西片区洛江万洋众创城实地调研市委“强产业、兴城市”双轮驱动战略落实情况，调研组实地了解洛阳江生态环境整治工程、洛阳江流域洛江区河市段综合整治工程、泉州植物园等项目。

14日 洛江区工业（产业）园区标准化建设工作推进会议在河市西片区洛江万洋众创城召开，邀请浙江万洋集团总裁吴建明作园区标准化建设培训，围绕“工业园区开发实践与思考”主题展开讲解。各小组牵头单位汇报推进园区标准化建设存在问题及下一步推进措施。

17日 2022年网络媒体新春走基层暨“世遗泉州行”采风活动在洛江开展，走访民营企业信和涂料、西人马联合测控、福建铁拓机械以及高新科技产业园——万洋众创城等，推动民营经济高质量发展，加快建设“海丝名城、智造强市、品质泉州”。

23日 洛江区政府分别与泉州市金融控股集团有限公司、泉州水务集团有限公司签署战略合作框架协议，三方依法加强在人员交流、招商投资、产业基金、金融服务、风险化解、产业园区、智慧信息、水务环保、基础设施、产业优化等领域的全面合作，并建立相应衔接落实机制及合作保障机制，推动金融服务实体经济和城市综合建设。

24日 洛江区青少年心理健康教育基地成立，基地聘请6名心理学专家老师，重点针对涉罪未成年人、未成年被害人、临界未成年人、有现实困难的青少年、需要评估和干预未成年人家长，提供科学心理健康状况评估服务。

3月

2日 洛江区召开建筑产业高质量发展大会，福建省住建厅总工程师陈义雄，省住建厅建筑业处处长施建元，洛江区委书记颜丽明、区政府区长郭宁参加会议。会议表彰19家建筑业行业龙头企业，并出台《关于促进洛江区建筑产业高质量发展的若干措施》36条具体措施。

2日 全国第59个学雷锋纪念日活动暨洛江区深化第七届全国文明城市创建志愿服务动员大会在桥南社区举行，为新组建的3支志愿服务队授旗和6名创城优秀志愿者、4个2021年度创城优秀志愿服务组织颁发证书。

2日 马甲镇永安村农家书屋获评首届福建省示范农家书屋。

4日 洛江区首期“企业新型学徒制”培训班在和诚鞋业有限公司开班，100名学员参加。

4—5日 洛江区委书记颜丽明带领招商考察组到湖北襄阳、十堰开展产业链招商考察活动。招商考察组重点参观考察东风力神动力电池系统有限公司，双方达成合作意向，由东风集团及美标康盛动力科技合作，引入东风集团资源在洛江投资建设“东风工程机械产业园”。

11日 洛江区教育发展促进会成立暨捐赠大会召开，成立洛江区教育发展促进会第一届理事会，募集资金超1.5亿元。

14日 洛江区组织收听收看全省新冠疫情防控工作视频会，并召开全区新冠疫情防控工作会议，落实疫情防控工作各项安排。

17日 洛江区全方位做好疫情防控宣传工作，启用“村村响”广播159个、移动播报车176辆悬挂横幅800余条，分发张贴海报、折页2万余份，播放LED屏滚动标语10万余次，融媒体矩阵各类宣传产品点击量超百万人次。

28日 金光集团App(中国)、黄奕聪慈善基金向洛江区捐赠首批抗疫物资及100万元善款。

30日 洛江区开通疫情期间临时便民24小时服务热线并公布通行保障、社会救助、医疗保障等14类涉疫困难和问题服务热线电话。

4月

5日 洛江区开展“2022·奋进·网上祭英烈”主题网上祭扫活动。

12日 洛江区疫情防控和复工复产工作推进会召开，对全区当前疫情防控和复工复产工作进行再强调、再部署、再落实。

12日 洛江区开展“全城清洁健康洛江”环境卫生大整治大消杀行动，12—16日全区统一开展为期5天的环境卫生大扫除大整治行动；4月17日起，每周确定一天集中开展常态化环境卫生大扫除大整治行动。

20日 泉州市台港澳办领导到洛江调研台企复工复产情况。

23日 洛江区首座“双拥主题公园”开园，公园位于洛江区万安街道万贤街，占地面积约350平方米。

25日 福建省人力资源和社会保障厅副厅长童长峰带队到洛江调研用工稳岗工作，实地走访信和新材料股份有限公司、福建省铁拓机械股份有限公司。

28日 福建省副省长康涛带队到位于洛江区双阳街道西人马联合测控（泉州）科技有限公司调研企业技术研发、人才培养、创新发展、融资工作。

28日 洛江区32个项目参加全市2022年重大项目集中“云签约”活动，总投资292.5亿元。

29日 洛江区数字经济产业园（一期）项目开工，项目地块位于双阳街道朝阳片区，占地87.5公顷，计划总投资9亿元。

29日 洛江区“弘扬五四精神·强国复兴有我·助力乡村振兴”主题活动在马甲镇永安村开展，活动为“蝶村使者”颁发聘书，鼓舞广大团员青年投身乡村振兴，建设家乡。

5月

3日 福建省委常委、泉州市委书记刘建洋到洛江区，深入泉州市区中心粮库调研粮食安全工作，看望慰问节日期间坚守岗位工作人员。

9日 洛江区“政协委员书香之家”揭牌仪式和“洛水仙山·书香政协”读书活动等系列活动在区图书馆举行，活动向各专委会委员发放“政协委员书香之家”服务卡、借阅卡、移动图书馆使用说明、读者手册等资料。

11日 福建省委巡视办副主任陈晓光带队到洛江调研，围绕“提升精准发现问题能力”主题开展座谈交流。

12日 洛江区召开消防安全百日攻坚行动推进会暨生产经营租住场所重大火灾风险综合治理工作部署会，并通报第一季度全区消防安全工作及消防安全百日攻坚行动推进情况。

13日 区长郭宁主持召开区政府常务会议，听取全区安全生产工作情况汇报，研究并通过《洛江区全民健身实施计划（2021—2025年）》《洛江区“绿满泉城”三年行动实施计划》《洛江区妇女发展纲要（2021—2030年）》《洛江区儿童发展纲要（2021—2030年）》。

17日 洛江区召开学习贯彻习近平总书记在庆祝中国共产主义青年团成立100周年大会上的重要讲话精神座谈会。

18日 泉州市人大常委会副主任李文生带队到洛江开展《中华人民共和国职业教育法》实施情况检查。

19日 洛江区乡村振兴现场推进会召开，区委组织部、区委乡村振兴办、区农商银行基层网点签署“‘党建+金融’双基联动战略合作三方协议”。

19日 2022年项目建设巡回集中采访活动走进洛江，实地感受洛江引项目、争项目、建项目取得的最新成效。

19日 “大美洛江奇妙游”中国旅游日网络大V悠游洛江活动启动，邀请10名福建本土网络大V及相关媒体记者开展为期两天一夜的泉州洛江深度体验游，助力“悠游洛江”品牌推介。

24日 泉州市委常委高宏到洛江调研民兵训练和基层武装部工作。

25日 泉州市政协副主席黄世界带队到洛江智谷（泉州）

万洋高新技术产业园和福建省铁拓机械股份有限公司开展“加快工业园区标准化建设推动泉州制造业高质量发展”课题调研。

26日 福建省人大常委会原副主任、省老体协主席王美香带队到洛江区马甲镇新民村调研创建“老年人健身康乐家园”工作情况。

27日 洛江区家教指导服务中心揭牌仪式暨家教讲师团访谈活动在洛江区图书馆举行，区妇联向洛江区儿童之家捐赠100套书籍。

30日 洛江区召开“项目攻坚2022”活动调度暨“抓开放招商促项目落地”专项行动推进会，听取全区重点项目、征迁攻坚、开放招商、产业培育进展情况汇报，盘点分析存在问题，对项目建设、开放招商再强化、再推进。

31日 洛江区委常委会（扩大）会议召开，学习习近平总书记重要讲话精神，部署稳增长保安全惠民生等工作。

6月

2日 洛江区组织开展安全生产标准化提升专项行动拉练比拼观摩活动暨工作推进会，有关领导先后到泉州精镁科技有限公司、居然之家泉州店，实地察看安全生产标准化创建提升情况，听取相关汇报，现场观摩消防应急演练，交流学习工作经验。

7日 “世遗洛阳桥·福游洛江城”——2022年洛江区“文化和自然遗产日”活动启动仪式举行，区委常委、宣传部部长张荣伟为泉州祭十班习俗传承人授牌，区直有关部门领导共同为福建省第七批省级非遗项目和洛江区第六批区级非遗传承人颁发证书。

8日 “闽台兵学文化研究会”成立大会暨郑成功复台360周年学术交流会在仰恩大学举行，泉州市社科联主席李培德、仰恩大学党委书记何宏舟为闽台兵学文化研究会揭牌。

11—12日 洛江区举办洛阳桥“世遗大讲堂”暨志愿者讲解队伍招募培训活动，100多名文化爱好者和志愿者参与。

16日 洛江区争创市级精品示范线暨乡村建设“五个美丽”（美丽乡村庭院、美丽乡村微景观、美丽乡村小公园、美丽田园、美丽乡村休闲旅游点）工作现场推进会召开， 河市镇汇报乡村振兴示范线创建情况，与会人员围绕创建工作展开交流，盘点总结、互促共进。

17日 洛江区创建“老年人健身康乐家园”活动工作现场会召开，现场实地参观马甲镇新民村省级“老年人健身康乐家园”，详细了解创建工作相关情况，听取区“老年人健身康乐家园”创建活动经验介绍。

23日 泉州市新媒体青年人才作品大赛颁奖典礼暨新媒体青年人才论坛在洛江区举行。

24日 福建省体育局局长叶得盛带队到洛江区阳江新城公园调研越野轮滑训练基地，调研组一行实地考察洛江区阳江新城公园一期（越野滑轮训练基地），重点了解全民健身场地设施配套、运动员备战等情况，对进一步提升洛江区体育设施建设，发挥洛江滑轮项目优势，推动体旅融合、体教融合发展等方面提出意见和建议。

27日 洛江区工商业联合会（总商会）举行第五次代表大会暨第五届执行委员会就职典礼。会选举产生区工商联（总商会）第五届执行委员会，林从金当选为新一届区工商联（总商会）主席（会长）。

7月

1日 洛江区“喜迎二十大‘永远跟党走’增添正能量”暨庆祝中国共产党成立101周年老党员座谈会举行，邀请区“光荣在党50年”老党员代表和最美老党员志愿者代表21人参加。

7日 “全民健身2022年”洛江区第二届中小学生足球赛暨泉州市少年儿童足球锦标赛（洛江）选拔活动举行，分小学男女组、中学男女组，共18支队伍参赛。

8日 泉州市装备制造业产业发展小组组长洪自强、副组长黄世界带领市工信局、科技局一行到洛江调研装备制造产业发展情况，现场察看华南动力配套及试验工业园项目，智谷（泉州）万洋高新科技产业园并举行产业发展交流座谈会。

11—15日 洛江区组织开展全域旅游全面振兴专题培训班，培训班为期5天，采取专题辅导、交流研讨和实地学习观摩等方式，围绕数字经济助推乡村产业高质量发展等内容进行教学，提升基层干部推进乡村振兴战略的能力水平。

11日 广西壮族自治区贺州市政协副主席带队到洛江考察学习推进市域治理现代化经验做法，考察团一行先后到万安派出所警务指挥中心、洛阳桥、双阳街道南山社区等地，详细了解指挥中心网格化管理工作、洛阳桥反偷私渡、海上防输入疫情防控社会治理工作及南山社区“党建+”邻里中心建设，“厝边守望”“580议事厅”“侨情人民调解工作”等社区综合治理工作的典型做法。

12日 洛江区召开2022年新时代文明实践工作推进会，部署洛江区2022年新时代文明实践工作和“文明刺桐城 有礼泉州人”精神文明教育活动。

13日 泉州市“传承‘晋江经验’共享品质泉州”系列主题新闻发布会洛江专场举行，洛江区委书记颜丽明围绕“稳中求进抓发展、心无旁骛做实业、统筹城乡提品质、用心用情补短板、创新治理促稳定”等层面作主题发言并答记者问。

14日 洛江区违法用地专项清理整治、2021年度耕地流出问题排查整改暨2021年森林督查问题图斑整改工作推进会召开，会上，各乡镇（街道）、万投集团分别汇报近期违法用地专项清理整治等各项工作进展情况；区自然资源局通报违法用地专项清理整治和2021年森林督查问题图斑整改工作开展情况，部署2021年度耕地流出问题排查整改工作。

15日 “喜迎二十大 共建文明城”泉州市文明旅游宣传志愿服务月在洛江区启动，现场组织开展文明旅游徒步宣传、《福建省志愿服务条例》实施一周年宣传及关心关爱“空巢”老人、残疾人等活动。

19日 2022年福建省第十七届运动会青少年部社会俱乐部组轮滑冰球比赛在泉州实验小学洛江校区正式开赛，福州、厦门、漳州、泉州、莆田等9个地市的15支队伍、近200名青少年运动员进行4天33场比赛，厦门冰睿雪轮滑冰球俱乐部获甲、乙组冠军，泉州市洛江区代表队获甲、乙组亚军，南平市体育局获甲组季军，福州市体育局获乙组季军。

19日 洛江区举办大学生实习“扬帆计划”启动仪式暨“涌泉”行动政策推介会，洛江区大学生实习“扬帆计划”发动辖区93家用人单位发布707个实习岗位需求，累计收到实习简历1255份。

20日 福建省人大常委会委员、侨（台）工委主任带队到洛江开展铸牢中华民族共同体意识推动新时代民族工作高质量发展工作情况调研。

22日 2022年度洛江区市场主体规范经营培训会举办，全区妇幼卫生用品行业、鞋服行业和其他重点规上企业主和企业营销（销售）部门负责人近200人参加培训。

25日 2022年“泉州世界遗产日”纪念活动暨2022年洛阳桥诗会颁奖仪式在洛江区桥南社区举行，现场分别为“聚焦世遗 对话海丝”2022年洛阳桥诗会征稿活动一、二、三等奖获得者颁发证书。

26日 洛江区举行制造业数字化转型专项行动启动仪式暨企业“智改数转”项目培训对接会， 会上分发《洛江区制造业企业“智改数转”指导手册》，介绍制造业数字化转型有关惠企政策，让与会企业代表更深入了解政策、掌握申报程序等，企业代表铁拓机械总监王丁宣读《洛江区制造业企业数字化转型专项行动倡议书》。

26日 2022年全市粮食食

品安全宣传周之“粮食食品安全社区行”活动在洛江区万安街道万盛社区举行，泉州市发展改革委、洛江区发展改革局、泉州市粮油质监站共同设立现场咨询台对群众关心的粮油安全知识进行答疑解惑，并向过往群众宣传和分发《粮食流通管理条例》《中华人民共和国反食品浪费法》等粮食安全相关知识材料和物品。

27—29 日 第二届福建省机器人焊接技能大赛在位于泉州市洛江区的国家特种机器人产品质量检验检测中心（福建）举行，全省各地 22 名技能人才参加。

28 日 厦门市翔安区委书记黄鹤麟带队到洛江开展信访积案化解等工作交流活动。

28 日 泉州市政协副主席肖惠中带队到洛江开展“万名干部进万企 一企一策促发展”专项行动调研活动，通过实地走访、座谈会等方式，协调解决企业发展中遇到的难题，激发企业发展动力。

8 月

3 日 2022 年闽台港澳青少年武术文化夏令营在洛江区开营，140 名台港澳青少年及泉州当地青少年参加。

4 日 福建省工业和信息化厅调研组到洛江开展智能装备制造产业发展及“党企新时空·政企直通车”平台运营调研活动。

4 日 清华大学机械工程系“机械力量”第十期赴闽实践支队走进洛江，走访调研西人马联合测控和铁拓机械等智能领域相关企业，并同辖区高三学生代表座谈学习经验。

4—7 日 洛江青商会协助举办“涌泉”行动——泉州青商标杆企业游学系列之苏州研学班活动，50 多名优秀洛江青年企业家参加。

5 日 洛江区创建国家级慢性病综合防控示范区工作动员部署会议召开，洛江区慢性病综合防控示范区工作领导小组成员单位、各乡镇（街道）以及洛江区卫健系统各单位相关负责人参加会议。

15 日 洛江区举行 2022 年“生育关怀·奖学助学”奖（助）学金发放仪式，区卫生健康局向 26 名 2022 年考上本科院校的农村“二女”户大学生发放奖学金 9.2 万元。

16 日 洛江区组织参加“晋江经验”20 周年招商签约大会，并开展鹭江分会场签约活动，共签约 32 个项目，总投资 313 亿元。

22 日 洛江推行“123”（一个主攻方向、两大推进措施、三大重点任务）机制，助力企业“智改数转”。

29 日 广东省江门市政协副主席任安良带队到洛江开展“发展新型农村集体经济助力乡村振兴”专题调研，调研组先后走访马甲镇永安村蝴蝶兰基地、生态园等地，通过听取相关情况介绍，深入了解马甲镇永安村发展的实践路径、农村生产经营状况以及经营模式。

30 日 洛江团区委、区河长办、区生态环境局、泉州医高专校团委等单位联合开展“‘禹’我同行 保护母亲河 助力‘五化’（绿化、美化、亮化、净化、智化）工程”——2022 年洛江区“河小禹”专项行动启动仪式。

31 日 省人大常委会党组书记、副主任梁建勇带队到洛江开展《中华人民共和国社区矫正法》实地执法检查。

31 日 洛江区举行“数字赋能智绘未来”数字经济产业发展论坛暨项目招商签约活动，16 个数字经济产业项目集中签约。

9 月

1 日 洛江区“‘心侨苑·青邻行动’关爱青少年服务项目”入选 2022 年度福建青少年社会工作项目。

5 日 洛江区 2023 年新增地方政府专项债券申报和管理工作专题会议召开，布置 2023 年政府新增专项债券项目策划申报储备工作。

5 日 洛江区工商联（总商会）举办五届一次主席（会长）办公会暨“同心助企·法治护航”

主题活动，会议通报区工商联（总商会）2022年以来工作情况及下阶段工作计划，审议通过《洛江区工商联（总商会）主席（会长）会议议事规则（讨论稿）》和《洛江区工商联（总商会）第五届主席（会长）轮值主持联谊交流活动工作制度（讨论稿）》。

6日 位于洛江区的泉州钰乘礼品有限公司和泉州市琪祥电子科技有限公司两家外贸企业入选新一届“福建省重点培育和发展的国际知名品牌”名单。

7日 洛江区委书记颜丽明带队到云南走访云南洛江商会，开展招商考察，对接新材料、新能源、文化旅游等项目。

8日 福建省第十三届人大代表（第三小组）到洛江调研辖区智能制造、“党建+”社区邻里中心、环境整治等工作。

8日 洛江区开展“网络安全为人民网络安全靠人民”2022年国家网络安全宣传周系列活动，组织开展线上网络安全知识竞答、网络安全“大讲堂”、网络安全知识进万家、网络安全进校园等活动。

9—12日 2022年侨家乐·福建省华侨美食风情文化节在双阳峇厘民俗文化园举行，活动通过“侨”食记、“侨”玩记、“侨”友记、“侨”文记等四大主题，打造侨家乐，展现华侨精神与华侨力量。

9日 洛江区开展2022年“我们的节日·中秋节”致敬“大地美容师”慰问环卫工人活动，分别向万安街道、双阳街道、河市镇的580名环卫工人分发食用油、大米等总价值10万元的慰问品。

15日 “世遗新起点‘喜迎二十大’科普向未来”2022年全国科普日洛江区主场活动在洛阳古桥举行，现场开展趣味科普有奖竞猜活动、法律咨询、健康义诊、信息安全宣传等宣传活动。

20日 “强国复兴有我·致敬道德模范”——泉州市喜迎二十大道德模范故事汇基层巡演（洛江分会场）活动在马甲镇新时代文明实践所举行。

21—23日 泉州市2022年高素质青年农民（乡村产业振兴）培训班在洛江区举行，讲授抖音、短视频相关新闻宣传渠道整合与运作管理等专业课程。

23日 洛江区举办“秋收献礼二十大·仙山洛水幸福来”庆祝2022年“中国农民丰收节”活动，进一步打响洛江“福”文化品牌，推动乡村振兴。

23日 洛江区举行“喜迎党的二十大”书法作品邀请展暨蔡襄书院揭牌仪式，现场共40余幅优秀书法作品参展，作品聚焦“强产业、兴城市”双轮驱动、“大美洛江、智造强区”建设、蔡襄文化、书法和中华优秀传统文化等内容。

23日 “强国复兴铸征程 乡村振兴呈画卷”美术摄影采风创作巡回展在马甲镇启动，共有150多幅美术和摄影采风作品参展，内容聚焦经济发展、人文景观、自然风光、社会民生等领域。

24日 洛江区首届“汇聚青春力量·助力乡村振兴”青年人才创新创业大赛决赛暨颁奖典礼在泉州广播电视台演播大厅举行，创新创业大赛七月下旬启动，收到作品97份，其中大学生组70份、社会组27份，《高密度生态有机水产养殖系统》《解码畲族文化助力乡村振兴》分别获得社会组和大学生组一等奖。

24日 “福籽同心爱中华•喜迎党的二十大”洛江区第十五个民族团结进步宣传月主题活动在河市镇厝斗畲族村举行，现场开展畲歌微课堂、畲族亲子体验、百米墙绘涂鸦、长桌宴等活动。

27日 泉州市洛江区第五次归侨侨眷代表大会召开，会议审议通过区侨联第四届委员会工作报告，选举产生洛江区侨联第五届委员会和新一届领导班子，杨伟鹏当选为洛江区新一届侨联主席。

29日 洛江区青年商会第二届理(监)事会就职典礼大会召开，会议听取《洛江区青年商会第一届理事会工作报告》、审议通过《洛江区青年商会章程》，选举王书传为第二届理事会会长、黄长翔为第二届监事会监事长、黄思虹为第二届理事会秘书长。

29日 洛江区陈三五娘传说文化研究会成立大会在位于河

市的陈三五娘文化园举行，选举陈永泽为第一届研究会会长，陈培霞为秘书长，王良辰为监事长，聘任陈继川为名誉会长。

10 月

8 日 洛江区提前超额完成 2022 年“菜篮子”工程优化项目任务。

9 日 洛江区召开旅游安全专题会商会，贯彻落实 7 月 11 日全国、全省安全生产电视电话会议精神和市安委会相关工作部署，协调推进安全生产“百日会战”专项行动。

11 日 共青团市委调研组到洛江开展“党建 +”邻里中心团建示范点建设工作调研。

16 日 洛江区委书记颜丽明主持召开区委常委（扩大）会议，听取重点项目进展情况及需协调解决问题汇报，调度解决关键难点堵点，推动项目提速提效。

20 日 洛江区与中化学土木工程有限公司举行合作项目签约仪式，双方围绕健全央地合作机制和城乡建设、建筑业发展、国企改革等领域展开合作。

21 日 洛江区首个安全文化公园开园仪式在马甲镇仰恩湖畔举行。主题公园以应急系统安全 IP 形象“安安”为主要设计符号，融入“洛阳江”“洛阳古桥”“仙珊洛水”等文化元素，结合主题整体协调划分公共安全、防灾减灾、安全生产以及应急救援等主题功能体验区。

24—28 日 洛江区开展农村建筑工匠培训班，全区 60 名农村建筑工匠参加。

25 日 奋进新征程、建功新时代——洛江区学习贯彻党的二十大精神“文艺 + 微宣讲”暨“幸福圩日”、洛江区“文润刺桐 邻里共享”五大乐章系列主题活动、2022 年洛江区社会科学普及宣传周启动仪式在万安街道桥南社区举行。

11 月

3 日 洛江区 2022 年“五化”项目推进暨 2023 年“五化”项目谋划工作会议召开，各牵头单位、各乡镇（街道）分别汇报“五化”工作进展情况、存在问题、下一步工作计划及 2023 年“五化”项目策划情况。

4—6 日 洛江区政府区长郭宁带队赴上海参加泉州市“长三角”招商推介会及第五届进口博览会，并开展招商项目考察对接活动。

8 日 洛江区召开安全生产标准化提升专项行动专题会商会，通报全区安全生产标准化提升专项行动工作开展情况，部署下阶段重点工作。

15 日 洛江区举办 2022 年项目推进及纳统专题业务培训班，培训为期 2 天，重点围绕项目全生命周期推进、前期审批关键节点、要素保障重点专项、固定资产投资项目入库纳统讲解、统计基础规范化建设和财务知识 5 个专题展开系统培训。

15 日 2022 年泉州市中小学生红色经典诵读活动洛江专场在洛江区公共文化中心举行，全区 11 所中小学校参加，闽南师范大学泉州市洛江区附属小学、洛江区第三实验小学获一等奖。

17 日 洛江区召开残疾人联合会第五次代表大会，大会选举主席团主席 1 名，副主席 7 名，王泽勇为区残联第五届主席团主席。

18 日 2022 泉州“营商环境进园区”暨社会信用体系建设主题宣传活动在洛江区中聚电商园举行。

20 日 洛江区获第六批国家生态文明建设示范区称号。

20 日 洛江区“乡村振兴我助力 • 我在洛江有亩田”首批认领开耕启动仪式在河市镇白洋村华优教育基地举行，3 个单位共认领 1.65 公顷。

23 日 泉州市委宣讲团到洛江举行学习贯彻党的二十大精神报告会。泉州市委宣讲团成员、市生态环境局局长李国坤作宣讲报告。洛江区委书记颜丽明主持报告会。郭宁、陈逢生、李奉恒等区四套班子领导，区法院院长、检察院检察长，各乡镇（街道）

党（工）委书记、区直及省市驻洛江各单位主要领导、区委宣讲团成员等参加。

24日 2022年省市县关工委“种子工程”洛江区电子商务培训班开班，各乡镇（街道）50名电商经营者参加培训。

25日 洛江举办以构建丰富课程体系，促进教育高质量发展为主题的首期校长论坛，泉州五中校长张海峰，洛江区教育局相关股室负责人，教师进修学校教研员，各学校校长、园长等参加活动。

25日 洛江区人民法院、区工商联联合成立“知识产权保护服务工作站”。

12月

2日 洛江区“争当生力军、洛江在行动”微讲堂第九期“学习贯彻党的二十大精神区委宣讲团报告会”专场活动举行。

8日 洛江区举办2022年“宪法宣传周”暨洛江区矛盾纠纷多元化解平台启动仪式。

15日 中国共产党泉州市洛江区第六届委员会第四次全体会议在洛江举行，全会审议通过《中共泉州市洛江区委关于深入学习宣传贯彻党的二十大精神，加快建设更高水平智造洛江、生态新城的决定》。

16日 洛江区出台城乡困难群众临时救助规定，主要从救助对象和范围、审核审批程序、救助标准、实行容错免责机制4个方面对已有临时救助政策做出完善、细化、优化和拓展。

22日 2022年“全闽乐购跨年购”爱泉州·大乐购促消费暨泉州优品数字化工程——“泉州优品 母婴用品购”主题系列活动启动仪式在居然之家洛江店举行。

27日 中国人民政治协商会议泉州市洛江区第六届委员会第二次会议开幕，出席委员161人，会议听取政协洛江区第六届委员会常务委员会工作报告和政协洛江区第六届委员会常务委员会关于六届一次会议以来提案工作情况的报告。

28日 政协洛江区第六届委员会第二次会议闭幕，会议听取《政协洛江区第六届委员会第二次会议提案初审情况的报告》，审议通过《政协洛江区第六届委员会第二次会议决议》。

28日 洛江区第六届人民代表大会第二次会议开幕，会议听取政府工作报告，区政府书面报告2022年国民经济和社会发展计划执行情况及2023年计划（草案）、2022年财政预算执行情况和2023年财政预算（草案）、通报区六届人大一次会议优秀代表建议和建议办理先进单位，并通过泉州市洛江区第六届人民代表大会第二次会议选举办法（草案）。

29日 洛江区第六届人民代表大会第二次会议闭幕，会议逐一表决通过《关于区政府工作报告的决议草案》《关于2022年国民经济和社会发展计划执行情况及2023年计划的决议草案》《关于2022年财政预算执行情况和2023年财政预算的决议草案》《关于区人大常委会工作报告的决议草案》《关于区人民法院工作报告的决议草案》《关于区人民检察院工作报告的决议草案》。

自然环境

【位置面积】 洛江区位于福建省东南沿海闽南金三角地带、泉州中心市区东北部，介于北纬 24°56′～25°19′、东经 118°33′～118°42′，是泉州市唯一以世界遗产点命名的行政区。洛江与“三区两县一市”交界，东北毗邻惠安、仙游两县及泉港区，东邻台商区，西连南安市，南接丰泽区。辖区总面积 374.81 平方千米。

【地质地貌】 洛江区属福建东部沿海花岗岩丘陵与平原地貌区的一部分，地势由西北向东南倾斜。北部和中部为低山群中的丘陵交错；南部丘陵从大小阳山经清源山至桃花山呈带状分布。构成为低山向丘陵和平原、台地递降的多层状地形地貌。境内较高的山：大磨山 799.6 米，双髻山（仙公山）758.5 米，白石格 717.4 米，苏山 647 米，玉叶山 670.6 米，大阳山 614.9 米，大岭头 634 米。洛江平原表层为河流沉积层，以细沙为主，夹杂黏土，厚约 4 米，下层为海淤泥层。海堤位于洛江区洛阳江南岸，集雨面积 33.5 平方千米。

【河流水系】 洛江区区域内无大河流，罗溪、洛阳江、木兰溪为区域内最大的 3 条溪流，径流短，流量的季节性变化大。

罗溪 又名潭溪，发源于洛江区罗溪镇朴鼎山（海拔 753.5 米），自东向西流入南安市罗东镇，至土宅村纳飞云诸涧水，向西南流经罗东、梅山两镇，在梅山园尾村注入南安江东溪，河流长度 42 千米，流域面积 262 平方千米，河道平均比降 4.59%，多年平均年降水量 1570.3 毫米，多年平均 61 年径流深 781.5 毫米。罗溪上游主要支流为华溪，发源于南安市向阳乡向阳村，河长 15 千米，流域面积 49.6 平方千米，建有南安笋塔水库，集雨面积 48 平方千米，总库容 1540 万立方米。

洛阳江 主干流发源于洛江区罗溪镇朴鼎山南麓，流经罗溪镇鼎底、马甲镇后坂村、山边村注入惠女水库后再流经河市镇，沿着洛江区与惠安县交界线继续流向东南方向，在桥南社区注入洛阳江内海，最后在东海后渚港秀涂附近注入泉州湾。河流长度 54 千米，流域面积 556 平方千米，河道比降 1.91%，多年平均年降水量为 1285.4 毫米，多年平均年径流深为 554.1 毫米。洛阳江沿途主要支流有河市溪、黄塘溪和百崎河。河市溪发源于洛江区马甲镇炉田村，经河市镇于浮桥村汇入洛阳江，河长 19 千米，流域面积 64.2 平方千米。洛阳江上游建有泉州第二大水库惠女水库，集雨面积 106 平方千米，总库容

1.23 亿立方米。

木兰溪 在洛江区虹山乡北部一隅，主要河流为龙华溪，其支流称为龙潭溪。龙潭溪发源于虹山乡白凤村，流经林田至仙洞于寺埔纳左右支流向北流入仙游县龙华乡后注入仙游木兰溪。龙华溪河流长度 27 千米，流域面积 117 平方千米，河道比降 9.32%，多年平均年降水量为 1659.0 毫米，多年平均年径流深为 844.8 毫米。主流在泉州境内河流长仅 2.5 千米。

【自然资源】

矿产资源 洛江区发现各类矿产 15 种，包括钨、钼、金、银、硫铁矿、叶蜡石、高岭土、陶瓷土、耐火用黏土、砖瓦用黏土、建筑用花岗岩（凝灰岩）、饰面用及雕刻用辉长岩、冶金用脉石英、建筑用砂、矿泉水等。全区发现矿点 50 余处，通过普查地质工作的矿区有 8 处，其规模均为小型。截至 2016 年 1 月 1 日，洛江区所有有证矿山均关闭。

土地资源 2022 年，洛江区农用地面积 3.06 万公顷（其中耕地 0.28 万公顷、园地 0.36 万公顷、林地 2.25 万公顷、其他农用地 0.17 万公顷），建设用地面积 0.58 万公顷，未利用地面积约 0.1 万公顷。

林业资源 2022 年，洛江区林地面积 2.25 公顷，乔木林蓄积量 149.12 万立方米，覆盖率 64.4%。有生态公益林 5894.28 公顷，其中国家级 1682.31 公顷，省级 4211.97 公顷。省级森林公园 1 个，总面积 1189 公顷，占辖区总面积的 3.2%。

【气候】 洛江区地处南亚热带海洋性季风气候区，日照充足，雨量充沛，常年气候温和，温热湿润，冬无严寒，夏少酷暑，干湿分明，但降水分布不均，易遭旱涝灾害，季风气候明显，夏季盛行东南风，多热带台风，冬季以东北风居多，海风大。

气温 洛江区平均气温 18.9 ℃，1 月平均气温一般在 10.2 ℃，7 月平均气温一般在 26.8 ℃。由于地形不同，气温略有差异，南部气温高于北部，北部山区通常比南部平原低 2℃～4℃。气温的年变化，2—7 月气温逐渐回升，8 月开始逐渐下降。年平均气温的年际间变化幅度小，历年平均为 0.2℃，最大达 0.7℃。极端最高气温一般出现在 7—8 月，通常在 35℃～38℃；极端最低气温一般出现在 1—2 月，一般在 2℃～3℃。高海拔虹山乡及罗溪个别村组气温在 -2℃～3℃。

湿度 多年平均相对湿度为 76%，年际变化不大，最大 80%，最小 73%。一年中以 4—7 月湿度最大，在 80% 以上，6 月达 84%，10—12 月较小，在 68%～69%，其余月份在 70%～80%。

日照 洛江区年日照时数为 4422.0 小时，由于云雾等影响，年实际日照时数为 2000.5 小时，日照率 45% 左右。一年中，夏季最长，冬季最短。7—9 月各月在 200 小时以上，其中 7 月最多，可达 261.8 小时，日照率 63%；2—5 月在 95～137 小时，日照率 29%～33%。

风 洛江区受季风影响显著，各季风向受地形影响甚少，其中 6—8 月以西南风为主，气温高，湿润多雨，其他各月尤其冬季以东北风居多，气温低，干燥少雨。平均风速 3.2 米 / 秒，平原地区的风速大于丘陵地区。一年中除 6 月外，各月最大风速皆在 8 级以上，为 18～24 米 / 秒，以东北大风为主，其中 9—10 月最大风速达 24 米 / 秒，瞬间风速最大达 12 级以上。

【空气质量】 2022 年，洛江区空气环境质量优良天数 346 天，轻微污染 19 天，优良天数比例为 94.7%，全年超标天气首要污染物主要为臭氧 8 小时。

历史人文

【建置沿革】 唐久视元年

（700），武荣州第三次建州，州治由前废治丰州迁往东南十五里的晋江下游平原地区，即泉州市区所在地。景云二年（711），武荣州改名泉州，并于开元年间开始修筑泉州城。1950年11月1日，政务院批准设立泉州市（县级），隶属晋江区专员公署。1951年1月，泉州市人民政府成立，以晋江县城区及城郊8个乡为行政区域。1971年1月，晋江县北部的河市、马甲、罗溪3个公社及国营双阳华侨农场划归泉州市管辖。1985年5月14日，国务院批准撤销晋江地区行政公署，设立泉州市（省辖地级市），实行市带县体制，原泉州市的建制改设为区的建制，因泉州古城状若鲤鱼，故取名为“鲤城区”。1985年12月31日，鲤城区人民政府成立，归属泉州市，并为泉州市政府驻地。1997年6月3日，根据“大泉州”发展规划的需要，国务院批准原泉州市鲤城区行政区域调整为3个市辖区（鲤城、丰泽、洛江），同年9月29日，泉州市洛江区人民政府挂牌办公。

【行政区划】　2022年，洛江区辖万安、双阳2个街道，河市、马甲、罗溪3个镇，虹山1个乡，19个社区居委会，67个村委会。

2022年洛江区行政区划

表1

名称	下辖
万安街道	万福社区、万盛社区、塘西社区、杏宅社区、琯头社区、院前社区、后埭社区、桥南社区
双阳街道	阳山社区、坪山社区、南山社区、阳江社区、朝阳社区、新阳社区、新峰社区、新岭社区、新南社区、前埭社区、前洋社区
河市镇	厝斗村、新告村、乌关村、市田村、白洋村、山边村、下官洋村、炉田村、庄田村、河市村、南塘村、溪井村、溪山村、蛟南村、岭客村、坛顶村、浮桥村、霞溪村、梧宅村、下堡村、溪头村
马甲镇	炉田村、梧峰村、二甲村、后坂村、就南村、溪北村、溪林村、潘内村、马甲村、杏川村、永安村、仰恩村、洋坑村、新庵村、彭殊村、梅岭村、祈山村、新生村、新建村、新民村、前垵村、蔡内村、义山村、西头村
罗溪镇	双溪村、后溪村、三村村、前溪村、新东村、柏山村、三合村、建兴村、垵内村、翁山村、永生村、东方村、大路脚村、钟山村、广桥村、双合村、洪四村
虹山乡	白凤村、苏山村、虹山村、松角山村、前坂村

【人口】　2022年，洛江区常住人口25.6万人。公安户籍人口21.29万人，年末总户数6.1万户。其中城镇人口7.22万人，乡村人口14.07万人，城镇化率33.91%；性别比为107.11（以女性为100）。洛江区年内出生人口1899人，出生率7.5‰，其中男婴1092人、女婴807人；年内死亡人口636人，死亡率6.8‰。

【民族】　洛江区以汉族为主，2022年底有40个少数民族，4个民族村（社区），少数民族人口约1万人，其中相对较多的少数民族为回族和畲族。

【宗教和民间信仰】　洛江区境域多种宗教长期并存，庙、观、宫祀奉佛祖菩萨与道教神祇，经常结合传统民俗开展活动。至年底有依法登记的宗教活动场所15处，宗教教职人员24名，民间信仰场所295处，教派信众3万多人。

【历史名人】

蔡襄（1012—1067），字君谟，仙游县人。北宋天圣八年（1030），参加开封乡贡获第一名。同年登进士第十名，次年授漳州军事判官。

北宋庆历三年（1043），蔡襄主持谏院衙署。庆历四年（1044），蔡襄调任福州知州，庆历六年（1046）秋改任福建路转运使。北宋至和、嘉祐年间，蔡襄两次知泉州。皇祐五年（1053），蔡襄主持修建万安桥，又称洛阳桥，至嘉祐四年（1059）完工，亲撰《万安渡石桥记》，刻碑立于岸。碑刻文章简约，书法遒劲，镌刻传神，被誉为“三绝”。蔡襄著有《荔枝谱》和《茶录》。治平二年（1065），蔡襄出知杭州。治平四年（1067）八月，蔡襄在家中逝世，享年56岁。蔡襄是宋代四大书法家之一。

陈麒（生卒年不详），字伯卿，排行第三，出生于南宋末，河市镇梧宅村人。陈麒工诗善文，但无意仕进。因送嫂至广南途经潮州，爱慕黄五娘，未经双方家长主婚而出奔，返还故乡，隐居林泉。他与黄五娘的爱情故事被编成著名的梨园戏《陈三五娘》历代传唱，陈麒就是该剧作中的陈三原型。陈麒热爱公益事业，曾独资建“陈三坝”（包括两岸堤堰）。元兵入泉，杀戮宋室臣僚，陈麒不愿受辱，与妻投井而死。

林一麟（1502—？），字国祯，号西塘，国学生，马甲镇潘内村人。林一麟自幼敏悟，胸怀大志。青壮年时期，林一麟花巨资买下仙公山（谱载以百金购之），在海拔758.5米高的山巅上大兴土木建庙宇。为完成宏愿，数十年风餐露宿，肩挑行走在山野丛林之中，与蛇蝎蚊虫为伍，时而与虎豹豺狼打交道，尝尽人间疾苦。庙宇建好已进入晚年，又投入抢修暗林族谱（首编）、办学堂、修宫庙、修祖墓等公益事业上。仙公山白水岩寺右侧的西塘祠（亦称檀越祠）就是为纪念林一麟对仙公山的开发贡献而建的。

俞大猷（1504—1580），字志辅，号虚江，河市镇濠格头村人。明嘉靖元年（1522），俞大猷承袭父亲俞爱松百户世职，后登第五名武进士，升泉州卫正千户，守御福建金门所。一生曾任福建汀漳守备、广东都指挥佥事、宁波绍兴温州台州诸郡参将及苏州、松江副总兵、浙江总兵、福建总兵、广西总兵等职。俞大猷曾发兵攻击汪直海贼与倭寇，在吴淞所、平望、嘉兴县以北出击倭寇大捷。击败盘踞浙江舟山岛倭寇，平复李亚元在广东河源、翁源二县叛乱，救出被掳男女8万人。俞大猷在安定边疆、抵抗倭寇的斗争中建立丰功伟绩，与戚继光并称“俞龙戚虎”，其带领的军队号称“俞家军”。俞大猷著有《兵法发微》《剑经》《洗海近事》《镇闽议稿》《广西选锋兵操法》。明万历八年（1580），俞大猷去世。1993年，俞大猷家乡为其雕立石像，始建俞大猷公园。

刘弘宝（生卒年不详），万安桥南村人。明万历十四年（1586）进士，授翰林院庶吉士，累官中宪大夫，赠太常寺少卿。刘弘宝是位“宁可丢官，不可丢民”的清官。在担任浙江参政时，施行仁政，百姓有罪，采取“重教轻刑”，且洁身自好，恪守廉节，民感其德，各守本分，社会安定，时人赞曰：“宽来示辱鞭犹在，宠去清风鹤自携。”刘弘宝政绩斐然，谏声驰誉遐迩，善治“理学”，被浙江省列入“名宦”，福建泉州列入“乡贤”。刘弘宝去世之后，赠少卿，谥“文清”，赐“名谏清卿”石坊，予以褒奖。平生著作有《尚书说》《谏垣遗稿》《诗集》等书。

赖虹山（1522—1578），又名统，字宗吾，号虹山，罗溪人。赖虹山在泉州府附生习《易经》，明嘉靖三十四年（1555）举人，任广西思明府同知州，著有《课农轩稿》《守边集》《四子集解》，政绩载《广西通志》。

杜跃苍（1561—1621），字腾甫，号跃苍，马甲人。应试两科武举。明万历二十年（1592），倭寇侵略朝鲜。明朝廷多次派钦差前往朝鲜平息战火，但所派钦差无一返还。危急之下，在朝为官的杜应楚举贤不避亲，请皇帝差使堂兄杜跃苍往朝鲜宣令。杜跃苍接令立下生死状。杜跃苍抵达朝鲜后，深入民间考察民情，完成钦差大臣使命。之后朝廷两次派兵支援朝鲜，于万历二十六年（1598）驱逐倭寇。朝廷众臣纷纷称赞杜跃苍文韬武略，皇帝大悦，即封杜跃苍为六品官。明天启元年（1621），杜跃苍无疾而终。

杜应楚(1575—1634),字翘甫，马甲人。明万历七年（1579）儒士应试副榜补晋邑庠生，万历十年（1582)补廪,万历十三年(1585)乡试第五十三名，万历二十三年（1595）会试中一百九十四名，殿试一百一十五名，工部观政，授河南怀庆府孟县知县。万历二十七年（1599）调直隶镇江府丹阳县，万历二十九年（1601）升南京户部广西司主事，万历三十五年(1607)任江南监税，万历三十六年(1608)十一月任山西员外郎，同年十二月升贵州司郎中，又升江西南昌府知府。

林如源（1576—？），字维清，号五因，马甲人。明万历四年（1576）出生在一个贫困的农民家庭，自幼敏悟，启蒙后博览群书，过目成诵，通读十三经、二十一史以及诸子百家等书。编修族谱十四卷，以及《五因闲抄》《纲目集要》《史评》《八闽名山志》《八闽掇名志》《何司徒佳话》等二十余部书籍，并精诗赋，著有杂咏八十余首收入诗文集。仙公山上的“禅鸡冢碑”，即为林如源撰文、张瑞图书丹。乾隆《泉州府志》第二十八册有载。

吴觐（？—1647），罗溪人。明朝末年，泉州城郭附近乡村农民相继组织“斗栳会”抗租抗税，吴觐被穷苦佃户推举为乡中“斗栳会”首领，聚集本乡和邻乡500余人，联合抗租抗税，公开向地主派饷。清顺治四年（1647）四月，吴觐召集数千人，正式起义，亲手杀死地主黄世斗的小老婆，把黄家财产、粮食分散给穷人。八月，定国公郑鸿逵攻打泉州府城，吴觐率领义军直抵泉州城北花园头支援郑军。但郑鸿逵已退兵，吴觐遂下令撤军。十月，吴觐义军袭击马甲乡凤栖杜氏宗祠等地方武装据点，打击封建势力。至顺治五年（1648），起义队伍发展至数万人。同年十一月，清军副将马得功率士兵300人入泉州，由黄明台作向导“围剿”吴觐起义军驻地半岭庵大寨。吴觐以为清兵大军已到，下令部属分散躲避，半岭庵大寨不攻自破，不久吴觐被抓获，惨遭杀害。

黄士藻（1605—1661），字元素，号果斋，罗溪人，黄梦诏第三子。明崇祯三年（1630）中举人，崇祯七年（1634）登进士，历任浙江平湖、南昌江建县令、南京户部江西清吏主事、员外郎。晋升一级，奉敕督催直江粮饷，分守广西左江道。历任布政司参议、按察司佥事、参政。加封太子少保、太常寺卿。任广西道时，民慕其功绩，为其建宦祠。终年五十七。

刘鳞长（？—1661），字孟龙，号乾所，万安桥南村人。明万历四十六年（1618）中举，越年中进士。刘鳞长参与皇极殿修建、卢沟桥修葺等工程。后调任常州通判，代理昆山知县四个月，任内革除积弊，为昆山百姓做实事。昆山父老感激他，塑其像于侯潮旧址。后转为南京户部主事，升郎中，奉旨考察两浙学政，人称公明。崇祯十二年（1639），调任四川建昌参议，后升川东参政。清顺治二年（1645），唐王朱聿键入闽，在福州建小朝廷，刘鳞长被任为太仆寺少卿、兵部左侍郎，加太子太保、兵部尚书兼东阁大学士。翌年，唐王兵败，刘鳞长在桥南的府第被毁。顺治四年（1647），洛阳桥被毁，刘鳞长集资重修。

杜中士（1801—1847），字亮询，号翘林，后号蕉林，榜名中士，后改彦士，晋北凤栖杜氏（今洛江区马甲镇）。杜中士自幼饱学诗书，艺冠一时。清嘉庆二十三年（1818）时值童子试，杜中士获得头名。道光三年(1823)殿试中进士，二甲第十九名，钦点翰林院庶吉士，改授礼部主事、员外郎。道光十七年（1837）任顺天同考官，道光二十一年（1841）任会试同考官。道光十九年（1839）十二月，杜中士向道光皇帝奏报福建沿海鸦片走私泛滥实情，道光帝调邓廷桢任闽浙总督，选派祁寯藻和黄爵滋会同查办福建禁烟。道光二十年（1840）七月，英国殖民者发动第一次鸦片战争。杜中士建议将福建巡抚、闽浙总督驻扎泉州，由大吏亲往督办，以收实功。道光皇帝下旨：“令闽浙总督，每岁亲赴泉州暂驻数月。”道光二十七年（1847），身任浙江督粮道的杜中士告老还乡。杜中士为官清廉、敢言直谏，与陈庆镛、黄宗汉并称“泉州三御史”。

邱二娘（1833—1855），女，河市人，生于穷苦农民家庭。清咸丰初年，邱二娘忍受不了婆家的虐待，逃到东坪村表哥林杯家中，靠刺绣和行医谋生。林杯参加过太平军，被派回福建活动，准备在惠安发动武装起义。在林杯的启发教育下，邱二娘加入起义队伍，并成为义军的骨干。咸丰三年（1853）四月，林俊在永春州起义，林杯、邱二娘也在惠西笔架山高明王宫树起义旗，队伍迅速扩大到几千人。起义后不久，林杯牺牲，邱二娘成为义军的首领，并率义军在官溪、半岭、驿坂等地抗击，打败清兵“清剿”。咸丰四年（1854）四月，邱二娘率部进攻惠安县城帮助林俊解围。此后邱二娘始终在惠北山区领导抗清。咸丰五年（1855）五六月间，由于起义队伍中的陈大、陈桥、陈潮家暗中向清廷告密，邱二娘被捕获，押送泉州，受尽严刑拷打，始终坚贞不屈。同年六月十四日，在泉州南校场被凌迟处死，年仅23岁。

黄赞恩（1859—1927），字梅礼，号雪亭，罗溪人。清光绪五年（1879）中举人，与状元黄培松同授业其父黄纪堂门下。光绪年间，钦点御前侍卫，后授任两江参将，任官廉洁，政绩斐然。辛亥革命（1911）后还乡，终年69岁。

蓝飞鹤（1901—1930），原名蓝福来，字羽中，畲族，祖籍马甲镇坑头。民国18年（1929），加入中国共产党。民国19年（1930）初，蓝飞鹤以福建省委特派员的身份配合陶铸所组织领导的厦门大劫狱斗争。劫狱胜利后，蓝飞鹤奉命担任泉州特委组织部部长。同年2月，蓝飞鹤被任命为闽南总指挥部第二团长和闽南苏维埃政府筹委会副主席。同年9月16日，蓝飞鹤领导“惠安暴动”，一举攻下反动的山柄民团的碉堡，当场击毙反动民团总陈鸣周，打倒号称五陈乡一霸的土皇帝陈奕昭，在群众欢呼声中成立五陈乡苏维埃政府。蓝飞鹤不顾身体有病，沉着地指挥战斗。18日凌晨，蓝飞鹤率领红二团战士突袭前林村时，不幸被敌人包围，被捕牺牲，年仅29岁。

王济弱（1907—2001），原名王生，河市镇人。幼年随堂兄往马来亚投靠父亲。民国20年（1931）加入中国共产党，翌年当选为中共晋南特别支部组织委员。民国25年（1936）重返马来亚，担任槟城《光华日报》记者。抗战爆发后，参加“华侨抗敌后援会”，任南洋华侨筹赈祖国难民总会槟城分会执委，带头捐献部分工资作为抗日活动经费。配合骆世生、庄明理、洪丝丝等创办《现代日报》和《现代月刊》等刊物，宣传抗日救国。民国35年（1946）任中国民主同盟槟城分部组织部主任。1952年回国，在民盟泉州市委工作。1954年调任泉州市侨联副主席，并蝉联第四至七届侨联副主席。1957年10月当选致公党泉州市委第一届委员会副主委，并蝉联致公党泉州市委第二至第四届主委职务。1984年离职休养。2001年1月逝世，享年94岁。

许金荣（1916—1984），又名吴寅、徐克、清源（清元），双阳高厝村人。民国20年（1931），许金荣到厦门集隆参行当学徒时结识厦门水果捐稽查员李青石（中共地下工作者），开始接受革命思想。“九一八事变”后，许金荣参加厦门反帝大同盟运动和收复“九一八”失地同盟的抗日秘密组织。民国26年（1937）“七七事变”，许金荣参加当地缅甸华侨救灾分会。民国27年（1938），许金荣加入中国共产党。民国30年（1941）7月，许金荣奉派到关中边区负责经营光华商店，任副经理兼财经部门党支部书记。民国36年（1947），缅华店员联合会成立，许金荣任副主席。1954年后，许金荣先后担任中共中央对外联络部研究员、四川学院党总支书记、昆明工学院党委副书记兼副院长、华侨大学党委副书记兼副校长。历任全国归侨联合会第二、三届委员，全国华侨史学会理事，福建省华侨历史学会副理事长。1984年4月28日逝世，享年69岁。

杜伦（1917—2007），曾用名杜铁高。民国6年（1917）出生于印度。民国24年（1935），杜伦回到故乡新生围仔，在其舅舅资助下，到上海一所大学就读预科班。抗日战争全面爆发后，杜伦参加抗日救亡宣传活动，并参加军官训练团学习。在战干团学习期间，加入中国共产党。之后，杜伦进入徐特立为主任的八路军驻桂林办事处工作，并在广西大学组织开展学生运动。民国29年（1940）5月，随同徐特立一起奔赴延安。民国34年（1945），被组织派往辽宁开展工作。1949年4月，杜伦奉调进京。1949—1965年在广东16年，曾任潮阳军管会主任、潮阳党委副书记、广东省华建投资公司总经理、广东省工业厅副厅长、中共汕头市委副书记。1965年12月，杜伦回故乡泉州，任中共晋江地委副书记。1974年，调任龙溪地区革命委员会副主任、中共龙溪地委副书记。1980年起，杜伦历任福建省外贸办副主任，香港华闽、福建华侨投资公司总经理，中共福建省顾问委员会委员。1990年离休，享受副部级待遇。2007年9月1日逝世，享年91岁。

尤鸿源（1920—1944），原籍罗溪镇，在菲律宾马尼拉市出生。民国24年（1935）后，尤鸿源曾参加中华民族武装自卫会菲律宾分会、菲律宾华侨劳工团体联合会（简称“劳联会”）及“劳联会”所属的菲律宾店员救亡协会（简称“店救协会”），被选举为“店救协会”第一届执行委员。太平洋战争爆发后，马尼拉沦陷前夕，“劳联会”组织300多名华侨青壮年，从马尼拉成功转移到中吕宋阿拉脱山的树林里，尤鸿源是领导人之一。菲律宾华侨抗日游击支队（简称“华支”）成立后，尤鸿源作为“华支”驻中吕宋的代表，担负“华支”与菲律宾抗日友军之间的联络工作。民国33年（1944）12月，日军出动大批兵力搜索蕊描弱夏省甲标社地区，尤鸿源不幸被日军抓住。日本侵略军对尤鸿源施行各种毒刑逼供，尤鸿源始终没有泄露机密。最后，日本侵略军惨无人道地把尤鸿源凌迟碎尸。尤鸿源牺牲时年仅25岁。

刘超然，河市人，先祖从万安桥南村徙河市。曾在民军陈国辉部任闽南财政处处长。陈国辉败后，刘超然到日本早稻田大学深造。回国后经陈佩玉介绍认识福建省省长陈仪，被任命崇安县长。在任时，曾为崇安人民和抗日战争事业做出很大贡献。陈嘉庚先生在《南侨回忆录》一文中说：“刘超然，这位闽南籍抗日县长，努力负责，廉政有余，父老都称誉之。”

黄和平（1920—2008），台北市著名社会活动家，爱国人士。民国9年（1920）9月，黄和平出生于晋江县罗溪乡。民国38年（1949年9月30日止）秋，携眷辗转到台湾，初任公职业余学医，至55岁考取中医师。黄和平一方面潜心研究医学，以高尚的医德医艺闻名遐迩，另一方面潜心研究儒学，致力社会风化教育，建树良多。1987年台湾对大陆探亲解禁后，1989年黄和平携眷回乡，将在台行医所得及省吃俭用的积蓄捐出建校兴学。黄和平捐资200多万元，在罗溪镇新建敬德学校，在马甲镇新建文华学校，在罗溪镇扩建洪德学校；捐资100万元，建设泉州第十一中慈恩图书馆；捐助160万元建设泉州敬德职业技术学校；捐资20万元助建虹山敬德幼儿园；捐资160万元建设洛江区教师进修学校。2008年逝世。洛江区人民政府于敬德职业技术学校校园里为其塑像以彰义举善行。

杜金枝（1921—1997），马甲镇人。民国19年（1930）南渡菲律宾。太平洋战争爆发后，参加菲律宾华侨抗日游击队。民国34年（1945）日本侵略军投降后，曾任菲律宾华侨民主大民盟常委、党小组组长。1948年5月，杜金枝回国参加解放战争，加入广东东江游击支队，任一支队五团独立分队小队长。同年11月，调任闽粤赣边纵队八支队三连排长，后调任八支队四团十一连连长。1950年7月，调任晋江县人民武装部副部长。1953年分配到海军东海舰队工程器材处工作，1955年立二等功，后升任海军东海舰队工程部第一建筑器材科科长。1958年参加炮击金门战斗，留任福建基地工程处器材科科长。1964年被授予海军少校军衔。1975年8月，调任海军福建基地后勤部工程营房处副处长。1977年10月退休，1982年改为离休（正团15级）。1988年9月获授中国人民解放军独立勋章，同年10月被菲律宾退伍军人总会授予荣誉勋章。

杨维辉（1925—2000），河市镇梧宅村人。民国34年（1945）初被国民党作为“壮丁”抓去当兵，中途逃脱；同年2月参加革命加入新四军；1949年9月加入中国共产党，先后担任苏浙军区第三科电话员、华东军司令部电话连机话员，组长、班长等职；1950年10月转业到地方工作；1950年2月至1977年1月先后担任晋江县第八区委员会公安员，晋江县第二区区长，中共晋江县金井区区长，晋江县县委委员、常委、副书记，副县长。1960年6月至1968年10月，担任晋江县县长。1977年2月至1983年11月，担任中共泉州市（县级市）委副书记；1981年2月至1985年12月，担任泉州市（县级市）第八届、九届人大常委会主任等职务。1987年5月离休，享受地专级干部待遇。2000年6月27日逝世。

吴庆星（1935—2005），缅甸华侨，祖籍马甲镇霞井侨村山边自然村。民国24年（1935）出生于缅甸。民国30年（1941）太平洋战争爆发，日本南侵缅甸后，吴庆星随父母回国。抗日战争胜利后，又随父母重返缅甸居仰光市郊的沃降埠。1955年，作为缅甸爱国华侨代表回国参加国庆观礼，受到毛泽东、周恩来等中央领导人接见。之后到北京体育学院进修，参加北京国际篮球教练员培训班。回缅后经商，1965年到香港经营粮食和饲料，创建和昌集团并任董事会主席。吴庆星先后40余次参加“广交会”，每年成交额都在1亿美元以上。20世纪80年代业务扩展到国内外多地，被誉为“东南亚饲料大王”。1986年5月，吴庆星为实现其父的未竟事业，回乡创办仰恩大学。吴庆星被提名为全国民办教育十大杰出人物候选人。吴庆星在海内外赢得良好声誉，《人民日报》、《瞭望》杂志、《华声报》以及香港《文汇报》、美国的《侨报》等均有报道，中央电视台中文国际频道《直通香港》栏目拍摄专题片。2005年逝世。

杜成金（1943—2003），祖籍马甲镇蔡内村。杜成金幼年时家境贫寒，但其一心向学，刻苦读书，后就读于北京大学。1968年12月，杜成金被分配到陕西国营4320厂工作，时值“文化大革命”期间，他当过搬运工、炊事员，后调入厂办公室当秘书，翌年被提拔为办公室主任。1978年10月，调入华侨大学任助教，后继任讲师、物理系总支部委员。1983年10月起，先后任校长办公室秘书、副主任、党支部书记。1989年6月，升任校党委副书记。1994年，改任副校长。杜成金从教从政之余，热爱文学，其诗作入选《二十世纪中华诗人代表作》《中华当代婚寿庆典诗词联集萃》。2003年9月逝世。

杜亚美（1949—1989），女，又名秀美，马甲镇人。1959 年 10 月，在公私合营泉州市草席厂当织席工。1961 年，在泉州市（县级）日杂经理部当学徒，1963 年转为正式职工。1971 年，调入人民商场为营业员、出纳员。1973 年 1 月，泉州市土产公司成立，杜亚美调至公司日杂批发部当出纳员。1978 年 11 月，任公司南门日杂门市部负责人，以优异成绩出席泉州市“群英会”。1979 年，被评为泉州市“三八红旗手”。1980 年 5 月，杜亚美任工农兵日杂门市部主任。1983 年，杜亚美被选为泉州市第九届人民代表大会代表，同年 2 月加入中国共产党。1987 年，被评为省劳动模范、优秀共产党员，获省“五一劳动奖章”。同年 10 月，升任鲤城区土产日杂公司副经理兼南门日杂商场主任。至 1989 年，其负责的商场连续 5 年购销年增 17%，上缴税利年增 11%。同年，被评为商业部特级劳动模范，获全国“三八红旗手”称号。同年 10 月逝世。

【洛江物产】

农作物和特色农业 洛江区主要农作物有水稻、番薯、马铃薯、芋头、大豆、花生、甘蔗、西瓜等。区内林木以马尾松、杉木、相思树、木荷、木麻黄、油茶等为主，其中马尾松栽种面积最大。龙眼、柑橘、柿子、李子、荔枝、香蕉、橄榄为主要水果品种。花卉种植主要包括水仙花、鲜切花、盆栽观赏植物。洛江区茶叶主要品种有“本山”“黄旦”“铁观音”“梅占”“水仙”“佛手”。其中河市槟榔芋、石斛、白洋黄皮甘蔗、虹山红心地瓜、霜冻芥菜、加锥山野山茶油等为名优农产品。2011 年，“虹山红心地瓜”获得国家地理标志证明商标，2014 年被认定为省著名商标、市知名商标。

风味小吃 洛江区风味小吃较为典型的有肉粽、槟榔芋饼、炕牛肉块、焖猪蹄等，食用佐以蒜泥、辣酱、香醋、麻油、蒜白、芫荽、萝卜酸等调料。较古老而广泛流传的大众化菜肴有五香鸡卷、夹肉花包、馅心鱼丸、油炸糟鳗、香焖芋鸭、槟榔芋茸等。配合参、芪、归、地、姜、枣之类中药的膳食有归枣绒鸡、四物番鸭、芪枣羊肉、莲子猪肚、干盐焗鸡、油焗红蟳、清炖全鳖、清炖石鳞、清炖鲈鱼、醋炖酥鲫。

2022 年经济社会发展

【概况】 2022 年，洛江区实现地区生产总值 355.11 亿元，比上年增长 3.6%。第一产业增加值 5.37 亿元，比上年增长 6.0%；第二产业增加值 223.38 亿元，比上年增长 4.0%；工业增加值 193.11 亿元，比上年增长 3.3%；第三产业增加值 126.35 亿元，比上年增长 2.6%。三次产业比例 1.5 ∶ 62.9 ∶ 35.6。2022 年，洛江区居民人均可支配收入 38507 元，比上年增长 5.6%；人均消费支出 24445 元，比上年增长 5.2%；人均住房建筑面积 82.8 平方米。

【农业】 2022 年，洛江区农业总产值 11.11 亿元，比上年增长 6.7%。其中，夏粮产量 3671 吨，比上年下降 8.3%；秋粮产量 7605 吨，比上年增长 5.3%。分品种看，稻谷产量 5335 吨，比上年下降 3.4%；玉米产量 1535 吨，比上年增长 6.4%；薯类 4694 吨，比上年增长 2.6%；大豆产量 139 吨，比上年增长 6.1%。肉产量 11618.79 吨，比上年增长 20.3%；奶产量 122 吨，比上年下降 31.5%；禽蛋产量 3301.41 吨，比上年下降 0.8%。2022 年末，生猪、能繁母猪存栏分别增长 34.1%、54.7%。

【工业】 2022 年，洛江区工业实现增加值 193.11 亿元，比上年增长 3.3%。其中规模以上工业增加值比上年增长4.2%。全年规模以上工业企业利润总额81.32亿元，比上年下降2.9%。农副食品加工业增加值比上年下降44.2%，纺织业比上年下降29.2%，化学原料和化学制品制造业比上年增长16.2%，非金属矿物制品业比上年增长44.9%，黑色金属冶炼和压延加工业比上年增长56.9%，通用设备制造业比上年下降4.2%专用设备制造业比上年增长17.9%，汽车制造业比上年增长11.8%，电气机械和器材制造业比上年增长12.7%，计算机、通信和其他电子设备制造业比上年增长6.6%。

【建筑业】 2022年，洛江区有资质等级以上的建筑企业有100个，完成建筑业总产值263.88亿元，比上年增长14.6%，在地建筑业总产值89.5亿元，比上年增长22.6%；在外省完成的产值174.38亿元，比上年增长10.9%。全社会建筑业实现增加值30.27亿元，比上年增长8.9%。全年建筑房屋施工面积642万平方米，比上年下降25.4%；房屋竣工面积365万平方米，比上年增长34.3%。建筑业总产值达亿元及以上的企业18家，其中5亿元及以上的企业11家。

【固定资产投资】 2022年，洛江区固定资产投资134.16亿元，比上年增长10.6%。其中，项目投资104.81亿元，比上年增长64.8%；房地产开发投资29.35亿元，比上年下降49.2%。固定资产投资按三次产业分：第一产业投资比上年增长100%；第二产业投资比上年增长38.9%，其中工业投资比上年增长38.9%，占周固定资产投资的比重为 25.6%，工业投资中制造业投资比上年增长30.6%，占固定资产投资的比重为24.0%；第三产业投资比上年下降36.6%。

【国内贸易】 2022年，洛江区社会消费品零售总额96.28亿元，比上年增长12.7%。限额以上消费品零售额58.34亿元，占全社会消费品零售总额的60.6%，比上年增长20.3%；限额以下消费品零售额37.94亿元，占全社会消费品零售总额的39.4%，比上年增长1.6%。粮油、食品类比上年增长42.3%，日用品类比上年增长277.8%，中西药品类比上年增长6.7%，汽车类比上年增长5.6%，家用电器和音像器材类比上年增长84.4%，建筑家居装潢材料类比上年下降16.3%。全区限额以上批零住餐业企业实现销售额151.48亿元，比上年增长22.5%。

【金融】 2022年，洛江区金融机构本外币各项存款余额246.89亿元，比上年末增长14.8%，其中，人民币各项存款余额241.亿元，比上年末增长14.0%。人民币存款中住户存款余额140.77亿元，比上年末增长17.1%。全区金融机构本外币各项贷款余额243.50亿元，比上年末增长7.8%，其中，人民币各项贷款余额243.50亿元，比上年末增长7.9%。

【社会保障】 全区城乡低保对象1420户2174人，其中城镇218人，农村1956人，确定低保标准为每人每月900元。80周岁及以上低保老年人每人每月增发100元，累计发放低保金1496.89万元。确定特困人员集中供养基本生活标准每人每月1755元，散居供养基本生活标准每人每月1170元。2022年春节前对低保对象等困难群体发放临时价格补贴51.90万元。全年累计发放临时救助金1274人次共171.99万元。实行残疾人“两项补贴”制度，累计发放残疾人“两项补贴”473.10万元。实行高龄补贴制度，全年累计发放高龄补贴 210.88万元。

智造洛江

综 述

【产业规模】　2022年，洛江区机械装备行业完成规模以上工业产值211.99亿元，比上年增长16.7%，其中智能装备企业完成产值158.4亿元，增长8.9%，占规模以上工业产值比重达20%。全区有智能装备企业52家，其中规模以上企业49家。强化龙头项目招商，全年策划智能装备产业项目53个，总投资483.3亿元，其中签约项目17个，在建项目28个，在谈项目8个。全年推荐申报认定福建省工业龙头企业5家，泉州市产业龙头企业17家，省市级服务型示范企业2家。

【企业自主创新】　2022年，洛江区引导企业加强产学研合作及产业创新，推荐福建省铁拓机械股份有限公司等2家企业申报2022年福建省技术创新重点攻关项目。开展企业质量管理标杆示范，推荐信和新材料股份有限公司申报2022年全国质量标杆名单。推荐福建省铁拓机械股份有限公司、泉州市琪祥电子科技有限公司等22家企业申报国家级高新技术企业，福建新源重工股份有限公司、西人马联合测控等12家企业获得福建省科技“小巨人”企业称号；信和新材料股份有限公司等6家企业获评国家级专精特新“小巨人”企业，18家企业获评省级专精特新企业。支持企业应用先进的质量管理方法和“互联网+”等手段，传帮带动中小企业开展质量管理和质量提升，推动产品、服务质量和效益提升。

【产业政策扶持】　2022年，洛江区加大对智能制造产业引导扶持力度，及时兑现相关奖补措施，推荐泉州加来盟体育科技有限公司申报2022年省级智能制造试点示范重点项目；落实泉州天娇妇幼卫生用品有限公司等15家企业机械装备产业发展专项资金扶持1495.2万元。推荐泉州华大超硬工具科技有限公司等4家企业申报2022年省首台（套）重大技术装备推广应用指导目录，推荐泉州市劲力工程机械有限公司等3家企业申报2022年省首台（套）重大技术装备认定，兑现福建省绿能环保科技有限公司等2家企业首台（套）重大技术装备补助及省级工业和信息化专项转移支付160万元。

【标准化园区建设】　2022年，洛江区坚持“规划、规范、提升、示范、招商”一体化推进工业园区标准化建设，洛江区数字经济产业园（一期）、智谷（泉州）万洋高新技术产业园、泉州智创科技城等9个“四个一批”项目，总投资128.3亿元。其中洛江区数字经济产业园为市级园区标准化建设重点项目，计划新建建筑面积21.44万平方米，规划布局软件研发与办公区、配套服务区、电子信息产品制造区、智能装备制造区等区域，计划打造“绿色+

智慧”数字产业园区；湖南云箭集团、埃睿迪信息技术（北京）有限公司、泉州市金同信息科技有限公司、泉州市绿普森生物科技有限公司等4家企业确认入驻园区，与中移物联网有限公司签订“数字洛江”合作协议，对接洽谈吉利工业互联网等8个项目。智谷（泉州）万洋高新技术产业园为区级园区标准化重点项目，对接洽谈招商项目55个，深圳市时誉高精科技有限公司等40个项目意向签约入驻，计划总投资近30亿元，建筑面积需求约21万平方米。

【5G全连接工厂】 2022年9月13日，位于双阳街道的天娇妇幼卫生用品有限公司与中国电信泉州分公司举行天娇妇幼5G数字化园区项目签约，洛江区卫生用品行业首个5G全连接工厂建设工作启动。项目基于5G技术实现生产设备的数字化、智能化改造，同时引入自动化的辅助生产设备，解放劳动力，提高生产效率；通过原材料的“5G+数字化管控”，结合智能物流+智能仓储应用，实现生产全过程溯源，同时提升仓储物流管理效率；依托5G智能传感技术，在生产环境方面，对生产能耗、设备及用电安全等实现数字化管控；结合5G+智能工单、报表系统，辅助实现生产运营的数字化流转，提高生产效率；通过5G+机器视觉技术，实现产品质量的智能化检测，提升良品率；面向客户提供基于订单生产、运输的可视化、透明化管控。

机械装备产业

【概况】 2022年，洛江区加快智能装备产业园规划提升和发展建设，全区电气机械和器材制造业比上年增长12.7%。重点发展数控机床及工具、机器人、工程机械、纺织与轻工机械、电器装备、高端传感器六大行业，引进三一筑工科技股份有限公司、福建省铁拓机械股份有限公司、泉州市中力机电有限公司等企业入驻，推动机械装备产品向中高档、智能化、制造单元和成套设备转变。

【产业链延伸】 2022年，洛江区机械装备产业初步形成以高端专用设备及精密数控装备制造业为主的产业链，上游以芯片、传感器、电子线路板、减速器、发动机凸轮轴，智能轴承、工业涂料、工程机械配件、新型金属功能材料、电子专用材料、金刚石工具、发电机、扬声器等为主；中游以沥青混合料搅拌专用设备、石材矿山开采专用设备、工程机械，电力专用设备，通信专用设备，精密数控纺织专用设备，高档数控机床，工业机器人、发动机等为主；下游延伸到以智能化整机装备及智慧解决方案应用，地产、基建、城市市政工程、有色金属矿采、黑色金属矿采，专网通信厂商、消费类电子行业，纺织和服装行业、有色金属冶炼等行业为主，终端应用场景同步延伸到道路、建筑、矿山、电信、通信、纺织、冶金等领域。

【福建省铁拓机械股份有限公司】 福建省铁拓机械股份有限公司位于泉州市洛江区河市镇，占地面积近13万平方米，是一家集沥青搅拌设备、沥青再生设备以及相关配件的研发、制造、销售与服务于一体的高新技术企业，销售服务网络覆盖全国30多个省、市以及欧亚非等50多个国家和地区，路面沥青混合料厂拌热再生领域的技术水平与销售数量连续多年行业排名前列，移动式沥青混凝土搅拌设备销量占中国市场销售总量的50%以上，沥青厂拌热再生设备市场占有率居国内首位。福建省铁拓机械股份有限公司与国内多所知名院校建立合作关系，拥有实用新型专利和发明专利394项，被工信部列入制造业单项冠军培育企业名单，2020年被工信部认定为专精特新“小巨人”企业，2022年5月在新三板创新层挂牌上市。2022年纳税2000多万元。

【福建新源重工有限公司】 福建新源重工有限公司位于泉州市

洛江区五金机电产业园，占地面积 3.5 万平方米，总建筑面积 6 万平方米，是一家集研发设计、生产、销售于一体的挖掘机制造企业，配备激光切割设备、数控龙门加工中心、机器人焊接系统、机器人喷漆系统等世界先进的生产设备，实现主机结构件下料切割、拼装焊接、数控加工、表面喷涂自动化的生产工艺。福建新源重工有限公司专注于工程机械产品研发、创新，产品均为自行设计研发，拥有产品完全的自主知识产权，获得多项国家发明专利及数百项实用新型专利，拥有完整的生产管理体系，通过 ISO 9001：2015 质量管理体系和 ISO 14001：2015 环境管理体系双认证，先后获得国家级专精特新“小巨人”企业、省龙头企业、省高新技术、省科技“小巨人”、省科技型企业，省专精特新企业、省制造业单项冠军（产品）企业、省知识产权优势企业、市龙头企业等多项荣誉称号。2022 年纳税 2254 万元。

【泉州市劲力工程机械有限公司】 泉州市劲力工程机械有限公司位于泉州市洛江区河市西片区，是国内第一家开发、制造 360 度全回转双驱动轮式挖掘机、履带式挖掘机，集设计开发、生产销售于一体的科技型企业，配备各类进口大型加工设备和国内最先进的数控切割机、油漆加工流水线等设备，引进一批专业的技术开发人员和优秀管理人员，建立完整的产品质量管理体系。泉州市劲力工程机械有限公司主要生产 10 吨以下的轮式和履带式挖掘机和相关配套产品，主要有双驱动轮式挖掘机、履带式挖掘机、夹装机、抓砖机、夹甘蔗木材机、挖沟机，适用于交通、市政、园林、绿化、农田、水利等建设施工和生产作业，产品远销国内外。2022 年纳税 183 万元。

传感智造产业

【概况】 2022 年，洛江区以传感智造为主导的专用设备制造业比上年增长 17.9%，计算机、通信和其他电子设备制造业比上年增长 6.6%。高标准建设智谷（泉州）万洋高新技术产业园，以西人马联合测控、云箭感知测控、云知声人工智能科技等项目为带动，加速人工智能产业赋能，加快从感知层、执行层、自动化生产线、网络层等 4 个层面打造先进传感智造基地。支持离散型智能制造、流程型智能制造、网络协同智能制造、大规模个性化定制、远程运维服务等智能制造模式发展，推动智能制造向传感器、射频识别、控制系统、伺服电机、智能测控装置、高档数控机床、机器人、3D（三维立体）打印、云计算、大数据、工业互联网技术延链展链。加快智能制造关键技术装备的集成应用，促进制造工艺仿真优化、数字化控制、状态信息实时监测和自适应控制。

【华南动力配套及试验工业园开工建设】 2022 年 5 月 17 日，华南动力配套及试验工业园开工建设，项目位于泉州市洛江区万

2022年5月17日，洛江区举行华南动力配套及试验工业园项目开工仪式 （图/洛江区融媒体中心）

安街道，总投资16亿元，总建筑面积约6.6万平方米，建设发动机加工车间、装配车间、测试车间、仓储物流设施、研发办公及配套设施，引进5条发动机加工生产线、4条动力总成装配线、10个动力系统测试实验室，2022年累计投资1.2亿元。

【泉州市云箭测控导航产业化项目签约】 2022年7月22日，在第五届数字中国建设峰会“泉州之夜——芯之所向 数智未来”论坛上，湖南云箭集团有限公司与泉州云箭测控导航创新研究院签约，双方共同投资泉州市云箭测控导航产业化项目，落地泉州市洛江区双阳街道数字经济产业园（一期），投资3亿元。该项目聚焦自主可控低成本航姿系统、智能感知系统及大数据平台等领域，加快建设高水平的MEMS（微机电系统）导航研发、微型感知与测控研发创新平台，打造国内领先的低成本姿态测量与环境感知系统研发与生产基地，拓展和挖掘军民两用市场的应用需求。

【西人马联合测控（泉州）科技有限公司】 西人马联合测控（泉州）科技有限公司位于泉州市洛江区双阳街道，占地4.67万平方米，拥有各类先进的MEMS芯片、功能材料芯片及传感器的封装与测试设备，从事芯片、材料和传感器的研发、设计、制造、封装和检测，是西人马集团MEMS高端传感器芯片制造基地，客户主要集中在能源、航空航天、轨道交通、精密仪器、工业自动化、物联网等领域，同时为全球客户提供MEMS芯片的OEM（代工生产）、ODM（在代工生产基础上，增加前置设计服务）服务。西人马联合测控（泉州）科技有限公司申请专利超500项，其中已授权发明专利近30项，已授权实用新型近100项，获评“国家高新技术企业”“省企业技术中心”“省数字经济领域未来独角兽创新企业”“福建省物联网企业技术创新中心”“福建省产业领军团队”等，参加第六届中国国际“互联网+”创新创业大赛获得金奖。2022年纳税271万元。

【嘉泰数控科技股份公司】 嘉泰数控科技股份公司位于泉州市洛江区双阳街道，占地10万平方米，是一家专业从事自动化、智能化精密加工设备的研发、生产、销售和服务的高新技术企业，主要为航天航空、汽车、船舶、轨道交通、风能发电、消费电子、3C通信、医疗器械、五金及工装模具等行业提供以高速精密CNC（计算机数字化控制）加工中心机为主的各类高端智能数控装备，并提供整体解决方案和全过程支持服务。截至2022年，该公司形成8个大系列、300余种产品规格，获120多项专利和软件著作权，被授予“国家数控系统工程技术研究中心泉州分中心”“院士专家工作站”“高新技术企业”“省级企业技术中心”“省级企业工程技术研究中心”“省级服务型制造示范企业”“两化融合管理体系贯标试点企业”“科技小巨人领军企业”“福建省科技型企业”“福建省战略性新兴产业骨干企业”等多项称号。2022年纳税1248万元。

新型材料产业

【概况】 2022年，洛江区工业战略性新兴产业增加值占规模以上工业增加值比重的21.1%，居泉州市第一位。新型材料研发与应用持续突破，泉州天智合金材料科技有限公司、信和新材料股份有限公司分别和中国科学院宁波材料技术与工程研究所共建非晶纳米晶磁性材料工程中心、新型环保防腐涂料工程中心，填补国内技术和产品空白，信和新材料股份有限公司上榜全国涂料百强企业名单。

【信和新材料股份有限公司】 信和新材料股份有限公司位于泉州市洛江区万安街道，是一家有27年研发历史、专业生产中高端工业涂料的科技型民营企业，主要研发、制造应用在核电工业、机械装备、新能源、轨道交通、重防腐与防火等市场领域的涂料产品。信和新材料股份有限公司参与起草制定国家或行业标准44项，获得国家授权专利84件，其中授权发明专利30件，获2020年度福建省科技进步一等奖，获得“国家专精特新重点‘小巨人’企业”“国家制造业单项冠军企业（产品）”“国家绿色工厂”“国家火炬计划重点高新技术企业”“国家服务型制造示范企业”“国家知识产权优势企业”“福建省工业企业质量标杆”等称号，搭建有“国家博士后科研工作站”“省级企业技术中心”“福建省重点实验室”“福建省工程技术研究中心”“院士专家工作站”等科研平台。2022年纳税2576万元。

【泉州众志新材料科技有限公司】泉州众志新材料科技有限公司位于泉州市洛江区机电产业园，是一家专业研发、生产、销售金刚石工具的国家高新技术企业，主要生产金刚石锯片、金刚石刀头、金刚石绳锯、金刚石排锯、金刚石软磨片、金刚石碗磨、金刚石布拉磨块、金刚石行星磨轮、金刚石树脂磨块、金刚石成型轮、金刚石薄壁钻头、硬质合金锯片等系列产品，产品应用于石材矿山开采、精加工、钢筋混凝土、人造石、瓷砖、地坪、马路、地铁、隧道等。泉州众志新材料科技有限公司拥有31项发明专利和103项实用新型专利，“众志”品牌被认定为“中国驰名商标”，2021年吧被认定为国家级专精特新“小巨人”企业，2022年通过省级制造业单项冠军产品认定。2022年纳税1536万元。

【泉州天智合金材料科技有限公司】泉州天智合金材料科技有限公司位于泉州市洛江区河市镇，主要生产高科技特种合金材料及特种合金材料制品，服务于航空航天、信息通信、电力电子、冶金机械、石油化工、能源交通、环境保护等高新科技领域，是国家级高新技术企业。该公司配备国内一流的水气联合雾化合金粉末生产系统，以及多种先进粉体材料与合金功能的检测设备仪器，技术团队由日本九州工业大学、北京科技大学、中南大学材料学多名博士、硕士组成，是福建省泉州市引进高层次人才团队。2022年纳税178万元。

数字经济

【概况】 2022年，洛江以制造业“智改数转”为重点，推动产业数字化转型，数字经济规模约88亿元，增长11.64%。全年获评国家级工业互联网App（应用程序）优秀解决方案1个、国家级中小企业数字化转型典型案例1个；省级数字经济领域“未来独角兽”1家、“瞪羚”企业3家，省级工业互联网应用示范企业1家，入选省级数字经济百项应用场景8个，省级新一代信息技术与制造业融合发展服务商2家、典型案例1个、重点项目1个，省级物联网示范2家、5G示范1家、国际经贸合作信息化平台1个；获评市级数字化工厂2家、5G应用示范1家、大数据运用示范1家。

【数字经济产业规划建设】2022年，洛江区强化规划引领，聘请清华大学互联网产业研究院编制《“数字洛江”三年专项规划》，探讨建立“一基四化”的数字洛江总体框架模型，制定路线图，力争用打造成数字产业化与产业数字化转型升级典范。推进5G网络基础设施建设，全年新增11座5G地面铁塔、200个5G站点，实现辖区内主城区、各乡镇镇区、智能装备产业园等重要区域的5G信号覆盖；加快“双千兆”城市建设，完善光纤及相关基础设施，新增千兆网络端口3万个。

【数字经济产业招商】 2022年，洛江区加大数字经济产业招商力度，组织参加全市民营经济大会、云签约、晋江经济20周年等3场集中签约活动，举办区民营经济大会、数字经济等2场集中签约活动，宣传推介洛江重点招商载体、营商环境和优惠政策，集中

2022年8月31日，洛江区举行“数字赋能 智绘未来”数字经济产业发展论坛暨项目招商签约活动。图为签约活动现场（图/洛江区融媒体中心）

签约活动签约项目74个、总投资607.5亿元。成功引进中移物联网有限公司到洛江设立福建分公司，促成云箭测控导航创新研究院产业化、中关村（泉州）信息科技产业园等项目签约落地，对接洽谈猪八戒网企业数字化创新赋能（泉州）区域中心等项目。

【制造业数字化转型】 2022年，洛江区强化示范带动，从机械装备、卫生用品、纺织鞋服3个主要行业龙头企业入手，培育树立福建铁拓机械股份有限公司5G智能装备产业园、泉州天娇妇幼卫生用品有限公司5G数字化园区、泉州加来盟体育科技有限公司5G智慧工厂等5G+制造行业典型，打造“智改数转”标杆项目3个，其中福建铁拓机械股份有限公司5G智能装备产业园获评国家级中小企业数字化转型典型案例、福建省工业互联网应用标杆、省级新一代信息技术与制造业融合发展典型案例。引导培育32家企业走以数字化赋能提高生产技术和生产工艺。至年底，有国家级专精特新重点“小巨人”企业1家、国家级专精特新重点“小巨人”6家、省级专精特新中小企业23家，国家级单项冠军产品2家、省级单项冠军产品5家。

【数字产业专项扶持】 2022年，洛江区制定落实《制造业数字化转型实施方案》，重点围绕机械装备、纺织鞋服、工艺制品、纸类卫生用品等主导产业出台产业数字化、数字产业化配套政策，全年兑现“两化”融合发展、5G应用示范、大数据应用示范、物联网示范等数字经济发展专项惠企资金278.41万元。加速“上云用数赋智”，发挥政策“叠加”效应，开展“培训进企，百企上云”等活动，支持上云较好和有上云需求的企业“上云上平台”，全年新增“上云上平台”企业47家，比上年增长25%。

中共泉州市洛江区委员会

综　述

【经济社会发展】　2022年，中共泉州市洛江区委员会（以下简称“洛江区委”）深入对接落实21世纪“海丝名城”建设，坚持稳中求进工作总基调，统筹疫情防控和经济社会发展，统筹发展和安全，全年完成地区生产总值355.11亿元，比上年增长3.6%。探索全域旅游带动乡村全面振兴，做法被国家乡村振兴局推广。促进教育发展，奕聪中学通过省一级达标高中省级现场考察，区教师进修学校成功创建县级教师进修学校标准化。推动医疗项目建设，新增床位1700余张。“党建+”社区邻里中心100%覆盖，打造“党建+金融”双基联动模式，推动村集体收入超百万元实现零的突破，推动基层党建提质增效。洛江区获全国生态文明建设示范区、全省自然资源管理工作优秀单位、全市“项目攻坚2022”专项行动优秀单位等荣誉称号。

【思想政治学习】　2022年，洛江区委深化全面从严治党，完成省委主体责任检查涉及洛江区的2个具体问题和市委涉粮问题专项巡察反馈的30个问题整改，推进市委主体责任检查反馈的4方面28个具体问题；开展全区主体责任落实情况检查，管党治党责任落实到细处。推动党史学习教育常态化长效化，健全推动党中央重大决策部署落实机制，严明政治纪律和政治规矩。贯彻《关于加强对“一把手”和领导班子监督的意见》，实现责任清单、廉政档案、廉政谈话三个全覆盖，推进政治监督具体化、精准化、常态化。制定实施六届区委5年巡察工作规划，完成三轮5批次10个单位党组织巡察。全面落实意识形态工作责任制，修订《洛江区党委（党组）意识形态工作责任制实施意见》。建成15个“党建+”邻里中心，梳理下放79项审批服务事项，实现19个社区“15分钟便民服务圈”全覆盖。

【“五化”提升工程推进部署】　2022年，洛江区委推进“五化”提升工程，突出点线面结合，注重城市出入口、主要过境通道、主要景区景点、城市会客厅、山水与平地交接面等重要节点、重要窗口、重要部位，提升建设管理水平。各职能组协同推进，到一线调查研究，打造独特风景、特色亮点。健全机制、推动落实，促进“五化”提升工程见成效。

【民营企业高质量发展支持】　2022年，洛江区委发布《关于进一步支持民营企业高质量发展的若干措施》，梳理制定17条惠企具体措施，包括促进招商引资提质增效1条、支持民营企业做大做强4条、支持民营企业科技创新4条、支持重点产业加速发展5条、增强民营经济要素支撑

3 条。同日举行 9 个银企对接、12 个招商项目集中签约、首批 20 名招商引才顾问聘任对接签约仪式等。

【“强产业、兴城市”双轮驱动动员部署】 2022 年，洛江区委部署“强产业、兴城市”双轮驱动工作，立足全区资源，做好产业、城市前瞻性规划，以智能制造主导产业引领发展，做大做强纺织鞋服、工艺制品、卫生用品等传统产业，培育壮大建筑业、生态旅游、汽车服务、电子商务等特色产业。推进“五化”工程、完善基础设施、提升公共服务配套，推进全域旅游、带动乡村全面振兴，建设更具现代化的主城区。具体部署“项目攻坚 2022”“抓城建提品质”“抓开放招商促项目落地”“加快工业（产业）园区标准化建设”等专项行动。

【双拥模范城“五连冠”创建】 2022 年，洛江区召开双拥共建工作领导小组会暨创建双拥模范城“五连冠”动员部署会议，强调各有关部门各负其责，加快打造“洛江双拥”特色品牌，注重实效做好各项创建工作，营造浓厚氛围。开展 “送法律进军营”活动，设立“法律援助工作站”；为部队赠送各类图书 2000 多册，丰富军人文化生活。解决官兵子女入学问题，确保现役军人子女入学优待政策落实到位。

【建筑产业高质量发展促进】 2022 年，洛江区委推进建筑产业高质量发展，发布《关于促进洛江区建筑产业高质量发展的若干措施》，表彰优秀建筑业企业，围绕加大行业招商力度、扶持企业做大做强、鼓励企业争先创优、优化营商环境、要素保障服务五大方面，出台措施 36 条。

重要会议

【概况】 2022 年，洛江区委围绕提高党的建设质量、改革发展稳定工作的突出问题召开区委全会 2 次、区委常委会会议 34 次及重大项目推进会，共同商讨全区政治、经济、文化、社会、生态等工作。

【区委全委会会议】 2022 年，中国共产党泉州市洛江区第六届委员会召开全委会会议 2 次。1 月 12 日，召开中国共产党泉州市洛江区第六届委员会第二次全体会议，出席的区委委员 27 人，区委候补委员 5 人。会议听取区委常委会工作报告，审议通过《中共泉州市洛江区委关于深刻领会党的百年奋斗重大成就和历史经验，汇聚智造洛江、生态新城强大精神动力的决定》。12 月 15 日，召开中共泉州市洛江区第六届委员会第四次全体会议，听取区委常委会工作报告，审议通过《中共泉州市洛江区委关于深入学习宣传贯彻党的二十大精神，加快建设更高水平智造洛江、生态新城的决定》。

【区委常委会会议】 2022 年，洛江区委第六届常委会召开第十六至四十九次会议，会议围绕区委中心工作展开。

1 月 5 日，召开六届区委常委会第十六次会议，传达贯彻中央经济工作会议精神，深入学习习近平总书记重要讲话精神和省委经济工作会议、省委常委会会议以及市委经济工作会议、市委常委会会议精神；传达学习习近平总书记致厦门经济特区建设 40 周年的贺信精神，研究洛江区贯彻落实措施。

1 月 10 日，召开六届区委常委会第十七会议，传达贯彻市委十三届二次全会精神，研究召开区委六届二次全会有关事宜；传达贯彻市十七届人大一次会议、市政协十三届一次会议精神；听取区人大常委会、政府、政协党组及区纪委监委工作情况汇报。

1 月 21 日，召开六届区委常委会第十八次会议，学习贯彻习近平总书记在省部级主要领导干部学习贯彻中共十九届六中全会精神专题研讨班，中央政治局常务委员会会议听取全国人大常委会、国务院、全国政协、最高人民法院、最高人民检察院党组工作汇报，全国政协新年茶话会上的重要讲话和对政法工作的重要指示精神以及 2022 年新年贺词精神，省委常委会会议、市委常委会会议精神，研究洛江区贯彻落实措施。

1月28日，召开六届区委常委会第二十次会议，传达学习十九届中央纪委六次全会、省纪委十一届二次全会、市纪委十三届二次全会精神，研究召开区纪委六届二次全会有关事宜；传达省十三届人大六次会议、省政协十二届五次会议精神，研究部署洛江区贯彻落实措施。

2月9日，召开六届区委常委会第二十一次（扩大）会议，传达学习习近平总书记系列重要讲话重要指示精神，省委常委会会议、全省重大项目视频连线集中开工活动和全市民营经济发展大会、“强产业、兴城市”双轮驱动动员大会会议精神，全国、全省、全市宣传部长会议和“扫黄打非”工作电视电话会议精神及省委农村工作会议、全省抓党建促乡村振兴电视电话会议和市委农村工作会议精神，研究洛江区贯彻落实措施，并部署节后各项重点工作。

2月17日，召开六届区委常委会第二十二次会议，传达学习《中国共产党纪律检查委员会工作条例》及全国、全省、全市网信办和文明办主任会议精神，研究洛江区贯彻落实措施。

3月23日，召开六届区委常委会第二十四次（扩大）会议暨疫情防控应急指挥部会议，学习贯彻习近平总书记在3月17日中共中央政治局常务委员会会议上的重要讲话精神、国务院副总理孙春兰在国务院联防联控机制电视电话会议上的讲话精神，传达贯彻省委、省政府主要领导到泉检查督导疫情防控工作精神和省市疫情防控有关会议、市委常委会会议精神，研究部署洛江区疫情防控有关工作。

3月27日，召开六届区委常委会第二十五次会议，传达贯彻省委书记尹力到泉州指导疫情防控工作和在泉州市四套班子领导座谈会上的讲话精神，省长赵龙再赴泉州检查疫情防控工作精神，省市疫情防控视频会议和市委常委会（扩大）会议、全市疫情防控工作视频会精神，听取区疫情防控物资和后勤保障组工作情况汇报，研究部署下阶段疫情防控工作。

4月18日，召开六届区委常委会第二十六次会议，学习贯彻习近平总书记在2月25日中央政治局会议上的重要讲话等精神，省委常委会有关会议精神，研究洛江区贯彻落实措施；学习贯彻习近平总书记对安全生产等作出的重要指示精神和李克强总理批示要求，传达贯彻全国、全省、全市安全生产电视电话会议精神，听取第一季度全区安全生产工作情况汇报；传达贯彻市委主要领导到洛江调研检查精神，部署当前疫情防控和复工复产工作。

4月29日，召开六届区委常委会第二十八次会议，学习习近平总书记在北京冬奥会冬残奥会总结表彰大会上和海南考察时的重要讲话精神，省委、市委常委会有关会议精神及全省、全市基层党建工作重点任务推进会会议精神，研究洛江区贯彻落实意见。

5月13日，召开六届区委常委会第二十九次会议，学习习近平总书记在4月29日中央政治局会议上、在5月5日中央政治局常务委员会会议上、在中央政治局第三十八次集体学习时、在中国人民大学考察时的重要讲话，在博鳌亚洲论坛2022年年会开幕式上的主旨演讲，给北京科技大学的老教授和中国航天科技集团空间站建造青年团队回信，就气候变化问题给英国小学生复信、致首届全民阅读大会举办和首届大国工匠创新交流大会贺信精神和省委常委会、市委常委会会议精神，研究洛江区贯彻意见；学习贯彻习近平总书记对湖南长沙居民自建房倒塌事故重要指示精神和李克强总理批示要求，全国、全省、全市自建房安全专项整治电视电话会议精神；传达贯彻《中共中央　国务院关于加快建设全国统一大市场的意见》《中共中央　国务院关于印发〈信访工作条例〉的通知》和全省深化医改工作座谈会议精神；听取全区房屋结构安全隐患排查整治“回头看”工作情况汇报；研究区管领导班子和区管干部2021年度考核结果及其他事项。

5月31日，召开六届区委常

委会第三十一次会议，学习习近平总书记在庆祝中国共产主义青年团成立100周年大会上等重要讲话，全国稳住经济大盘电视电话会议精神，省委常委会会议精神；传达学习《中央生态环境保护督察整改工作办法》《中共中央办公厅 国务院办公厅关于印发〈创建示范活动管理办法（试行）〉的通知》、“4·29”全市境外涉诈重点人员管控工作专题视频会议等精神，研究洛江区具体贯彻落实措施。

6月17日，召开六届区委常委会第三十二次会议，学习习近平总书记在5月27日中央政治局会议、中央政治局第三十九次集体学习和在四川考察时的重要讲话、致中国宋庆龄基金会成立40周年和中国儿童中心成立40周年及2022年六五环境日国家主场活动的贺信精神以及省委常委会会议精神等，研究洛江区贯彻落实措施，部署当前重点工作。

6月29日，召开六届区委常委会第三十三次会议，学习习近平总书记在6月17日中央政治局会议上等重要讲话和在金砖国家工商论坛开幕式上的主旨演讲，就研究吸收网民对中共二十大相关工作意见建议作出的重要指示及省委常委会会议精神，研究部署洛江区贯彻落实意见。

7月12日，召开六届区委常委会第三十四次会议，学习习近平总书记在湖北武汉考察等重要讲话、回信、贺信精神及省委、市委常委会会议精神；传达学习中央政治局常委、国务院总理李克强来闽、来泉考察等讲话精神及省委、市委常委会会议精神，研究洛江区贯彻落实措施。

7月28日，召开六届区委常委会第三十六次会议，学习习近平总书记在新疆考察时的重要讲话及系列回信、致贺信等精神，传达中共中央政治局常委、全国政协主席汪洋出席第十四届海峡论坛和在闽考察时讲话要求及省委、市委常委会会议精神；传达学习中办、国办《关于更加有效发挥统计监督职能作用的意见》文件精神，研究部署洛江区贯彻落实措施。

8月2日，召开六届区委常委会第三十七次会议，学习习近平总书记在省部级主要领导干部专题研讨班上的重要讲话等精神，传达学习李克强总理对全国安全生产电视电话会议作出的重要批示等精神，传达学习平安福建建设表彰大会暨更高水平的平安福建建设工作会议精神，研究部署洛江区贯彻落实措施；传达学习全市招商工作领导小组会议精神，听取全区招商工作情况汇报，部署下阶段招商工作。

8月23日，召开六届区委常委会第三十八次会议，学习习近平总书记在中央统战工作会议、7月28日中央政治局会议、中央政治局第四十一次集体学习、党外人士座谈会上的重要讲话、向中国共产党与世界马克思主义政党论坛致贺信和对机关事务工作的重要指示精神及省委常委会会议精神，研究部署洛江区贯彻落实措施。

8月29日，召开六届区委常委会第三十九次会议，学习习近平总书记关于防汛救灾的重要指示、在辽宁考察时的重要讲话、给“中国好人”李培生胡晓春回信、向国际民间社会共同落实全球发展倡议交流大会、世界职业技术教育发展大会致贺信精神和福建省弘扬“晋江经验”促进民营经济高质量发展大会及省委、市委常委会会议精神，研究部署洛江区贯彻落实措施。

9月2日，洛江召开专题会议、六届区委常委会第四十次（扩大）会议，学习贯彻省政府省长赵龙，省委常委、市委书记刘建洋到洛江调研有关精神，研究部署洛江区贯彻落实措施。

9月22日，召开六届区委常委会第四十一次会议暨区委全面依法治区委员会会议，传达贯彻中央全面依法治国委员会第五次会议和省委全面依法治省委员会、市委全面依法治市委员会相关会议精神，研究《洛江区法治政府建设实施方案》《洛江区法治社会建设实施方案》《洛江区委全面依法治区委员会2022年工作要点》，部署下阶段工作。

10月14日，召开六届区委常委会第四十三次会议，学习习近平总书记9月9日在中共中央政治局会议上等重要讲话、重要指示、回信、贺信精神，传达《中共中央办公厅关于印发〈推进领导干部能上能下规定〉的通知》及中组部专题培训班精神和省委常委会会议、省委专题会议、全省办公室主任会议、市委常委会会议等精神，研究部署洛江区贯彻落实措施。

10月24日，召开六届区委常委会第四十四次（扩大）会议，传达学习党的十九届七中全会和二十大精神及省委常委会（扩大）会议、市委常委会（扩大）会议精神，研究洛江区贯彻落实措施。

11月18日，召开六届区委常委会第四十五次会议，学习习近平总书记在10月25日中共中央政治局会议等会议上的重要讲话，相关重要指示、回信、贺信、致辞精神和省委、市委常委会会议精神及中央有关文件精神；传达贯彻《中共中央关于认真学习宣传贯彻党的二十大精神的决定》和各级宣传部门学习宣传贯彻党的二十大精神电视电话会议精神，研究部署洛江区贯彻落实措施。

12月6日，召开六届区委常委会第四十六次（扩大）会议，传达中共中央、全国人大常委会、国务院、政协全国委员会、中央军委《告全党全军全国各族人民书》和省委、市委常委会会议及省委、市委相关精神。

12月8日，召开六届区委常委会第四十七次会议，学习习近平总书记对河南安阳市凯信达商贸有限公司火灾事故作出的重要指示及系列致辞、回信、重要讲话、书面演讲等精神和省委、市委常委会会议精神，研究部署洛江区贯彻落实措施；传达贯彻省委十一届三次全会、省委书记周祖翼到泉调研讲话和市委十三届四次全会及市委常委会（扩大）会议精神，研究部署洛江区贯彻落实措施；传达贯彻国务院联防联控机制综合组印发《关于进一步优化落实新冠肺炎疫情防控措施的通知》和全市疫情防控专题会议精神；听取区法院党组、检察院党组、公安分局党委、司法局党组工作情况及全区2022年度食品安全工作情况汇报。

12月14日，召开六届区委常委会第四十八次会议，学习习近平总书记在12月6日中共中央政治局会议、12月2日党外人士座谈会上的重要讲话和向国史学会成立30周年致贺信精神，研究部署洛江区贯彻落实措施；研究召开区委六届四次全会有关事宜。

12月22日，召开六届区委常委会第四十九次会议，学习中央经济工作会议精神和习近平总书记对非物质文化遗产保护工作等重要指示、主旨讲话、致辞、致贺信精神及省委常委会、市委常委会会议精神，研究部署洛江区贯彻落实措施；听取2022年度粮食安全工作情况汇报。区委常委参加会议，区人大常委会党组、区政协党组主要负责同志列席会议。

组织工作

【概况】 2022年，洛江区贯彻新时代党的建设总要求和组织路线，围绕迎接和学习贯彻党的二十大主线，建设高素质专业化干部队伍、夯实党的组织体系、抓紧抓好人才引育用留，提供组织保证。加强党员教育管理，梳理制作《发展党员工作程序流程》，完成农村发展党员违规违纪问题排查整顿工作。建设高素质专业化干部队伍，把学习宣传贯彻中共二十大精神纳入党员、干部、公务员教育培训，举办专题研讨班，完成443名区管干部集中轮训。全区基层党组织开展学习宣传贯彻中共二十大精神专题党课247场，学习讨论366场，主题党日活动154场。统筹党建整体提升，推动调整设置机关党组织16个，按期完成换届党支部23个。

【干部选任培养】 2022年，洛江区推动干部成长与中心工作深度融合，引导干部在基层一线和急难险重任务中磨炼成长。组建8个区级重点工作专班，常态化抽调干部参与巡察、干部考察等200多人次，及时提拔任用在疫情防控、专班攻坚等一线表现较好的干部40人。综合考虑干部德才表现、工作实绩和资历等因素，全年择优晋升职级（等级）133人。

【干部教育培训】 2022年，洛江区深入实施习近平新时代中国特色社会主义思想教育培训工程，分领域分专题分层次开展学习培训，以区管干部为重点，举办专题研讨班、主题班4期，轮训干部1000多人次，实现全覆盖。坚持围绕中心服务大局，注重补短板、强弱项，科学制订干训计划，精准设置培训课程，分类分级举办实施“绿化美化亮化净化智化”建设全面提升城市品质、全域旅游全面振兴等专题班次10余期，推动干部能力素质适应事业发展需要。

【干部监督管理】 2022年，洛江区委组织部常态化收集区管干部日常管理监督信息300多条，多渠道了解干部、近距离关心干部。组织开展股级选任、社团兼职、因私出国（境）、人员借调等专项检查工作，推动整改问题18个。加强和规范全区股级干部选任和日常管理，审批重要岗位股级干部20人。全面完成1330卷干部人事档案数字化工作。加大年轻干部培养储备力度，全年集中更新区管优秀年轻干部94名，新考录（聘用）干部34名，区外调入干部15名。

【基层党建】 2022年，洛江区规范村级党组织设置，38个村级党组织升格党总支、5个升格党委。划分单元网格225个、责任网格625个，实现工作证、编码、管理、网格图四统一。整合、吸收、下派656名在职党员编入网格，到驻地社区（村）或挂钩联系社区（村）开展结对共建活动，新增招聘23名网格员，充实网格工作力量。推行“1123”夜访夜谈机制，实现部门职能直达网格，在一线及时化解矛盾纠纷。

【非公党建】 2022年，洛江区推进党建工作融入企业治理，党员处级领导干部带头兼任25家非公党建指导员。推行党组织班子与企业决策管理层交叉任职、双向进入，中高层担任党组织书记的占比超80%，发展党员计划数的23%向一线职工、专业技术骨干、经营管理人员倾斜。开展红心暖企促企业高质量发展专项行动，联合涉企部门组建17支党员志愿服务队伍靠前服务。创建5家“红色生产力”车间，把党建阵地建到车间、班组和工程项目一线，打造“洛江新驿”9个，为新就业群体提供活动阵地。做优做实智能装备产业党建联盟，调研课题获得2022年全市机关党建课题调研二等奖。

【“党建+”邻里中心】 2022年，洛江区委组织部召开务虚会、现场调研会、推进会研究部署，用好专项资金、强化督查指导，实行每周一报、半月一商，打造15个“党建+”邻里中心，建强基层治理的阵地和服务党员群众的温馨家园。以“党建引领、空间共享、服务多元”为基础理念，各空间多元利用、功能多元融合，推动资源资金下沉，补齐公共服务短板，凸显党建幸福侨、洛阳桥古街文化、暖企服务等不同主题，建设“智慧邻里”，以数字化推动养老、

双阳街道南山社区“党建+”邻里中心（2022年6月12日摄）
（图/洛江区委组织部）

幼教、就医等基本民生服务在社区邻里中心聚集，实现建设标准化、功能多样化、服务精细化，策划邻里中心活动68场次，参与群众4132人次。

【党建助推乡村振兴】 2022年，洛江区健全“党建+金融”双基联动模式，推动泉州农商银行建成首家“福农驿站”，选派30名乡村振兴金融指导员，实现村（社区）全覆盖指导。深化村级组织换届“回头看”成果，深入实施百万村财攻坚行动和“双领双强”基层组织力提升工程，推动83个重点项目一线领办，带动生成壮大村集体经济项目402个，创建15个省市区乡村振兴试点村、4条市级示范线路、2个市级整镇推进“五好”（富民产业发展好、乡村建设提升好、历史文化传承好、基层治理能力好、党建统领发挥好）试点乡镇，虹山乡入选全市首批最美示范线。

【人才引育】 2022年，洛江区出台《关于实施新时代人才强区战略的意见》《关于落实“涌泉”行动集聚各类人才在洛就业创业的实施方案》等人才政策。开展大学生实习“扬帆计划”活动，接收143名高校大学生上岗实习。举办“汇聚青春力量·助力乡村振兴”青年人才创新创业大赛，助力人才队伍建设。协助人才申报，1人被评为省“雏鹰计划”青年拔尖人才，4人被评为省工科类青年专业人才，3人被评为福建省高层次C类人才。全年新增市级以上高层次人才59人，“涌泉行动”人才177人。

【人才服务保障】 2022年，洛江区出台《关于加强“人才之家”（社区）建设的实施方案（试行）》，提供人才个性化服务，建成6个“人才之家”。加强人才政治引领，落实党委联系服务专家制度，深入开展“弘扬爱国奋斗精神、建功立业新时代”活动，提高人才政治站位。坚持党管人才原则，开展走访看望企业、客商、人才活动，为人才解决申报、落户、子女入学等问题45个。

【“‘涌泉’行动20条”宣讲】 2022年7月17日，洛江区委组织部在泉州利星行利星汽车销售有限公司举办洛江区新阶联“喜迎二十大·新阶心向党”主题会议。会议专题宣讲泉州市《关于开展“涌泉”行动集聚各类人才在泉创业就业的若干措施》推出的20条政策，从就业岗位、住房保障、子女教育、生活补贴、社保补助、创业支持、引才奖励等方面对“‘涌泉’行动20条”进行详细解读，并介绍洛江区贯彻落实《关于实施新时代人才强市的意见》《关于建设“五个一百”先进制造人才中心和创新高地实施方案》的相关政策情况。

宣传工作

【概况】 2022年，洛江区学习宣传贯彻中共十九届六中全会精神、中共二十大精神以及《中国共产党宣传工作条例》，紧扣主线，开展集中理论学习，加强宣传引导，推动理论舆论、文化文艺、内宣外宣、线上线下、社会宣传、精神文明等工作。策划推出《喜迎二十大》《洛江十二时辰》等系列融媒体产品36个，拍摄《非凡十年·洛江篇》宣传片，总结十年洛江经济发展成就。聚焦“世遗一周年”，开展系列主题宣传，“在洛江遇见世遗”话题登上微博热搜榜。组织开展“三下乡”集中服务13场。强化典型选树宣传，表彰2019—2021年度（第十届）精神文明建设先进集体（个人）149个，评选发布洛江区第三届“新时代好少年”15名。

【思想理论建设】 2022年，洛江区完善理论学习中心组学习制度，区委理论学习中心组开展集中学习研讨35场次，带动全区开展学习1000余场次。选编《学习参考资料》《学习简报》19期，赠阅书籍630余册。抓实“学习强国”平台推广运用，全区人均日积分稳居全市前列。实施“三队两翼一线”（区委宣讲团、头雁讲师团、乡村讲师团“三队”

赴基层一线开展宣讲；利用线上、线下“两翼”组织互动式学习；推出一线党史学习教育理论新学堂）基层宣讲工作法，举办宣讲会500余场，推出宣讲微视频14期，受众20余万人次。创设邻里“微享堂”11个，开展活动20余场。在全市率先实现应急广播全覆盖，定期推出学习音频。深化品牌培育，“洛地有声”宣传工作案例入选全省基层社科联工作经验创新做法选编，获评2022年泉州优秀网络文化项目，相关做法获第五届泉州市机关体制机制创新优秀案例征集评选活动特等奖。

【主流舆论宣传】 2022年，洛江区围绕习近平总书记到福建考察一周年、中共十九大以来成就重大主题主线开展宣传活动，聚焦新时代开设“我谈幸福感”“我谈新变化”“我交成绩单”等栏目。开设专题专栏10余个，在中央省市各级媒体刊发相关新闻10396篇次，比上年增长25%。

【网络安全和信息化管理】 2022年，洛江区加强网络安全宣传教育，开展2022年网络安全宣传周活动，分别在福建铁拓机械股份有限公司和“世遗”泉州遗产点洛阳桥设置宣传点，通过投放屏幕标语、摆放展板、发放网络安全宣传资料等方式，从个人信息保护、防恶意软件、防网络电信诈骗等方面讲解常见网络安全风险知识，增强参与者网络安全意识，营造“网络安全为人民网络安全靠人民”的活动氛围。

【精神文明创建】 2022年，洛江区弘扬社会主义核心价值观，强化爱国主义、全民国防教育，成立区委全民国防教育工作领导小组，命名第二批区级爱国主义教育基地3个。推进“强国复兴有我”群众性主题宣传教育活动50余个。强化典型选树宣传，表彰2019—2021年度（第十届）精神文明建设先进集体（个人）149个，评选发布洛江区第三届“新时代好少年”15名。

2022年11月10日，马甲镇“献礼二十大·我们这十年”专场宣讲在仰恩湖畔的新时代文明实践公园举行（图/洛江区融媒体中心）

【文化建设】 2022年，洛江区制定《优秀文艺作品文艺人才扶持奖励规定》，成立陈三五娘传说文化研究会，建成陈三五娘文化园、蔡襄书院，改造提升俞大猷公园和纪念馆，常态化开展桥南遗产区文化展示活动，建成2个公共文化服务空间、2个村级文化示范广场，公共文化服务提质升级。组织开展“三下乡”集中服务13场，开展乡村振兴摄影采风创作，以新时代乡村新貌展现洛江发展实践成果。策划生成“洛有你•更有福”福文化品牌，新建“福”蝶文化公园、幸福驿站等阵地6个，命名首批“福”文化示范点7个，开展“幸福圩日”系列活动20余场，鼓励创作福锣、福雕系列文创产品，推动“福”文化融入产业发展圈。强化版权示范创建，南洋艺品获评2021年度全国版权示范单位，文化产业健康发展。

【时代新风创建】 2022年，洛江区建成万福、阳江社区未成年人活动场所，开展主题活动27

场。落实关怀礼遇，慰问典型对象14名，表彰疫情防控优秀志愿者100名。强化移风易俗，推动喜事新办、丧事简办、神事不办等709场，为群众节省开支1916万元。高标准完成全国文明城市年度测评，实施文明城市创建品质提升项目33个，推动新时代文明实践所（站）提质增效，新时代文明实践“一镇一园”项目经验做法在《八闽快讯》刊发。

【学习贯彻中共二十大精神系列活动】 2022年10月25日，洛江区委宣传部联合区文体旅游局、区社科联等部门在万安街道桥南社区举行奋进新征程、建功新时代——洛江区学习贯彻党的二十大精神“文艺+微宣讲”暨“幸福圩日”、洛江区“文润刺桐邻里共享”五大乐章系列主题活动，2022年洛江区社会科学普及宣传周启动仪式。活动以学习贯彻党的二十大精神为主题，进行题为《奋进新征程　建功新时代》的宣讲；设置非遗进“党建+”邻里中心、图书进“党建+”邻里中心、戏曲进“党建+”邻里中心、世遗进“党建+”邻里中心、文创产品展示区；依托社科普及基地，开展专题图片展等形式多样的活动；启动“幸福圩日”活动，10月起每月25日常态化在桥南古街开展丰富的文化活动，贯彻落实党的二十大精神，丰富百姓生活。

统一战线工作

【概况】 2022年，洛江区贯彻落实《中国共产党统一战线工作条例》，加强民主协商，发动党外知识分子和新的社会阶层人士在各自领域和岗位投入疫情防控，发动捐资捐物超710万元。调整各民主党派、工商联与乡镇（街道）联系制度，支持党派开展社会服务，建立党外干部培养机制，培养、推荐4名党外代表人士成为洛江区党外优秀干部。搭建民族宗教管理服务平台，推进民营经济、海外统战工作，维护社会和谐稳定。

【非公有制经济领域统战工作】 2022年，洛江区召开工商联（总商会）第五次代表大会，选举产生区工商联（总商会）第五届执行委员会。指导双阳商会召开第二次会员大会，选举双阳商会第二届会长。举办主席（会长）轮值活动，加强政企互动，增进交流。开展“走访看望客商活动”“百名干部进百企”和工商联会员企业走访活动，走访企业160余次，梳理客商反映问题，协调有关部门帮助解决；与区法院联合建立“洛江区知识产权保护服务工作点”，提升洛江区知识产权保护水平，推动全区构建知识产业保护大格局。加强与第三方机制管委会成员单位协同配合，协助区人民检察院做好第二批涉案企业合规第三方监督评估机制专业人员的推选。与区法院、区工信局联合成立民营企业纠纷联调联执工作室，签署涉民营企业纠纷诉源执源治理机制建设合作备忘录，推进民企纠纷多元化解工作。

【民族宗教工作】 2022年，洛江区委统战部传达习近平总书记关于民族宗教工作重要论述和各级有关会议精神，将共同体意识教育纳入国民教育、干部教育、党员教育和群众教育体系，加强学校铸牢中华民族共同体意识教育；开展民族团结进步创建活动，联合举办2022年“中国农民丰收节”活动，举办“福籽同心爱中华·喜迎党的二十大”洛江区第十五个民族团结进步宣传月主题活动，组织学生参观民族团结进步教育基地，开展民族团结知识讲座和宣传活动。开展新时代爱国主义教育，举办神学思想推进会，践行宗教中国化方向；举办宗教政策法规辅导讲座，引导宗教界人士爱国爱教，遵守法律教规；开展中共二十大精神宣讲和各类主题学习教育3场次，举办普法政策宣传活动5场次，增强拥护中国共产党领导的思想自觉和行动自觉。

【港澳统战工作】 组织走访慰问港澳同胞，发放补助金、慰问金2.41万元；申请30万元专项经费支持香港防疫工作，号召社会各界为香港捐赠防疫物资19箱，支持香港抗疫。

【海外统战及侨务工作】 2022年，洛江区举行中共二十大精神进侨区侨社宣讲系列活动，开展“微宣讲”“微分享”“微温暖”“微实践”等活动，推动基层学习宣传贯彻中共二十大精神。2022年，洛江区委统战部协助筹办2022年侨家乐·福建省华侨美食风情文化节活动，展示洛江侨特色美食、文化。协助泉州广播电视台、《泉州晚报》到罗溪镇翁山村实地拍摄《过溪大厝见证叔侄南洋奋斗史》，弘扬侨精神。加强与海外社团、侨胞，尤其是侨领的联系，为企业“走出去”牵线搭桥。发挥好“五侨”联动机制优势，做好“走出去”企业在国内的相关服务。

【新联会统战工作】 2022年，洛江区新的社会阶层人士联合会（简称洛江区新联会）有会员123名，涵盖民营企业和外商投资企业的管理技术人员、中介组织和社会组织从业人员、自由职业人员、新媒体从业人员。洛江区新联会围绕中共二十大精神，组织系列主题宣传宣讲活动；开展五个“同心100”社会公益服务活动。推荐2名党外知识分子代表人士参加2022年市社会主义学院培训班，推荐3名新联会会员参加2022年泉州市新的社会阶层人士暨新媒体网络人士培训班。洛江区新联会全年参与各类社会公益活动400余人次。

2022年11月2日，洛江区新联会举行“学习二十大·奋进新征程”主题宣讲活动 （图/洛江区委统战部）

精神文明建设

【概况】 2022年，洛江区围绕建设更高水平的“智造洛江、生态新城”目标，巩固全国文明城市和省级文明城区创建成果，加快推进新时代文明实践中心（所、站）建设进度和质量，完成6个村（社区）文明实践站建设，并依托阵地开展新时代文明实践活动。加强和改进未成年人思想道德建设，开展群众性精神文明创建活动，提高公民的思想道德素质。举办第七届全国文明城市创建志愿服务动员大会，表彰洛江区2021年度泉州市创建文明城市优秀志愿者6名、2021年度文明城市创建志愿服务组织4个、2021年度文明城市创建优秀志愿服务工作者1名。

【未成年人思想道德建设】 2022年，洛江区贯彻落实新时代未成年人思想道德建设的新任务，制定洛江区2022年度省级文明城区未成年人思想道德建设工作实地考察责任分解表、《洛江区落实〈全国未成年人思想道德建设工作测评体系操作手册（2022年版）任务分工方案〉》，指导各责任单位抓好工作落实。完成万安街道万福社区、双阳街道阳江社区未成年人活动场所建设。在春节等传统节日组织开展“我们的节日”主题活动，组织洛江区“童心向党·唱支山歌给党听”歌咏展演活动、洛江区“喜迎二十大永远跟党走”新时代好少年研学实践活动、洛江区2022年“红树林”未成年人快乐暑期社区行活动、2022年洛江区未成年人心理辅导“公益九月”活动、中小学“听党话、感党恩、跟党走”红色经典诵读活动，组织社区复兴少年宫开展“暑假活动营”活动、2022年洛江区“向国旗敬礼”网上签名寄语活动。联合区图书馆举办洛江区“向上向善·文明有礼”六一国际儿童节公益图书捐赠活动（马甲三新小学专场），捐赠公益图书230套。评选发布15名洛江区第三届“新时代好少年”事例，开展事迹集中学习宣传活动。组织河市中心小学参与中国文明网“一宫一课·艺启逐梦”全国乡村“复兴少年宫”试点建设特色课程征集活动。

【文明城区创建】 2022年，洛江区制定《泉州市洛江区2022年创建文明城市（区）工作方案》，召开全区深化文明城市（区）创建工作推进会，组建创城工作专班，7—8月启动区创城办常态化集中办公。常态化开展创城实地督导，完成全国文明城市测评组反馈问题的整改落实，发放整改函19份、整改通知20余份，完成全国文明城市年度实地测评迎检任务。落实《洛江区开展“强产兴城·文明同行”活动方案》，促进创城短板问题根本解决。联合泉州公交集团洛江分公司开展全区24条路线250辆公交车“清静车厢”创建活动。开展“锄草行动”主题党日和精神文明创建活动，提升城乡品质。

【新时代文明实践中心建设】 2022年，洛江区制定《洛江区新时代文明实践中心工作指导组成员单位及相关职能单位责任清单》《洛江区新时代文明实践中心评估体系（试行）》，开展洛江区新时代文明实践中心调研评估。投入经费180万元，建设提升乡镇（街道）实践所3个、村（社区）实践站6个。完成区新时代文明实践中心一楼志愿服务台及其他配套设施提升，完成马甲镇、虹山乡新时代文明实践所提升工程。双阳街道完成6个村（社区）文明实践站建设，完成4个乡镇新时代文明实践“一镇一园”建设。

【移风易俗】 2022年，洛江区组织春节期间“弘扬美德传家风移风易俗树新风”活动，指导各乡镇（街道）、区直各部门做好春节期间移风易俗工作，引导群众遵守婚丧喜事操办、宗族民俗活动有关规定。开展4场弘扬清廉家风主题宣传教育活动，营造崇尚廉洁、抵制腐败的良好社会风尚。全区发放移风易俗宣传单2.18万份，悬挂标语横幅673条，取消简办婚丧佛事529场，践行移风易俗节约资金424万元。

【志愿服务】 2022年，洛江区委文明办开展“佳节尚文明志愿关爱行”主题活动，弘扬志愿服务精神。组织洛江区“我为社会做好事”助力中考志愿服务活动。举办喜迎二十大共建文明城——泉州市文明旅游宣传志愿服务月启动仪式，倡导文明旅游，助力乡村振兴和文明城市创建活动，推动新时代文明实践志愿服务进乡村、到基层。

【先进典型选树】 2022年，洛江区开展洛江区2019—2021年度（第十届）精神文明建设先进集体（个人）评选活动，命名洛江区2019—2021年度（第十届）文明单位17个、洛江区2019—2021年度（第十届）文明村镇27个、洛江区2019—2021年度（第十届）文明社区12个、洛江区2019—2021年度（第二届）文明校园24所、洛江区2019—2021年度（第二届）文明家庭20户、洛江区2019—2021年度（第十届）先进工作者49人。制定《洛江区“文明刺桐城有礼泉州人”精神文明教育方案》，提升洛江区居民文明素质和城区文明程度。开展第三届洛江区道德模范推选活动，推荐参评泉州市第二届文明家庭。

【道德模范故事汇基层巡演】 2022年9月20日，洛江区委宣传部联合区委文明办等单位承办强国复兴有我·致敬道德模范——泉州市喜迎二十大道德模范故事汇

2022年9月20日，“强国复兴有我·致敬道德模范”——泉州市喜迎二十大道德模范故事汇基层巡演活动（洛江分会场）在马甲镇新时代文明实践所举行　　（图/洛江区委文明办）

基层巡演（洛江分会场）活动，在马甲镇新时代文明实践所开展中国好人赖美玲，福建省道德模范黄明水，泉州市道德模范李桂凤、林秋、李梅花故事分享。巡演活动动员干部群众学先进、争当先进，形成社会关爱、支持道德楷模的氛围。

巡察工作

【概况】　2022年，洛江区贯彻巡视工作方针，落实政治巡察要求，推动上下联动。全年巡察单位10个，发现问题353个，移交问题线索39条，推动立案审查3件，党内警告4人，批评教育5人，挽回经济损失235.68万元，推动建章立制80项，发挥巡察综合监督作用。

【主体责任落实】　2022年，洛江区召开区委常委会会议4次、区委书记专题会暨巡察工作领导小组会议2次、巡察工作动员部署会议2次，学习贯彻党中央讲话精神以及关于巡视巡察工作的重要论述，研究审议六届区委巡察工作规划、每轮巡察工作方案，听取巡察综合情况汇报，研究解决重大问题。区委书记履行第一责任人职责，带头点人点事点问题，共指出重点问题49个，点出具体干部14人，提出具体处置意见。制定出台六届区委巡察工作规划，统筹运用常规巡察、专项巡察、配合市县联动、县级交叉巡察以及巡察“回头看”等多种方式，围绕“三个聚焦”（聚焦基层贯彻落实党的路线方针政策和党中央决策部署情况，聚焦群众身边腐败问题和不正之风，聚焦基层党组织软弱涣散、组织力欠缺问题）的监督重点，全面准确查找、纠正政治偏差。对接市委巡察工作指导督导组，研究讨论重点问题，为精准查找问题、准确表述问题、科学研判问题等逐一“把脉问诊”、纠偏定向。同时，接受县级巡察工作专项检查，及时厘清档案、查缺补漏，加快推进网络平台和单机系统的运用，完成28卷巡察资料的整理归档，提升巡察工作规范化水平。

【巡察制度建设】　2022年，洛江区根据市委巡察机构开展“一县一品牌”特色工作，制定出台《巡察整改三色预警实施办法（试行）》，形成“评判、实施、核查”的整改工作管理闭环。运用“3+X”（区纪委监委、区委组织部、区委巡察办及相关职能部门）集体会商机制，通过听取汇报、实地督导、抽查回访等，逐项审核整改事项158个，提出审核意见79条，并根据各阶段整改不到位的情况，按黄、橙、红三色“递进式”逐级预警。作出黄色预警的，将预警函件抄报挂钩区领导，要求被巡察单位填报整改目标、计划，督促按期整改到位；对收到黄色预警函件后未按期完成整改事项的单位，升级为橙色预警，视情况召开巡察整改工作推进会，面对面传导责任压力；对收到橙色预警函件后未按期完成整改事项的单位，升级为红色预警，适时约谈提醒被巡察单位主要负责人或全区通报，并对拒不整改、虚假整改进行批评警告，强化巡察威慑力。

【巡察方式创新】 2022年，洛江区共开展3轮5批次的常规巡察，围绕“强产业、兴城市”双轮驱动中心任务，选定区住建局、区工信局、区民政局、区司法局10个单位作为巡察对象。围绕区工信局监督重点，又根据单位“三定”方案列明职能责任，重点关注惠企资金奖补、企业安全生产检查等问题易发多发的重点领域全方位检视，发现问题42个，移交问题线索2条。采用机动式走访，对民政局运用“双线直访”，分民生资金组和项目建设组走访3个乡镇、12个村和3个财政所，倾听村干部及村民心声，了解民生资金使用和项目建设实际情况，现场挖掘“病灶”，发现问题32个，移交问题线索3条。综合运用查阅信访件和财务资料、走访调研、抽查核实等方式，多方面印证区住建局在住宅专项维修资金管理、人防工程、房地产管理等方面问题49个，移交问题线索11条。召开组务会，以前期发现问题为基础，深入“析+评+检”，聚焦社区矫正、基层法律服务等关键领域对区司法局进行综合研析，检查对应问题底稿，核实问题35个，移交问题线索2条。

【整改落实】 2022年，洛江区委巡察办深化巡察机构与纪检监察机关的联查协作，督促各相关责任单位严格对照涉粮问题专项巡察反馈的30个问题，逐项落实整改任务。了解辖区粮食安全、耕地保护等工作落实情况，巩固涉粮问题整改实效。坚持巡察机构对整改问题前置式审核把关、“办+组+室”三方联审等工作机制，集体会诊工程项目滞后、农村集体资产监管不到位等12类疑难杂症，提出审核意见48条。

2022年11月17日，洛江区召开六届区委第三轮巡察业务培训会
（图/洛江区委巡察办）

机构编制

【概况】 2022年，洛江区统筹深化体制机制改革，优化编制资源配置。加强和规范事业单位登记管理，结合实际，组织开展事业单位法人登记清理规范工作。推进乡镇（街道）综合执法改革，首批涉及5个区直部门的赋权事项76项，发挥机构编制保障作用。

【机构改革】 2022年，洛江区委编办落实全区党政部门“定职能、定机构、定编制”规定，促进部门内部职责、业务有机融合，推动部门聚焦主责主业依法高效履职。推进应急领域、海洋渔业领域综合执法改革，完善组织架构，配合理顺市区两级执法职责分工。调整优化区纪委监委关于纪检监察干部监督内设机构和职能配置。优化洛江经济开发区管委会的机构职能重构和编制配置，并设立事业单位洛江经济开发区服务中心。设立区国资运营保障中心（加挂区融资服务中心牌子），助推国资国企改革。

【机构编制优化管理】 2022年，洛江区严格控编减编，统筹调剂保障，通过精简回收自然减员、调动核减的空余编制，保障基层一线、重点任务用编需求。针对全区中小学校编制紧缺问题，完成依标足额补齐全区公办中小学教职工编制，支持各学校补充师资力量。建立中小学教师“人才编制池”，用于引进高层次、急需紧缺人才，服务洛江区经济社会发展。依标核定疾控中心人员编制，统筹加强疾控、妇幼保健、传染病救治、校园公共卫生等方面的工作力量。探索区直公立医院备案制管理机制，调研论证方案的可行性、可操作性。加强机构编制实名制管理，定期梳理统计全区行政编制、事业编制、领导职数使用情况，为统筹使用编制资源和科学决策提供保障。全年办理招考招聘公务员（含参公）5人、事业单位人员23人、教师62人、医卫技人员16人，安排选调生2人。

【单位登记管理服务】 2022年，洛江区委编办贯彻落实《事业单位登记管理暂行条例》及《机构编制报告制度实施细则》，做好全区机关群团赋码、事业单位设立、变更等登记工作，全年办理赋码换证26件，办理事业单位法人设立、变更、注销登记56件。强化事业单位法人监管，按时按量完成全区事业单位年度报告工作，公示2021年度报告179份。

【机构编制监督检查】 2022年，洛江区委编办继续推进机构编制有关法律法规的宣传工作，将《中国共产党机构编制工作条例》和《机构编制违规违纪违法行为处理和问责规则》纳入区委党校专题教学和全区领导干部学法用法内容，组织单位专题培训，参训100余人次，强化机构编制法治意识、规范意识、纪律意识。将机构编制工作和纪律要求执行情况纳入巡察、选人用人专项检查、经济责任审计等监督范围，及时发现查处机构编制违规违纪违法行为。加强机构编制部门同纪检监察、巡察和组织人事、审计等部门的协作配合，形成监督合力，不断夯实监督检查成果。

【基层综合行政执法改革】 2022年，洛江区委编办立足部门实际，到部门及乡镇（街道）调研和召开专题会，审核论证赋权事项可行性和必要性。综合考虑赋权事项的性质、数量、专业程度，按照“成熟一批、赋予一批”的方式，推动出台《泉州市洛江区人民政府关于公布洛江区赋予乡镇人民政府、街道办事处行政执法事项目录（第一批）的通知》（泉洛政文〔2022〕36号），完成首批赋权事项76项，涉及5个区直部门，其中，城管局23项，住建局14项，自然资源局12项，农水局15项，应急管理局12项。探索建立加强派驻机构管理制度和镇级联合执法工作机制，统筹调度镇级综合执法力量，为推进“一支队伍管执法”做保障铺垫。

老干部工作

【概况】 2022年，洛江区以“喜迎二十大、纪念干部离退休制度建立40周年”为主线，从政治上尊重，思想上引导，生活上关心离退休干部。全年开展线上线下慰问213人次，新增老年远程教育提升点3个，成立“老党员工作室”示范点5个。

【老干部思想政治建设】 2022年，洛江区委老干部局依托离退休干部党支部、老年大学（学校）、老干部活动中心等主阵地，以读书班、报告会、党课、座谈会等形式，组织老干部参加线上线下学习60余场；7月1日，洛江区委老干部局以迎接和学习宣传贯彻中共二十大精神为主题，组织老干部开展“喜迎二十大永远跟党走增添正能量”洛江区老党员庆祝中国共产党建党101周年系列活动，重温入党誓词、集体过政治生日会、颁授“光荣在党50年”纪念章和最美老党员志愿者奖牌。开展“忆初心感党恩迎盛会”书画摄影展和“我看建党百年新成就”专题座谈会等，在活动中凝聚老党员党心。为离退休干部订阅党报党刊和涉老报刊等学习材料，帮助老干部学习新时代新理论。

【老干部文化阵地建设】 2022年，洛江区老年大学结合老年人的需求和实际，开办南音、柔力球、太极拳等新课程，并在罗溪镇设立区老年大学教学点，将南音班纳入其课程，为偏远乡镇老年学员参加区级老年大学学习提供便利。抓好为民办实事项目，新增3个老年远程教育提升点，实现乡镇（街道）全覆盖，发挥示范带动作用。依托福建终身在线学习平台、泉州老年大学智慧教育平台、老年远程教育平台等开展老年远程教育课程进邻里中心，传授智能手机运用小技巧，进行老年人预防网络诈骗、通信诈骗、个人信息与隐私保护等信息安全教育，帮助老年人融入智慧社会，共享智慧社会便利，推动信息化工作与老干部工作相融合。

【老干部待遇保障】 2022年，洛江区委老干部局建立全体人员与老干部挂钩帮扶联系制度，做到对老干部的身体情况、思想状况和家庭情况底子清、动态清，及时掌握生病住院、生活困难等信息。全年在春节慰问、七一慰问、生日“送祝福”、生病“送关怀”等方面进行线上线下慰问共213人次。组织老干部参加新春通报会、政府工作报告征求意见会等重要会议及重点项目考察活动，保障落实老干部政治待遇。开展健康关爱，建立“家庭医生”责任制度。做好老干部疫情防控，向老干部讲解疫情防控知识；为老干部派发爱心防疫健康包等，与卫健部门沟通，为退休干部开通接种新冠病毒疫苗“绿色通道”，提供暖心服务。

【老干部优势发挥】 2022年，洛江区委老干部局坚持自觉自愿、量力而行的原则，组织引导老干部老党员发挥余热作贡献。引导老党员到所在网格内“亮身份”，137名老党员担任兼职网格员、街巷长、楼栋长，在网格中的矛盾纠纷调解、文明城市监督、移风易俗等服务中发挥老党员先锋模范作用。全区老党员志愿者在网格内参加志愿服务286人次。依托“党建+”邻里中心，以市级先锋“南山社区老党员工作室”为标杆，成立5个“老党员工作室”示范点，协助解决基层纠纷34件。

【离退休干部党建】 2022年，洛江区落实中办《关于加强新时代离退休干部党的建设工作的意见》，推进离退休干部党的组织和工作“两个覆盖”及规范化建设三年行动，培育典型示范支部，全区有省级示范党支部3个、市级先锋党支部3个，以点带面，不断提升离退休干部党建工作水平。探索充实工委成员单位和工委委员，拟定各成员单位工作职责，逐步形成离退休干部党建工作共同协作机制。督促指导各离退休干部党支部结合实际抓好离退休干部党员组织生活出席率和重要活动参与率，落实主题党日、党内关怀帮扶等制度，着力促进支部规范运行。

2022年10月9日，洛江区举办“情满金秋·共话发展”离退休干部考察重点项目暨重阳节祝寿慰问活动　（图/洛江区委老干部局）

区直机关党建

【概况】 2022年，洛江区深化“模范机关”创建工作，全面提高机关党建质量，为全方位推动高质量发展超越、建设更高水平的智造洛江、生态新城提供组织保证。洛江区直机关工委辖8个系统党委和1个单位党委，7个党总支，106个党支部，有2060名党员。撤销系统党委2个、党总支1个、支部2个，新设立党总支2个，调整区税务局、农水局等11个机关党组织隶属关系。洛江区直机关发展新党员13名，审理派驻纪检监察组移送的案件12件，对9名党员给予党纪政务处分。

【思想政治建设】 2022年，洛江区直机关工委牵头开展对党忠诚教育主题党日活动，组织党务干部和新党员30多人到南安中共泉州中心县委机关旧址和蔡氏古民居家风家训馆进行现场教学。围绕“喜迎二十大”主题，联合区委宣传部、区文体局等单位组织开展机关党建知识“学习达人”挑战赛、云上福游洛江健步行等活动，组织机关党组织和党员干部职工参加泉州市机关干部职工主题诗歌创作大赛、机关党建新成就短视频作品征集比赛活动，推荐参赛诗歌作品获市二等奖1篇、三等奖2篇、优秀奖4篇，参赛短视频作品获评市“十佳作品”、优秀作品各1篇，机关工委获评市“优秀组织奖”2次。组织区直机关各基层党组织集中收听收看中共二十大大会开幕会，采取线上线下相结合方式开展“十个一”系列学习活动；召开区直系统党委书记专题会议，传达学习中共二十大精神，研究提出贯彻措施，举办“学习贯彻党的二十大精神区委宣讲团报告会”区直机关专场。

【组织建设】 2022年，洛江区加强机关基层组织建设，统筹推进机关、国企、学校、医院等领域党建工作。建立机关党组织按期换届工作台账并落实提醒督促制度，指导7个区直系统党委做好换届选举各项筹备工作，督促23个机关企事业单位党支部按期换届。严把发展党员质量关，编制“入党积极分子考察表”“入党志愿书”填写规范，制订2022年区直机关发展党员指导性计划，协助做好机关发展党员预审工作，指导各系统（单位）党委做好发展党员工作，确保发展党员质量。健全落实机关党建工作定期提示、季度督导制度，牵头开展全面从严治党主体责任常规检查，联合区委组织部开展系统党委书记、副书记履行抓党建工作情况专题调研，督促区直有关单位抓好上级政治监督反馈问题整改落实。2022年，牵头开展调研检查4次，抽查机关党组织44个次，查摆并督促整改问题91个。

【模范机关创建】 2022年，洛江区找准“围绕中心、建设队伍、服务群众”职责定位，以模范机关创建工作为抓手，引导机关党组织和党员干部落实省、市、区委决策部署和助推基层治理、疫情防控。《创建模范机关服务强产兴城》做法被《福建日报》等媒体报道，“大美洛江”专栏先后刊发区直单位创建模范机关的经验做法32篇。聚焦疫情防控，引导机关党组织和广大党员发挥示范表率作用。聚焦基层治理，联合区委组织部等单位开展全区机关企事业单位党组织和党员“到社区集中报到”专项行动，助推党建引领基层网格管理工作和“党建+”邻里中心建设；联合区农水局开展“我在洛江有亩田”活动，发挥党组织战斗堡垒作用和党员先锋模范作用，以实际行动助力粮食安全和乡村振兴；倡导机关党组织和广大党员争当创城标兵尖兵，推动全国文明城市创建工作提质增效。

【特色品牌培育】 2022年，洛江区以党建项目化为抓手，打造机关党建特色品牌，推荐选送3个项目、17个案例、5篇调研文章参加省市机关特色党建项目、体制机制创新优秀案例和党建课题调研文章评展评选活动。其中区委宣传部《洛江区打造“洛地有声”品牌推进基层特色宣讲走深走实》获全市机关体制机制创新优秀案例特等奖，区信访局《洛江区打造“近邻评理+”新模式源头化解矛盾纠纷》获全市机关体制机制创新优秀案例二等奖，区总工会《洛江区创新“1234”模式发挥工会经费效益》、区发改局和行政服务中心《洛江区全省首创推行“涉企审批上门服务日”制度优化营商环境》、区委政法委和河市镇党委《洛江区推行“1123”夜访夜谈工作机制》获全市机关体制机制创新优秀案例三等奖。区税务局《党团服务网格化营商环境更优化》获2022年度全市机关特色党建项目评展三等奖。

【工青妇工作】　2022年，洛江区坚持“党建带群建、群建服务党建”，发挥区直机关工会、共青团和妇联的职能作用，为群团组织服务中心、发挥作用创造条件、提供平台。指导区直机关团工委完成换届，推荐优秀共青团员入党。审批18个区直机关基层工会换届选举工作。推荐选树各级劳动模范、三八红旗手（标兵）、三八红旗集体，构建文明和谐机关。3月，区直机关3名妇女干部被评为泉州市“三八红旗手”，2个单位被评为泉州市“三八红旗集体”。9月，区直机关下属工会协助区总工会组织2场职工疗休养活动，合计70人次参加。

【“争当生力军、洛江在行动”微讲堂】　2022年，洛江区策划举办7期“争当生力军、洛江在行动”微讲堂，按照“一月一主题N名主讲人”模式，组织21名机关党员干部围绕学习贯彻习近平总书记关于文化遗产保护工作重要讲话精神、坚持人民至上、增进民生福祉、闽山闽水物华新——习近平福建足迹、落实“三提三效”优化营商环境、弘扬“晋江经验”促进民营经济高质量发展等主题轮流讲理论、谈业务、说感悟，促进机关年轻干部锻炼成长。

2022年6月21日，洛江区直机关工委举办“争当生力军、洛江在行动”微讲堂。图为第六期“闽山闽水物华新——习近平福建足迹”学习交流分享会现场　　（图/洛江区直机关党工委）

党校工作

【概况】　2022年，洛江区委党校抓实干部培训工作，推动教学培训、科研咨政、信息建设、后勤保障、人才队伍、党的建设等各个方面发展，打造高质量专业化干部队伍。全年举办各级各类培训班8期，受训学员470人次。

【教学培训】　2022年，洛江区委党校通过专题辅导、研讨交流、现场教学、实践调研、异地教学等学习形式，举办办公室主任（负责人）培训班、洛江区实施“五化”建设，全面提升城市品质专题研讨班、人大代表履职能力培训班、全域旅游全面振兴专题培训班、全区民族宗教工作专题培训班，全区基层宣传思想文化干部专题培训班等，培训416人次。9月5日，举办第19期中青年干部培训班、第21期科级干部培训班，培训54人次。

【科研咨政】 2022年，洛江区委党校组织学员开展相关社会调查研究，收集《文化旅游资源的保护与开发——基于泉州市洛阳桥的调研》《关于加快推进洛江文旅融合发展的思考》《坚持党建引领提升基层治理实效的实践与思考——以“党建+”邻里中心建设情况为调研方向》《推动城乡融合发展打造都市型乡村振兴格局——关于洛江区实施乡村振兴战略实践调研》4篇调研文章汇编成《洛江区第19期中青年干部培训班调研文章》。收集《洛江区第21期科级干部培训班赴三明（建宁、沙县）学习考察报告》《洛江区智能制造产业发展现状及对策建议》《统一战线服务洛江乡村振兴战略的作用和路径初探——以泉州市洛江区虹山乡为例》《关于新形势下党建引领全面推进乡村振兴的调研报告》4篇调研文章汇编成《洛江区第21期科级干部培训班调研文章》，推动科研课题向教学、资政倾斜。

【基层党校建设】 2022年，洛江区委党校投入20余万元资金支持马甲、罗溪、虹山等基层乡镇、村级党校建设，指导马甲镇蔡内村建设洛江区第二个村级党校，结合乡镇具有现场教学的特点，不断优化干部教育培训课程。新增洛江数字展厅、西人马联合测控（泉州）科技有限公司、铁拓机械、福建特检院国家特种机器人产品质量监督检验中心、信和新材料股份有限公司、福建筑可丽建筑产业化股份有限公司、万洋众创城7家符合智造先行区发展要求的企业作为现场教学基地。

【教学服务】 2022年，洛江区委党校制定涵盖党的理论、党章、党规、党史、党建、国情、时政、行政能力提升等内容的《全区基层理论学习专题库（含现场教学点）》，供基层单位理论学习点选。建设县区师资库，选聘政治素质过硬、理论水平较高的省、市党校系统和高校教师、各级领导干部、企业家、先进模范人物、基层党组织负责人等为区委党校兼职教师，充实到师资库。

【干部学员论坛活动】 2022年11月6日，洛江区委党校举办洛江区第21期科级干部培训班、第19期中青年干部培训班学员论坛。论坛采取“小组合作”的方式，围绕文旅、智能制造、乡村振兴等多项内容，经过前期开展实地调研，期中进行论文撰写，期末以PPT（幻灯片）的形式展现成果，7组学员围绕坚持党建引领提升基层治理实效、打造都市型乡村振兴、文化旅游资源的保护与开发7个主题汇报，现场征求调研课题涉及的相关部门和乡镇（街道）分管领导的意见建议，完善调研课题报告内容，促进调研成果转化。

党史和地方志工作

【概况】 2022年，中共洛江区委史志研究室聚焦主责主业，立足存史、资政、育人三大职能，结合“提高效率、提升效能、提增效益”行动，深化党史和地方志研究，开展红色资源调查和地情文化调研，推进党史、志书、年鉴和地情资料编纂，强化史志文化宣传教育，推动史志事业更好地服务区域高质量发展。对标省级精品年鉴，落实泉州市精品年鉴攻坚“三年行动”，在效率和质量上下功夫，编纂《洛江年鉴（2022）》，全书共62.8万字。指导推动“乡村记忆传承人”“乡村记忆传习所”“乡村记忆名特产”申报推荐，共上报项目17个，助力打响乡土历史文化品牌，创建泉州市文明单位取得阶段性成效。

【党史编研与基地建设】 2022年，中共洛江区委史志研究室全面摸排原晋北山区（洛江）革命斗争年代相关线索，充分挖掘征集各类本土红色资源，有针对性研究、交流周边县市区革命斗争史料，联络走访健在的老革命、老党员、老游击队员和他们的后代，进一步核对印证，征集遗存第一手翔实史料手迹，《洛江红色记忆》完成总纂和初稿打样，全书近20万字。积极沟通协调，发动各乡镇、各重点村全面核实党史遗址遗迹分布、保护建设详情、运用党史资源开展学习教育等方面情况，跟踪督促抓好5处泉州市党史教育基地修缮保护工作，落实展陈布置、制度建设、现场讲解、党史教育等工作要求，发挥教化育人作用。

【党史故事巡回宣讲】 2022年，中共洛江区委史志研究室开列“党建+”邻里中心活动服务清单，开展“党史故事宣讲”服务。突出讲好泉州、洛江本土红色故事主题，组织洛江区红色故事宣讲员选拔比赛，选拔推荐9名选手参加“强国复兴有我”泉州市全市红色故事宣讲员选拔复赛，挖掘、吸纳人才建立党史宣讲小分队。选聘有兴趣爱好、有热心爱心、有专业素养的社会人士、文化爱好者、优秀教师和泉州非遗传承人、金牌讲古人等加入党史宣讲小分队，采用接地气形式，宣讲本土地下党的革命斗争故事，进一步激发广大群众爱党爱国爱乡的深厚感情。结合推动党史学习教育常态化长效化，将中共二十大精神与红色故事宣讲有机结合，合理安排宣讲计划和活动，奔赴15个重点建设的邻里中心开展巡回宣讲，推动红色教育走进农村社区、群众百姓、中小学生，共组织到万安、河市、马甲部分村（社区）邻里中心开展7场党史宣讲活动，参加现场聆听宣讲380人、线上受众1.3万人。

【特色系列志书编修】 2022年，中共洛江区委史志研究室协调各级各部门，推动一些专项志、行业志、镇村志抓紧前期、启动编纂、加快进度。指导虹山乡围绕助力全域旅游、全域振兴，突出国家级生态治理示范乡镇这一国字号品牌，启动《虹山乡志》编纂工作。总结推进乡村记忆文化试点村工作经验，深入各乡镇、各村（社区）摸排走访、研究探讨、分析论证，梳理安排近中期名村（社区）志实施计划任务，协调落实经费、出版等相关事宜，《桥南社区志》年底进入出版流程，《炉田村志》《洪四村志》完成总纂，新增编修的村3个，有意向编修村（社区）志的5个；《洛江区姓氏志》、《洛江区地名志》和《百年名校洛江区实验小学校志》、省级风景名胜区《仙公山志》等。

【年鉴编纂】 2022年，中共洛江区委史志研究室落实省、市年鉴组稿要求，与区统计局等部门密切配合，严谨核对相关资料和数据，完成《福建年鉴（2022）》《泉州年鉴（2022）》承编任务。组织《洛江年鉴（2022）》编纂工作，按照精品年鉴、特色年鉴要求，开辟洛江特色条目，建立每旬质量、进度分析制度，通过微信群实时交流指导各承编单位，落细落实编纂任务；邀请省市史志（委）办领导、年鉴专家全程参与，及时消化吸收点评意见，年鉴编纂效率和质量取得双提高。落实《中共泉州市洛江区委办公室 泉州市洛江区人民政府办公室关于进一步加强全区大事记征集编纂工作的通知》要求，抓好大事记月征集、季报送、半年汇总送审制度跟踪指导，牵头组织常态化督促指导，强化全区各级各单位协同协作，促进大事记编纂纳入常态化工作。

【乡村振兴服务】 2022年，中共洛江区委史志室研究按照“区级谋划运作、镇街分工落实、村居具体实施”原则，加强横向沟通、上下协调，“菜单式”点题，因地制宜开出乡村振兴“孵化器”项目清单，做好“乡村记忆传承人”“乡村记忆传习所”“乡村记忆名特产”推荐申报工作，积极指导评审验收准备，共推荐上报“乡村记忆传承人”8人、“乡村记忆传习所”4处、“乡村记忆名特产”5种。助推老区村加快发展，立足老区村资源禀赋，联合老区办开展老区新貌征稿宣传活动，组织摄影协会、作家协会到永安、马甲村等老区村观光采风，撰写文章、编制画册，通过媒体、报纸进行宣传，扩大影响，打造老区新貌品牌知名度，帮助搭建产业发展对接平台，做大特色产业，壮大集体经济。

【三坪革命老区共建交流】 2022年9月1日，中共洛江区委史志研究室对接泉港区委史志研究室和三坪红色文化发展基金会，在洛江区罗溪镇洪四村开展三坪革命老区共建交流活动。中共洛江区委史志研究室主任和中共泉港区委史志研究室主任、三坪红色文化发展基金会负责人、罗溪镇党委书记、洪四村党支部书记（村委会主任）等围绕盘活老区红色资源，就加快完善三坪革命老区道路等基础设施建设、开发红色旅游线路、推动优势特色产业融合发展等交换意见，达成共识，落实老区老年人医保缴费补助措施。现场参观洪四村电影院、党史馆红色教育基地和乡村记忆馆，体验村史村志编纂、赓续红色血脉、传承红色文化等方面布局情况，增进对老区当前发展情况的了解，为三坪革命老区共建项目科学谋划、有序实施奠定基础。

2022年9月1日，中共洛江区委史志研究室对接泉港区委史志研究室和三坪红色文化发展基金会，在洛江区罗溪镇洪四村开展三坪革命老区共建交流活动。图为共建交流活动现场 （图/洛江区委史志室）

档案工作

【概况】 2022年，洛江区档案局（馆）履行“为党管档、为国守史、为民服务”职责，落实局、馆长“一肩挑”工作机制，档案安全专项检查覆盖辖区19个立档单位，编制印发《洛江区“十四五”档案事业发展规划》；编纂《新城崛起·筑梦洛江》档案录大型画册，记录和反映洛江建区25周年改革开放和现代化建设历史进程；接入全国档案查询利用服务平台，为加快建设更高水平的智造洛江、生态新城提供强有力的档案支撑。

【档案安全监督和指导】 2022年，洛江区档案局（馆）印发《泉州市洛江区档案局关于加强档案安全工作的通知》，局、馆联动开展档案安全检查，“双随机”覆盖辖区20个立档单位，重点检查档案责任制落实、档案实体和信息安全、档案外包服务安全管控等情况，现场梳理反馈问题60余条，均要求及时落实整改。

【档案宣传】 2022年，洛江区档案局（馆）编制《洛江区“八五”档案法治宣传教育规划（2021—2025年）》，做好档案法治宣传教育。结合“6·9”国际档案日，推广“洛江档案”微信公众号，关注人数1100人。开展“喜迎二十大·档案颂辉煌”主题宣传活动，新修订《中华人民共和国档案法》知识线上有奖竞答活动，参与竞答1.5万人次。

【档案资源建设】 2022年，洛江区档案局（馆）督促指导区直单位及乡镇（街道）做好“3·13”疫情防控档案收集，同时面向社会公开征集侨批、“迁台记忆”“3·13”疫情防控等档案资料，接收疫情防控相关视频34个、图片313张、文章5篇、绘画创作9幅。

【档案信息化】 2022年，洛江区档案局（馆）完成到期应进馆档案及撤并单位档案接收，全年进馆档案919卷又1.22万件，馆藏数字化率保持100%；开展政府信息公开文件接收，全年接收24个单位政府信息公开文件276份。

【档案服务】 2022年，洛江区档案局（馆）开通“洛江档案”微信公众号，设置“档案服务——查档指南”板块，提供婚姻登记档案、复退军人档案及宅基地等民生档案查档指南；公众号设置“档案服务——预约查档”板块，接入全国档案查询利用服务平台，可实现线上档案咨询、查档预约，为公众提供跨区域、跨层级的档案利用服务。全年区档案馆接待群众查档利用483人次，调阅档案1460件次，复印档案资料4394页。

【侨批文化宣传】 2022年，洛江区档案局（馆）深入挖掘辖区“世界记忆遗产”侨批档案资源，全力动员镇（街）、村（社区）开展线索搜集、档案征集；制定《洛江区侨批档案征集工作制度》，保障侨批档案的妥善管理和科学开发，征集接收社会捐赠重要侨批档案16件；融入全市侨批品牌布局，在桥南古街建设洛江区档案馆侨批分馆，毗邻世界文化遗产点洛阳桥，实现“双世遗”交会融合；结合洛江城市IP“洛水•仙珊”，制作洛江侨批馆《侨见古桥》动画宣传片，创新档案文化宣传推广。

【侨批捐赠接收】 2022年2月26日，洛江区档案馆举行侨批捐赠接收仪式，向热心捐赠市民纪女士发放收藏证书。获赠的2封侨批是分别从菲律宾和中国香港寄到晋江和石狮的，时间从1952年至1956年，侨批内容都较完整。

2022年2月26日，洛江区档案馆举行侨批捐赠接收仪式。图为当天接收的侨批　（图/洛江区融媒体中心）

泉州市洛江区人民代表大会

综 述

【决议决定】 2022年，洛江区人大常委会共作出决定决议10项。其中决定接受人大代表辞职请求4项。2月22日，区六届人大常委会第一次会议决定设立泉州市洛江区第六届人大常委会代表资格审查委员会。7月24日，区六届人大常委会第四次会议决定批准《2022年洛江区政府债券转贷收支调整区财政预算方案》。8月31日，区六届人大常委会第四次会议决定批准泉州市洛江区人民政府提出的2021年财政决算。10月27日，区六届人大常委会第七次会议作出批准2022年洛江区利用限额空间发行新增专项债券预算调整方案、批准洛江区人民政府提出的2022年区本级财政预算调整方案2个决定。12月13日，区第六届人大常委会第八次会议决定洛江区第六届人民代表大会第二次会议召开时间。

【视察调研】 2022年，洛江区人大常委会围绕粮食生产、“五化”提升工作、义务教育“双减”（减轻义务教育阶段学生过重作业负担和校外培训负担）政策落地、长者食堂运营等热点难点问题，组织开展视察活动，拓宽代表知政面，了解群众呼声，向各级政府和有关部门提出意见、批评、建议，督促和支持政府依法行政改进工作，全年开展视察调研17次。

2022年5月26日，洛江区人大常委会学习贯彻习近平总书记关于粮食安全的重要讲话重要指示精神，组织区人大常委会全体组成人员到河市镇新告村水稻种植示范片、罗溪镇新东村东庵农耕体验点开展粮食生产工作调研。推动落实强农惠农和粮食生产政策，要求培育发展新型农业经营主体，推动粮食生产规模化、现代化。

2022年6月22日，洛江区人大常委会万安街道、双阳街道和河市镇，走访云知声智慧展馆，实地察看阳光路吕埔段沿街店面立面整治提升、沪邦排洪渠清理整治、万荣街花漾街区提升工程和安吉路照明提升工程推进情况，开展“五化”提升工作情况调研活动。提出坚持科学规划、强化整片推进、抓好整治提升等建议和意见。

9月29日，洛江区人大常委会组织开展区政府落实教育“双减”政策情况调研活动，到市实小洛江校区、就南中学，详细了解教育“双减”政策贯彻落实过程中政府的重要举措及主要成效，要求提升教育教学整体质量，回应社会关切，减轻家长负担；发挥家庭教育作用，明晰家校育人责任，建立“家校共育”工作网络，加大社会教育资源开发利用力度，打造家校社共育新格局。同日，到罗溪镇前溪村、马甲镇新民村实地察看、翻阅资料，深入了解长者食堂的建设及运营管理、服务对象等情况，推动加快长者食堂项目建设，要求加强长者食堂的管理，整合社区资源，

2022年10月12日，洛江区人大常委会组织对区法院4名法官进行履职评议。图为评议大会现场　　（图/洛江区人大）

探索长者食堂可运营机制，让更多的老年人享受政府提供的社区养老服务。

【法官检察官履职评议】　2022年10月27日，洛江区人大常委会依法加强司法监督、健全监督机制、拓展探索新的监督途径，首次开展关于法官、检察官履职评议工作，听取被评议对象的述职报告并现场以无记名方式开展履职测评表决，被评议的4名法官和3名检察官测评结果均为满意。

重要会议

【概况】　2022年12月28—29日，洛江区第六届人民代表大会第二次会议在召开。洛江区第六届人大常委会全年召开常委会会议9次、主任会议14次、联席会议1次，听取和审议包括《关于提请审议2021年区本级财政预算调整方案的议案》等“一府一委两院”（人民政府，监察委员会，人民法院、人民检察院）专项工作报告25个，作出决议和提出审议意见10项；按照规范性文件备案审查办法严格审查，完成6件区政府规范性文件的备案审查工作。区六届人大一次会议代表建议112件均按法定时限办结答复，代表满意率100%。

【洛江区第六届人民代表大会第二次会议】　2022年12月28—29日，洛江区第六届人民代表大会第二次会议召开。会议表决通过《关于区政府工作报告的决议草案》《关于2022年国民经济和社会发展计划执行情况及2023年计划的决议草案》《关于2022年财政预算执行情况和2023年财政预算的决议草案》《关于区人大常委会工作报告的决议草案》《关于区人民法院工作报告的决议草案》《关于区人民检察院工作报告的决议草案》。大会共收到代表10人以上联名提出的议案3件。连同对各方面工作提出的建议、批评和意见79件，共82件。

【区第六届人大常委会会议】　2022年，洛江区人大常委会举行常委会会议9次。常委会会议紧扣区委决策部署，围绕全区发展大局和中心工作，依法行使职权。听取和审议区“一府两院”向常委会作的专项工作报告，并作出相应的审议意见。对人事任免案和其他议案进行表决，对常委会代表资格审查委员会向常委会所作的报告进行表决，对常委会所作的决议、决定草案进行表决等。

2月2日，洛江区召开区六届人大常委会第一次会议，会议审议表决通过有关人事免职事项；审议并表决通过区人大常委会2022年工作要点；审议并表决通过设立泉州市洛江区第六届人大常委会代表资格审查委员会；审议并表决通过评选表扬优秀代表议案、建议和先进办理单位；审议并表决通过2021年规范性文件备案审查工作。

4月28日，洛江区召开区六届人大常委会第二次会议，会议组织被任命国家工作人员向宪法宣誓；审议并表决通过区检察院有关人事免职事项；听取和审议区文体旅游局《关于规范旅游场所建设管理工作情况的报告》；听取和审议区住建局《关于近五年农村路网改造提升维护情况的报告》。

6月30日，洛江区召开区六届人大常委会第三次会议，会议审议表决通过有关人事免职事项；听取和审议区人民检察院《关于开展企业合规改革试点工作报告》、区卫健局《关于疾病预防控制工作情况的报告》，副区长作《2022年洛江区实施“五化”提升工程工作情况汇报》；通过《关于2022年洛江区“五化”提升工程工作的审议意见》。

7月25日，洛江区召开区六届人大常委会第四次会议，审议并表决通过区政府有关人事任职事项；听取和审议区农水局《关于洛江区乡村振兴工作情况的报告》、区万投集团董事长林锦福《关于万投集团成立以来运营工作的情况报告》、区财政局《泉州市洛江区人民政府关于提请审议2022年洛江区政府债券转贷收支调整区财政预算方案的议案》；决定批准2022年洛江区政府债券转贷收支调整区财政预算方案的议案。

8月31日，洛江区召开区六届人大常委会第五次会议，听取和审议区监委《关于开展公职人员廉政教育工作情况的报告》、区财政局《泉州市洛江区人民政府关于提请审议洛江区2021年财政收支决算草案的议案》《洛江区2022年上半年财政预算执行情况报告》、区审计局《关于2021年度洛江区本级预算执行和决算草案的审计工作报告》《关于2021年度审计查出问题整改情况的报告》、区发改局《2022年上半年洛江区国民经济和社会发展计划执行情况报告》；表决批准通过《关于泉州市洛江区2021年财政决算的决议》；审议并表决通过区政府、区法院有关人事任职事项。

10月13日，洛江区召开区六届人大常委会第六次会议，审议并表决通过区人大常委会、区政府有关人事任免事项；听取和审议区政府《洛江区实验幼儿园项目建设情况汇报》《洛江区医院项目建设进展情况汇报》。

10月27日，区六届人大常委会第七次会议，传达学习中共十九届七中全会和二十大精神；审议表决通过区检察院有关人事任免事项；听取和审议区政府《关于区六届人大一次会议代表建议办理情况的报告》、区人大常委会内司工委《关于法官、检察官履职评议工作情况的报告》、区民政局《洛江区长者食堂建设情况的报告》、区财政局《泉州市洛江区人民政府关于提请审议2022年洛江区利用限额空间发行新增专项债券预算调整方案的议案》、区财政局《泉州市洛江区人民政府关于提请审议2022年区本级财政预算调整方案的议案》；表决通过《关于批准区政府利用限额空间发行新增专项债券预算调整方案的决议》；表决通过《关于批准2022洛江区本级财政预算调整方案的决议》。

12月13日，洛江区召开区六届人大常委会第八次会议，审议并表决通过区人大办、区政府有关人事任免事项；听取和审议《洛江区2022年环境状况和环保目标完成情况汇报》；通过《泉州市洛江区人大常委会关于洛江区2022年环境状况和环保目标完成情况的审议意见》；表决通过《关于召开泉州市洛江区第六届人民代表大会第二次会议的决定》；听取和审议并表决通过《泉州市洛江区人大常委会代表资格审查委员会关于代表变动和增补选代表的代表资格审查报告》；研究评选年度区人大代表优秀建议、办理先进单位的事项，确定年度建议办理先进单位。

12月23日，洛江区召开区六届人大常委会第九次会议，讨论区六届人大二次会议主席团和秘书长建议名单、会议日程等事项，决定提请区六届人大二次会议预备会或主席团第一次会议审议；讨论并确定2022年区人大常委会工作报告稿。

【区第六届人大常委会主任会议】 2022年，洛江区六届人大常委会共召开主任会议14次，主要负责处理常委会的重要日常工作，讨论确定有关事宜。

表 2

2022 年洛江区第六届人民代表大会常委会主任会议情况表

会议	召开时间	主要内容
区六届人大常委会第一次主任会议	2 月 18 日	研究区人大常委会 2022 年工作要点，决定提交区六届人大常委会第一次会议审议事宜等
区六届人大常委会第二次主任会议	4 月 26 日	听取区检察院有关人事免职事项汇报；听取区政府、教科文卫工委、环城工委有关工作情况报告
区六届人大常委会第三次主任会议	5 月 24 日	听取区法院、区政府有关工作情况报告
区六届人大常委会第四次主任会议	6 月 28 日	研究区人大常委会人事任免事项；研究区法院有关人事免职事项汇报并决定提交区六届人大常委会第三次会议审议事宜，听取各主要承办单位关于区六届人大一次会议代表建议重点件办理情况
区六届人大常委会第五次主任会议	7 月 21 日	听取区委组织部有关人事任职事项汇报；听取区政府关于落实教育“双减”政策情况的报告；听取环城工委、财经工委对常委会会议题的准备情况汇报
区六届人大常委会第六次主任会议	8 月 29 日	听取区委组织部、区法院有关人事任免事项汇报；听取关于泉梅高速洛江段（国道 324 改线工程洛江段）和洛丰高速（甬莞高速联络线）推进情况汇报
区六届人大常委会第七次主任会议	9 月 23 日	研究常委会组成人员、人大代表辞职事宜，听取区委组织部有关人事任职事项汇报，听取区政府关于加强职业技能提升工作情况的报告
区六届人大常委会第八次主任会议	10 月 11 日	听取区委组织部有关人事任免事项汇报，听取区政府关于近三年重点预期工作情况的报告；听取和审议区实验幼儿园和区医院的建设情况汇报
区六届人大常委会第九次主任会议	10 月 26 日	会议传达学习党的十九届七中全会和二十大精神；听取区检察院有关人事任免事项汇报；听取人大各工委对常委会会议题准备情况汇报
区六届人大常委会第十次主任会议	11 月 10 日	会议研究区人大代表增补选事宜
区六届人大常委会第十一次主任会议	11 月 17 日	听取区委组织部有关人事任免事项汇报；听取区政府关于洛江区污水管网 PPP 项目建设情况的报告
区六届人大常委会第十二次主任会议	12 月 12 日	会议研究评选年度区人大代表优秀建议、办理先进单位的事项；讨论研究区第六届人民代表大会第二次会议事宜；听取和审议区政府关于 2022 年度环境状况和环保目标完成情况的报告
区六届人大常委会第十三次主任会议	12 月 23 日	听取和讨论筹备区六届人大二次会议相关事项；讨论区六届人大二次会议人大常委会工作报告稿
区六届人大常委会第十四次主任会议	12 月 27 日	讨论区六届人大二次会议日程

人大监督

【概况】 2022 年，洛江区人大常委会围绕事关全区改革发展稳定的关键问题、影响法律法规实施的突出问题、人民群众普遍关心的热点难点问题，综合运用听取审议专项工作、执法检查、重点民生事项“五个一”跟踪监督等监督形式，加强对“一府一委两院”的监督。区人大常委会听取和审议专项工作报告 13 次，审查批准决算、听取和审议预算执行情况报告、审计工作报告 6 项。

【财政运行监督】 2022 年，洛江区人大常委会听取和审议区政府关于 2022 年上半年洛江区国民经济和社会发展计划执行情况、财政预算执行情况、2021 年度洛江区本级预算执行和其他财政收支情况的审计工作；审查批准区政府关于 2021 年财政收支决算及 2020 年度审计查出问题整改情况、关于 2021 年区本级财政预算调整方案、关于提请审议 2022 年地方政府债券转贷收支调整区财政预算方案的议案。

【民生工作监督】 2022 年，洛江区人大常委会听取和审议区政府研究处理 2022 年重点办理件第 5 号代表建议《推进老旧小区整治改造后物业管理的建议》和第 79 号代表建议《将我区适龄女性接种宫颈癌疫苗纳入财政补助的建议》，对其进行满意度测评，测评结果为满意。听取区文体旅游局《关于规范旅游场所建设管理工作情况的报告》、区住建局《关于近五年农村路网改造提升维护情况的报告》、区卫健局《关于疾病预防控制工作情况的报告》、区政府《2022 年洛江区实施“五化”提升工程工作情况汇报》、区农水局《关于洛江区乡村振兴工作情况的报告》、区政府《洛江区实验幼儿园项目建设情况汇报》《洛江区医院项目建设进展情况汇报》、区民政局《洛江区长者食堂建设情况的报告》、区环境保护委员会《洛江区 2022 年环境状况和环保目标完成情况汇报》。

【法治建设监督】 2022 年，洛江区人大常委会听取和审议《关于法官、检察官履职评议工作情况的报告》，并对被评议的法官、检察官进行满意度测评。听取和审议 2021 年规范性文件备案审查工作情况报告，听取和审议区人民检察院《关于开展企业合规改革试点工作报告》。依法任免国家机关工作人员，并根据全国人大常委会关于实行宪法宣誓制度的决定及省人大常委会关于国家工作人员宪法宣誓办法规定，组织被任命的国家工作人员向宪法宣誓。

2022年9月29日，洛江区人大常委会组织到罗溪镇开展长者食堂工作开展情况调研 （图/洛江区人大）

代表工作

【概况】 2022 年，洛江区人大常委会开展“人大代表亮身份、担使命、解民需”活动，推进代表履职信息公开，增强代表履职意识。组织代表参与“3・13”疫情防控工作，捐款捐物合计 500 多万元。组织代表推动项目落地见效、帮助群众解决“急难愁困”事情、参与矛盾纠纷调解、帮扶困难群众等活动，发挥人大代表作用。区六届人大一次会议代表共提出 112 件建议，区六届人大常委会第八次会议经审议表决，决定将《关于加快洛阳江流域综合整治和景观建设的建议》等 10 件建议评为优秀人大代表建议并对有关代表予以通报表彰。

【代表履职保障】 2022 年，洛江区人大常委会组织市人大代表参加市人大会议，做好会议期间会务工作。组织市人大代表在南安、洛江两地开展视察调研活动。配合市人大常委会组成人员做好“双联”工作，及时办理反馈代表和群众提出的意见建议。组织区人大代表围绕数字经济主题赴福州开展履职培训，拓宽代表履职视野，提升人大代表的履职能力。组织人大代表开展闭会期间活动，列席常委会会议、参加常委会的视察调研、执法检查等活动，参加党委、政府、两院等组织开展各项活动，发挥人大监督支持作用。做好代表履职网上登记、审核等工作。及时拨付代表活动室建设专项经费和代表活动经费68万余元，支持乡镇、街道做好活动室的提升建设工作和代表活动的组织工作。加强对基层人大代表工作的业务指导，两级联动，共同推进洛江区代表工作创新发展。

【代表增补选】 2022年，洛江区人大常委会指导区直机关党群系统选区、政府口、住建系统选区、经贸、市场监管系统选区、双阳街道坪山新岭选区、马甲镇区医院选区、罗溪垵内选区7个选区，做好宣传发动、选民登记、代表候选人提名、推荐、酝酿和投票选举全过程工作，2022年12月8日依法选举产生8名区人大代表，完成代表增补选举工作。

【代表联系群众活动室建设】 2022年，洛江区人大常委会创新运用数字化管理方式开发“洛江人大智慧平台”代表活动室数字管理系统，提升代表活动室管理效能。指导创建万安街道桥南、万福、万盛社区，双阳街道新峰、南山社区，河市镇霞溪工业园区，马甲镇永安村，罗溪镇双溪村，虹山乡虹山村9个地方建设“党建+”邻里中心人大代表工作室，开展接待群众工作。指导马甲镇创建新民片区代表活动室，创新开展代表评理工作，开展典型示范代表活动室创建工作，8月25日启用马甲镇第六个人大代表联系群众活动室。

【代表建议督办】 2022年，洛江区六届人大一次会议收到代表建议112件（其中，教科文卫方面34件，农业农村方面12件，环境与城乡建设方面47件，财政经济方面11件，社会建设方面2件，法治2件，综合4件），区人大常委会召开主任会议确定其中6件为常委会重点督办建议件。加大刚性督办力度，综合采取走访座谈、视察调研、听取报告、通报进度、开展“回头看”等多种举措，跟踪办理进度，压实承办单位办理责任。并在区六届人大常委会第七次会议上对区政府研究处理第5号代表建议重点办理件《推进老旧小区整治改造后物业管理的建议》和第79号代表建议重点办理件《将我区适龄女性接种宫颈癌疫苗纳入财政补助的建议》情况进行满意度测评。解决或基本解决的36件，占32.1%；处于解决阶段或列入计划逐步解决的有62件，占55.4%；因资金、政策等客观条件限制暂时不能解决的9件，占8%；列入参考的5件，占4.5%，55件建议取得成效或明显进展，代表满意率100%。

人事任免

【概况】 2022年，洛江区人大常委会坚持党管干部和依法任免干部相统一原则，履行宪法和法律赋予人事任免权。全年任免干部59人次。

【区第六届人大常委会第一次会议人事任免】 2022年2月22日，经洛江区第六届人大常委会第一次会议审议通过：决定任命黄擎为泉州市洛江区人民政府办公室主任，任命杜德森为泉州市洛江区发展和改革局局长，任命王炜煌为泉州市洛江区教育局局长，任命刘永水为泉州市洛江区科学技术局局长，任命杜荣文为泉州市洛江区工业和信息化局局长，任命杜丽卿为泉州市洛江区民政局局长，任命蔡涛为泉州市洛江区司法局局长，任命苏永川为泉州市洛江区财政局局长，任命刘延宁为泉州市洛江区人力资源和社会保障局局长，任命谢剑锋为泉州市洛江区住房和城乡建设局局长，任命许坤芳为泉州市洛江区农业农村和水务局局长，任命林志斌为泉州市洛江区商务局局长，任命吕培基为泉州市洛江区文化体育和旅游局局长，任命陈体明为泉州市洛江区卫生健康局局长，任命杜宝国为泉州市洛江区退役军人事务局局长，任命陈东升为泉州市洛江区应急管理局局长，任命潘凯锋为泉州市洛江区审计局局长，任命黄连生为泉州市洛江区市场监督管理局局长，任命洪天配为泉州市洛江区统计局局长，任命蔡海芳为泉州市洛江区人民政府信访局局长，任命林顺健为泉州市洛江区城市管理局局长，任命杨明钦为泉州市洛江区人民法院审判员，任命阮芳为泉州市洛江区人民法院刑事审判庭副庭长，任命许明远为泉州市洛江区人民法院河市法庭副庭长，免去林少白泉州市洛江区人大常委会办公室主任职务，免去洪羚燕泉州市洛江区人民法院刑事审判庭庭长职务。

【区第六届人大常委会第二次会议人事任免】 2022年4月28日，经洛江区第六届人大常委会第二次会议审议通过：免去陈恩盛泉州市洛江区人民检察院检察员职务，免去刘培南泉州市洛江区人民检察院检察员职务，免去尤爱娥泉州市洛江区人民检察院检察员职务。

【区第六届人大常委会第三次会议人事任免】 2022年6月30日，经洛江区第六届人大常委会第四次会议审议通过：免去苏志成泉州市洛江区人民法院副院长、审判委员会委员、审判员职务；免除唐红梅、张瑞琴2人泉州市洛江区人民法院人民陪审员职务。

【区第六届人大常委会第四次会议人事任免】 2022年7月25日，经洛江区第六届人大常委会第四次会议审议通过：决定任命刘鑫淼为泉州市洛江区自然资源局局长。

【区第六届人大常委会第五次会议人事任免】 2022年8月31日，经洛江区第六届人大常委会第五次会议审议通过：任命潘凯锋为泉州市洛江区发展和改革局局长；任命柯文清为泉州市洛江区住房和城乡建设局局长；任命王梓榕为泉州市洛江区人民法院副院长、审判委员会委员、审判员；任命颜智斌为泉州市洛江区人民法院副院长；任命王莹为泉州市洛江区人民法院副院长、审判委员会委员、审判员；任命周明芳为泉州市洛江区人民法院审判委员会委员、审判员；任命林毅高为泉州市洛江区人民法院审判委员会委员；决定免去杜德森泉州市洛江区发展和改革局局长职务；决定免去谢剑锋泉州市洛江区住房和城乡建设局局长职务；决定免去潘凯锋泉州市洛江区审计局局长职务；免去苏勇清泉州市洛江区人民法院副院长职务；免去颜海容泉州市洛江区人民法院副院长、审判委员会委员、审判员职务；免去李章泽泉州市洛江区人民法院审判委员会委员、审判员职务。

【区第六届人大常委会第六次会议人事任免】 2022年10月13日，经洛江区第六届人大常委会第六次会议审议通过：任命姚秋惠为泉州市洛江区审计局局长；任命王洪杰为泉州市洛江区人民政府副区长；决定免去陈清平泉州市洛江区人民政府副区长职务。

【区第六届人大常委会第七次会议人事任免】 2022年10月27日，经洛江区第六届人大常委会第七次会议审议通过：任命杜宇为泉州市洛江区人民检察院检察委员会委员；决定免去陈志凡泉州市洛江区人民检察院检察委员会委员职务。

【区第六届人大常委会第八次会议人事任免】 2022年12月13日，经洛江区第六届人大常委会第八次会议审议通过：决定任命吕翔宇为泉州市洛江区人大常委会办公室主任；任命黄杜英为泉州市洛江区人民政府办公室主任；任命苏晓颖为泉州市洛江区人大常委会双阳街道工作委员会副主任；决定免去黄擎泉州市洛江区人民政府办公室主任职务；决定免去魏少明泉州市洛江区人大常委会万安街道工作委员会副主任职务；决定免去陈继佳泉州市洛江区人大常委会双阳街道工作委员会副主任职务。

泉州市洛江区人民政府

综　述

【经济运行】　2022年，洛江区人民政府（简称“洛江区政府”）高效统筹疫情防控和经济社会发展，统筹发展和安全，经济运行稳中有进，全年完成地区生产总值355.11亿元，比上年增长3.6%；一般公共预算总收入27.29亿元，比上年增长8%，其中地方一般公共预算收入16.44亿元，比上年增长9.3%。落实省委、市委“提高效率、提升效能、提增效益”行动，开展“百名干部进百企、一企一策促发展”专项行动部署，建立区领导、区直部门与重点企业结对挂钩联系服务机制，研究制定应对“3·13”疫情纾困解难21条、支持民营企业高质量发展17条、稳经济增长70条等系列措施。落实新组合式税费支持政策，全年退税减税缓税降费5.1亿元，兑现财政奖补资金2.9亿元。引导企业开展市场采购贸易、跨境电商等新业态，帮助企业赴海外抢订单拓市场，全年完成外贸出口80亿元，比上年增长10.6%。全年新增谋划项目70个、开工项目45个、竣工项目35个，在建重点项目完成投资109亿元。

【城市发展】　2022年，洛江区落实泉州市“强产业、兴城市”双轮驱动和“抓城建提品质”专项行动，研究制定《洛江区“抓城建提品质”2022年专项行动方案》，策划生成项目156个，总投资268.7亿元，开工建设120个、完成投资44.6亿元。统筹推进阳江新城、中部功能区、小总部经济区、河市西片区等片区开发建设，17个片区更新项目完成投资7.3亿元。制定《洛江区“五化”提升工程工作方案》，策划生成“五化”项目104个，总投资9.4亿元，完成万安和双阳内沟河清淤整治、光纤网络改造等52个项目。完善市政基础设施，洛江西环路（朋虹街至经九路段）市政工程、经九路抓紧建设，万虹路国道324至河市中学改造提升工程开工建设，朝阳二路、安达路等完成改造提升。投资985万元建设城市公共停车场，新增停车泊位379个。

【乡村振兴】　2022年，洛江区实施乡村振兴“1+6+2”（见《政府工作报告》注释）系列行动，113个乡村振兴项目完成投资2.8亿元。突出示范带动，建成19个乡村振兴省市区级试点示范村、4条市级示范线路。整镇推进“五好”乡镇创建，虹山乡在泉州市考评中获得农业生态型乡镇优秀等次。推进“五个美丽”创建行动，投资6000多万元建成美丽乡村庭院203户、微景观67个、小公园（小广场）15片、美丽田园5个、休闲旅游点4个。全域旅游推进全面振兴做法获国家乡村振兴局刊发和省领导批示推广。

【社会民生】　2022年，洛江区民生支出13.5亿元，办理民生实事66件，完成率100%。城乡低保标准提高至每人每月900元，发放低保金、特困人员生活补助金、临时救助金2000万元。投入204万元新建8个农村居家养老服务站和3个长者食堂。新增城乡居民养老保险参保482人，发放养老金4651.1万元、被征地养老保障金1180.6万元。泉州市实小洛江第二校区加快建设，泉州十一中塘西校区、洛江区实验幼儿园开工建设，奕聪中学通过省一级达标高中现场考察。提升乡村医生保障水平，发放村级公共卫生服务补助271万元。投入1150万元改造提升罗溪卫生院、万安社区卫生服务中心。新建13条全民健身路径、20个口袋健身公园，改造提升7个篮球场，俞大猷纪念馆重装开馆，蔡襄书院挂牌，区档案馆主体建筑封顶。建成并启用应急广播三级平台478个点位，在泉州市率先实现全覆盖。加快平安洛江建设，获省第四轮第二批“平安县（市、区）”称号。统筹推进安全生产专项整治三年行动、安全生产标准化提升，按照“红橙黄蓝”四色确定企业整体安全风险等级，蓝色等级达428家，分行业、分区域培植区级以上标杆企业30家。开展房屋结构安全排查整治“回头看”，排查整治隐患房屋227座。

重要会议

【概况】 2022年，洛江区政府召开全体会议1次，常务会议18次，专题会13次，研究讨论全区涉及政治、经济、文化、社会、生态的重大财政资金使用、重大政府投资项目安排、重大国有资产处置事项及重大政策措施。

【区政府全体会议】 2022年12月29日区政府区长郭宁主持召开，6个乡镇（街道）、政府各有关部门负责人参加。会议要求按照区第六届人民代表大会第二次会议《政府工作报告》要求部署2023年政府工作，推动项目攻坚、抓城建提品质、工业（产业）园区标准化建设、抓开放招商促项目落地、推动文旅融合、汇聚侨心侨智侨力等方面工作落实。

【区政府常务会议】 2022年1月4日，洛江区政府第一次常务会议召开，会议研究《泉州市洛江区2022—2024年松材线虫病防控总体方案》、2021年度行政规范性文件清理工作。

1月25日，区政府第二次常务会议召开，会议研究《洛江区“抓创新促应用”专项行动实施方案（送审稿）》《泉州市洛江区人民政府与泉州市水务集团有限公司战略合作框架协议（送审稿）》《落实2022年稳工稳岗促“开门红”八条措施（送审稿）》《洛江区加快工业（产业）园区标准化建设实施方案（送审稿）》《泉州交通发展集团有限责任公司与泉州市洛江区人民政府战略合作框架协议（送审稿）》。

2月8日，区政府第三次常务会议召开，会议研究《洛江区“项目攻坚2022”活动方案（送审稿）》《洛江区“抓城建提品质”2022年专项行动方案（送审稿）》《洛江区抓开放招商促项目落地2022年行动方案（送审稿）》《洛江区“十四五”生态环境保护专项规划（送审稿）》。

3月1日，区政府第四次常务会议召开，会议研究《关于促进洛江区建筑产业高质量发展的若干措施（送审稿）》、听取林长制工作情况汇报。

4月6日，区政府第五次常务会议召开，会议研究《洛江区积极应对疫情影响助力市场主体纾困解难若干措施（送审稿）》《蠡湖项目投资合作协议书（送审稿）》。

5月13日，区政府第六次常务会议召开，会议听取全区安全生产工作汇报，研究《洛江区全民健身实施计划（2021—2025年）（送审稿）》《洛江区“绿满泉城”三年行动实施计划（送审稿）》《洛江区妇女发展纲要（2021—2030年）（送审稿）》《洛江区儿童发展纲要（2021—2030年）（送审稿）》。

6月10日，区政府第七次常务会议召开，会议研究《洛江区促进商贸服务业高质量发展若干措施（送审稿）》《〈智谷（泉州）万洋高新技术产业园项目投资协议〉补充协议书（送审稿）》，与会人员进行充分讨论。

6月20日，区政府第八次常务会议召开，会议研究《洛江区贯彻落实国务院、省、市稳住经济一揽子政策措施实施方案（送审稿）》《洛江区制造业数字化转型行动方案（送审稿）》《洛江区进一步推进生活垃圾分类工作实施方案（送审稿）》《洛江区人民政府赋予乡镇人民政府、街道办事处部分行政执法事项目录清单（送审稿）》。

7月4日，区政府第九次常务会议召开，会议研究《洛江区“五化”提升工程工作方案（送审稿）》《洛江区污水管网配套建设工程PPP项目绩效评价工作方案（送审稿）》《洛江区乡村振兴专项行动方案（2022—2025年）（送审稿）》《关于加强洛江区教师进修学校建设的意见（送审稿）》。

7月19日，区政府第十次常务会议召开，会议研究《泉州市洛江区安全生产委员会关于强化安全生产责任落实坚决防范化解重大安全风险的通知（送审稿）》《洛江区“十四五”应急管理专项规划（送审稿）》《洛江区法治政府建设实施方案（送审稿）》《洛江区自建房安全专项整治实施方案（送审稿）》《洛江区深入打好污染防治攻坚战实施方案（送审稿）》。

8月1日，区政府第十一次常务会议召开，会议研究《洛江区创建国家级慢性非传染性疾病综合防控示范区工作方案（送审稿）》《洛江区“十四五”卫生健康事业发展专项规划（送审稿）》。

8月22日，区政府第十二次常务会议召开，会议研究《关于深化集体林权制度改革推进林业高质量发展的实施方案（送审稿）》《泉州市洛江区贯彻落实“提高效率、提升效能、提增效益”优化营商环境攻坚行动方案（送审稿）》《泉州市洛江区人民政府国网泉州供电公司电力建设合作框架协议（送审稿）》。

9月20日，区政府第十三次常务会议召开，会议听取洛江区未成年人思想道德建设工作情况和违法用地专项清理整治、2021年耕地保护督察反馈问题、耕地流出整改和2018—2021年森林督查案件查处整改清零攻坚行动工作进展情况汇报，研究《关于深入推进科技特派员制度服务乡村振兴和助力产业转型的若干措施（送审稿）》。

10月11日，区政府第十四次常务会议召开，主要传达《中共福建省委福建省人民政府关于传承弘扬“晋江经验”支持泉州建设21世纪“海丝名城”的意见》精神，研究《洛江区传承弘扬“晋江经验”加快建设21世纪“海丝名城”2022年工作要点（送审稿）》《洛江区贯彻落实〈中共福建省委福建省人民政府关于传承弘扬“晋江经验”支持泉州建设21世纪“海丝名城”的意见〉有关事项细化分工（送审稿）》《关于建立洛江区传承弘扬“晋江经验”建设21世纪“海丝名城”工作领导小组的通知（送审稿）》《洛江区“十四五”文化和旅游发展专项规划（送审稿）》《洛江区生活污水收集处理提质增效及内沟河水质提升行动方案（送审稿）》。

11月9日，区政府第十五次常务会议召开，会议主要研究《洛江区人民政府工作规则（送审稿）》《洛江区促进旅游民宿规范发展实施意见（试行）（送审稿）》《洛江区行政规范性文件“三项”制度（送审稿）》

11月22日，区政府第十六次常务会议召开，会议听取2022年度食品安全工作情况汇报，研究《洛江区城乡困难群众临时救助规定（送审稿）》、《洛江区促进“菜篮子”体系建设若干措施（送审稿）》和泉州银行股权有偿转让有关事项。

12月21日，区政府第十七次常务会议召开，会议研究2023年区《政府工作报告（送审稿）》、《洛江区2022年国民经济和社会发展计划执行情况及2023年计划（草案）的报告（送审稿）》、《洛江区2022年财政预算执行情况（预计）和2023年财政预算（草案）的报告（送审稿）》、2023年区级重点项目、2023年区委区政府为民办实事项目、《关于明确安全生产监管职责构建安全生产长效机制的通知（送审稿）》、《2022年度行政规范性文件清理结果（送审稿）》。

12 月 26 日，区政府第十八次常务会议召开，会议听取 2022 年度全区粮食安全工作情况汇报，研究《洛江区 2023 年春节期间支持企业稳岗留岗返岗促进一季度开门红十条措施（送审稿）》《洛江区人民政府与泉州市妇幼保健院（儿童医院）联合办医战略合作协议书（送审稿）》。

【区政府专题会议】 2022 年，洛江区政府召开 13 次专题会议，研究污水管网配套建设、推进翡翠山庄一期改建项目、盘活优化闲置资产等。

表 3

2022 年洛江区政府专题会简况表

召开时间	会议内容
4 月 27 日	研究洛江区污水管网配套建设工程 PPP 项目涉铁段费用和工程设计变更有关事宜
5 月 5 日	研究地块出让前期工作有关事宜
5 月 31 日	召开稳住经济大盘专题会议，听取区政府主要经济部门及各乡镇政府（街道办事处）1—4 月经济运行复盘、存在问题和 5 月以后计划等情况汇报，围绕稳住经济大盘提出部署要求
6 月 8 日	召集区住建局、万安街道办事处等单位负责人，邀请泉州市盛远建置业有限责任公司、隆泰（泉州）房地产发展有限公司等项目开发有关公司负责人，研究推进翡翠山庄一期改建项目有关事宜
6 月 30 日	研究泉州第十一中学塘西校区项目建设有关事宜
7 月 25 日	研究区教育局重新择址办公事宜
7 月 29 日	召开市政排水项目工作推进会，听取市水务集团、区城管局、国资办和国投集团关于成立合资公司泉州洛江水务有限公司有关情况的汇报，并明确合资股比等关键事项
8 月 10 日	召开洛江区城乡供水一体化项目专项债券资金管理推进专题会议，研究提高专项债券资金实际支出进度比率等有关事宜
8 月 10 日	听取区应急局、住建局、自然资源局、河市镇关于本行业（辖区）突出风险隐患点和不稳定因素，各副区长对各自分管领域的安全风险防范工作进行分析点评，并部署下阶段重点工作
8 月 17 日	召开细胞库和肿瘤检测项目落地可行性研究会议，听取区卫健局、财政局、市场监管局、招商办、妇幼保健院等单位关于项目落地事宜的意见建议
9 月 21 日	召开盘活优化洛江区税务局闲置资产工作专题会议；会议听取区税务局关于盘活优化闲置资产工作汇报，部署下阶段工作
11 月 23 日	召开全区民办幼儿园自建房安全鉴定工作协调会议，听取区教育局关于民办幼儿园自建房安全鉴定工作情况汇报，研究加快推进民办幼儿园自建房安全鉴定、无证园治理等相关事项
11 月 29 日	研究水墨山水项目缓交城市基础设施配套费可行性和合规性有关事宜

为民办实事

【概况】 2022 年，洛江区投入 8.13 亿元完成 66 个区级为民办实事项目，完成率 111%，其中 8 个教育提升项目完成投资 1.05 亿元，8 个医疗健康项目完成投资 1892 万元，12 个文化体育项目完成投资 5266.9 万元，15 个城市品质提升项目完成投资 3.22 亿元，13 个乡村振兴项目完成投资 2.03 亿元，10 个民生公益项目完成投资 1.1 亿元。

【教育提升工程】 2022 年，洛江区完成教育提升工程 8 个，其中落实义务教育“四免一补”与助学政策，实行对城乡义务教育免学杂费、免费提供教科书和作业本、免住宿费，完善义务教育家庭经济困难学生生活补助政策，完善助学体系，对学前、高中、中职阶段贫困学生实行补助，拨付义务教育生均公用经费3530万元。完成对泉州市实验小学洛江校区学术报告厅、河市中心小学第四栋教学楼及连廊及附属配套设施的扩建，拨付2500万元。投入2800万元扩建马甲中学科学实验楼，670万元对奕聪中心幼儿园、马甲第二中心幼儿园三新园区等6所公办幼儿园办学条件及户外环境提升改造，投入342万元完成敬德职校大门及围墙、校园污水管网改造，投入300万元完成梧宅小学运动场，投入200万元改造奕聪中学教学楼等校舍墙裙贴砖、校园道路，投入180万元对义山小学进行运动场塑胶跑道及人工草足球场改造。

【医疗健康工程】 2022年，洛江区落实医疗健康工程8个。完成万安社区卫生服务中心改造工程项目（一期），完成购置3套核酸检测设备并投入使用，完成罗溪卫生院住院病房、手术室改造提升，完成工业产品抽检130批次、食品抽检1117批次并对全区6个乡镇（街道）食品药品安全满意率分季度进行测评。完成乡村医生养老保险补助、生活补助和7家“空白村”卫生所补助发放，发放补助资金70万元；与中国人民财产保险股份有限公司泉州市分公司洛江营销服务部签订洛江区2022年度重点优抚对象医疗救助保险合约并完成支付。围绕“三孩”生育政策实施，加强生育服务保障，提升妇幼保健机构基础设施设备，更新保健、康复、生殖健康等业务设备。关爱女性健康，为450名适龄妇女免费提供宫颈癌、乳腺癌检查，200名产前筛查诊断和200名适龄女性提供宫颈癌疫苗服务，为全区低保户16～60周岁健康女性以及“两癌”高发年龄段的单亲母亲购买安康保险。优化“菜篮子”调控基地项目2个，巩固提升“菜篮子”生产、供应、调控水平。

【文化体育工程】 2022年，洛江区落实文化体育工程10个。完成南山社区侨文化文体+功能室规划及设备安装。完成杏川村全民健身中心（一期）主体框架建设。各乡镇（街道）完成新建全民健身路径13条、篮球场改造提升7个、新建健身步道2千米、新建一座七人制足球场。完成俞大猷公园改造提升。投入273万元，完成洛阳桥遗产点保护利用提升，完成罗溪镇永生村、马甲镇杏川村农村文化广场、万安街道万福社区、双阳街道阳江社区未成年人活动场所建设。推进新时代文明实践中心（所、站）建设，完成区新时代文明实践中心一楼志愿服务台、马甲镇、虹山乡新时代文明实践所提升工程；双阳街道新时代文明实践所全部完工并投入使用；完成6个村（社区）文明实践站建设，完成4个乡镇新时代文明实践“一镇一园”建设，并依托阵地开展新时代文明实践活动。完成“陈三五娘传说”文化主题公园（一期）建设及沉浸式游览体验载体创设，完成97处文物建档、14家市级以上文保点线路套管。完成图书馆图书及期刊报纸采购工作，并对过期期刊整理装订，完成罗溪镇公共文化空间、区图书馆公共文化空间建设工作。

【城市品质提升工程】 2022年，洛江区落实城市品质提升工程15个。完成5G基站264个，新建4.7万个千兆宽带端口；建成3个5G智慧工业园区、10个5G智慧小区。新建8条110千伏塘西变10千伏线路，完成多雷区5条线路防雷改造，新改建30处台区。洛江区实验幼儿园（一期）完成桩基施工。实施市政道路、园林绿化、水环境整治等品质提升项目，完成河市中学人行天桥项目建设、6个老旧小区改造、2处历史建筑修缮。完成省道213线（梅仙路）提升改造工程，完成安吉路沿线道路、建筑、绿化等照明提升改造。完成新增监控点位勘测及安装调试，打通法院支路、朝阳二路等2条“断头路”，完成背街小巷整治提升，投入230万元，完成应急广播系统项目建设，共新增智慧停车车位420个，建设及改造万福街与丰海路交叉口、经五路旁、洛江第二实验小学旁等3处口袋公园，在洛江第三实验小学西侧规划建设60个停车位，购置10台自动体外除颤器用于全区大型商场、景区、行政服务中心等公共场所。

【乡村振兴工程】 2022年，洛江区落实乡村振兴工程13个。建成罗溪第一水厂、后深溪水厂、乌关水厂、马顶池水厂、青蛇水厂、路源水厂、车厍水厂，改造马甲第二水厂、就南水厂。完成乡村振兴试点示范建设项目27个，完成全长8.9千米自行车道栈桥及挡墙建设、管涵埋置和绿植喷播，实现全线贯通。完成道路交通安全隐患整治项目，完成10.5千米农村公路改造、6个村农村饮水安全工程建设、5座山围塘除险加固任务，确定6个符合条件的自然灾害避灾点进行项目提升，新建或改造2座城市公厕、1座乡镇公厕、2座农村公厕。打造多场景全覆盖的“厝边守望2.0”工程，完成二类视频监控，接入“雪亮工程”视频汇聚平台，完成新坝仔桥危桥改造。完成“一镇一品”近邻评理室建设，全区评定三星级近邻评理室6个、两星级近邻评理室6个。

【民生公益工程】 2022年，洛江区落实民生公益工程10个。为特殊人群代缴保费49.48万元；兑现基础养老金补助6692.79万元，兑现个人缴费补贴449.53万元，落实群众城居保账户1459.95万元，兑现丧葬金补助255万元。完成虹山乡环境整治工程，完成阳光堆肥房运行项目、庵尾蔗山围塘拦水坝及机耕路工程、苏山村皮劳区拓宽硬化等工程。继续实施关爱女孩“五项工程”和“计生特殊家庭关爱行动”，共帮扶9782人，为36户计生特殊家庭购买意外伤害保险，下拨“4+1”及2022年失独家庭“关爱小组”服务经费。为3400名老年人提供基础信息服务，并提供每月2000人次的实体服务。发放“一户多残”家庭生活补贴74.44万元、低保重度肢体残疾人居家养护补助21.8万元；为全区4115名持证残疾人购买意外伤害保险共12.35万元。提升建设平安家庭智慧网格平台，提升打造西头、三合、琯头等村、社区家事调解室，开展线上线下普法宣传活动85场次、“守护花蕾”行动入校园6场次，网格员入户摸排685户，调解婚姻家庭纠纷57件；完成阳江社区市级儿童之家建设，开设周末课堂，开展特色主题教育50多场次；完成河市浮桥村、罗溪双溪村等8个区级儿童之家提升，新建河市炉田村儿童之家。完成1家80个托位的婴幼儿照护服务机构建设，建设1个长者食堂、3个基层老年远程教育示范点，建设3个村（社区）青少年综合服务平台，完成7500份流动人员人事档案信息化、数字化建设。

综合政务

【概况】 2022年，洛江区人民政府办公室（以下简称“洛江区政府办”）围绕统筹协调、办文办会、值班值守、督查问效、后勤保障，服务区政府各项工作有序运转。配合文电流转、材料起草、值班值守等工作。规范区政府批示件办理工作，明确公文办理时限、强化办理情况督查，全年收文近万件，办结率100%，未发生文件延误、误办、错办、漏办。

【文件会议】 2022年，洛江区政府办落实党政机关公文处理工作条例，升级电子公文网络传输系统，严格实行“对口收办”，优化公文运转程序，减少流转环节。严格遵守中央八项规定精神，全年区政府本级发文146件。严格控制会议数量、规模、时间和参会人员，推行“多会合一”，实行会议套开和集中议题上会的形式，全年承办区政府党组会议38次、区政府常务会议18次。

【督查督办】 2022年，洛江区政府办制定《2022年度全区督查检查考核工作计划》，为全区督查考核工作提供蓝本。发出督查通报10份，有效推动157项省政府工作目标任务、115项市政府工作任务、102项区政府目标任务、20个省级为民办实事项目、

27个市级为民办实事项目、66个区级为民办实事项目落实。办复市人大建议3件、政协提案2件，抓好区人大建议115件、政协提案144件的办理，满意率和办结率均达100%。通过健全机制、完善内业资料、现场督导等，对接落实国务院第九次大督查工作。推进文明卫生城市、安全生产、疫情防控、耕地图斑整治、企业复工复产等专项督查。办理区领导批示件4326件，落实议定事项162项。

【信息工作】 2022年，洛江区政府办完成区政府各类文字材料150多篇，其中完成区领导讲话稿100多篇，整理区政府、区政府党组会议纪要48篇。开展政务信息工作，全年共向省市上报信息240多条，其中被国办采用5条、省采用40条、市采用100条，获市领导批示1条。洛江区政府办获评2022年泉州市政务信息报送优秀单位。

效能建设

【概况】 2022年，洛江区效能办通过采取实地走访、视频监控、受理效能投诉等方式，对重点项目推进和完成情况、疫情防控工作、节假日值班值守、优化营商环境等工作开展督查。全年开展各项督查90余次、发现存在问题21个、发出效能提醒函9份、受理效能投诉件2件，责成有关单位对相关责任人进行通报批评1人次。

【全区绩效考评】 2022年，洛江区效能办结合2022年度泉州市绩效考评方案，根据实际，健全完善2022年度全区绩效评估工作方案，重点对实施“提高效率、提升效能、提增效益”行动、“强产业、兴城市”双轮驱动战略、落实《区委工作要点》、《政府工作报告》、市对县（市、区）季度考核指标、年度考核指标、为民办实事项目及其他重大决策部署和工作任务的落实情况及改革创新成效、“12345”民生热线办理情况等行政能力提升进行考核，由相关牵头部门制定具体绩效加分细则，报区效能办审定后，在年终绩效评估中予以认定、应用。推动绩效指标设置、考评方式科学化，尊重基层实际，规范指标考评。

【政务服务效能提升】 2022年，洛江区效能办加强政务数据汇聚与共享，引导各级各部门对接泉州市政务数据汇聚与共享应用平台公共数据资源，推进审批服务事项网上可办，“一趟不用跑”占比92%。简化办事流程，行政审批和公共服务事项审批环节不超过3个；压缩办事承诺时限，不超过法定时限的50%，简单事项一律当场办结。重点领域和高频事项全部实现集成服务，完善涉及企业和群众全生命周期的集成服务事项。

【重点督查】 2022年，洛江区效能办重点围绕“强产业、兴城市”双轮驱动和“抓项目、促发展”系列专项行动工作推进情况开展季度督查；对省、市为民办实事，省、市政府工作主要任务落实情况开展综合督查，推动项目按时序进度完成。围绕“抓开放招商促项目落地专项行动”，组织对2022年重大活动期间集中签约项目以及2021年8场重大活动集中签约项目的推进情况开展跟踪督查，跟踪督促问题落实。对进度滞后的项目，开展重点督办，推动项目按时序进度完成。围绕“营商环境持续提升”专项行动和“便利泉州”建设，组织对“局长走流程”、“一件事一次办”、“一件事”集成套餐服务、窗口工作人员服务质量效能等“放管服”改革和优化营商环境7类问题开展体验式督查和暗访督查，对“马上就办、真抓实干”落实情况在适当范围予以通报。

行政服务

【概况】 2022年，洛江区行政服务中心管委会以“提高效益、提升效能、提增效益”行动要求，聚焦群众，深化“放管服”改革，从细节入手推进服务创新，纵深贯通办事的最先和“最后一公里”，用心、用情、用智抓服务、提质效，全面优化营商环境。全年受理各类审批服务事项2.26万件，其中即办件1.55万件，即办率82.88%。承诺件7109件，承诺件提前办结率95.32%，按时办结率100%。

【行政审批】 2022年，洛江区行政服务中心管委会不断优化审批服务事项的流程、环节，落实行政许可事项减材料、减环节、减时限、提升审批服务效率，实现全区722项行政许可事项“减时间”达93.68%、“减跑动”减至0次、“减材料”减至3.69份、“即办件”占比提升至87.12%。开展水、电、气、广电“一站式”通办专项推广活动，逐步实现一站式一证通办。不断优化调整完善“一件事”集成套餐服务事项，推动“一窗通办”事项全覆盖，探索落实“前台综合受理、后台分类审批、综合窗口出件”。

【办件模式创新】 2022年，洛江区行政服务中心管委会在全省首创推出“零咨询服务”办事指南，针对群众高频办理事项推出通俗化、口语化的“零咨询服务指南”，让群众“一看就明白、一次不用问、一填就正确、一审就通过、一次就办好”，助力审批提速增效。窗口审批服务事项一次办成率提高60%左右，窗口咨询率下降20%，助力审批提速增效。在全市率先开设综合金融服务专区，为企业和群众在融资担保、融资租赁、应急转贷、住房置业担保等方面提供“一站式”金融服务。开设以来，对辖内中小微企业和个体工商户担保增信服务70余笔，涉及在保金额超5亿元。

【“放管服”改革】 2022年，洛江区行政服务中心管委会不定期邀请相关部门审批负责人及项目业主参加“线上会商”，主动做好前期咨询服务指导。全年共组织18个项目线上会商会审。对标先进地方，对工程建设项目审批服务事项的办事材料、时限等要素进行再优化，压缩办理时限17个工作日，精简材料40份。推行“服务上门+精准帮办”服务新模式，变“上门服务”为“服务上门”“服务到家”，实现“人找服务”向“服务找人”的转变。在微信公众号开设涉企审批“点餐式”服务模块，满足企业在网上自助选择服务内容的需求，为企业提供精准帮办代办等服务。开展“社区涉企服务综窗”试点工作，梳理首批79项可服务前移、委托、下放的涉企审批服务事项清单进社区进小区，实行“社区就近受理、区级综合审批、证照就近领取”服务模式，把服务窗口“搬”到群众家门口，满足辖区企业就近办事需求。双阳街道南山社区作为运营试点，为20家企业办理公司变更登记服务。

信访工作

【概况】 2022年，洛江区推进

2022年7月8日，洛江区政务服务中心管委会组织市场监管局工作人员到双阳街道南山社区“党建+”邻里服务中心开展模拟办件。图为模拟活动现场 （图/洛江区行政服务中心）

"阳光信访、责任信访、法治信访"，抓好治重化积专项工作，维护群众合法权益，促进社会和谐稳定。落实初信初访首办责任制，全面推行"最多投一次"阳光信访工作机制，着眼群众满意和一次性办结息诉息访，全年受理最多投一次事项267件，一次性办结240件，一次性办结率89.9%，及时受理率、按期办结率均为100%。全年受理信访总量2555件，均在15日内转有权处理单位办理。1月，区信访局被省人力资源和社会保障厅、省信访局评为全省信访系统先进集体。

【信访责任落实】 2022年，洛江区围绕全国、省人大政协两会及中共二十大等重大活动，区分管领导、重点积案包案领导带队，联合区直相关部门到各乡镇（街道）开展专项督查，督促指导相关村（社区）发挥基层治理作用。全年区委区政府主要领导、分管领导对信访工作抓部署，作出批示49件次；区信访联席会议总召集人、召集人先后召开5次信访联席会议、17场专题会议，安排部署阶段信访工作，研究推动疑难信访事项化解。

【信访机制创新】 2022年，洛江区以打造泉州市"近邻评理室"建设试点单位为契机，打造"侨心"近邻评理室、"云"近邻评理室和"乡贤"近邻评理室等有辨识度的品牌评理室。全区

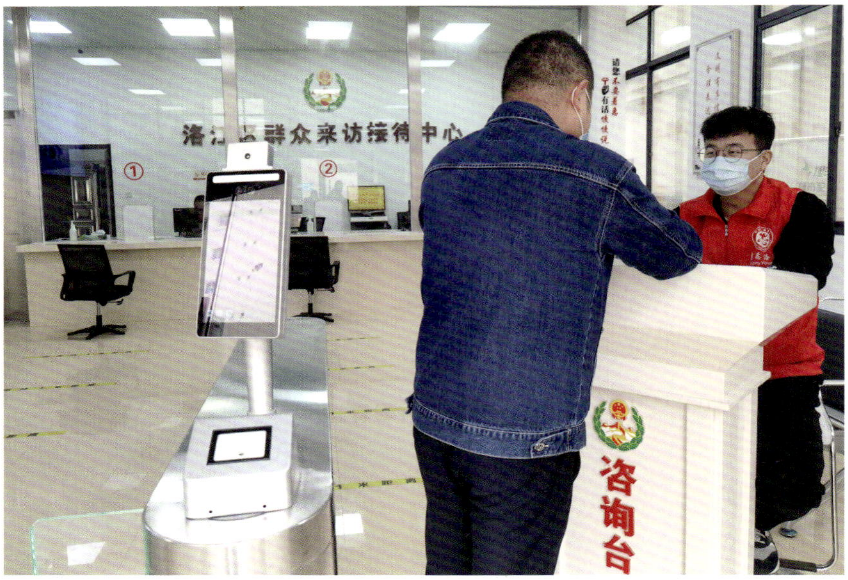

2022年，洛江区信访局联合市心理卫生协会探索"心理+信访"新路径。图为2022年12月1日，心理咨询师在接访大厅接受群众心理咨询 （图/洛江区信访局）

以224个评理室和调委会为单元，开展评理223件，及时化解信访苗头209件，化解率93.72%。《探索"近邻评理+"新模式"话"解群众烦心事》入选市"强基促稳"十佳示范案例。围绕信访突出问题，结合新时期信访工作新特点，联合市心理卫生协会，探索"心理+信访"新路径。通过在群众来访接待大厅试点设立专家咨询台、邀请专业心理咨询师轮班参与领导接访等方式，在全市创新践行社会心理服务介入信访工作新路径，成功运用心理介入方式帮助14位信访人走出心理误区，引导非正常信访积案解决3件。

【信访积案化解】 2022年，洛江区信访局发挥区信访联席办督促指导作用，倒排时间表、对账销号，根据上级要求节点有序推进积案化解。上级交办2批85件重复信访事项，化解率100%。推行"区领导挂钩督办""每旬一会商、一见面、一通报"的常态化机制，及时梳理群众反映集中的房地产等重点领域问题，深入分析研判，提醒属地和职能部门引起关注，推动成批解决类似信访问题。全年成功协调解决世贸璀璨天城工资拖欠以及大江盛世部分业主无法办证等问题。

【近邻评理室验收】 2022年，洛江区信访局投入48万元，在万安、双阳、河市、马甲等选取试点，打造为民办实事项目"一镇一品"近邻评理室，全区评定"一镇一品"近邻评理室12个，其中评定三星级近邻评理室6个，两星级近邻评理室6个，实现乡镇街道全覆盖。10月20日，"一镇一品"近邻评理室建设完成验收。

政协泉州市洛江区委员会

综 述

【委员履职】 2022年，政协泉州市洛江区委员会（以下简称“洛江区政协”）执行《区政协常务委员提交年度履职报告工作制度》，发挥“关键少数”引领表率作用。出台《洛江区政协委员履职量化考评管理暂行规定》，细化委员履职情况统计，集中汇总每位委员出席政协会议、参加活动、撰写提案、反映社情民意等履职情况。构建以党组理论学习中心组引领学、主席会议带头学、常委会会议专题学、委员培训集体学、界别委员重点学、读书分享交流学的学习格局，开展24次集体学习、8次集中研讨，设立政协委员读书点3个。按照“区域+界别+个人”模式，设立农业界、罗溪2个政协委员基层联系点和2个委员工作室作为收集社情民意、政协委员联系服务群众的工作平台。以专委会形式有序组织全体委员进驻8个重点“党建+”邻里中心，结合实际开展我为群众办实事活动，助推便民惠民政策精准落地见效。

【视察调研】 2022年，洛江区政协组织委员视察调研21次。5月17日，区政协副主席带领人口资源环境委委员围绕“关于万虹路外国语学校路段交通拥堵问题”开展专题调研活动。提出学校上学放学结合万虹路拓改工程，分梯次实施，分时段管理等4条措施解决拥堵问题。11月，组织农业农村委、人口资源环境委委员开展“推进乡村振兴示范线建设，打造农家乐综合体”界别协商及“农村人居环境整治，助推美丽乡村建设”专题视察调研活动，提出加大宣传力度，要科学规划，精准细化管理，厚植乡村振兴发展的基础等意见、建议。

【书香政协】 2022年，洛江

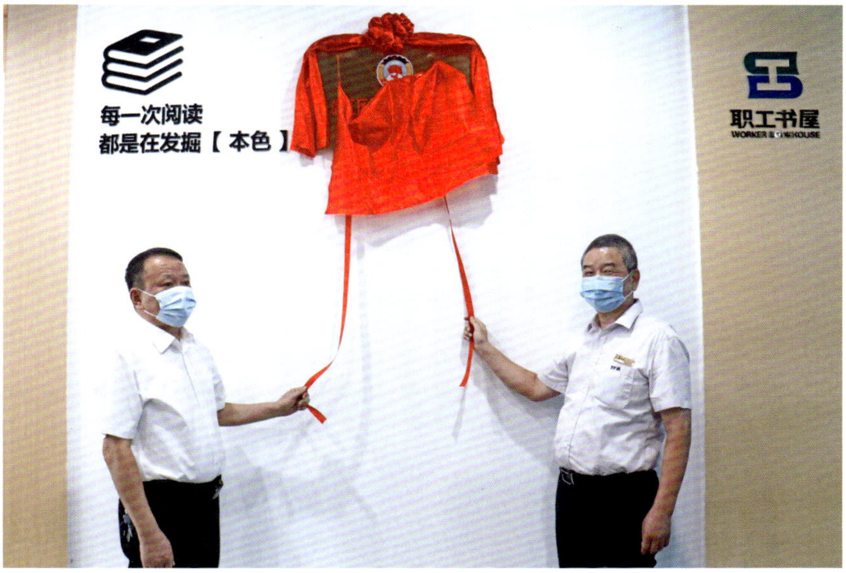

2022年10月27日，洛江区政协在福建省铁拓机械股份有限公司举行“洛江区政协委员读书点”揭牌仪式　　（图/洛江区政协）

区政协贯彻习近平总书记关于加强读书学习的重要论述，开展“洛水仙山·书香政协”系列读书活动。在区图书馆挂牌成立区政协委员“书香之家”，在铁拓机械股份有限公司图书室、仰恩大学附属中学图书馆设立区政协委员读书点，为双阳第二实验幼儿园、仰恩附属学校设立19个图书角。联合举办“千人进万企，送法护企促发展”法治进校园，安全筑牢依托“洛江周三晚”公益书法讲堂、修身齐家讲堂、委员大讲堂，定期开展学习收获、读书心得、文化感悟等交流活动，以书香促思想，领悟协商民主真谛，探索协商民主路径，做到以书香政协建设赋能专门协商机构建设，《打造“书香政协”赋能履职尽责》的经验做法在洛江《政协天地》刊发。

【社会服务】 2022年，洛江区政协出台《洛江政协爱心救济项目管理办法（暂行）》，在委员中募集资金110万元，为白内障、需血液透析患者和个别患重大疾病的困难群体提供医疗救助和帮扶。洛江区60名白内障患者提供定向补助2.4万元，为11名重大疾病患者提供医疗救助23.5万元。落实挂钩帮扶制度、夜访夜谈机制，拨付25万元帮扶14个村（社区）完善基础设施、发展村集体经济，筹资15万元集中慰问100户困难群众、580名环卫工人。联合举办泉州市“青少年圆梦微心愿公益行”走进洛江、“乡村振兴阅读有为”六一关爱乡村儿童图书认捐、“向上向善文明有礼”六一儿童节公益图书捐赠等活动，为洛江乡村小学捐赠图书2500册、230套，礼物120份。

重要会议

【概况】 2022年，洛江区政协组织召开全委会会议1次，常委会会议5次，专题会议9场。政协六届一次会议142件提案，全部由“答复型”向“落实型”转变，满意率100%。区政协六届二次会议期间收到委员提案112件，审查立案112件。

【区政协六届二次会议】 2022年12月27—28日，洛江区政协第六届第二次会议召开。大会应出席委员161人，实到会委员108人，符合规定人数。会议听取和审议中国人民政治协商会议泉州市洛江区第六届一次会议工作报告和关于提案工作情况的报告；列席泉州市洛江区第六届人民代表大会第二次会议，云直播听取并讨论《政府工作报告》和其他有关报告；听取《政协洛江区第六届委员会第二次会议提案初审情况的报告》；审议通过《中国人民政治协商会议泉州市洛江区第六届委员会第二次会议决议（草案）》；会议增选常务委员4人。区政协六届二次会议期间收到委员提案112件，审查立案112件。

【常委会会议】 2022年，政协洛江区委员会召开5场常委会会议。

2月14日，洛江区政协六届常委会第一次会议主要传达学习省政协十二届五次会议、市政协十三届一次会议主要精神，协商通过洛江区政协常委会2022年工作要点、第六届区政协专委会（乡镇街道联络组）设置及人员名单，通报洛江区政协领导分工，研究设立洛江政协爱心救济项目。

6月30日，洛江区政协六届常委会第二次会议围绕“‘五化’提升工程，建设品质洛江”议题开展专题协商，传达学习《中国共产党政治协商工作条例》、全国政协十三届五次会议主要精神，协商通过《政协洛江区委员会协商工作规则（草案）》。

9月29日，洛江区政协六届常委会第三次会议围绕“抓开放招商促项目落地”议题开展专题协商，传达学习中央统战工作会议精神，协商通过《中国人民政治协商会议洛江区委员会反映社情民意信息工作办法（草案）》

12月23日，洛江区政协六届常委会第四次会议主要听取区政府关于2022年提案办理工作情况的通报，协商决定第六届区政协委员调整事宜，研究区政协六届二次会议相关事宜，协商决定第六届区政协专委会主任、副主任调整事宜。

12月28日，洛江区政协六届常委会第五次会议主要听取各组召集人汇报两次分组讨论情况，审议通过《选举办法（草案）》，候选人名单（草案），总监票人、监票人（草案）和总计票人、计票人建议名单，大会《中国人民政治协商会议泉州市洛江区第六届委员会第二次会议决议（草案）》。

【专题会议】 2022年，政协洛江区委员会召开专题会议9场。

5月18日，洛江区政协教科卫体委组织实地察看信和新材料股份有限公司、福建新源重工有限公司以及泉州华大超硬工具科技有限公司，开展"激励企业增加研发投入"民主监督活动。

5月26日，洛江区政协召开"桥南海丝古街文旅开发项目"对口协商、"俞大猷文化及俞大猷公园的管护开发建设"专题协商座谈会。

6月24日，洛江区政协人口环境资源委组织委员开展"加强和改进农村道路交通安全工作"民主监督活动，实地察看滨江路福滨街路口项目和省道213线罗溪镇公母池路段项目建设情况。

6月30日，洛江区委与区政协就"'五化'提升工程，建设品质洛江"议题开展专题协商。

8月18日，洛江区政协教科卫体委组织委员开展"落实教育'双减'，实现课后服务全覆盖"民主监督活动，实地了解河市中心小学、泉州外国语学校洛江校区及泉州第十一中学等校在落实教育"双减"，实现课后服务全覆盖政策方面的情况。9月26日，洛江区政协主席李奉恒主持召开主席会议，专题听取重点提案办理情况汇报。

9月29日，洛江区政协与区政府就"抓开放招商促项目落地"议题开展专题协商，政协常委、委员围绕主题展开讨论。

10月14日，洛江区政协教科卫体委组织委员围绕"扩充优质医疗资源"开展专题协商活动。实地察看泉州宝璋医院工地实地了解项目规划和工程进展情况及洛江区妇幼疾控大楼了解相关科室、人员、设施设备配置及机构运作情况。

11月9日，洛江区政协组织农业农村委委员围绕"推进乡村振兴示范线建设，打造农家乐综合体"开展界别协商活动。实地察看河市镇山边村滨水长廊、河市镇陈三五娘文化主题园、马甲镇永安村蝴蝶园等，并召开座谈会。

协商议政

【概况】 2022年，政协洛江区委员会聚焦主责主业，围绕党政工作的重点、群众关心的热点、社会治理的难点，选定协商议题，委员发挥联系广泛、渠道通畅、智力密集、人才荟萃的特点和优势，探索新途径、新方法和新举措，认真履职。围绕"五化"提升工程、抓开放招商促项目落地、工业园区标准化建设、文旅融合、乡村振兴、教育医疗等议题，与区委、区政府及相关部门开展协商活动10场。梳理委员提出的针对性、建设性意见建议形成9期《协商意见》。

【协商活动座谈会】 2022年5月26日，洛江区政协召开"桥南海丝古街文旅开发项目"对口协商、"俞大猷文化及俞大猷公园的管护开发建设"专题协商座谈会。区文体旅游局、河市镇主要负责人介绍工作的主要做法、存在问题和今后打算。与会委员根据现场考察、平时了解、主管部门介绍，围绕文旅资源优势、品质提升、融合发展等方面提出意见和建议。

【重点提案督办协商活动】 2022年，洛江区政协就重点提案《关于加快推进洛江区创造产业发展的建议》开展督办协商活动。洛江区政协副主席带领经济委委员及提案人到双阳培新机械制造实业公司、加来盟体育科技公司、河市铁拓机械公司实地察看智能制造产业发展情况，听取工信局对《加快推进洛江区智能智造产业发展的建议》重点提案办理进展、存在问题和阶段工作建议。委员围绕洛江区智能智造产业发展提出落实优惠政策保障，引进龙头智能企业，明确智能制造化标准，落实人才扶持政策 4 点建议，推动智能装备企业聚集发展。

【“抓开放招商促项目落地”专题协商】 2022 年 9 月 29 日，洛江区政协与区政府开展“抓开放招商促项目落地”议题专题协商。区招商办就招商相关工作情况进行汇报，部分政协常委、委员从推进招商引资、盘活要素资源、优化营商环境等方面展开讨论，并提出意见建议。

【优质医疗资源扩充专题协商】 2022 年，洛江区政协副主席带队到泉州宝璋医院工地实地了解项目规划和工程进展情况；到洛江区妇幼疾控大楼了解相关科室、人员、设施设备配置及机构运作情况。听取区卫健局、区医院、区妇幼保健院等单位在扩充优质医疗资源方面的工作介绍，委员对区医疗卫生系统存在的问题提出提高思想认识、跟踪落实决策部署、搞好医联体建设、强化人才队伍建设、提高资金保障等方面意见建议。

2022年9月29日，洛江区政协与区政府开展“抓开放招商促项目落地”议题专题协商 （图/洛江区政协）

民主监督

【概况】 2022 年，政协洛江区委员会运用视察调研、政协提案、反映社情民意等方式，围绕区委、区政府重要决策部署的贯彻落实、“十四五”规划的落实、群众关注问题的解决落实开展协商式监督。围绕激励企业增加研发投入、加强和改进农村道路交通安全工作、落实教育“双减”政策实现课后服务全覆盖等，组织委员开展重点民主监督，促进相关工作的提升或问题解决。出台《政协洛江区委员会反映社情民意信息工作办法》，对社情民意的收集、报送、反馈以及组织、协调、服务等具体工作进行规范。2022 年，整理报送《关于拓宽南山社区主干道路口的建议》《关于修剪万兴街绿化带消除安全隐患的建议》等社情民意 8 期。

【企业研发投入民主监督】 2022 年，洛江区政协副主席带领教科卫体委委员到信和新材料股份有限公司、福建新源重工有限公司以及泉州华大超硬工具科技有限公司考察，了解洛江区企业研发投入及创新驱动发展情况，开展“激励企业增加研发投入”民主监督。在泉州华大超硬工具科技有限公司召开座谈会，听取区科技局关于洛江区规模以上工业研究开发经费投入情况介绍，分析存在的问题，提出增强企业自主创新动力、壮大高新企业队伍、加强企业研发机构和人才队伍建设等建议。

【农村道路交通安全监督】 2022 年，洛江区政协组织人口环境资源委委员围绕“加强和改进农村道路交通安全工作”开展民主监督活动，政协委员察看滨江路福滨街路口项目和省道 213 线罗溪镇公母池路段项目建设情况，听取区交警大队通报有关工作进展情况后提出深化农村道路交通安全宣传教育，深入推进交通安全综合治理，加大基础设施投入力度等意见建议。

【教育政策落实监督】 2022年，洛江区政协教科卫体委委员到河市中心小学、泉州外国语学校洛江校区和泉州第十一中学了解各校在落实教育“双减”，实现课后服务全覆盖政策方面的情况。听取情况介绍后分析困难和不足，提出从提高思想认识、强化师资队伍建设、提高保障水平，增设科技类、劳动实践类、特色教育类等课外服务项目，建立相关督查考评机制等意见建议。

提案办理

【概况】 2022年，洛江区政协六届一次会议期间收到委员提案142件，均立案。遴选3件提案为洛江区政协六届一次会议重点提案，督促主办单位制定重点提案办理工作方案，洛江区政协领导督办，召开主席会议听取3个主办单位汇报提案办理情况，推进重点提案办理工作，以重点提案办理带动一般提案的办理。对3件跨年度办理的提案开展“回头看”督办活动，六届一次会议提案办复率100%，委员满意和基本满意率100%。

【跨年度提案督办】 2022年，洛江区政协分组对3件跨年度办理的提案开展“回头看”督办活动，组织委员视察调研，与承办单位进行督办协商，督促主办单位主动作为，推动提案办理由“答复型”向“落实型”转变。6月28日，洛江区政协经济委组织委员开展2021年跨年度提案《关于加强城乡污水设施建设管理的建议》办理“回头看”活动，实地视察PPP项目滨江路北渠、霞溪污水管网项目、马甲镇仰恩附中花海污水提升泵站，听取区城管局“十三五”期间污水管网建设及“十四五”污水管理计划通报，提出加强智慧污水建设、加强污水源头管控、加强污水管道规划、加强老旧小区企业污水处理的建议、意见。7月，洛江区政协社会法制委组织委员开展2021年跨年度提案《关于加强洛江区“一村一法律顾问”工作的建议》督办“回头看”活动，实地察看河市镇官洋村法律顾问工作室，并前往区司法局一楼区公共法律服务大厅了解村、镇律师所的远程调解视频系统连线情况，提出引导广大法律顾问担当法律法规的宣传员、矛盾纠纷的调解员，发挥桥梁作用；协调各方力量，提升服务水平；区财政局加大对公共法律服务经费投入力度，区司法局创新公共法律服务理念，推动“一村一法律顾问”智能化进程等意见建议。

【重点提案督办】 2022年，经洛江区政协主席会议研究确定《关于加快推动洛江区智能制造产业发展的建议》《关于加强对我区中小学生国防教育的建议》《关于加快滨江路道路建设的建议》3件提案为区政协六届一次会议重点提案。7月，教科卫体委组织开展《关于加强我区中小学生国防教育的建议》重点提案督办活动，实地对区实小、河市中学及仰恩附中、附小开展调研，了解各校在国防教育方面的工作情况，听取区教育局关于洛江区中、小学校开展国防教育情况介绍，分析国防教育方面的不足，提出提高思想认识、强化师资队伍建设、开展适合青少年特点的教育实践活动、建立相关考评机制等建议。8月25日，洛江区政协经济委委员及提案人就重点提案《关于加快推进洛江区创造产业发展的建议》开展督办协商活动。实地察看双阳培新机械制造实业公司、加来盟体育科技公司、河市铁拓机械公司智能制造产业发展情况，听取工信局对《加快推进洛江区智能智造产业发展的建议》重点提案办理进展、存在问题的建议，提出落实优惠政策保障、引进龙头智能企业、明确智能制造化标准、落实人才扶持政策，推动智能装备企业聚集发展四点建议意见。

纪检监察

综 述

【主体责任监督】 2022年，泉州市洛江区纪检监察机关（以下简称“洛江区纪委监委”）聚焦“关键少数”，健全完善政治监督谈话工作方式，协助区委出台关于加强对“一把手”和领导班子监督的54项责任清单，梳理纪检监察机关25项任务清单，对“一把手”和领导班子成员党纪政务处分、诫勉、通报等处理21人次。

【监督体系建设】 2022年，洛江区纪委监委探索建立“四访一促”（走访、约访、评访、亮访和办信责任督促）信访一线监督、政治监督“三单一报告”（制定“任务单”、提交“反馈单”、发出“建议单”，形成监督工作情况报告）工作机制，监督协同更高效，党内监督与其他监督衔接更加顺畅。“四访一促”信访一线监督结合“纪检监察进邻里”活动开展入户走访1341户次，比上年增长54%，帮助协调解决群众生活用水、邻里纠纷等问题112个，化解信访苗头41个。在重点项目建设中，运用“三单一报告”机制，形成“五化”工程、园区标准化建设等145个项目监督清单，发现并督促整改问题153个。

【区纪委六届二次全会】 2022年1月29日，中共泉州市洛江区第六届纪律检查委员会第二次全体会议召开。会议以习近平新时代中国特色社会主义思想为指导，回顾2021年纪检监察工作，研究部署2022年全区党风廉政建设和反腐败工作。

巡察监督

【概况】 2022年，洛江区编制区委巡察工作五年规划，围绕“强产业、兴城市”双轮驱动中心任务，启动3轮5批次常规巡察，发现问题353个。

2022年1月29日，中共泉州市洛江区第六届纪律检查委员会第二次全体会议召开 （图/洛江区纪委监委）

【巡察成果运用】 2022年，洛江区纪委监委提升精准发现问题能力，梳理分析上一届区委巡察成果，形成以“共性＋个性”问题清单为突破口的巡前指南，帮助找准巡察工作的切入点。推行“一巡一分析”机制，在巡后定期组织复盘，举办8期巡察干部“微课堂”、10期“察话会”，逐项突破巡察履职薄弱环节。

【巡察整改】 2022年，洛江区纪委监委坚持巡察机构对整改问题前置式审核把关、“办＋组＋室”三方联审等机制，针对工程项目滞后、农村集体资产监管不到位等12类问题，提出48条审核意见。完善巡察整改日常监督工作办法，探索建立整改情况“三色”预警机制，针对整改未完成事项发出通知书、提醒函20份，并对五届区委巡察移交问题线索开展专项“回头看”清理，打造整改闭环。

2022年，洛江区纪委监委组成专项督导组，对粮食收购、储存、销售等关键环节开展监督，坚决查处权钱交易、利益输送等“靠粮吃粮”问题。图为2022年1月6日，洛江区纪检监察干部到中心粮库查看智慧仓储管理系统运行情况　　（图/洛江区纪委监委）

纪检监督

【概况】 2022年，洛江区纪委监委深化监审职能分离、前后台配合的探索实践，通过片区协作、“室组地”（监督检查室、纪检监察组、地方纪委监委）联动、“组组联合”等形式，实现人员一体调配、成果一体运用。建立派驻机构四联推动机制，做到新老组长搭配、工作量大小互补，并探索“纪检监察组整组”跟班跟案跟巡模式，强化实战培训，统筹形成监督合力。

【监督规范化】 2022年，洛江区纪委监委开展办案安全集中纠治和问题线索处置专项检查活动，建立案件质量评查分析机制，制定职务犯罪审核要点，修订执纪执法73份日常文书，梳理细化派驻机构工作指引，推动审查调查、案件审理、案件监督管理安全化法治化标准化建设。以开展公职人员廉政教育工作情况为主题，有序完成区监委首次向区人大常委会报告专项工作。

【监督协同机制】 2022年，洛江区纪委监委深化内部贯通，优化监督协作和信息共享，提升发现问题的能力和质效。2022年在日常监督检查中共发现问题线索48件，成为问题线索的主要来源。深化外部协同，建立重大疑难复杂案件专家库制度，首批聘任12名来自公检法、财政、审计等不同领域业务能手，全面畅通与职能部门相互协作、联动联查的渠道。

【监督效能提升】 2022年，洛江区纪委监委全面开展“纪检监察进邻里”活动，全年受理纪检监察信访举报比上年下降52%，其中检控类比上年下降61.5%，检控类初信件比上年下降70%，检控类重复件比上年下降55.4%。贯彻落实市纪委监委部署要求，全覆盖组建178个村级监督微信群，近5万人入群监督，公开村务、党务、财务信息5056条，推动处置群众诉求317条，保障群众知情权、监督权，主动精准掌握社情民意、发现“微腐败”。

【点题整治成果拓展】 2022年，洛江区纪委监委自选“食品卫生安全”“工程监理企业和从业人员违法违规行为”2个“点题整治”项目，查处群众身边腐败和不正之风问题12件15人，并推动财政、应急等部门落实智慧用电安全建设补助资金200余万元。

2022年7月5日，双阳街道纪工委干部在南山社区近邻纪检工作室采取“主动约”的方式，带信约访来信群众。图为约访现场

（图/赖森玮）

党风廉政建设

【概况】 2022年，洛江区纪委监委抓好“作风建设”专项行动，协助区委策划生成“形式主义官僚主义专项治理”“马上就办、真抓实干”等7个2022年度作风建设项目，查处违反作风纪律等问题10件14人、通报曝光不担当不作为乱作为问题3批9件，形成常态化震慑。防治“灯下黑”，全覆盖建立81名纪检监察干部廉政档案，定期排查涉及纪检监察干部问题线索，落实“三个顶格处理”（非法违法行为要“顶格处罚”、事故隐患要“顶格处罚”，谎报、瞒报事故要“顶格处罚”）要求，给予1名纪检监察干部诫勉处理。

【党风政风监督】 2022年，洛江区纪委监委深化作风建设三年行动，紧盯重大决策部署和乡村振兴、惠民利民等政策落实中不担当不作为乱作为问题，查处问题10件14人、通报曝光典型问题3批9件。建立健全日常监督、节点攻坚、典型通报等工作机制，紧盯“四风”（形式主义、官僚主义、享乐主义、奢靡之风）和违规吃喝、违规收送礼品礼金等，开展监督检查82场次，查处违反中央八项规定精神问题7件9人，点名通报曝光2件2人。突出“治未病”、防复发，打好办案、整改、治理“组合拳”，批评教育帮助和处理157人次。构建亲清新型政商关系，开展“窗口腐败”集中整治，督促整改窗口权力行使、中介机构管理等方面问题148个。选定7家宜商环境观察点，跟进监督涉企服务“四个机制”（工作交流机制、行政执法问题线索移送机制、行政执法监督协作配合机制、运行保障机制）运行情况，督促推动职能部门兑现企业财政奖补资金4700余万元。

【肃纪反腐】 2022年，洛江区纪委监委以零容忍态度遏制增量，紧盯权力集中、资金密集、资源富集等重点领域，紧盯问题线索反映集中、群众反映强烈等重点对象，做到有腐必反、有贪必肃。常态化长效化推进“惩腐打伞”，坚决查处涉黑涉恶腐败问题。针对社区矫正职责落实不到位、农村道路改造资金管理不规范等管理漏洞和监督缺位问题，制发纪检监察建议书11份、提醒函12份，打好办案、整改、治理“组合拳”。依纪依法认定从轻减轻18人，精准问责10人，并运用“第一种形态”批评教育帮助和处理110人次，做到宽严相济、不枉不纵。

民主党派和工商联

中国国民党革命委员会泉州市洛江支部

【概况】 2022年，中国国民党革命委员会泉州市洛江总支部（以下简称“民革洛江总支部”）服务改革发展稳定大局，关注民生福祉，在建言资政和凝聚共识上履职尽责。总支祖统委员黄清白被民革福建省委评为2017—2022年度优秀党员。推举4名党员作为党代表参加泉州市民革第十六次代表大会，民革洛江总支被评为2017—2021年度民革泉州市先进基层组织。1人被评为优秀党务工作者，3人为优秀党员。

【组织建设】 2022年，民革洛江总支部按照全面加强自身建设的要求，加强支部建设，推荐组织委员魏少明参加市委统战部组织的党外干部学习培训班。推荐党员2人参加民革市委会组织的第十九期党员培训班。至年底，民革党员人数34人，担任洛江区人大代表3人、洛江区政协委员7人；职务职级为副处级1人，科级2人，高级职称6人。

【思想建设】 2022年，民革洛江总支部将“矢志不渝跟党走携手奋进新时代”政治交接主题教育贯穿全年，加强思想教育。6月2日，召开“矢志不渝跟党走 携手奋进新时代”政治交接主题教育动员部署会，传达学习贯彻民革福建省委会、泉州市委会“矢志不渝跟党走 携手奋进新时代”政治交接主题教育动员会精神，结合洛江实际提出贯彻落实的具体要求，巩固拓展“不忘合作初心，继续携手前进”主题教育和中共党史学习教育成果。

【参政议政】 2022年，民革洛江总支部履行参政议政职能，集体提案《关于加快推动洛江区智能制造产业发展的建议》被列为洛江区政协六届一次会议重点提案。针对提案《关于加快推动洛江区智能制造产业发展的建议》，民革洛江总支部主动与办理单位区工信局、发改局、科技局、人社局等单位进行沟通协商，推进提案办理落实。12月，向洛江区政协六届二次会议、区六届人大二次会议提交《关于推动我区旅游资源整合规划、提升旅游品质的建议》《关于加强万虹公路改建期间夜间照明的建议》2件集体提案和5件个人提案。

【社会服务】 2022年，民革洛江总支部党员在“3·13”疫情中主动投身疫情防控第一线，抓紧抓实抓细各项疫情防控措施。各级组织、党员及其企业发挥所长，向洛江区红十字会、河市镇及所在社区捐款14万元，捐赠总价值20万元即食食品，捐赠酒精消毒液15箱和口罩1500个。

【学习教育】 2022年9月14日，民革洛江总支组织党员以登高望远、参观廉政文化教育基地、考察乡村振兴方式到洛江区马甲镇

2022年9月14日，民革洛江总支部开展“喜迎二十大　同心携手行”主题教育。图为参观廉政文化教育基地　（图/民革洛江总支）

开展“喜迎二十大　同心携手行”主题活动。通过组织活动坚定党员“永远跟党走”的信念，推进“矢志不渝跟党走、携手奋进新时代”政治交接主题教育，筑牢共同团结奋斗的思想政治基础。

中国民主同盟泉州市洛江区支部

【概况】　2022年，中国民主同盟泉州市洛江区支部(以下简称“民盟洛江支部”）有盟员23人，其中本科学历12人，占52%；中高级职称盟员23人，占100%；文化教育界别14人，占61%；女盟员7人，占30%。民盟洛江支部主动参与抗击疫情、创城创卫、服务重点项目、义诊送药、推动乡村振兴等工作。

【组织建设】　2022年，民盟洛江支部加强与区委统战部、民盟上级组织的沟通，优化盟员结构。强化制度建设，提高规范化工作水平，每两月召开1次班子会议，有重要事项则随时召集会议。加强参政议政平台建设，发挥盟员中参加盟省委、盟市委各专门委员会的平台，调动盟员参政议政工作积极性。至年底，民盟洛江支部有泉州市第十七届人大代表1人、洛江区人大六届常委1人、政协六届常委、委员各1人。

【思想建设】　2022年8月，民盟洛江支部召开中共二十大报告专题学习会，学习中共二十大精神。开展“矢志不渝跟党走、携手奋进新时代”政治交接主题教育，参加学习教育活动盟员12人。

【参政议政】　2022年，民盟洛江支部全体盟员立足岗位，落实民盟泉州市委、洛江区委统战部提出的各项任务。盟员受邀参加区委、区政府、区政协、区委统战部以及有关部门的会议10次，向区人大提交《关于整治集市周边秩序，巩固创城创卫成果的建议》；向区政协提交《关于加快推动洛江经济开发区发展的建议》。

【社会服务】　2022年3—4月，民盟洛江支部盟员参与各自岗位的新冠防控工作，下到挂点企业，帮助其尽快复工复产等。4月26日，民盟洛江支部主委及民盟市委会领导为洛江区马甲中心小学赠送医用外科口罩2万个，其中包括儿童口罩1万个。

中国民主建国会泉州市洛江区基层委员会

【概况】　2022年，中国民主建国会洛江区基层委员会（以下简称“民建洛江基层委”）发挥密切联系经济界的特色优势，围绕构建新发展格局、推动经济高质量发展，实施乡村振兴战略等经济社会发展重大问题和“智造洛江、生态新城”建设，开展调查研究，履职尽责。深化“同心行、民建情”服务品牌建设，发动会员及会员企业参与“3·13”疫情防控和社会公益事业。

【组织建设】　2022年，民建洛江基层委加强支部工作责任制，发挥支部委员，骨干的重要作用；5月31日，基层委举办会员培训班，会员骨干以及2019年以来新入会会员30多人参加，传达“矢志不渝跟党走、携手奋进新时代”政治交接主题教育有关会议精神，创新和拓展会员培训内容和形式，注重入会积极分子的培养，优化会员结构，提升会员队伍整体素质，增强组织的凝聚力和感召力。至年底，民建洛江基层委有主委1名、副主委2名、委员5名，设第一支部、第二支部和第三支部，会员83人。

【思想建设】 2022年，民建洛江基层委组织会员学习统战理论和民建的党章党史，组织会员学习《中国共产党统一战线工作条例》，提高会员的理论水平。11月4日，召开学习中共二十大精神专题会，学习中共二十大和十九届七中全会精神，把学习宣传贯彻中共二十大精神作为首要政治任务，团结带领全体会员，坚持正确政治方向，做到“两个维护”。

【参政议政】 2022年2月，民建洛江基层委提出的《关于加快滨江路道路建设的建议》被列为政协洛江区六届一次会议重点提案。5月25日，召开集体提案办理座谈会。民建洛江区基层委负责人对集体提案《关于促进多元融合、助力乡村振兴的建议》提出的缘由、目的进行说明，提案承办单位洛江区农业农村和水务局介绍提案办理情况（第一次答复），推动提案更好落实。11月4日，召开参政议政专题会，通报2022年基层委参政议政工作情况，就做好人大、政协两会建议提案、大会发言的调研和撰写进行部署。12月，向洛江区政协六届二次会议、区六届人大二次会议提交集体提案4件、个人提案18件。

【社会服务】 2022年，民建洛江基层委以“同心行·民建情”为主线，通过“造品牌、促服务”，加大社会服务力度。组织开展爱心服务活动，参与助贫扶弱等社会公益和志愿服务活动，增强会员及会员企业的社会责任意识，打造基层委社会服务品牌。1月，走访慰问罗溪镇三合村27户困难群众。

【调查研究】 2022年，民建洛江基层委围绕洛江发展的重难点、热点问题，组织会内担任人大代表、政协委员的会员和部分参政议政骨干会员“走出去、沉下去”，组织开展乡村振兴、光伏发电、露营经济等专题调研，为建设智造洛江、生态新城建言献策。

【企业走访】 2022年6月，民建洛江区基层委开展会员企业走访活动。到会员企业泉州宇诺机械有限公司实地察看公司生产车间和相关产品，就提升数字化制造技术创新、助力“中国制造2025”样板城市——泉州市“数控一代”产业建设进行交流。参观会员企业福建省惠星电力工程有限公司办公场所、物资仓库、企业文化长廊，听取有关企业生产经营情况介绍，详细了解行业发展趋势，并就企业如何强化安全生产、提升核心服务竞争力进行探讨。

中国民主促进会泉州市洛江区支部

【概况】 2022年，中国民主促进会泉州市洛江区支部（以下简称“民进洛江总支部”）以活动为载体，开展“矢志不渝跟党走、携手奋进新时代”政治交接主题教育。贯彻落实中共二十大精神，自觉接受中国共产党的领导。选派多名会员参加省、市社院及统战部举办的民主党派骨干培训班，不断提升会员的政治素质与业务水平。至年底，民进洛江总支有会员30人。其中，研究生学历1人，本科学历20人；高级职称7人，中级职称16人。

【组织建设】 2022年，民进洛江总支部完善支部规范化管理，加强支委班子建设，加大后备干部培养力度，提升会员素质。至年底，民进洛江总支设3个支部：综合支部、十一中支部、南少林支部。民进会员分布在教育、文化、党政等多个领域，其中中小学教师15人，占51.7%；区直单位7人，占24%。

【思想建设】 2022年，民进洛江总支部把思想建设作为自身建设的核心，以活动为载体开展系列主题教育。6月2日，民进洛江总支部与市委会机关成员20余人到泉州台商投资区东园镇龙苍村参观中共党史、国史教育基地和乡愁记忆馆，开展“矢志不渝跟党走、携手奋进新时代”政治交接主题教育。结合每月例会，组织会员学习中国特色社会主义理论体系、中国共产党的方针、政策和统战理论，领会民进中央、省、市委会有关文件精神及各项重大方针政策，使全体会员做到与中国共产党思想、目标、行动保持一致，提高成员的整体素质。

【参政议政】 2022年，民进洛江总支部组织会员撰写提案，提高参政议政调研成果的质效。会员在政协洛江区六届一次会议提交的《关于探索服务方式，推动惠企政策落地的建议》受到重视，对办理部门10月17日办理答复较为满意。

【社会服务】 2022年1月7日，民进洛江总支部开展壬寅（2022年）民进全国“春联万家·推动共同富裕”写赠春联活动，送出200余副春联及200余幅“福”字。1月27日，开展2022年春节慰问活动，组织会员到万安街道走访慰问4户困难群众。4月6日，联合洛江百事特塑胶有限公司开展“同心抗疫 共克时艰”活动，向万安街道、洛江区妇幼保健所、洛江区疾控中心捐赠价值5000元的防疫物资，助力疫情防控工作。9月3日，民进洛江总支开展“金秋助学”活动，为3位品学兼优的学生送上资助金共计6000元。

【“会员之家”揭牌】 2022年2月22日，民进洛江总支部举行“会员之家”揭牌仪式。民进洛江总支“会员之家”设在洛江区交通大楼五楼，划分学习区、展示区、活动区等功能区，为会员提供思想教育平台、交流互动平台，增强组织的凝聚力和向心力。

中国农工民主党泉州市洛江支部

【概况】 2022年，中国农工民主党泉州市洛江支部（以下简称“农工党洛江总支部”）做好政治交接主题教育，创新政治理论学习形式，举办专题学习培训班，学习贯彻中共二十大精神。下基层开展调查研究，到河市镇调研区建筑行业发展情况，撰写《关于促进我区建筑行业发展的建议》，提交洛江区政协。

【组织建设】 2022年1月17—18日，农工党洛江总支部选派8名党员代表参加农工党泉州市第十五次代表大会。2月22日，农工党洛江总支召开2021年度工作总结大会，表彰2020年度先进支部和优秀党员。5月21日，组织部分骨干党员参加农工党泉州市委会召开的社情民意信息员培训班。8月27—30日，组织部分骨干党员参加农工党泉州市委会召开的2022年骨干培训班。农工党洛江总支全年发展8名党员，其中企业家3名，医生2名，律师1名，大学教师1名，会计师1名。至年底，农工党洛江总支有党员80人，设有主委1人，委员2人。

【思想建设】 2022年8月15日，农工党洛江总支部组织9名党员到罗溪镇洪四村开展“矢志不渝跟党走、携手奋进新时代”政治交接主题教育，带领党员参观洪四影剧院、党员文化公园、中共党史纪念馆、军装发展史馆，适时深化思想政治引领，发挥政治交接主题教育的集中牵引作用，坚定党员立足本职，履职尽责走中国特色社会主义政治发展道路的决心。

【参政议政】 2022年，农工党洛江总支部完成洛江区两会提案建议工作，以大会发言材料、提案等形式建言献策，向洛江区政协六届二次会议报送大会发言1篇、集体提案8件、委员个人提案6件。向市委会提交2件集体提案和 1 件个人提案。至年底，农工党洛江总支提交社情民意信息 29 条，其中《富豪移民潮应引起重视》被全国政协采用。

【民主监督】 2022 年，农工党洛江总支部学习领会《中国共产党统一战线工作条例》对民主党派履行民主监督职能的有关要求，推进民主监督工作。1 人受邀担任泉州广播电视台《在线访谈》社情民意观察员，注意了解民意，把握民情，针对泉州金控集团权属企业畅顺公司畅顺停车场的停车管理收费问题提出意见和建议。

【社会服务】 2022 年 1 月 19 日，农工党洛江总支部在罗溪镇举行“送万福、进万家”义写春联活动。1 月 24 日，开展新春慰问活动，为洛江马甲镇 15 户困难群众赠送价值 1 万元的慰问品，并义写春联 400 多副。6 月 12 日，联合洛江生态环境局等部门，在河市植物园举办“共建清洁美丽世界”、“6・5”世界环境日宣传活动。7 月 3 日，联合文学士信息科技有限公司、泉州荒野召唤应急救援中心向安溪县西坪镇后格小学捐赠一套微型消防站设备。

【“同心助医助学”义诊】 2022 年 10 月 24 日，农工党洛江总支部结合洛江区学习宣传贯彻中共二十大精神“微宣讲 + 文明实践”暨“三下乡”活动，开展 2022 年“同心助医助学”义诊赠药活动。总支部主委罗雄及医护党员 14 人参加活动。内科、骨科、中医和口腔科等医护专业农工党员，现场为群众诊疗和解答，提出治疗建议、合理用药指导及健康宣教，服务就诊群众 100 余人，赠送价值 2030 元药品。

2022年10月24日，农工党泉州市洛江总支在双阳街道南山社区民俗园组织开展农工党洛江总支“同心助医助学”义诊活动

（图/洛江区委统战部）

中国致公党泉州市洛江支部

【概况】 2022 年，中国致公党泉州市洛江支部委员会（以下简称“致公党洛江支部”）响应致公党中央号召，加强参政议政工作。学习领会中共二十大精神及《中国共产党统一战线工作条例》对民主党派履行民主监督职能的有关要求，推进民主监督工作。

【组织建设】 2022 年，致公党洛江区支部加强党员教育，建立支部读书用书荐书机制，定期开展主题沙龙、经典诵读、读书交流及征文等活动，提升致公党党员履职素质。主抓党员教育，造就高素质致公党员队伍，致公党洛江区支部主委陈云华当选致公党泉州市第十二届委员会委员，副主委吴泰虹被致公党福建省委会表彰为 2017—2022 年度优秀党员。

【思想建设】 2022 年，致公党洛江区支部巩固拓展“不忘合作初心，继续携手前进”主题教育和党史学习教育成果，6 月 2 日，召开“矢志不渝跟党走、携手奋进新时代”政治交接主题教育动员推进会，传达学习致公党泉州市委会“矢志不渝跟党走、携手奋进新时代”政治交接主题教育有关精神，印发《致公党洛江区支部开展“矢志不渝跟党走、携手奋进新时代”政治交接主题教育实施方案》。

【参政议政】 2022 年，致公党洛江区支部发挥民主党派界别在政协工作中的作用，围绕医养结合、乡村振兴、优化营商环境等工作，关注社会热点难点盲点和民生问题，在政协组织的视察活动和协商工作会议上精准建言，务实献策。全年提交提案、议案11件。

【社会服务】 2022年1月13—14日，致公党洛江区支部联合致公党泉州市委会在洛江双阳街道开展归侨侨眷慰问活动，为困难华侨、侨眷送去价值1万元粮油慰问品。3月，致公党洛江区支部响应区委统战部关于同心抗疫的号召，全体党员纷纷捐资捐物，并以各种方式积极参加抗疫工作。支部捐款2.4万元用于承办洛江区抗疫知识问答活动；支部党员通过区青商会、区红十字会捐款、捐物1万元。

九三学社泉州市洛江支社

【概况】 2022年，九三学社泉州市洛江支社（以下简称“九三学社洛江支社”）围绕洛江区委、区政府的中心工作，通过改革、创新、团结协作，履行参政议政和民主监督职能。组织社员开展系列学习教育，学习《中国共产党政治协商工作条例》和《九三学社泉州市委员会开展“矢志不渝跟党走、携手奋进新时代”政治交接主题教育实施方案》，强化政治理论学习。开展中共二十大精神学习活动，自觉接受中国共产党的领导。

【组织建设】 2022年，九三学社洛江支社加强工作的责任制，发挥支部委员、骨干重要作用，借助“社员之家”开展社员沟通交流活动，进一步提升社员的凝聚力和向心力。至年底，九三学社洛江支社有委员42人，设主委2人，副主委2人，委员39人，全年发展新社员6人。

【思想建设】 2022年，九三学社洛江支社通过多形式、多渠道学习教育，提高全体社员的政治素质和大局意识。6月29日，主委罗春珍主持召开“矢志不渝跟党走、携手奋进新时代”政治交接主题教育学习会，提升政治交接主题教育的政治性、传承性、针对性和实效性。

【参政议政】 2022年，九三学社洛江支社深入调查研究，围绕社会经济发展及存在的问题反映社情民意，建言献策，提交市、区级提案9件，涉及民营经济、生态环境、义务教育、金融服务、产教融合、医养结合多个领域。其中，《关于建设我市“产教融合职教区”的建议》列为九三学社市委重点提案。

【社会服务】 2022年，九三学社洛江支社发挥社员的专业优势，凝聚社员的智慧和力量，创新意识，开展义诊活动及乡村振兴调研活动，丰富社会服务内容。3月8日，九三学社洛江支社组织社内医疗专家和部分骨干社员到虹山卫生院，举办关爱女性健康“三八”国际妇女节义诊活动，为虹山周边女性提供宫颈癌、乳腺癌、内科疾病筛查及相关医疗咨询服务，并发放药物价值2000元。

【调查研究】 2022年11月18日，九三学社洛江支社与华大委员会、马甲镇永安村联合开展中

2022年3月8日，九三学社洛江支社组织社内医疗专家和部分骨干社员到虹山卫生院举办关爱女性健康“三八”义诊活动

（图/九三学社洛江支社）

共二十大精神宣讲暨乡村振兴调研活动，学习中共二十大关于乡村振兴的各项决策部署，就乡村规划、乡村旅游品质提升和乡村产业振兴进行探讨，以实际行动推动地方高质量发展。

洛江区工商业联合会

【概况】 2022年，洛江区工商业联合会（以下简称“洛江区工商联”）围绕服务民营经济高质量发展，发挥职能优势，助力招商引资工作。组织走访看望客商58人，汇总扶持企业发展政策、洛江区产业发展和基础设施建设等6条意见和建议。推动企业合规建设，开展工程建筑系列非公职称评审，推进涉民企纠纷多元化解工作，探索警企互动新模式，优化营商环境。

【企业服务】 2022年，洛江区工商联服务民营企业发展，多方联动为企业提供精准服务，助力优化营商环境。与区法院、区工信局联合成立涉民营企业纠纷联调联执工作室，签署涉民营企业纠纷诉源执源治理机制建设合作备忘录，同步组建民营企业纠纷诉源治理和执源治理机制建设协调小组，护航民营企业健康发展。开展工程建筑系列非公职称评审，评审工程建筑专业初级职称任职资格65人，推荐申报中级职称8人、高级职称4人。探索警企互动新模式，联合区公安分局围绕企业涉法难点问题走访会员企业，聚焦严重侵害企业切身利益、损害营商环境、危害经济秩序和经济安全的突出经济犯罪，以及就如何服务民营企业等方面听取企业意见，探讨通过“警务特派员”“警企联络服务站”“警企直通车沙龙”等方式常态化开展服务。

【社会服务】 2022年，洛江区工商联联合区委统战部等四部门，成立洛江区“万企兴万村”行动领导小组，对接区财政、税务、农水、工信、人社等部门，落实资金扶持、项目配套、贷款融资等优惠政策，调动企业参与“万企兴万村”行动，形成社会扶贫合力。“3·13”疫情期间，区工商联服从区疫情防控指挥部的统一指挥，统一行动。工商联（总商会）发动各异地商会、会员企业、民营企业家捐款捐物共500多万元。

【基层商会建设】 2022年，洛江区工商联指导双阳商会吸纳符合洛江区产业发展导向的重点企业和专精特新企业进入商会，不断优化会员结构，提高商会领导班子综合素质，争创“四好”商会。9月9日，洛江区双阳商会第二次会员大会召开，选举产生泉州市洛江区双阳商会第二届理事会成员，通过商会名誉会长、名誉副会长建议名单，俞锦章当选会长。

【工商联第五次代表大会】 2022年6月，洛江区工商联（总商会）召开第五次代表大会，审议并通过区工商联（总商会）第四届执委会工作报告，选举产生第五届执行委员会，林从金当选为新一届区工商联（总商会）主席（会长）。

2022年6月27日，洛江区工商联合会（总商会）召开第五次代表大会。图为洛江区委书记颜丽明（左）为区工商联（总商会）第五届执行委员会会长林从金（右）授牌 ［图/洛江区工商联（总商会）］

洛江区总工会

【概况】 2022年，洛江区总工会深化职工思想引领，发动基层单位开展职工技能培训，开展职工队伍稳定风险隐患排查化解工作，健全工会系统欠薪报告、重要节点信访信息报告制度，维护职工权益。发挥劳模工匠示范引领，全年洛江区获福建省工人先锋号1个、省五一劳动奖状1个、省五一劳动奖章2人；获市工人（五一）先锋号5个、市五一劳动奖章4人；获评泉州工匠4人、市金牌工人6人。至年底，全区基层工会740个，会员4万人，新就业形态劳动者会员600人。

【思想政治建设】 2022年，洛江区总工会深化全区职工“大学习”活动，组织工会领导班子、劳模宣讲团到挂钩村、企业开展中共十九届六中全会、中共十九届七中全会、中共二十大、省总工会十四大精神等主题宣讲。联合开展洛江区红色故事宣讲员选拔比赛、洛江区首届“十佳乡村教师”寻访活动。联合推选第三届区道德模范，引领职工群众参与创城创卫，践行社会主义核心价值观。

【职工技能竞赛】 2022年，洛江区总工会开展全区企业职工岗位练兵活动，涵盖50多个工种，参与职工近1000人。结合洛江智能制造产业发展方向，6月22—23日选派中科博能（福建）工程设计集团有限公司参加泉州市“数字工匠”建筑行业BIM（建筑信息模型）技能竞赛，获团体第一名。7月27日协办第二届福建省机器人焊接技能大赛，福建省铁拓机械股份有限公司获团体第一名，选派的2名职工分获个人第二名和第五名。组织280名职工参加全国职工数字化应用技术技能大赛网上练兵活动。深化职工技术创新项目培育转化，在2022年全省百万职工“五小”（小发明、小创造、小革新、小设计、小建议）创新大赛中，洛江区职工创新项目获一等奖2个、二等奖5个、三等奖7个；在国内外发明展上，获金银铜奖各1个。引导职工安全生产，组织388家企业、2.62万名职工参加“安康杯”竞赛活动。洛江区7家企业、5个班组、2个单位、3人被命名为省市“安康杯”竞赛先进单位、班组和优秀组织单位、个人，洛江区总工会获评市竞赛优秀组织单位。

【职工权益维护】 2022年，洛江区各级工会开展防暑降温专项检查32次，组织工会劳动保护监督检查11次，建设2个清凉驿站，慰问84家高温作业企事业单位，发放防暑降温慰问物品38.68万元，惠及职工1.4万人。征集、慰问44名在洛江台胞职工“微心愿”并助其实现。立足职工多元需求，开展4场女职工健康心理讲堂，新建2家“妈妈小屋”，联合举行“牵手相约 爱在工会”青年职工联谊会。开展工资集体协商“要约行动月”活动，依法全面推进集体合同签订工作。全区集体协商建制企业108家，覆盖职工1.6万人。开展“福来福见·福见如愿”新就业形态劳动者关爱行动，为200名新就业形态劳动者购买人身意外伤害保险，保障新就业形态劳动者权益。

【职工子女服务】 2022年，洛江区总工会举办5个职工子女暑托班，服务职工子女130余人；开展课后服务“关爱行动”，慰问参加课后服务工作一线教职工172人、职工子女5人，发放慰问金4万元。拨付补助经费10.93万元，完成文华小学四点半教室改造提升工程。拨付专项资金9万元，惠及14所小学110个班4650名学生。

【职工文体活动】 2022年，洛江区总工会以“强国复兴有我”“喜迎二十大 建功新时代”为主题，组织职工参加诗歌创作大赛、才艺“大比拼”、摄影作品征集等活动；组织开展职工乒乓球比赛，联合举办短视频大赛、“河长杯”篮球赛。组织职工参加3月3—4日市总工会举办的2022年泉州市职工庆祝“三八”国际劳动妇女节健身操比赛，获县（市、区）组二等奖，区总工会获优秀组织奖。创新开展职工线上“云”过“五一”系列活动，推出职工疫情防控宣传暨“新工会法”线上知识答题抽奖活动、职工“健步达人”活动、职工科普竞答、“社会救助及职工医疗互助”线上知识竞答活动等多项线上活动，参与职工2万多人次。

【职工医疗互助活动】 2022年，洛江区总工会明确任务，加强责任分解，改进方式方法，开展第十五期医疗互助活动，共组织机关事业单位5642名职工、企业单位1.52万名职工参加。第十五期互助活动收入138.3万元，补助支出93.81万元。全年为2.03万名职工办理医疗互助，发放564名职工医疗互助补助金89.74万元，其中机关事业职工161名，获得补助18.85万元；女职工特病3名，获得补助1.8万元；企业职工400名，获得补助69.09万元。福建省总工会大病补助13名，获得补助4.2万元。

2022年8月9日，洛江区总工会组织毓晖职工子女暑托班60名学员开展研学。图为暑托班学员到泉州真武庙研学合影

（图/洛江区总工会）

【职工特色活动】 2022年春节，洛江区总工会组织留在洛江过年人员开展“迎新春送温暖·稳岗留工”系列活动，投入活动资金100多万元，参与职工3000多人次。其中，“幸福返洛”活动为66家企业520名职工发放交通费补助9.58万元；800多名职工免费观看电影；为1015名春节期间坚守岗位的重点企业、重点项目工地以及疫情防控相关单位职工和新就业形态劳动者发放慰问金及暖冬大礼包18万元。到企业实施“抗疫助企·工会在行动”系列服务行动，对因疫致困职工家庭发放困难补助，发动爱心企业和企业职工捐款、捐物；兑现民营小微企业工会经费返还政策，全区返还255家小微企业工会经费57.52万元。

【基层工会建设】 2022年，洛江区总工会开展“民营企业产业工人队伍建设改革提升年”活动，建成2家民营企业（新源重工、铁拓机械）改革示范点，带动20家民营企业参与产业工人队伍建设改革，并同步在福建新源重工有限公司、福建铁拓机械有限公司建立首批市级工匠型班组，为聚焦建设“智造洛江 生态新域”积蓄动能。实施“涌泉”行动，创建申报洛江区第二个产业工人技能培训基地——南方科技职业技术学校，针对性服务辖区企业。推动新就业形态劳动者和规模以上工业企业建会入会，建成基层联合工会19家，入会会员374名。全年基层工会组建及换届89家，新发展会员1922人。

【劳模工匠示范引领】 2022年，洛江区总工会选取9名劳模、工匠，拍摄劳动创造大美洛江——“洛•匠”人物专辑系列微视频。开展“名师带高徒”暨命名“好师傅”活动，签订师徒传帮带协议，师徒结对500余对。创建1家市劳模创新工作室，信和新材料股份有限公司曾慧玲、西人马联合测控（泉州）科技有限公司吴晓东、泉州佘氏织造有限公司高文香等10人被命名为市级“好师傅”，4人获“泉州工匠”称号。

共青团泉州市洛江区委员会

【概况】 2022年，共青团洛江区委员会（以下简称“洛江团区委”）创新人才服务模式，建设志愿者队伍，开展“扬帆计划”大学生暑期研学交流，搭建用人单位和高校青年人才精准对接平台。承办泉州市新媒体青年人才作品大赛、青年人才联谊、高素质青年农民培训班等多场市级活动。加强网络环境下青少年思想教育和爱国主义教育，依托“洛江青年”微博、微信公众号发布“团史学习进行时”“青春心向党、建功新时代”“青春自护”等新媒体宣传作品39期235条。选树先进典型，3名先进青年获省级荣誉，21名先进青年和10个优秀青年集体获市级荣誉。

【青少年政治思想建设】 2022年“五四”青年节期间，洛江团区委开展“青春心向党建功新时代”主题活动，组织集中收听收看庆祝中国共产主义青年团成立100周年大会现场直播，重温入团誓词；召开学习贯彻习近平总书记在庆祝中国共产主义青年团成立100周年大会上的重要讲话精神座谈会。“七一”建党节、国庆节前后，依托泉州烈士陵园、洪四影剧院等红色教育基地开展缅怀革命先烈，传承弘扬革命精神系列主题活动，激发青少年爱党爱国爱乡情怀，厚植“听党话、感党恩、跟党走”的政治信念。以“喜迎二十大、永远跟党走、奋进新征程”为主题开展全区性系列活动13场，通过红色经典诵读、红色故事宣讲、红歌传唱等，在青少年中营造喜迎中共二十大氛围。中共二十大召开期间，组织全区各基层团组织集中收听收看开幕式，展开讨论。中共二十大闭幕后，开展“学习党的二十大青年说说心里话”与中共二十大代表面对面等活动，通过“青年大学习”“红领巾爱学习”等线上线下渠道，以青少年喜闻乐见的形式学习中共二十大精神。

【青年人才服务】 2022年，洛江团区委落实“涌泉”行动，加快实施新时代人才强区战略。5月19日，成立洛江区新媒体青年人才实训基地，引入宣传传媒企业、周边高校相关专业导师等优质资源，创新新媒体青年人才校地合作培养模式，培育新媒体青年人才平台。8月，联合开展泉州市首期“涌泉”行动青商标杆企业游学系列活动，组织青年企业家到苏州、晋江等地游学。推进2022年大学生实习“扬帆计划”，发动百余家用人单位发布暑期实习岗位，收到实习简历1383份，接纳167名来自人民大学、中国农业大学、同济大学等高校的大学生上岗实习，创建福建省大学生实习基地1个，泉州市大学生实习基地3个，打造青年人才引聚培养新载体。9月29日，推动洛江区青商会圆满换届，助力“强产兴城”行动计划，探索搭建政商沟通、企业联通、人才交流和资源共享新平台；协助推动2家青年创业企业到福建青创板“展示板”挂牌。举办“校地合作共赢·共育电商人才”“牢记嘱托、踔厉奋发、勇毅前行”青年论坛、在外大学生新春座谈会等政策宣讲、人才交友、学习交流活动13场，助力营造引才聚才留才氛围。

【青少年违法犯罪预防】 2022年，洛江团区委依托万盛、桥南等6个青少年事务综合服务中心，组织社工开展“‘未’爱护航·欢度六一”“阳光心灵·快乐成长”未成年人心理健康辅导，防治校园欺凌、青少年健康发展等不同类型主题活动40余场。联合公安、法院、交警等到辖区大学、中学、小学、幼儿园做预防校园欺凌、女童保护、交通、安全、防拐防骗等安全宣讲60余场。组织各平台开展“12355”自护成长冬令营、快乐暑期夏令营等相关安全自护活动，服务周边留守儿童及归侨青少年。依托专业的社工力量和青少年综合服务平台设置“12355”青少年服务咨询台和青少年维权岗，服务辖区内需要心理咨询、困难帮扶等相关问题的青少年群体。制作预防青少年违法犯罪相关宣传新媒体作品20余条，拍摄洛江区预防青少年违法犯罪漫画宣传视频《以法护航守护成长》，帮助青少年直观认识到法律知识同日常生活的联系。定期在社区举办法治讲座，采取由民警说事、说法等方式加大法治宣传教育力度。社区民警不定期入户开展青少年和未成年人教育工作，强化保护青少年和未成年人的意识。联合开展形式多样，内容新颖的青少年毒品预防教育活动，创新禁毒宣传教育机制，覆盖全区各乡镇街道和中小学。

【基层团建】 2022年，洛江团区委严把团员入口关及管理关，突出团员组织生活和日常教育，开展团的“三会一课”（团员大会、团小组会、团支部委员会议和团课）、集中入团仪式等，依托“智慧团建”等线上平台组织开展“新时代伟大成就”等主题团课940余场，覆盖276个基层团组织。组织开展“喜迎党的二十大·献礼建团100周年”主题活动暨2022年团干部培训班，组织全区团干部代表参训，强化基层团干部政治引领和业务培训。召开全区共青团组织述职评议工作会，对履职情况进行量化打分，以考促学，着力提升团干部能力素质。加强社会领域团组织建设，新建非公企业团组织61个。推动新建永安村花卉产业“青年之家”、白洋村“青少年粮食安全知识宣传教育基地”、桥南社区青春语润工作室等9个团建示范点。规范仪式教育，集中开展分批入队仪式40多场，培养1000余名新队员加入中国少年先锋队。推动少先队活动走深走实，开展“扣好人生第一粒扣子”“开学第一课”“情暖六一·关爱儿童”等活动20余场。

【新媒体青年人才实训基地成立】 2022年5月19日，洛江区新媒体青年人才实训基地在仰恩大学揭牌，洛江团区委与仰恩大学签署基地共建协议。实施共建加快推进媒体深度融合发展，培养新媒体人才，为学校、学生提供良好的教育教学实践基地。发挥高校服务社会的职能，以高校新媒体有关专业学生为主体，整合周边高校新媒体资源，打造洛江区新媒体行业青年人才培训交流平台，培育精品新媒体作品生产基地，为建设更高水平的智造洛江、生态新城提供理论支撑和智力支持。

【高素质青年农民培训班在洛江区举行】 2022年9月21日，泉州市2022年高素质青年农民（乡村产业振兴）培训班在洛江区举行。培训班为期3天，辖区各村“两委”、村主干或从事乡村振兴、乡村治理、村务工作者等方面创业青年人才参加。培训课程采取专题讲座和现场教学相结合的形式，解读乡村振兴促进法，介绍民法典新亮点，讲授抖音、短视频相关新闻宣传渠道整合与运作管理等专业课程，并组织参训人员实地观摩乡村振兴示范点、乡村产业典型点、洛江区“丰收节”。

【区青年商会换届】 2022年9月29日，洛江区青年商会第二届理（监）事会换届大会召开，与

2022年9月21日，泉州市2022年高素质农民（乡村产业振兴）培训班在洛江举行 （图/洛江区农水局）

会青年企业家听取《洛江区青年商会第一届理事会工作报告》，审议通过《洛江区青年商会章程》，选举产生新一届理（监）事会班子成员，其中理事会会长1人、创会会长1人、第二届监事会监事长1人、理事会秘书长1人、理事会常务副会长1人、副会长1人。

洛江区妇女联合会

【概况】 2022年，洛江区妇女联合会（以下简称“洛江区妇联”）加强妇女思想引领，推动巾帼建功，推荐培育优秀女性个人及集体。创建区级美丽庭院200户、市级美丽庭院66户、省级美丽庭院示范户33户。推进“平安家庭”创建，评选“平安家庭”示范户172户。开展“母亲健康1+1”公益募捐活动，募集资金9.6万元；打造妇女儿童工作品牌，提升妇联组织服务能力。组织参加泉州市妇联“我履职我创新•巾帼红在行动”基层妇联组织特色展评活动，获二等奖2个、三等奖1个。

【妇女思想政治建设】 2022年，洛江区妇联以“巾帼心向党喜迎二十大”为主题，开展“八闽巾帼红十百千万大宣讲”活动，把思想教育贯穿妇联各项工作和活动中，提升网络意识形态、舆论引导工作能力，增强对危机事件的公关意识。“三八”国际妇女节期间，举办庆祝“三八”国际妇女节暨“凝聚巾帼力量共建生态新城”家庭亲子健康行活动，发起《洛江区弘扬美德传家风凝聚家力量做时代文明践行者》倡议，号召全区广大妇女以先进为榜样，学习弘扬传统美德、营造优良家风。

【妇联组织建设】 2022年，洛江区妇联落实学习制度，乡镇（街道）、村（社区）妇联组织执委每月开展1次集中学习。举办基层妇联干部履职能力培训班，乡镇（街道）妇联主席、副主席、村（社区）妇联主席84人参加培训。在村民小组、社区网格等妇女群众生产生活的最小单元建立特色“妇女微家”7个，其中儿童服务类2个、乡村旅游服务类1个、老年服务类1个、创业就业类3个，发挥凝聚、教育、服务妇女群众的功能和作用，密切与各界妇女组织的联系。按照“建机制、带队伍、抓项目、重实效”的工作思路，推进妇联工作项目化、品牌化，在各乡镇（街道）培育区域化妇联组织、“四新”妇联组织、家事调解室、巾帼示范基地、儿童之家、家长学校、亲子教育基地、家风家训基地等项目，搭建服务妇女儿童平台，提升妇联组织服务能力。开展“三百四有”［“三百”：百个先进乡镇（街道）妇联、百个先进村（居）妇联和百名优秀妇联主席；“四有”：服务大局有担当、创新活动有载体、积极履职有制度、妇女工作有实效］创建活动，以“四有”为标准，打造妇女儿童工作品牌，促进基层组织活力不断增强。

【巾帼建功】 2022年，洛江区妇联依托巾帼示范基地，开展省级“乡村振兴巾帼科技行”暨巾帼科技助农等实用技术培训。培育巾帼创业创新项目，5个项目入围“创响泉城”泉州市巾帼科技创新创业优秀项目。实施“美丽庭院 +”项目，与提升妇女素质、建设文明家风、巾帼志愿服务相结合，创建省、市、区级美丽庭院 299 户次，美丽庭院示范线 2 条，典型案例 15 个，优秀视频 1 个。推进巾帼文明岗创建，新推荐申报全国巾帼文明岗 1 个、省级巾帼文明岗 4 个、市级巾帼文明岗 4 个。引领女企联融入发展大局，勇担社会责任，参与疫情防控、扶贫帮困、助学兴教等社会公益活动，疫情期间发动会员募集抗疫物资及款项 31.45 万元。举办弘扬“晋江经验”建功强产兴城主题活动，促进女企业家沟通、互动。搭建就业妇女与用人单位求职招聘平台，联合区人社局在各乡镇开展“春风送温暖就业送真情”招聘活动，组织女企联举办巾帼专场招聘活动，107 家企业提供岗位 1318 个，为周边妇女群众提供充足合适的就业岗位。

【家庭文明创建】 2022 年，洛江区妇联讲好家风故事，传播家教理念，开展各类家风家教主题宣传 50 多场次。4—5 月开展“书香小芽儿”亲子阅读系列活动，通过征集亲子阅读视频、亲子故事分享、寻找最美家庭读书角等活动，推广亲子阅读理念，营造家庭阅读氛围。5 月，举办“好家风家训‘袋袋’相传”“和谐家庭亲子共成长”“和谐家庭亲子共成长”等主题活动，重温经典家训、弘扬传统美德。端午节期间，开展“端午粽飘香蝶村巾帼美”“福粽情深巾帼守护童心——我们的节日·端午”等主题活动，走访慰问部分留守儿童、困难道德模范、身边好人等特殊群体 100 多人次。10—11 月举办“厚植家国情·喜迎二十大”最美家庭话家风系列活动，通过征文、宣讲、书画展等途径分享家庭故事，宣讲家风家训，共话家庭文明风尚。建立“最美家庭”“五好家庭”常态化机制，评选区级最美家庭 60 户、五好家庭 20 户，市级五好家庭 1 户、最美家庭 3 户，绿色家庭 3 户，推荐获评省级五好家庭 1 户、最美家庭 1 户、绿色家庭 1 户，引领广大家庭崇尚家庭文明风尚。

【家庭教育指导】 2022 年，洛江区妇联统筹利用公共服务场所开展家庭教育指导，针对特定对象开展公益性家庭教育宣传指导服务。项目化运作建立 10 个“洛家亲”家庭综合服务中心，品牌化开展儿童成长多元服务，多形式开展家事调解、家庭教育、困境家庭支援、女性成长、巾帼志愿服务组织培育等专业服务项目，增强服务家庭功能，提升家庭幸福指数，受益妇女儿童群众达 1100 多人次。探索构建“1+3+N”（“1”：成立洛江区家庭教育指导服务中心；“3”：设立婚姻家庭、妇幼保健、未成年人家教指导站；“N”：即常态化开展父母课堂、亲子阅读、亲子互动、心理健康等活动）家庭教育指导服务体系，组建洛江区家庭教育讲师团，统筹辖区内家长学校建设、家庭教育理论研究。开展家庭教育骨干培训班 2 期，提高家庭教育指导工作人员工作水平，村（社区）家教工作者、区属中小学、幼儿园教师代表等 136 人参加培训。

【妇女儿童权益维护】 2022 年，洛江区妇联创建村（社区）家事调解室，重点打造 12 个村（社区）家事调解室。指导乡镇（街道）妇女援助中心、村（社区）家事调解室，及时化解婚姻家庭矛盾纠纷，促进社会安定稳定。畅通“12338”服务热线，开通心理疏导公益服务热线，为妇女儿童身心健康提供公益服务。排查化解婚姻家庭纠纷，走访“平安家庭”未达标户，逐件登记，做到底数清、情况明。结合“三八”维权月、6 月禁毒宣传月、“11·25”国际反对家庭暴力、“12·4”宪法宣传日等，线下开展活动 30 多场次，发放宣传材料 5000 份，受益群众 2000 多人；在公众号开设以案释法、指尖普法、维权微课堂等专栏，线上发布宣传维权专栏 40 多期。开展“守护花蕾”专项行动，联合区公安局、检察院、法院等部门，组织民警、法官、检察官、巾帼志愿者进社区、进学校、进家庭，开展妇女儿童维权、预防性侵等宣传服务进校园6场次、进儿童之家10场次，服务儿童及家长1000多人次。

【妇女儿童关爱帮扶】 2022年，洛江区妇联开展“母亲健康1+1”公益募捐、关爱乳腺癌、宫颈癌贫困母亲、春蕾助学、留守儿童结对关爱等品牌活动，受益母亲150多名、儿童100多名。投入资金13.86万元，为1386名女性购买“安康保险”。联合区女企联，开展春节、重阳节等走访慰问活动，走访辖区困难妇女群众近200人。实施女企联“邻家妈妈”项目，组织洛江区女企业家联谊会组成“爱心妈妈”团队，与留守儿童进行结对帮扶，开展爱心家访、互动陪护、节日问候等关爱活动。

【“两纲”工作】 2022年，洛江区妇联征求各成员单位意见，统筹协调，完成新一轮妇女儿童发展纲要编制工作。5月9日，洛江区妇联召开妇女儿童工作委员会全体（扩大）会议，审议通过《洛江妇女发展纲要（2021—2030年）（审议稿）》《洛江区儿童发展纲要（2021—2030）（审议稿）》。妇女发展纲要设置健康、教育、经济、参与决策和管理、社会保障、环境、法律共8个领域，提出86项主要目标和110项策略措施，“妇女与家庭建设”为增设内容。儿童发展纲要设置健康、安全、教育、福利、家庭、环境、法律保护共7个领域，提出79项主要目标和101项策略措施，“儿童与家庭”“儿童与安全”为增设内容。会后，“两纲”内容印成宣传折页，并在网站、“洛江妇联”微信公众号等平台进行宣传，扩大知晓率。

洛江区科学技术协会

【概况】 2022年，洛江区科学技术协会（以下简称“洛江区科协”）推进全民科学素质提升工作，推动颁布《洛江区全民科学素质行动计划纲要实施方案（2021—2025年）》。发动全区中小学组织学生参加省、市青少年科技创新大赛、科学影像节等赛事，开展科普宣传活动10场。新增2021年省级学会创新驱动服务站1个。承办洛江区全国科普日主场活动，活动获评为2022年全国科普日优秀活动，被福建省科协评为2022年福建省全国科普日活动优秀组织单位。

【创新驱动发展服务】 2022年，洛江区科协到信和新材料股份有限公司、泉州绿之园农林业开发有限公司、福建北峰通信科技股份有限公司、泉州市泉美生物科技有限公司、泉州市天智合金材料科技有限公司等企业开展走访调研企业技术合作需求，为企业发展出谋划策、牵线搭桥，着力为创新驱动服务助力。实施人才港湾计划和涌泉行动，组织符合条件的企业申报市级、省级创新平台建设。指导泉州田格里拉生态旅游有限公司（彩蝶谷）省级学会服务站、方圆建设集团有限公司专家工作站开展中期考核工作，顺利通过评审获中期考核补助。推荐信和新材料股份有限公司申报泉州市特级人才创新实验室。帮助联系学会，先后促进泉州绿之园农林业开发有限公司与国家级学会签约，福建绿普森科技有限公司、泉州缘鑫花卉有限公司与省级学会签约，3家企业均通过市级创新驱动学会服务站认定。至年底，洛江有市级学会服务站6家，省级学会服务站2家。

【青少年科技创新活动】 2022年，洛江区科协在全区发动中小学生参加泉州市青少年科技创新大赛、泉州市区青少年贤銮科技创新大赛、福建省青少年人工智能大赛、泉州市青少年航天创新大赛等活动，从中推荐优秀作品参加省、市级比赛，取得良好成绩。在2022年泉州市青少年无人机大赛中，市实小洛江校区1队获一等奖、2队获二等奖，奕聪中学1队获三等奖。在第六届全国青少年无人机大赛中，奕聪中学无人机代表队获创意图形编程赛初中组亚军（一等奖），市实小学洛江校区两支代表队分别获得旋翼赛团体接力飞行赛小学组三等奖。在福建省青少年人工智能大赛上，第十一中学2队获二等奖、1队获三等奖。在第十九届泉州市青少年科技创新大赛中，获创新项目一等奖1个、二等奖3个，在“实践活动”中1支队伍学生获二等奖，在“科幻画”中1名学生获二等奖，2名学生获三等奖。

【公众科学素质提升】 2022年，洛江区颁布《洛江区全民科学素质行动计划纲要实施方案（2021—2025年）》，明确以青少年、农民、产业工人、老年人、领导干部和公务员为主要目标人群，开展5项提升行动。加大全国公民科学素质网络知识竞赛宣传力度，提高竞赛活动的社会知晓度，扩大活动的参与率和影响力。发动干部群众参加福建省全民科学素质竞赛活动，全区参加竞赛8813人，参加竞赛52万多次，获评为全省优秀组织单位。推进科普中国信息员队伍建设和科普资源传播分享，洛江区科普员约1.27万人，分享科普文章165万篇次，在中国科协年初公布的2021年度300名科普中国信息员典型代表名单中，洛江区3人上榜，是全省入选人数最多的县区。

【科普队伍人才建设】 2022年，洛江区科协推荐洛江区科技工作者参加市科协第四批刺桐科学传播学者遴选，开展专题讲座4场，受众500多人次。在福建科协举办的首届“点赞2022福建科普”年度科普活动中，1名科协工作人员被评为“福建省十佳科普信息员”。

【基层科普行动计划】 2022年，洛江区科协开展“百会帮百村”活动，为有关村牵线搭桥，引进和促成泉州市急诊急救学会、泉州室内设计师协会、泉州市企业创新文化研究会、洛江区花卉协会等分别与马甲梅岭村、洋坑村、梧峰村、永安村、罗溪柏山村、河市山边村结对帮扶，到基层提供精准服务，为群众办实事，从而获得泉州市“基层科普行动计划”项目奖补18.5万元，为乡村振兴发展提供新的科技支持。

【主题科普宣传】 2022年，洛江区上报的全国科普日活动项目有136个被中国科协审核通过。3月11日，在马甲中心小学举办以“体验科学·启迪创新”为主题的2022年泉州市“启梦者”基层科普巡展志愿活动启动仪式，弘扬科学精神，让更多学生感受科学魅力，促进辖区科普氛围营造。在全年各个时间节点以不同的科普宣传主题开展科技咨询、科普图片展等科普宣传活动10场次，发放《生产生活中意外的急救》《垃圾分类知识读本》《抗新冠肺炎心理自助手册（成人版）》《抗新冠肺炎心理自助手册（学生版）》等科普宣传读本1000多册，受众1000多人次。

【科技工作者日活动】 2022年6月1日，洛江区科协开展“创新争先、自立自强”——科技工

2022年3月11日，2022年泉州市“启梦者”基层科普巡展志愿活动启动仪式在洛江区马甲镇第一中心小学举行。图为启动仪式现场（图/洛江区科协）

作者日活动。组织全区科协委员、各乡镇（街道）科协主要负责人、院士专家工作站有关负责人、刺桐传播学者、区科协工作人员到全国科学家精神教育基地林俊德院士事迹馆参观，传达学习习近平总书记在两院院士大会上的重要讲话精神并座谈，引领科技工作者学党史、强信念、跟党走，弘扬科学家精神，深化科技工作者之家建设。

【洛江区全国科普日主场活动】 2022年9月15日，“世遗新起点 喜迎二十大 科普向未来”2022年全国科普日洛江区主场活动在洛阳古桥举行。活动设置院士（专家）工作站产品展、鸟类科普图片展区域，进行福建珍稀鸟类图片展及生活习性知识科普，同时开展工作站产品性能展示及现场观鸟活动。活动现场展出各种功能的机器人、无人机编程编队及其他科技类展品，并邀请市民与机器人对话互动，体验操作机器人等。洛江区科协、洛江区科技局等全民科学素质工作领导小组成员单位围绕2022年全国科普日主题，以展览展示、发放传单手册、科普咨询等方式，向群众宣传科学工作者事迹、卫生健康、应急防灾等科普知识，以弘扬科学精神、传播科学思想、倡导科学方法，提高市民科学知识知晓率。科普日活动发放科普宣传资料近1000本、科普小礼品200多份。

【中国流动科技馆巡展到洛江】 2022年9月30日，中国流动科技馆洛江站巡展在仰恩大学附属中学启动。巡展活动为期3个月，面向大众免费开放，现场展出涉及电磁探秘、运动旋律、数学魅力、机械原理、生命奥秘等诸多方面的互动科普展品约50件，为公众尤其是青少年了解科学原理、感受科学魅力、放飞科学梦想搭建体验平台。

洛江区社会科学界联合会

【概况】 2022年，洛江区社会科学界联合会（以下简称“洛江区社科联”）宣传普及党的创新理论，在“洛江社科”微信公众号及时转载相关理论政策阐释文章，推动新思想宣传。围绕“奋进新征程，建功新时代”主题，组织社会科学普及宣传周活动。结合喜迎中共二十大和洛江建区25周年，推出原创歌曲MV（音乐录影带）《遇见洛江》，在“学习强国”学习平台“福建声音”专栏同类作品中播放量排名第二。

【社科理论学习】 2022年，洛江区社科联发动全区干部群众参与省社科联开展的第十七期“深入学习贯彻福建省第十一次党代会精神”、第十八期“深入学习贯彻《习近平谈治国理政》第四卷、《闽山闽水物华新——习近平福建足迹》”、第十九期“学习贯彻党的二十大精神”网上竞答活动，参与人数居全市前列。配合洛江区委宣传部，开展区委理论学习中心组学习服务工作，全年选赠理论社科书籍14种，编印《学习参考资料》15期。

【社科普及宣传】 2022年，洛江区社科联优化“洛江社科”微信平台运作，精选发布社科资讯130期。严格执行发布审核“三审制”，编发《微品洛江》《洛江社科》刊物1000册，分发各类社科普及书籍近500册。发动洛江区社科界力量和社科阵地资源，以免费开放人文社科展馆、基地和线上活动等形式开展社科普及宣传活动。10月25日，联合区委宣传部等部门在万安街道桥南社区举行启动2022年洛江区社会科学普及宣传周，以“文艺+微宣讲”、沉浸式体验活动等方式进行科普宣传。

【社科阵地建设】 2022年，洛江区社科联新评选泉州市洛江区南少林实验学校为2022—2024年度洛江区社会科学普及基地，洛江区区级社科普及基地发展至15家。国营双阳华侨农场文化展示馆、罗溪镇洪四村2家基地被评为市级社科普及基地。

【“洛地有声”社科品牌打造】 2022年，洛江区社科联联合区委宣传部共同打造的“洛地有声”

2022年12月25日，洛江区开展社会科学普及宣传周活动。图为启动仪式　（图/洛江区社科联）

特色宣传工作品牌，继续推出《洛阳桥》《遇见洛江》等10期系列精品微视频，被“学习强国”学习平台及市委网信办等媒体转播。“洛地有声”入选“福建省基层社科联工作经验和创新做法选编”，获2022年全省优秀理论宣讲微视频和“第五届泉州市机关体制机制创新优秀案例”特等奖，获评2022年泉州优秀网络文化项目，并被推荐参评2023年度福建省文艺发展资金补助项目和2022年度市委改革创新项目。

【邻里“微享堂”】　2022年，洛江区社科联参与洛江区“党建+”社区邻里中心建设，与区委宣传部共同推动邻里“微享堂”项目实施，为村（居）人民群众身边搭建分享党的创新理论学习感悟和日常幸福生活体悟的平台，推动理论和社科知识进基层。4月，邻里“微享堂”入选泉州市2022年社科活动资助项目。至年底，完成邻里“微享堂”建设13个。

洛江区归国华侨联合会

【概况】　2022年，洛江区归国华侨联合会（以下简称“洛江区侨联”）围绕侨界群众普遍关注的热点难点开展调研，引导侨界人大代表、政协委员通过建议、提案等渠道反映呼声，建言献策，举办侨界联络联谊活动2场。为归侨侨眷提供法律咨询，举办普法活动3场，分发法律法规宣传单1000余份。完善各种信息传播渠道助推侨文化，引导侨批捐赠，拓展海外联谊。开展重点侨情调查，至年底全区有归侨649人，海外重点社团17个。

【侨法宣传】　2022年，洛江区侨联制订洛江区侨联普法责任清单和计划，压实压紧普法责任。5月17日，联合区直有关单位到双阳街道阳光花园小区开展《中华人民共和国民法典》宣传活动，归侨侨眷及社区居民100余人到场进行法律咨询。6月，推荐2名侨联组织工作者参与“亲情护侨·检察开放日”活动，协调打造具有洛江特色的涉侨检察工作品牌，推荐7名侨联组织工作者成为基层涉侨维权法律调解员。8月10日和10月24日分别在双阳街道办事处、双阳街道南山社区峇厘民俗文化园开展《中华人民共和国归侨侨眷权益保护法》《中华人民共和国民法典》和民族团结进步宣传。

【侨界帮扶】　2022年，洛江区侨联到6个乡镇（街道）开展“同心防疫·暖心过冬”侨界困难群众慰问和帮扶。黄仲咸基金会慰问贫困归侨侨眷51人发放慰问金2.55万元。“福侨爱心包”走访慰问侨界群众20人发放慰问金1万元。受中国侨联、福建省总工会联合委托慰问双阳华侨农场困难职工10人、发放慰问金2万元。慰问挂钩村贫困户2户、每户发放慰问金500元。联合侨办走访慰问侨界困难群众19人、发放慰问金9500元。走访慰问失依儿童1人、发放慰问金1000元。帮扶贫困归侨侨眷生产生活，中央华侨事务预算专项经费1.67万元，救助3位大病大灾困难归侨侨眷；

2022年6月23日，洛江区双阳街道南山侨家评理中心举行“洛江区涉侨检察联络点”揭牌仪式　　（图/洛江区委统战部）

争取中央华侨事务预算专项经费3.5万元，用于救助病灾侨眷4人；争取省贫困侨救助资金3.68万元，用于救助大病大灾3人及生活困难归侨7人；争取市贫困侨救助资金2万元，用于救助大病大灾及生活困难的归侨侨眷5人。

【侨文化传播】　2022年，洛江区侨联借助文化交流平台，丰富侨界文化，拓展侨联活力，增进侨界友谊。以南山社区峇厘民俗文化园为载体，构建归侨侨眷文娱活动平台，开展非物质文化遗产展演系列活动，传承春节习俗。元宵节在双阡街道开展“把爱带回家·侨手做花灯”主题活动，培养社区归侨侨眷青少年们对传统节日的热爱之情。中秋节在南山社区开展2022年“我们的节日·中秋”主题活动，突出“团结、团圆、庆丰收”主题，宣传侨文化，弘扬中华传统文化。重阳节开展“我们的节日·重阳”主题活动，引导归侨侨眷特别是青少年讲传统、讲孝道，追求孝老爱亲、家庭和睦的美好生活，弘扬孝老敬老的传统美德。9月9日，举办“2022年侨家乐·福建省华侨美食风情文化节洛江双阳专场”活动，挖掘洛江侨乡文化特色优势，传播洛江“侨”声音，展现“侨”文化，助力洛江发展文旅特色经济。

【基层侨联建设】　2022年，洛江区侨联推动基层侨联组织建设，9月1日新成立南山社区侨联和坪山社区侨联两个社区侨联，并分别完成揭牌仪式，南山社区侨联成为洛江区首个村（社区）级侨联。11月22日，指导罗溪侨联召开第十二次归侨侨眷代表大会，选举产生22名镇侨联第十二届委员会委员和新一届侨联主席、副主席、秘书长。12月，组织完成万安街道侨联换届，指导双阳街道侨联、马甲镇侨联、河市镇侨联做好换届筹备工作。

【区第五次归侨侨眷代表大会】2022年9月27日，泉州市洛江区第五次归侨侨眷代表大会召开，会议审议通过区侨联第四届委员会题为《勇担新使命奋进新征程为智造洛江、生态新城贡献侨界力量》的工作报告，选举产生区侨联第五届委员会和新一届领导班子，共有委员47名，其中常委23名。第五届委员会吸纳科技界、教育界优秀知识分子和有代表性的侨资企业界人士、侨界新生代和新的社会阶层人士、优秀留学归国人员及其眷属、各级侨商会、侨青会中的优秀人士、热爱侨联事业、热心为侨服务的人士，为侨联事业发展夯实基础。调整优化兼职副主席结构，由不同行业、领域有代表性的优秀归侨侨眷、新侨代表、港澳侨界人士、重点侨乡侨联工作者担任兼职副主席。

洛江区文学艺术界联合会

【概况】　2022年，洛江区文学艺术界联合会（以下简称“洛江区文联”）聚焦中共二十大主题，联合区委宣传部举办泉州市喜迎中共二十大道德模范故事汇基层巡演活动（洛江分会场），开展“践行党的二十大精神”美术线上作品展、“党的二十大报告金句”网络书法展、“强国复兴铸征程 乡村振兴呈画卷”洛江区美术摄影采风创作巡回展、书法作品邀请展等活动。印发《洛江区优秀文艺作品和文艺人才扶持奖励规定（试行）》，调动各类文艺主体的申报积极性。联合区音舞协选派的声乐演员参加福建省第六届“金钟花奖”声乐比赛泉州地区预赛，获1个银奖、2个优秀奖的成绩。

【文艺创作】 2022年，洛江区文联动员文艺工作者以抗击疫情为主题进行文艺创作，借助“大美洛江”微信公众号推出“‘艺’心抗疫”文艺作品展21期，共展出作品191幅，发挥文艺作品强信心、暖人心、聚民心、筑同心的重要作用。指导各协会组织会员参加各级展赛，其中奕聪美术馆挖掘当地传统印染技艺文化资源，运用现代美术设计观念和表现形式进行传承、创新、实践，在全国第七届中小学生艺术展演活动学生艺术实践工作坊中获一等奖。

【文艺惠民】 2022年，洛江区文联常态化举办“我们的节日”、洛江区学习贯彻中共二十大精神“微讲堂＋文明实践”暨“三下乡”活动。1月15日，联合区委宣传部等单位在洛江区图书馆开展“送万福、进万家”文化惠民活动，写赠春联1万余副，送“福”7200余幅。

【洛阳桥诗会活动】 2022年，洛江区文联借助泉州成功“申遗”契机，举办“聚焦世遗对话海丝”2022年洛阳桥诗会，面向社会公开征集以洛阳桥为主题的诗歌佳作，以诗歌对话泉州“海丝”历史遗存，征稿活动收到29个省（自治区、直辖市）471位作者758件作品，5月评选表彰75件优秀作品，《洛阳桥上看洛阳（外一首）》《站在跨海千米的洛阳桥上，听一滴湛蓝呼唤（组诗）》两首诗作获一等奖。

【洛江区书法作品邀请展】 2022年9月23日，洛江区举办“喜迎党的二十大”书法作品邀请展暨蔡襄书院揭牌仪式。书法作品邀请展共邀请创作40余幅优秀书法作品，作品聚焦在“强产业、兴城市”双轮驱动、“大美洛江、智造强区”建设、蔡襄文化、书法和中华优秀传统文化等内容。

中国国际贸易促进会洛江支会

【概况】 2022年，中国国际贸易促进会洛江支会（以下简称“洛江区贸促会”）引导区内外贸企业参与“一带一路”建设，组织企业参加各类投资洽谈会、项目推介会，加强预警信息传递、分析、研判，加大商事法律培训力度，帮助企业掌握国际惯例和通行规则，提升企业抵御经贸摩擦能力。围绕企业需要解决的难题开展服务工作，助力企业复工复产。营造优化营商环境，提高商事法律服务水平，提高原产地证签发效率，优化法律咨询服务平台。全年代理签发一般原产地证2100多份、优惠原产地证400多份。

【对外联络】 2022年，洛江区

2022年9月23日，洛江区举办“喜迎党的二十大”书法作品邀请展暨蔡襄书院揭牌仪式 （图/洛江区文联）

贸促会拓宽经贸联络渠道，促进对外交流与合作，打造“一带一路”“金砖+”合作模式，组织企业参加各类投资洽谈会、项目推介会，促进企业对外交流与合作。5月18日，洛江区贸促会组织企业通过线上方式参加中国贸促会庆祝建会70周年大会暨全球贸易投资促进峰会。7月21日，组织泉州辉宏汽配有限公司、泉州市劲力工程机械有限公司等企业参加福建数字经济国际经贸合作交流对接会，促进洛江数字经济与欧洲地区及RCEP（区域全面经济伙伴关系协定）成员国等交流合作。8月29日，组织洛江区消防器材企业参加泉州市贸促会牵头的“走进非洲——赞比亚”推介会，助力企业拓展赞比亚及非洲国家市场。组织企业参加厦门“9·8”投洽会及10月20日在澳门举办福建—澳门及葡语国家产品对接会等活动，为企业商业、技术、市场合作等提供充分的交流平台，帮助企业拓展各领域经贸合作，促进高质量发展。12月16日，组织企业参加在龙岩举办的福建省机械装备制造业数字化转型发展论坛，促进洛江机械装备制造业数字化转型发展。

【商会建设】 2022年，洛江区贸促会发挥行业协会、商会的资源优势和联络优势，促进企业对外交流与合作，推进市场多元化战略，开辟非洲、东南亚国家等新兴市场，助力企业挖掘新商机，促进企业高质量发展。对接福建省国际商会、泉州国际商会工作，推荐钰诚集团担任省国际商会第四届理事会理事单位，发挥政府与企业的桥梁和纽带作用，帮助企业开阔视野、对接资源，提高知名度和影响力。

【商事服务】 2022年，洛江区贸促会营造优化营商环境，提高商事法律服务水平，提高原产地证签发效率，优化法律咨询服务平台。“3·13”疫情期间，采取不见面办公方式，通过微信等线上平台为辖区企业及时办理原产地证200多份，签发率达100%且零投诉。疫情后，洛江区贸促会推进辖区企业复工复产，协助泉州孩之乐包袋有限公司、福建培新机械制造实业有限公司2家企业出具3份新冠疫情不可抗力事实性证明，涉及合同金额190.76万美元。

洛江区残疾人联合会

【概况】 2022年，洛江区残疾人联合会（以下简称“洛江区残联”）。开展残疾人基本状况调查工作，入户登记4095人，入户率99.32%。落实困难残疾人生活补贴和重度残疾人护理补贴“两项补贴”，做好残疾人证类别和等级审核认定工作，给予生活补贴残疾人数1793人，给予护理补贴残疾人数2141人，区民政局发放资金473.06万元。开展低保重度肢体残疾人居家养护补助项目，为重度肢体残疾人218人发放补助资金21.8万元。推进残疾人康复工程，落实省级辅具补贴制，补助25人次，发放补助资金3.8万元。开展残疾人就业援助和就业服务，在河市镇举办残疾人种植养殖培训班，70余名残疾人参加。做好残疾人证办证换证工作，全年新办证207人，其中残疾人证“跨省通办”工作取得突破，成功受理3人次跨省办证。

【残疾人社会保障】 2022年，洛江区残联落实社会保障政策，为4115名残疾人购买意外伤害保险，投入资金12.35万元，获理赔26人，理赔金额3.76万元。为1483名重度残疾人和1379名轻度残疾人购买医保，每人每年保费330元，合计投入94.45万元。为残疾群众代缴社会养老保险，重度2034人参保，代缴人数1025人，每人代缴200元，合计22.8万元；轻度1692人参保，代缴人数720人，每人代缴100元，合计10.65万元。为30名残疾人实施居家托养购买服务，投入资金12.19万元，为受助的居家残疾人提供上门服务。对在泉州市残疾人托养中心6名洛江籍残疾人进行托养服务，补助金额2.58万元。

【残疾人权益维护】 2022年，洛江区残联开通法律援助网络服务平台，畅通残疾人诉求渠道，受理残疾人信访件1件，残疾人满意率100%。配合税务部门完成残保金征收633万元。开展残疾人家庭无障碍改造，完成44户残疾人家庭无障碍改造工作，发放补助资金14.44万元。扶持创建洛江区双阳街道“爱心助残驿站”，发放扶持资金6.5万元。5月15日，双阳街道残联协同多部门开展“美好生活•民法典相伴”暨“扶残助残，有你有我”主题活动；5月16日，河市镇残联携手禾康智慧养老服务公司在霞溪村老人服务中心，举行全国助残日义诊义剪活动；马甲镇残联举行各项扶残助残活动，协助残疾人协会组织残疾人参加市残联举行“助残日”残疾人创业就业活动；虹山残联开展“一助一”助残活动，走访10名残疾人并赠送每人300元慰问金。区残联协调各通信运营商在全国助残日当天向全区手机用户群发手机公益宣传短信，发送手机短信26.21万条，营造全社会关心残疾人、帮助残疾人的氛围。

【残疾人康复】 2022年，洛江区残联实施慈善救助工程，为43名残疾人申请助听器、假肢和助行器；为18名自闭症儿童申请康复补助，发放补助资金6.8万元。落实残疾儿童康复救助政策，加强救助资质审核，收到补助申请材料130份，审核通过人数100人，补助金额约95万元。配合区委政法委、区卫健局及各乡镇（街道），为全区精神病患者投保5万元，免费为全区精神病人提供诊疗服务。重新审核洛江区北斗星自闭症儿童培训中心协议管理申请，并配合市残联对其审核；联合区消防大队对洛江区北斗星自闭症儿童培训中心的消防安全进行检查并督促整改。

【残疾人就业创业】 2022年，洛江区残联开展就业援助月专项服务，摸查登记就业援助对象60人。支持“就业创业”家庭3户，每户给予4000元帮扶资金，合计发放1.2万元。扶持26户残疾人开展就业创业，每户补助资金5000元，共13万元。完成22名自主就业创业残疾人进行社会保险补贴审核审批工作，落实发放补贴金额9.8万元。开展残疾人自主创业项目，扶持2名自主创业残疾人开展经营活动，每人给予创业补助金5000元。配合税务部门完成残保金征收633万元。

【残疾人教育和文体活动】 2022年，洛江区残联开展残疾学生及困难残疾人家庭子女助学帮扶，做好残疾考生高考关怀工作，及时跟踪掌握1名考生高考成绩，并配合市残联做好慰问工作；做好2022年泉州市扶助残疾学生和残疾人家庭子女就学工作，扶助对象86人，发放助学金17.5万元。举行2场残疾人文化进家庭“五个一”主题活动，帮助20户残疾人走出家门、融入社会。4月，选送微视频《平凡的一天》参加省残联“我心向党携手前行”残疾人事业公益短视频征集活动；5月，选送两件工艺美术作品参加“福见花开”福建省首届残疾人工艺美术文创作品（产品）征集展览推介活动；选送1人参加全省社会体育指导员培训；选送1名飞镖运动员参加泉州市2022年备战省残运会第一期集训。

【全力以“复”助残圆梦系列活动】 2022年5月8日，洛江区残联通过省残联就业创业平台举办“全力以‘复’助残圆梦”网

2022年11月17日，洛江区残疾人联合会第五次代表大会召开。图为会议现场 （图/洛江区残联）

络招聘会，组织4家企业为有就业需求的残疾人提供16个岗位招聘信息。5月12日，在罗溪镇柏山村蓝蜻蜓护理用品股份公司举办以“促进残疾人就业，保障残疾人权益”为主题残疾人就业专场招聘会，设立就业创业政策咨询台，分发《优惠政策宣传册》《洛江区扶持残疾人就业创业相关政策》等宣传材料，为20多名残疾求职者提供政策咨询、就业指导等服务。

【洛江区残联第五次代表大会】 2022年11月17日，洛江区召开残疾人联合会第五次代表大会。会议回顾过去4年全区残疾人工作，部署今后5年全区残疾人事业发展的目标任务，并选举新一届领导班子。王泽勇为区残联第五届主席团主席，7人为主席团副主席。

洛江区红十字会

【概况】 2022年，洛江区红十字会推进应急救护技能培训，推进初级救护知识普及，多维度拓宽募捐渠道，其中爱心救济项目、疫情防控募捐救助、腾讯公益“99公益日”募捐救助等活动接收社会捐赠款物价值约482万元。

【应急救护培训】 2022年，洛江区红十字会推进应急救护知识与技能“六进”（进社区、进农村、进学校、进企业、进机关、进家庭）工作，提升公众参与现场救护意识和自救互救能力。不定期开展应急救护员公益培训班，举办应急救护知识讲座、应急救护技能演练、体验式生命安全教育等多种形式活动，应急救护普及培训11场，受众935人。推进群众性应急救护培训+公共场所配置AED（自动体外除颤仪）工作，培训红十字应急救护师资2名，举办群众性应急救护公益培训班24期（31班），培训红十字应急救护员1158名。

【“三献”工作】 2022年，洛江区红十字会开展推动“无偿献血、献造血干细胞、献器官遗体”宣传。与区卫健局、各乡镇（街道）联合开展无偿献血活动6场次，组织红十字志愿者开展“献血、献造血干细胞、献器官遗体”等宣传活动，发放宣传材料2000多份。

【社会募集捐赠】 2022年，洛江区红十字会多维度拓宽募捐渠道，提高救灾救助能力。3月，向市红十字会争取临时救助资金75万元，救助困难群众750人，发放救助金75万元；主动接收社会捐赠1.25万元，用于开展限定性社会救助，社会捐赠900元用于开展非限定性社会救助。疫情期间，接受社会爱心人士、爱心企业疫情防控捐款199万元，接受社会捐赠防控物资42.23万件折合人民币约171万元，由区防控指挥部统筹使用于新冠疫情防控工作。5年期爱心救济项目募集爱心救济款110万元救助白内障病患60人合计2.4万元，救助大病患者11人合计23.5万元。腾讯公益“99公益日”募捐共募集爱心筹款719笔合计2.18万元，组织募捐参与单位开展“爱过年情暖刺桐”慰问活动，慰问困难群众25户。帮助做好“红十字爱·助学”“小天使基金”救

2022年7月15日，洛江区群众性应急救护公益培训第一期在公安系统展开，首期培训29人。图为参训人员合影 （图/洛江区红十字会）

助申请工作，管理并用好“政协爱心救助”“红十字博爱送万家”募捐资金，开展贫困学生、儿童及因病致贫等社会最易受损群体扶危助困活动。

【志愿服务】 2022年，洛江区红十字会结合世界红十字日、世界献血者日、世界艾滋病日、红十字博爱周等红十字主题，开展志愿服务等工作，宣传人道、博爱、奉献的红十字精神，不断提高志愿服务水平。组织红十字志愿者参与罗溪、虹山等乡镇及村居疫情防控志愿服务工作。“3·5”学雷锋纪念日，主动对接区直有关部门开展“汇聚青春力量、助力乡村振兴”“弘扬雷锋精神、护航老幼健康”“弘扬雷锋精神，‘救’在身边——关爱老年人志愿服务活动”志愿服务主题活动。参与植绿靓家活动及老年人健康保健志愿宣传活动，开展志愿服务7场次。

洛江区计划生育协会

【概况】 2022年，洛江区计划生育协会（以下简称“洛江区计生协会”）开展“优生优育进万家”活动，依托线上线下平台宣传优生优育知识。依托幸福家庭教育中心，开展“传统文化进家庭”活动，推进0～3岁儿童早期发展工作。在各个幸福家庭教育中心推广亲子经典诵读活动。拓展科学育儿知识进社区、进家庭的计生协服务，在6个乡镇街道建设6个“向日葵亲子小屋”，实现全区各个乡镇（街道）全覆盖。投入保费26.44万元，为全区2644户计生家庭（8638人）投保；投入8900元，为89人办理安康保险。在洛江区计生协会微信公众号开设“幸福家庭空中讲座”“幸福家庭空中课堂”等专栏，转发宣传健康生活、倡导精神文明等知识，全年微信公众号线上更新25期，推送相关知识72条。

【优生优育】 2022年5月29日，洛江区计生协会因地制宜宣传新型婚育文化，发动群众参加“5•29”新型婚育文化我来说线上宣传活动，鼓励群众发表对新型婚育文化的认识和看法，并赠予精美礼品，有300多人参加活动。8月12日，联合市计生协会、福建省心航教育科技有限公司举办家庭教育知识讲座，邀请国家二级心理咨询师陈秋玲作“与时间赛跑 养良好习惯”主题内容分享，指导家长掌握科学育儿方法。联合市计生协会、市妇幼保健院·儿童医院举办“我为群众办实事·党徽在基层闪光——家庭健康促进主题活动”，到奕聪第二中心幼儿园为幼儿家长开设健康知识讲座，分发科普宣传大礼包及优生优育·儿童早期发展服务包。

【生育服务】 2022年，洛江区计生协会配合泉州市计生协会开展“生育关怀·再生育诊疗服务”工作，为有再生育需求却未能生育的计生家庭提供生育关怀服务。全区2户年满35周岁至42周岁的独生子女家庭夫妻，到泉州市妇幼保健院·儿童医院生殖中心进行试管婴儿手术助孕，

2022年8月12日，洛江区计生协会承办家庭教育知识讲座。图为国家二级心理咨询师陈秋玲老师作“与时间赛跑 养良好习惯”主题内容分享 （图/洛江区计生协会）

市计生协会给予每户再生育诊疗服务补助2万元。

【关爱扶助】 2022年，洛江区计生协会落实计生特殊家庭扶助关怀政策，帮助“失独家庭”了解自身身体状况，投入7.8万元，慰问全区39户失独家庭。连续7年组织辖区内“失独家庭”父母到泉州市第一医院体检中心免费健康体检，继续以家庭医生签约服务为切入点，为失独家庭提供全面的健康服务，为罗溪镇新东村“失独家庭”申请2万元修缮款改善居住环境。5月，开展第26届“幸福工程救助贫困母亲活动日”，走访慰问13户遭遇重大疾病、意外致残、突发事件和重大灾害等意外事故的农村二女户、独女户家庭，发放慰问金1.3万元。全国助残日，洛江区计生协会走访慰问2户挂钩帮扶对象。申请紧急救助金9000元，补贴3户因患重大疾病造成生活特别困难的基层计生家庭。开展第8期幸福工程，投入项目资金42万元，帮扶14户计生贫困家庭改善经济条件，建立“N+1”帮扶制度，全程跟踪记录受助户的项目发展情况，及时指导解决受助户面临的项目困难，帮助贫困计生家庭尽快脱贫。

【儿童早期发展品牌建设】 2022年，洛江区计生协会依托全区13个儿童早期发展工作项目点，建立13个幸福家庭教育中心，推进0～3岁儿童早期发展工作，全年拨付儿童早期发展项目专项经费14万元。3月3日，联合区妇联等单位，在洛阳桥举行家庭亲子健康行活动。活动沿途设置“依法带娃做合格家长”“儿童早期发展知识——我知晓”等8项主题挑战任务，有50组家庭参赛。拨付“向日葵亲子小屋”工作经费5万元，拓展科学育儿知识进社区、进家庭的计生协服务新阵地，全区6个乡镇（街道）实现“向日葵亲子小屋”全覆盖。5月26日，联合双阳街道办事处等单位在双阳街道阳江社区举行庆祝计生协第24个“会员活动日”暨向日葵亲子游园会活动，倡导育儿新理念，现场赠书1000余册。5月，联合区教育局开展“亲子共读·悦享国学”经典诵读活动，将“学经典·诵经典”理念融入家庭教育中，推广亲子阅读理念，活动征集集体组视频作品16件、家庭组视频作品35件，有1万多人参与线上投票。依托区图书馆建立幸福家庭教育中心，联合区文明办、区政协办公室、区图书馆开设洛江区“修身齐家”讲堂6场次，500人次参加。

【助学活动】 2022年8月15日，洛江区计生协会举行“生育关怀·奖学助学”奖（助）学金发放仪式。与2名受助对象签订助学协议书，由洛江区计生协会给予每人每学年5000元助学金，直至毕业。区卫健局向26名考上本科院校的农村二女户大学生发放奖学金，其中7名被“双一流”建设高校录取的，给予每人一次性5000元奖学金；19名被其他本科院校录取的，给予每人一次性3000元奖学金。

【计生家庭维权】 2022年，洛江区计生协会依托7个法律援助站（点），开展计生家庭法律援助工作。投入8万多元，完善建设洛江区计生协会法律援助中心，增设办公设施，改善办公环境。投入2万元，依托洛江区计生协会法律援助中心，联合洛江区万安街道司法所开展系列法律援助活动。全年举办宣传活动7场次，接待法律咨询368人次，受理法律援助案件213件，惠及计生群众800多人。

外 事

【概况】 2022年，洛江区人民政府外事办公室（以下简称“洛江区外事办”）统筹发展和安全。牵头协调全区“外防输入、内防反弹”工作，传达国家防疫工作部署和要求，督促指导企业对境外项目疫情防控工作做好安全防范。

【出入境管理】 2022年，洛江区外事办用足用好对外交流合作“快捷通道”，向企业发放宣传册、推送微信群消息，向辖区企业宣传APEC（亚太经合组织）商务旅行卡等政策，办理APEC商务旅行卡1团组1人次。

【对外合作交流】 2022年，洛江区外事办组织区直相关单位及各乡镇（街道）申报亚洲合作资金项目；配合“丝路正青春 风采看福建”在闽外籍青年短视频大赛作品征集工作；组织各相关单位填报“福建省‘一带一路’关键语种翻译人才登记表”。

【宣传推广】 2022年，洛江区聚焦重大主题宣传推广，本级媒体刊发（播）新闻报道7000余篇次，上级官媒刊发（播）新闻报道近1万篇次。继续深化与外宣平台“华人头条”的合作，发挥平台在海外华人中的影响力，其中《沉浸聆听洛阳故事》等9条报道阅读量超10万人次；《非凡十年洛江篇》及《主播带你游洛江》等系列图文、短视频作品被“华人头条”全球推广。对外开展“泉州世界遗产日”纪念活动、洛阳桥诗会等活动的宣传推介。

【新加坡雅诗阁华南区拓展部总监带队到洛江考察】 2022年5月13日，新加坡服务公寓及酒店业主和住宿运营商雅诗阁华南区拓展部总监黄亮、拓展经理李洋到洛江区开展投资考察，现场察看洛江十八坎山及后逮片区开发项目、河市镇洛江南唐文化旅游项目，双方对接商讨项目投资合作事宜。

侨 务

【概况】 2022年，洛江区以党建带侨建，立足资源优势，支持侨务事业发展。围绕助力乡村振兴、同心抗击疫情、拓展乡情亲情、服务侨资侨智、倡议扶贫济困等方面开展工作。依法维护归侨侨眷合法权益，提高为侨服务的精细化水平。发挥海外侨胞、广大归侨侨眷桥梁纽带作用，吸引侨胞回乡建设，壮大海外侨胞爱国友好力量。增进情感

2022年8月25日，泉州广播电视台、泉州晚报社到罗溪翁山村实地拍摄《过溪大厝见证叔侄南洋奋斗史》。图为拍摄现场

（图/洛江区委统战部）

认同，开展合作交流和联谊活动，鼓励各主体通过多种形式加强对外沟通联系，增进民间文化交流。

【侨情宣传】 2022年8月25日，洛江区罗溪镇翁山村协助泉州广播电视台、泉州晚报社实地拍摄《过溪大厝见证叔侄南洋奋斗史》，弘扬爱国爱乡华侨心系故土，关心支持家乡建设事业，热心资助家乡教育事业及公益事业的精神，该视频在泉州台一套《新闻广角》播出。9月9—12日，洛江区在双阳峇厘民俗文化园举行2022年侨家乐·福建省华侨美食风情文化节活动，推动华侨文化与洛江山水资源、自然风光、“海丝”元素深度融入，走出具有洛江特色的乡村振兴新路。

【侨法知识竞赛参与】 2022年9月29日，洛江区组织归侨侨眷组成洛江双阳华侨农场代表队参加泉州市“喜迎二十大 构建和谐侨界”侨法知识竞赛，获二等奖，营造“知侨爱侨、依法护侨”的氛围，提高侨法知晓率。

【中共二十大精神进侨区侨社宣讲】 2022年10月24日，洛江区聚焦归侨侨眷群体，在双阳街道南山社区峇厘民俗文化园举行中共二十大精神进侨区侨社宣讲系列活动。活动以“爱我中华”为主旋律，以游园和文艺演出为主要形式，结合“微分享”“微温暖”“微学习”“微实践”“微文艺+微宣讲”等方式，开展公众中共二十大精神集中宣讲、互动，带动归侨侨眷学习宣传贯彻中共二十大精神。

台港澳事务

【概况】 2022年，洛江区贯彻习近平总书记对台工作重要论述，贯彻落实中央惠台政策，落实落细同等待遇，不断提升对台工作水平，推动台湾人才在洛江各领域深度交流融合。聚焦服务，推动港澳合作交流，加强赴港澳审批工作，做好公务赴港澳管理，办理公务赴港澳2批2人次。组织走访慰问港澳同胞，发放补助金、慰问金2.41万元。

【对台企业服务】 2022年，洛江区委对台办定期到辖区福建泉州凹凸精密机械有限公司、福建和诚鞋业有限公司、泉州荣祺食品有限公司等20多家台资企业进行走访、调研，到企业宣传人才政策、对接人才需求，为企业和人才办实事、解难题，为洛江区高质量发展提供有力人才支撑。依法推进台胞台商的服务保障和

2022年8月3日，“奔跑吧·少年”2022年闽台港澳青少年武术文化夏令营活动在泉州南少林国际学校举行

（图/洛江区融媒体中心）

投诉求助案件调处工作，开展《信访工作条例》学习宣传活动，共发放宣传手册、宣传单2000余份，接受群众咨询100余人次，解答群众法律咨询50余件，组织推荐4名台胞申报市中院台胞特邀调解员，调处台胞台商求助3批次5人次。

【惠台政策落实】 2022年，洛江区委对台办加大惠台利民政策知晓、兑现、落地力度，推广“台企快服贷”、创业担保贷产品，加强对在洛台资企业金融支持。落实台胞台属福祉，春节期间走访慰问贫困台胞台属30人次1.5万元，拨付台湾青年实习补助资金5000元，办理台湾学生中考加分2人次、优先入学对象1人次。6月，编制洛江区“涌泉行动”涉及台湾青年就业创业配套措施，落实台湾优秀毕业生到闽支持计划，到洛江实习就业台胞7人次。协助台企对接金融机构，提供金融服务，为台企获纾困贷1000万元，与在洛台商加强沟通联系，鼓励符合条件的台商台企申报“中华慈善奖”，推荐台湾青年王楚翘加入区青商会，台湾青年王楚翘获市级“青年五四奖章”，台商杨荣辉获评“福建省非公有制经济优秀建设者”。

【闽台港澳青少年武术文化交流】 2022年8月3日，“奔跑吧·少年”2022年闽台港澳青少年武术文化夏令营活动在泉州南少林国际学校举行开营仪式。福建、台湾、香港和澳门150名青少年学生以武术、舞龙、篮球等体育项目为载体，学习和感受中华武术文化的魅力，体验团队拓展活动、篮球友谊赛等体育精神，培养台港澳青少年儿童民族文化素养，增强民族文化认同感。

法治

政法委与综治

【概况】 2022年，洛江区围绕加快建设更高水平的平安洛江、法治洛江目标，加大打击治理力度，依法快办严打，深化重点行业领域乱象整治，建立健全监管长效机制，结合“综治+”治理中心建设，健全完善常态化扫黑除恶专项工作常治长效机制。“近邻评理+”模式、“夜访夜谈”机制分获第五届泉州市机关体制机制创新案例评选二、三等奖；“涉案企业合规改革”创新做法被列为泉州市优化营商环境工作典型经验推广。平安洛江、法治洛江建设实现双提升，洛江区获评为省第四轮第二批“平安县（市、区）”、全市2022年度平安建设优秀县（市、区）；洛江区委政法委被评为“全省平安建设先进集体”。

【社会稳定维护】 2022年，洛江区委政法委聚焦政治安全、反恐、社会稳定、公共安全等领域24类风险隐患，深入开展治安打击整治“百日行动”。推行“网格化+人民防线”，防范化解影响政治安全等6个方面风险问题，落实24小时网上巡查制度，“治重化积”专项攻坚行动成效明显，中央交办的85件“治重化积”全部化解，化解率100%。防范化解个人极端风险。

【扫黑除恶斗争】 2022年，洛江区立刑事案件总数比上年下降11.2%，立“两抢一盗”（抢劫、抢夺和盗窃）案件总数比上年下降36.3%。常态化开展扫黑除恶斗争，深挖严打，破获典型九类涉恶案件25件，抓获犯罪嫌疑人88名，打掉1个养老诈骗犯罪团伙，自然资源、交通运输、教育等重点行业整治效果明显，基本实现涉黑涉恶线索零举报。严厉打击整治电信网络诈骗犯罪，全年接电诈警情、立电信诈骗案件、警情损失金额分别比上年下降34.2%、46.5%、25.7%，破案68件、增长11.4%。

【社会治理】 2022年，洛江区委政法委深化党建引领网格化管理，划定单元网格225个，责任网格625个，配备专兼职网格员1117名；建强组织，单元网格党组织覆盖率达100%；拓展实有人口管理、消防安全排查、食药品安全监管、精神病人管护等8个服务管理功能。推动政法跨部门大数据办案平台在洛江区政法系统规范运作，实现网上协同办案“单轨制”，共流转案件130件。建成覆盖区、乡、村三级“一站式”解纷信息平台，推广应用“矛盾纠纷排查”App，完善矛盾纠纷排查化解快速响应“闭合环”处置机制，推动矛盾纠纷就近回应、就地解决。全年完成社区（村）“综治+”治理中心建设20个。

【平安创建】 2022年，提升“厝边守望”工程，完成86个智慧安防小区建设，覆盖率95.5%；建成二类视频监控探头，覆盖各村（社区）主次干道及主要路口；建成罗溪市际公安检查站、街面警务站1个、示范站2个。实行中心城区24小时由巡特警为主负责处警的“110”勤务模式，落实“135”分钟快速反应机制。全区86个村（社区）推行“一村一警务助理”，并各配备1～2名专职辅警。加大区财政投入力度，落实34个治安岗24小时值守制度，提高276名专职治安巡逻队队员在位率。在全区推行综治综合保险服务，保费总额达182万元，受惠本地户籍家庭4.93万户、外来人口4.5万人。全力做好校园安全工作，学校一键报警和视频监控联网率达100%，完成全区公办学校“AI（人工智能）人脸预警”技防系统建设。

【矛盾纠纷化解】 2022年，洛江区在86个村（社区）全面推行“警官兼村官”，并建立驻村（社区）民警矛盾纠纷排查化解快速响应机制。联合成立房地产纠纷联调联执工作室，成立住宅小区调解工作室47个，并引入诉调对接，及时化解涉房地产及物业纠纷热点问题。结合常态化“夜访夜谈”活动，每月对各类矛盾纠纷进行拉网式排查，及时跟进化解。全年排查调处矛盾纠纷1129件，调处成功率100%。推行“近邻评理+”新模式，排查化解信访事件209件，化解率93.7%。

【综治宣传】 2022年，洛江区委政法委发挥融媒体中心主阵地作用，通过“大美洛江”“平安洛江”“洛江公安”等微信公众号，宣传平安洛江建设的经验做法，营造平安建设人人有责、人人尽责的氛围。通过校园、企业、小区综治平安宣传微信联盟开展“平安快递”宣传进校园、社区、企业，深化平安建设宣传。

2022年，洛江区提升“厝边守望”工程，完成86个智慧安防小区建设。图为新增视频监控 （图/洛江区委政法委）

围绕“群众安全感、扫黑除恶好评率、执法工作满意率”“三提升”总目标，在全区范围定期集中开展平安建设宣传活动。在主要交通道路、集贸市场、居民小区等公共场所，设立醒目的平安建设宣传标牌10块，利用110块LED电子屏滚动播放平安建设宣传标语，悬挂横幅、张贴标语127条，开通全区3.7万户广电用户电视开机平安宣传广告，辖区22辆公交车设置车内平安宣传展板广告，定期出动6辆流动宣传车进行巡回宣传。各乡镇（街道）联合派出所在辖区主干道定期开展治安大巡防活动，发动老人协会成员、治安志愿者等，佩戴“义务巡逻”红袖标开展看楼护院等，加强“点上”宣传。在全区中小学开展“小手拉大手”活动，增强学生带动家庭、家庭辐射社会的平安建设宣传实效。

【矛盾纠纷多元化解智能化平台建设】 2022年，洛江区委政法委着力提升基层矛盾纠纷化解专业化、规范化、精细化和实时化水平，助推洛江数字政法、智慧政法建设，联合区公安分局、区司法局，依托洛江区矛盾纠纷多元化解中心，探索建设覆盖区、乡、村三级的“一站式”矛盾纠纷多元化解平台，建成纵向贯通、横向集成、共享共用的手机及网页版操作系统，形成多部门有机衔接、协调联动、高效便民的线上一体化多元解纷联动机制，实现部门信息系统间的资源整合和信息共享，推动大调解格局建设调解记录，调解成功的，制作全区统一样式的书面人民调解协议书或进行人民调解口头协议书登记。矛盾纠纷多元化解智能化平台6月在万安街道试点运行，建成后调处矛盾纠纷超40条。

【智慧小区建设】 2022年，洛江区委政法委牵头拓展主动安全预警、人居环境整治、垃圾围管理、疫情防控等应用，乡村治理智能化水平有新提升。建成智慧安防小区86个，覆盖率提升至94.4%。

法治政府建设

【概况】 2022年，洛江区落实中央全面依法治国、省委全面依法治省、市委全面依法治市工作会议精神，统筹推进法治建设，制定出台《法治洛江建设规划》《洛江区法治政府建设实施方案》《洛江区法治社会建设实施方案》，推进法治洛江、法治政府、法治社会一体建设。发挥政府法律顾问参谋助手作用，参与处理行政复议、诉讼、仲裁等法律事务，为全区行政机关、国有企业的重大行政行为提供法律意见。

【法治建设领导】 2022年，洛江区先后召开区委常委会、区委依法治区委员会、区政府常务会等16次，传达学习习近平法治思想和中央全面依法治国、省委全面依法治省、市委全面依法治市工作会议精神，专题研究部署洛江区法治建设工作。定期听取区法院党组、检察院党组、公安分局党委、司法局党组工作情况汇报及有关争创法治政府建设示范区汇报，把党的领导贯穿法治政府建设全过程。学习贯彻习近平法治思想，在区委党校科级班、中青班上开设习近平法治思想专题课程，学习覆盖100多人次，强化党员领导干部的法治思维。

【规范性文件审查】 2022年，洛江区执行规范性文件合法性审核制度，推动实现行政规范性文件合法性审核机制全覆盖，确保出台的规范性文件合法有效。11月9日，区政府召开第15次常务会议专题研究通过《洛江区行政规范性文件“三项”制度》，全面实行行政规范性文件“三统一”制度、有效期制度和后评估制度。全年开展行政规范性文件合法性审查18件次，向市政府和区人大常委会分别备案行政规范性文件6件。

【行政复议】 2022年，洛江区贯彻落实《泉州市洛江区行政复议体制改革方案》，全面深化行政复议体制改革，完成行政复议职责集中，以区政府部门为被申请人的行政复议案件全部由区政府负责办理，统一行使行政复议职责，配备行政复议立案、审理、接待、阅卷、档案等办案场所和办公用房。强化复议层级监督作用，全年收到行政复议申请28件、依法受理25件、办结23件，及时纠正执法单位不当行政行为11件，纠错率47.8%，提升依法行政效能。

【行政行为规范】 2022年，洛江区推进乡镇（街道）行政执法事项赋权工作，坚持“成熟一批、赋予一批”，梳理出首批赋予乡镇（街道）行政执法事项76项，组织76名行政执法人员参加行政执法资格证考试。开展2022年度行政处罚案卷评查活动，随机抽查各行政执法单位24件行政处罚案卷进行“一案一评”，规范行政执法行为。组织开展基层行政执法类公务员学习习近平法治思想市级示范培训班活动，各行政执法单位和乡镇（街道）执法人员分批次参加线上线下培训和现场观摩活动，提升执法业务能力水平。组织开展2022年行政执法资格证考试，发放行政执法资格证49本。

【营商环境法治化水平提升】 2022年，洛江区全面推广证明事项告知承诺制，深化简政便民和“放管服”（简政放权、放管结合、优化服务）改革，及时组织深入清理证明事项，清理后保留证明事项只剩10项，证明事项实行告知承诺制51项。开展“优化营商环境三年行动”，推进行政许可事项“三减一提升”（减材料、减环节、减时限，优化审批服务）工作，745项行政许可事项“减时间”达91.43%、“减跑动”至0.05次、“减材料”至3.75份、“即办件”占比提升至79.06%；深化工程建设审批制度改革工作，压缩办理时限17个工作日、精简材料40份；着力保主体保市场，开展“百名干部进百企、一企一策促发展”专项行动，“清单式”解决企业急愁难盼问题，调研对接企业超800家次、解决事项137项；常态化开展“局长走流程”活动，压缩审批时限53个工作日、减少环节16个、推行告知承诺制事项7个，企业和群众办事更便捷。

【法律顾问聘用】 2022年，洛江区司法局根据市依法治市办、市司法局联合印发的《关于抓紧落实全市党政机关法律顾问工作的通知》，准确把握选聘条件、灵活采取选聘方式，对党政部门外聘法律顾问资格进行严格审查，并同步建立完善法律顾问备案信息库。经过公示，12月8日，洛江区司法局举行洛江区政府法律顾问聘任仪式，聘任12名执业律师为区政府法律顾问，推进洛江全面依法治区，提升法治洛江建设水平。

2022年12月8日，洛江区司法局举办洛江区政府法律顾问聘任仪式及座谈会。图为第一届区政府法律顾问座谈会 （图/洛江区司法局）

公 安

【概况】 2022年，洛江区公安机关践行“四专两合力”（“四专”：专题研究、专门队伍、专案侦查、专业设备；“两合力”：抓好内部合力、整合外部合力）理念，常态化推进常态化扫黑除恶斗争，严厉打击各种犯罪行为，维护社会政治和治安大局稳定。全区受理治安案件1216件，查处1213件，查处率99.8%，查处违法人员692人。全年共立刑事案件484件，比上年下降11.2%，破案430件，比上年上升15.3%，破案率88.8%，其中破获3件部督、4件省督大案要案。

【社会稳定维护】 2022年，洛江区落实矛盾纠纷联调联处、社会面整体防控等机制，全面整治社会治安热点难点问题，完成年度重大活动安保任务，维护社会稳定。

【刑事犯罪侦查】 2022年，洛江区公安分局以常态化扫黑除恶斗争为抓手，一体推进扫黑除恶“打伞”和行业整治，破获九类涉恶案件25件，抓获犯罪嫌疑人88人；侦办涉黑恶线索2条，提请逮捕3人，移送起诉涉恶团伙成员6人。通过构建“多警联动、多侦同步”的“全域化市县一体”打击犯罪工作机制，全力侦破大要案件，3小时内迅速破获“7·11”故意伤害案，快速破获故意杀人案1件，成功侦破“11·22”黄金被盗大案。打击黄赌违法犯罪，破获涉赌刑事案件20件，查处涉赌行政案件85件，破获涉黄刑事案件23件。严打涉海违法犯罪，破获偷私渡刑事案件8件，刑拘32人、起诉10人。以打击整治枪爆违法犯罪专项行动为主线，突出缉枪、治爆、净网三个战场，严管严控枪爆危险物品，严打严治枪爆违法犯罪，破获涉枪案件3件，刑拘3人；查处烟花爆炸案件9件，查处销售及储藏窝点8个。

【经济犯罪侦查】 2022年，洛江区公安分局链条式、穿透式打击各类经济犯罪活动，防范化解重大经济安全风险，维护金融安全和社会稳定，破获各类经济犯罪案件11件。推进“密抽快检”专项行动，侦破“5·10”特大制售假酒案，打掉制售假冒“蓝妹”啤酒犯罪团伙4个，捣毁生产、储存假酒窝点6处，切断1条遍及10余个省份产销假酒的渠道。

【电信诈骗防治】 2022年，洛江区公安分局把打击治理电诈作为“一把手”工程推进，开展“断卡”“断流”“拔钉”“打金主、打蛇头、打黑灰产”等专项行动，组建反诈行动突击队和破案打击攻坚专班，推动“五快”（快受理、快立案、快侦查、快破案、快公开）打击流程闭环，成立洛江青年反诈联盟，创新“警讯银”联动、“三色预警”等断卡预警机制，破获涉电诈案件68件，破案率60.18%，抓获涉电诈犯罪嫌疑人156人，捣毁涉诈犯罪团伙5个，打掉组织他人偷越国边境犯罪团伙3个，核减劝返滞留境外涉诈高危人员198人，向银行卡开户人员人工电话预警1.69万人次，核查新开户对公账户及个人账户1547人次，人工电话预警劝阻5.16万人次，成功预警55人次。

【禁毒工作】 2022年，洛江区公安分局推进“清源断流”暨“飓风肃毒2022”会战行动，破获毒品犯罪案件6件，抓获毒品犯罪嫌疑人6人，查处吸毒人员8人次，缴获毒品58.37克，严格监管社区戒毒、社区康复人员24人，社区戒毒、社区康复执行率100%。

【治安管理】 2022年，洛江区公安分局开展夏季治安打击整治“百日行动”和“红盾·2022”百日攻坚行动，加大对食品、药品、环境及涉黄、赌博等突出违法犯罪打击力度。全域深化安全整治，开展“百日行动”夏夜治安巡查宣防集中统一行动3次、“红盾·2022”集中统一行动15场次，出动警力5800余人次，清查旅馆民宿480家次、歌舞娱乐场所350家次、出租房屋1960家次、寄递物流403家次。

【户籍管理】 2022年，洛江区公安分局夯实流动人口服务管理，按照完整、准确、鲜活要求，开展流动人口信息采集工作，确保流动人口底数清、情况明，核实流口信息13万多条，采集录入流口信息9万多条，办理居住证2599张，协助抓获网上在逃犯罪嫌疑人17人。推进户政“放管服”改革，健全完善“互联网+公安

2022年10月7日，洛江区公安分局巡特警大队开展反恐演练
（图/洛江区公安分局）

政务服务”，推行“减证便民”、“指尖办事”、“延时服务”、“一次性告知”、老年人优先办理“绿色通道”、新生儿入户闽赣跨省通办、无犯罪记录证明跨省办、户籍证明全省通办等便民服务，异地办理省内、省外居民身份证 5002 张，办理异地临时身份证 109 张。

【基层建设】 2022 年，洛江区公安分局以深化“枫桥式公安派出所”创建为抓手，突出“派出所主防”的职能定位，融入“党建 +”邻里中心、“综治 +”治理中心建设，深化“两队一室”勤务运行机制改革，探索推行万安、双阳标准型派出所，河市、马甲宽松型派出所和罗溪、虹山、森林紧密型派出所的勤务改革模式，创新“四专三会两网一动力”［“四专”：建立一支专管、专用、专职、专项的网格员队伍，“三会”：村（社区）委会、物业（邻里）调委会、宗亲（老人）调解协会联合运作，“两网”：“社区网格”与“警务网格”两网融合，“一动力”：以基层融合式党建为动力引领］基层融合治理模式，推动社区民警进社区（村）“两委”班子和“一村一警务助理”全覆盖，打造共建共治共享的社会治理“共同体”，万安派出所获评为全省首批“枫桥式公安派出所”，罗溪派出所被列为全市“枫桥式公安派出所”创建活动联系点。

检 察

【概况】 2022 年，洛江区人民检察院强化法律监督，深化检察改革，协同推进社会治理体系和治理能力现代化。在疫情防控中锤炼党性，“红客先锋队”（“红客”：指党员或热心党建工作的群体）下沉社区，带动全院 52 名干警参与一线疫情防控。抗疫办案两手抓，实行网上预约收送案件，批捕 24 人，起诉 13 人，推行值班律师在线见证认罪认罚。疫情期间，创新运用“云考察”“云听证”的形式开展企业合规考察，保障办案流程按期进行，推动企业尽早整改复产。守好涉疫边境线，起诉偷越国（边）境类犯罪 3 人。

【刑事犯罪惩治】 2022 年，洛江区检察院受理审查逮捕案件 121 件 216 人，批准（决定）逮捕 104 件 168 人；受理审查起诉案件 312 件 499 人，起诉 251 件 349 人。贯彻总体国家安全观。常态化推进扫黑除恶斗争，督促抓捕在逃犯罪嫌疑人 2 人，制发检察建议推动行业整治，做好涉黑恶案件风险排查、息诉息访等工作。保护群众人身财产安全，从重从快起诉故意杀人、强奸等严重暴力犯罪 6 人，严厉打击诈骗等多发性侵财犯罪 42 人。绝不让网络空间成为“法外之地”，起诉利用电信网络实施的犯罪 78 人。坚决落实“法治就是最好的营商环境”，起诉侵害企业财产权益、知识产权等犯罪 5 人，与职能部门会签《关于强化知识产权快速协同保护体系建设的意见》，开辟护企“绿色通道”。参与打击整治养老诈骗犯罪，拍摄防诈视频、开展老年人专题普法。

【刑事检察监督】 2022 年，洛江区人民检察院发挥“侦协办”平台作用，召开“小三长”联席会议、举办检警协同业务培训 3 场 40 余人次。推动改变构罪即捕的办案理念，先后开展刑拘未报捕未移诉、刑事“挂案”等专项检查活动，较大程度改善以捕代侦、退而不查等现象。强化“两项监督”，立案监督 7 人，纠正漏捕 7 人、漏诉 2 人、漏罪 5 件，改变定性 17 件，发出检察建议书 8 份、纠正违法通知书 3 件。强化“行刑”衔接配合，与区医保分局、区公安分局建立行刑衔接三方合作机制，建议行政机关移送涉嫌犯罪案件 3 件。在依法作出不起诉决定的同时，向公安机关建议对被不起诉人作出行政处罚，避免“不罚不刑”。加大刑事审判监督力度，发出再审检察建议 1 份，发出监督意见函 2 份。全面推开认罪认罚听取意见同步录音录像及提出认罪认罚确定刑量刑建议工作。深化刑事执行监督，监督刑事财产刑执行立案218人，加强对社区矫正、刑罚交付执行的监督，发出纠正违法通知书8份、检察建议书5份，维护司法权威。强化案件实质性审查，办理暂予监外执行案件2件。加强监检衔接，提前介入4件，起诉职务犯罪4人，建立职务犯罪案件“旁听庭审”警示教育机制，向发案单位发出建章立制检察建议，增强反腐合力。

【民事检察监督】 2022年，洛江区人民检察院受理各类民事线索21件，其中依职权发现15件，当事人申请6件。依法发出再审检察建议3件、民事诉讼活动监督检察建议15件、支持起诉1件，不支持监督申请2件。依法打击涉嫌套路贷的虚假诉讼案件，促成法院对3件生效裁判作出再审裁定，整改完善存在问题的民事诉讼案件15件，促进诉讼、执行活动规范、高效。运用“领导包案+公开听证+促成和解”机制，促成5名当事人达成和解并撤回民事执行监督申请，化解一起18年民事纠纷。

【行政检察监督】 2022年，洛江区检察院围绕土地执法查处、强制隔离戒毒、个体工商户管理等开展行政专项检察监督，共发出社会治理类检察建议1件、行政诉讼活动监督检察建议27件、行政机关不当履职检察建议33件，均被采纳落实。如通过社会治理检察监督，促成监管部门依法吊销违法营业执照15个，移送、处置违法线索439条，列入经营异常名录或标注经营异常状态企业或个体工商户2818家，消除违法犯罪隐患。综合运用公开听证、诉源治理等方式，化解当事人对征收社会抚养费处置不服的行政实质性争议案件2件。办理住宅专项维修资金监督案，督促监管部门追回资金2113万元，被省、市院作为经验推广，并促成全市检察机关集中开展专项监督活动。办理的王某工伤认定纠纷检察监督案，获评2021年度全省检察机关民事行政检察优秀案例。

【公益诉讼检察监督】 2022年，洛江区人民检察院围绕生态环境、自然资源、食品安全等领域，发出诉前检察建议30件，提起刑事附带民事公益诉讼1件。创新生态领域“检察+”检行协作机制，与相关职能部门联合建立“林长+检察长”、文化遗产保护、生态损害赔偿等5个协作配合工作机制，做大做强守护公益的“朋友圈”。在洛阳桥等文物保护单位设立3个“检察护宝”观察点和1个护宝联络岗，印发检察护宝邮资封，协办“世界遗产日”纪念活动，传播文化遗产保护理念。开展文物和文化遗产保护公益专项监督，督促监管部门对2处市级文保单位加强保护。加大对危害“舌尖上安全”的公益损害线索的挖掘力度，建设公益诉讼快速检测室，开展食品检测70余次，发出诉前检察建议2份。开展饮用水水源地公益监督，督促对塘西排洪渠河道清淤疏浚，推动清理淤泥2.92千米、6000余立方米及完成3个村的末端截污纳管工程。开展电动车“飞线”充电安全、瓶装燃气经营运输专项整治活动，通过“诉前检察建议+宣告送达+圆桌会议”方式，促成多部门开展隐患排查工作，清理空中飞线268条、违规电线设施153个，促成街道和7个老旧小区完善集中充电装置网络和设备；促成监管部门建立居住出租房、合用场所燃气安全长效管理机制及瓶装燃气安全整治方案，督促排查瓶装燃气供气站（点）51个，开展燃气安全检查387次，整改燃气安全隐患312处，引导餐饮用户、居民安装燃气报警器1719户。

【未成年人法治建设】 2022年，洛江区检察院从严惩治侵害未成年人犯罪，起诉14人。让失足少年在法治的指引下回归正途，对6名涉罪未成年人作出相对不起诉决定。加强未成年人综合司法保护，成立“语润•未成年人保护工作室”，建立未成年被害人、证人“一站式”询问、救助办案机制，监督立案性侵害未成年人案件零的突破。推进未成年人检察业务统一集中办理，支持受侵害未成年人及其法定代理人提起人身及精神损害赔偿诉讼，并调解结案。督促职能部门开展住宿、娱乐场所、酒吧违法违规行为专项治理，梳理重点监管场所12家，整改问题10余个，开展从业人员培训100人次。联合区卫健局开展专项行动，通过开展主题讲座、设立保护专员等方式，确保强制报告制度落到实处。建立春蕾安全员机制，开展覆盖辖区的春蕾安全员主题培训，重点建档、常规走访观护70余人次。联合成立“洛江区青少年心理健康教育基地”，委托社工介入帮教涉案未成年人200余次。建立家庭教育指导工作联调机制，送达督促监护令10份，开展家庭教育指导50人次。联合团区委在桥南社区共建“青春语润工作室”，开展法治宣传、志愿服务等活动30余场次。

【经济发展检察服务】 2022年，洛江区人民检察院制定《涉案企业合规第三方监督评估标准指导意见（试行）》，与区人民法院、区公安分局建立试点工作协作机制。对2家企业、3名企业家作出不起诉决定并推动“刑行互认”从宽处置，通过合规“矫治”引导企业走上“新生路”。自主设计“洛娃”IP形象及原创动漫，创新推出“魔性”闽南说唱普法栏目《检说合规》6期，播放量破千万次。建成全省首家企业合规检察护航展示馆，接待全省各地参观学习人员20批次。项目被列为泉州市优化营商环境工作典型经验推广，获评为全市检察机关年度“亮点工作”，调研成果被《人民检察》《中国检察官》等国家重点刊物采用，入选国家高级检察官论坛、东南法治论坛等，做法被省级以上媒体报道60余次。

【社会矛盾化解】 2022年，洛江区人民检察院注重发挥认罪认罚从宽制度在化解社会矛盾中的作用，认罪认罚从宽制度适用率达87.16%，被告人服判率94.1%。落实少捕慎诉慎押政策，不捕率22.87%，不诉率14.24%。开展捕后羁押必要性审查24人，建议变更强制措施6人。接收群众信访26件，均7日内回复、3个月内答复。全面推行检察听证，公开听证案件21件。妥善处理群众身边“小案”，对涉及邻里纠纷、未成年人、老年人等轻微刑事案件作出不起诉决定50人，推动刑事和解2件。

【洛江区企业合规检察护航展示馆开馆】 2022年9月22日，洛江区企业合规检察护航展示馆开馆，该展馆是全省首家以企业合规为主题的展示馆，是洛江区检察院深化涉案企业合规改革、提升“亲清护企”检察文化品牌创新举措，展示馆面积约450平方米，集企业合规法律服务、理论研究、教育培训、文化产品于一体，立体形象地展示洛江区人民检察院服务保障民营经济健康发展、优化法治营商环境的举措成效。

法 院

【概况】 2022年，洛江区人民法院统筹抓好疫情防控和审判执行工作，坚持服务大局、司法为民、公正司法。全年受理各类案件8125件，比上年增

2022年9月22日，洛江区企业合规检察护航展示馆开馆

（图/洛江区人民检察院）

长 15.64%；结案 7938 件，增长 14.99%，结案率 97.7%。联动住建、税务等部门为“大江盛世”B 区 300 余名业主解决困扰多年办证难题，“联调联执 + 在线调解”机制获评“全省法院诉源治理工作创新举措”。

【刑事审判】 2022 年，洛江区人民法院审结各类刑事案件 240 件 335 人。依法严惩故意伤害、抢劫、盗窃等严重暴力犯罪案件 40 件 52 人。开展“法护银龄，守护钱袋子”专项行动，判处各类诈骗犯罪案件 9 件 10 人，惩治赌博、传销等新型网络犯罪案件 48 件 85 人。审结贪污、贿赂、渎职等职务犯罪案件 2 件 2 人。开展反拐、妇女权益保护普法宣传活动 5 场，对侵害妇女权益的被告人予以严惩。坚持宽严相济原则，判处缓刑、管制等非监禁刑 112 人，86 名被告人认罪认罚。完善人权司法保障，为 75 名被告人指定辩护人。

【民商事审判】 2022 年，洛江区人民法院审结各类民事案件 4399 件，结案率 91.17%。贯彻《中华人民共和国家庭教育促进法》，设立家庭教育指导中心，选任 2 名资深法官担任讲师团讲师，保障弱势群体权益。“联心司法”纾困，审结房屋买卖、租赁与物业纠纷等案件 938 件，与人武部、退役军人事务局联合设立崇军拥军司法服务站，聘请老兵调解员，携手为现役军人和退役军人提供多元化解纠纷“菜单式”服务。审结生态案件 21 件，走访 5 家生态旅游项目和生态农业基地，提出生态保护建议 8 条。

【行政审判】 2022 年，洛江区人民法院审结行政诉讼案件 205 件，行政非诉执行案件 34 件。落实“项目攻坚 2022”工作部署，与相关行政部门召开“征迁安”联席会议 5 场，提出法律建议 17 条，派出法官到征迁一线为群众解答相关法律问题 25 个。全省首创跨域行政争议溯源执源化解中心，促进行政争议源头化解，新收行政案件比上年下降 14%。设立工伤行政争议与非诉调解衔接联动线上云平台。推行以案释法、以庭代训机制，推动司法与行政良性互动；促进败诉行政机关自动履行法院判决，3 起案件均实现“零强制执行”目标。

【案件执行】 2022 年，洛江区人民法院执结各类案件 3223 件，执行质效指标稳居全省基层法院首位，并在全市法院作典型经验交流。与住建局联合成立全省首个涉房地产纠纷联调联执工作室，化解房地产纠纷源头，执行涉房地产纠纷系列案件 843 件。与泉州市高速交警一大队共同设立诉调执联动中心，破解车辆查扣难题。升级执行指挥中心，加大网上办案力度，查控财产 3.5 万次，冻结金额 6.02 亿元，查封不动产 203 宗、车辆 286 辆，网络司法拍卖财产 163 宗。开展“春雷”“夏季风暴”“秋猎”“暖冬”执行大会战及涉民生、涉企业、涉金融案件专项执行行动 12 场，拘传失信被执行人 42 人，判处“拒执”犯罪 3 件 3 人。执监并联，出台执行工作纪律、执行案款管理等相关规定；主动邀请代表委员见证涉企、涉民生案件的执行 5 场。

【审判监督管理】 2022 年，洛江区人民法院降低案件存量，开展“多办案、快办案、办好案”执法办案竞赛，确立办案目标，严格审限管理，加强效率监督，平均审理天数较 2021 年同期减少 16.27 天；院庭长带头办案 2937 件，占全院办案总数的 42.16%；开展清理长期未结案件专项行动，清理 25 件长期未结案件；推进案件“繁简分流”，选派素质好、能力强、作风优的法官组成全科法官审判团队，以刑事、行政、生态、知识产权案件为收案源，实现“简案快审繁案精审”。优化审判质量，健全院庭长审判管理职责清单，加强对“四类案件”（一是重大、疑难、复杂、敏感的案件；二是涉及群体性纠纷或引发广泛关注，可能影响社会稳定的案件；三是可能与本院或上级法院的类案裁判发生冲突的案件；四是有关单位或个人反映法官有违法审判行为的案件）的识别监督管理；定期组织审判质量评查、专项评查、庭审评查、发改案件评查等工作，坚持审判质效和流程节点月通报，筑牢案件质量根基；注重发挥人民陪审员参与司法、监督司法的重要作用，80名陪审员参与审理各类案件498件，陪审率61.63%。

【诉讼服务创新】 2022年，洛江区人民法院成立司法数助治理中心，挖掘司法大数据，为经济风险预警、矛盾纠纷化解、审判指标管理等提供决策参考。针对临近春节“农民工讨薪”社会热点问题，向区委、区政府作专题报告，并提出化解建议。结合商事纠纷审理情况，为洛江优化营商环境工作提出5条具体建议。开展集约送达、电子送达、“网格化+送达”等方式破解送达难问题，送达成功率上升35%。深化在线诉讼模式和规则创新，新建1个互联网法庭，升级2个法庭线上庭审设备，跨域立案47件。拓展“移动微法院”、网上诉讼服务、“12368”平台等电子诉讼平台功能，提升“一网通办”能力，通过互联互通、数据共享，满足人民群众诉讼服务需求。

【知识产权纠纷】 2022年，洛江区人民法院受理各类知识产权案件714件，审结663件，调撤率75.57%。发布全省基层法院首份《知识产权诉讼案件指引》，与市场监督管理局等6个部门建立协调保护机制，与统战部、工商联共同成立知识产权保护服务工作站，聘请8名行业精英担任调解员。用好证据保全、行为保全等制度，推动解决知识产权维权“举证难、周期长、赔偿低、成本高”等问题。通过线上审理、调解308件次，减轻企业诉累。坚持调解优先，调判结合，运用政策考量、利益平衡、和谐司法等手段化解纠纷，引导当事人将侵权纠纷转化为合作共赢，调解、和解501件。梳理企业常见知识产权保护盲点，判处侵犯企业知识产权刑事案件2件2人。

【营商环境优化】 2022年，洛江区人民法院参与营商环境指标提升工作，出台配套实施意见，买卖合同纠纷平均审理天数减少21.44天。落实区委“百名干部进百企，一企一策促发展”专项行动部署，为3家规模以上企业解除资金占用之急。为装备智造、建筑企业等开展专题法律讲座2场。开展“营商环境进园区”主题活动，赠送《法律风险防控提示》500余册。开展诉讼费清退专项行动，清退诉讼费600余万元。推进高层次人才调解队伍建设，为涉企纠纷化解“提速”。移送“执转破”案件21件，审结破产案件2件，实现债权2000余万元。洛江区法院全年依法审结商事案件1241件。

【乡村治理助推】 2022年，洛江区人民法院参与农村基层社会治理，打造智治、法治、德治、善治“司法四治法”，审结涉农案件466件。与公安、司法局建立庭所共建机制，打造覆盖全区的“微调解”线上解纷平台，线上化解涉农纠纷128件。组织巡

2022年11月22日，洛江区成立知识产权保护服务工作站。图为洛江区知识产权保护服务工作站揭牌仪式

［图/洛江区工商联（总商会）］

回审判、田间调解16场次，化解相邻权、土地承包等纠纷8件。探索府院联动“生态+司法”模式，设立林业执法与司法协同保护工作站。联动人社部门强力根治欠薪，快速处理农民工讨薪案件174件，发放农民工工资205万元；通过“同心圆”司法救助机制救助困难群众11人，发放司法救助金16.7万元，传递司法温情。与基层党支部党建共建，开展主题党日、送法下乡活动12场，现场解答群众法律问题53人次。

【知识产权保护服务工作站成立】 2022年11月25日，洛江区人民法院与区工商联（总商会）联合成立洛江区知识产权保护服务工作站。区人民法院发布知识产权诉讼指引，与区工商联签署知识产权法商联动保护机制建设合作备忘录，共同为首届8名知识产权纠纷特聘调解员颁发聘书。

司法行政

【概况】 2022年，洛江区司法局创新工作方法，为建设智造洛江、生态新城提供法治保障。做好矛盾纠纷排查化解工作，全区排查调处各类矛盾纠纷1219件，调处成功率100%，涉及金额4804.37万元。区人民调解中心获评为全省2019—2021年度“人民调解先进集体”，1名基层司法所长被评为“全省司法行政系统先进工作者”，1名司法协理员被评为全省2019—2021年度“人民调解先进个人”。

【人民调解】 2022年，洛江区制定《2022年全区推进矛盾纠纷大化解专项攻坚行动重点任务及措施清单》，建立化解稳控工作专班。融合人民调解、司法调解、行政调解、行业调解，开发区矛盾纠纷多元化解平台，以万安街道为试点，在6个乡镇推广运用，实现矛盾纠纷化解工作的智能化、便捷化和高效化。全面推进行政调解工作，指导人社、住建、教育等3个行政部门设立行政调解组织。成立企业调委会1家，推进辖区河市工业园区成立“园区枫桥”调解组织，为园区企业开展矛盾纠纷、法律咨询、法律服务等业务。设立陈金花个人调解工作室，组织100余名人民调解员开展2022年全区人民调解员业务培训活动。做好2022年区人民调解员协会换届选举工作，吸纳社会律师、司法鉴定员等专业人才充实调解师资库，壮大调解员协会队伍。

【安置帮教】 2022年，洛江区司法局注重源头预防和化解各类风险矛盾纠纷，全力维护国家政治安全和社会大局稳定。部署全区开展刑满释放人员安置帮教工作“强弱项、建机制”专项活动，与公安机关建立刑释解矫人员信息定期核查比对工作机制。充实调整区社区矫正委员会，实现党委政府对社区矫正工作的全面领导。升级社区矫正中心硬件、软件设施设备，配齐指挥中心大屏、远程督察系统、智慧矫正终端等智能设备，通过技术手段提升矫正成效。

【社区矫正】 2022年，洛江区司法局做好节假日和重大敏感时期的社区矫正监管工作，落实安全稳定情况“零报告”和重大事项报告制度。每季度召开病情复查审查小组会议，对暂予监外执行社区矫正对象的病情材料进行审查。与专业机构合作，完成历年来社区矫正档案整理，推进社区矫正档案和工作档案的规范化。联合区道安办、区公安局、区法院组织辖区醉驾缓刑人员开展“道安劝导令”活动。通过政府购买服务，开展社区矫正对象犯罪心理教育。

【法律援助】 2022年，洛江区司法局融入“党建+”邻里中心建设。优化选聘村（社区）法律顾问工作。深化“法援惠民生”法律援助品牌建设，对重点人群开通绿色通道，实现应援尽援。对接“党建+”邻里中心平台，将公共法律服务纳入“党建+邻里中心”一体机系统，全区现有公共法律服务一体机14台，为群众提供24小时自助式公共法律服务。同时，在尚品、罗马河律师所增设远程视频点，接入远程视频系统，为村（社区）法律顾问全面参与乡镇（街道）、社（社区）矛盾纠纷化解、依法治理、法律咨询等提供新模式。全年受理法律援助案件693件，接受法律咨询人数1920人次，为受援人挽回损失163.53万元，办理刑事全覆盖案件121件，指派值班律师配合检察院开展认罪认罚案件298件。

2022年8月12日，洛江区司法局在双阳南山社区开展创建文明城市普法宣传活动　　（图/洛江区司法局）

【基层建设】　2022年，洛江区司法局组织开展司法所“一所一品”活动，把双阳司法所作为首批业务用房改造提升试点单位，推进南山社区侨家评理中心暨近邻纪检工作室建设和公共法律服务工作站改造升级，创新司法所文化建设，引入智慧司法平台一体机、智慧矫正、视频调节等人工智能领域的技术和产品，提升司法所的服务效能。出台《洛江区司法局开展“提高效率、提升效能、提增效益”行动方案》，常态化开展“局长走流程”专项活动。2022年，司法所、律所落实问题整改11个，撰写调研报告4篇。

【普法宣传】　2022年，洛江区制定《2022年泉州市洛江区普法依法治理工作要点》，明确区直各单位普法责任清单及计划，组织开展法律明白人培训活动。吸收辖区律师、仰恩大学高校队伍等专业团队力量成立洛江区蒲公英普法志愿者司法行政系统支队，壮大普法志愿者队伍力量。出台《2022年洛江区司法局送法进基层宣传活动方案》，6月13—24日联合仰恩大学法学院学生在全区范围内集中开展优化营商环境、防范电信网络诈骗、“千人进万企，送法护企促发展”等“法律八进”普法宣传活动32场，发放法治宣传资料8000余份。8月，开展2022年洛江区“美好生活·民法典相伴”“加强法治宣传教育，创建文明城市”等主题宣传活动，发送普法宣传短信12万条，助力营造浓厚氛围。2022年，开展普法宣传49场，分发宣传资料17400份，解答咨询215人次。

军事

人民武装

【概况】 2022年，洛江区人民武装部推进实战化训练，加强战法训法创新，强化战斗精神培育。抓战备制度落实，加强日常检查监督，采取健全指挥、熟悉方案、清点人员装备、落实车辆保障等措施，抓实节假日应急战备。严格落实战备制度、加强日常检查监督，人员、设备、器材、方案等处于良好战备状态。

【军事训练】 2022年，洛江区人民武装部以战领训抓练兵，组织各类对象按要求开展年度训练。领导训练采取个人自学和集中组织的方式，突出熟法规、精业务、练技能、强指挥，提升指挥技能和业务水平；干部训练采取岗位轮训和个人自训方式，对基础理论、业务知识，业务技能，组训教学等内容进行训练，提升胜任本职的能力；民兵训练采取集中分批轮训的方法开展基础和专业训练，提升遂行任务的能力。适时分析国内外形势，抓好方案修订，完善各类行动预案。培养“四会”教学人才，通过参加上级集训比武、赋予骨干干部教学任务、开展集中轮训等办法提高“四会”教练员队伍教学能力。

【征兵工作】 2022年，洛江区人民武装部精准征兵宣传发动，抓实兵员征集。以大学生为重点征集对象，制订宣传计划，以乡镇、高校为单位拟制征集任务，组织领导干部到医高专、仰恩大学开展征兵政策宣讲，制作下发征兵手册。全年精准动员、压实责任，完成春秋两季新兵征集任务。

【国防动员】 2022年，洛江区人民武装部健全组织领导，强化职责意识，及时调整国防动员领导组织，明确职责任务，加强对潜力调查等工作的组织领导。采取依托政府统计系统采集与开展专项统计调查相结合的方法，把经济、政治、科技、信息动员办公室按职责范围和业务分工，会同成员单位对口组织实施，全面、准确地对洛江区战时可动员的人力、物力潜力，军地通用高技术人才和高新企业行业科技设备的种类、数量、质量分布情况等进行核查，有针对性地做好国防动员准备。

人民防空

【概况】 2022年，洛江区人防办围绕人民防空建设目标，履行“战时防空、平时防灾、应急支援”职能使命，全面落实《洛江区人民防空第十四个五年规划》确定的目标和任务，城市综合防护能力明显增强。依法办理城市新建民用建筑修建、异地修建防空地下室审批，审批结建面积，征收人防易地建设费；办理人防工程竣工验收备案，竣工验收相关场地。

【防空演练】 2022年9月18日，组织泉州市实验小学洛江校区开展第25次防空警报试鸣活动暨人口疏散演练，1000多名师生参加。

【平战结合体系健全】 2022年，洛江区每周对警报器的控制系统进行开机维护测试，每月对所有警报器进行一次全面调试、维护检测，每台警报器均处于良好的战备状态。建立信息防护、医疗救护、心理防护、防化、运输专业、引偏诱爆和综合应急专业救援专业队伍，根据定人定位要求，实现实名化，完成年度整组任务。

【人防宣传】 2022年，洛江区人防办结合防空警报试鸣及人防专业队演练，面向广大群众，开展人防法律法规宣传，普及“三防”和防空知识；每学期组织专人到中小学校开展国防教育讲课和知识讲座，宣传国防知识；做好《中国人民防空》《福建人防》的征订和送阅工作。

退役军人事务

【概况】 2022年，洛江区退役军人事务局坚持以退役军人为中心，加强理论宣传引导、提升军休服务管理水平、多渠道促进就业创业、全面落实抚恤优待、推进双拥共建和加强退役军人权益维护。洛江区有退役军人服务中心1个，乡镇（街道）服务站6个，村（居）服务站86个。

【安置优抚】 2022年9月，洛江区退役军人事务局采用专人接站、政策讲解等方式，简化流程，开展接收报到“一站式”服务，为退役士兵办理户籍落户及社保转接、档案接收管理等手续，接收自主就业退役士兵返乡，按政策由政府安排工作的退役士兵均安置在事业单位。

【就业服务管理】 2022年2月，洛江区退役军人事务局与区人社局联合开展新春企业用工招聘系列活动，为企业和退役军人求职者搭建供需见面免费服务平台，推进退役军人、随军家属就业。85家参与企业提供岗位数百个。7月26日，发动组织有意愿的退役军人参加在海峡体育中心举行的泉州市退役军人（现役军人家属）专场招聘会。

【退役军人权益维护】 2022年，洛江区退役军人事务局维护退役军人合法权益、优化完善司法服务体系，为现役军人和退役军人提供司法服务和保障。6月30日，洛江法院与区人武部、区退役军人事务局成立崇军拥军司法服务站，打造“一室”（法院设置老兵调解室，建立老兵调解员队伍）、“一道”（在法院开通军人绿色通道或专窗，优先处理涉军案件）、“一点”（设立巡回办案点，方便在“家门口”接受司法服务），多元矛盾纠纷化解，做好双拥共建工作，为现役军人和退役军人提供更具军人情怀的司法服务。

【双拥宣传】 2022年，洛江区

2022年9月1日，洛江区退役军人事务局和洛江区人武部组织人员到泉州高铁站开展迎接退役士兵回家活动

（图/洛江区融媒体中心）

退役军人事务局发挥双拥工作优势，统筹军地全面协调发展，投入资金协助区人武部安装纱窗、自动门、岗亭等设施；为武警泉州支队机动中队添置厨房设备；在城区建设党建+双拥文化广场、双拥主题公园；在区属各医院、银行、市管、税务等窗口及旅游景点设立现役军人、残疾军人“优先优惠服务窗口”。设立1座移动式的双拥图片展廊，策划制作洛江双拥主题宣传片、主题画册等，双拥宣传工作动态化。

2022年8月1日，洛江区委书记颜丽明（右四）带队到武警泉州支队开展八一建军节慰问活动　　（图/洛江区融媒体中心）

【拥军优属与抚恤】 2022年，洛江区退役军人事务局围绕提高退役军人优待抚恤和服务保障水平，及时足额发放优抚对象抚恤和生活补助金。以“情暖兵心 爱满洛江”为主题，打造退役军人工作的“洛江”品牌。采取一次性困难补助政策慰问困难退役军人，发放慰问金12.94万元；投入25.76万元，为重点优抚对象购买医疗商业保险，化解退役军人“三难”（生活难、医疗难、住房难）问题，发放“解三难”帮扶资金2万元；审核发放省市一次性临时救助金，救助9人4.5万元。2022年春节、八一建军节期间慰问驻洛江部队及跨区共建部队14次，发放慰问物资，深化关爱戍边官兵，打响“关爱戍边”品牌。延长帮扶援助“服务链”，走进基层、兵营开展义剪活动3次、义诊活动1次。确保政策普及“零盲区”，开展涉军法律宣传“六进”工作，发放宣传册5000余册。织密就业帮扶“保障网”，完善退役军人就业台账，为退役军人提供就业创业精准服务。为退役军人建心理档案，促进退役士兵心理健康发展，提升退役军人获得感。按照“统筹兼顾、稳步推进”原则，全面推进优待证申领发放工作。成立优待证发放工作领导小组，组织优待证办理业务培训，创新工作方法解决群众办理优待证的“拍照”问题，优待证办理完成率达98.8%。

【褒扬纪念】 2022年4月，洛江区退役军人事务局举办以“2022·奋进·网上祭英烈”为活动主题的网上祭扫活动，点击退役军人事务部官网、中华英烈网、福建省退役军人事务厅官网、各级人民政府官网等主要祭扫平台的相关链接，进入祭扫栏目，查看英烈事迹、参与网上献花、留言互动等活动。聚焦中共二十大、建军95周年等重大事件，借助微信、抖音、快手、主题微视频等多种新媒体资源，创作以传承英烈精神、赓续红色血脉、突显党和政府关心关爱烈属、管护烈士纪念设施等内容为主题的文艺作品，营造崇尚、缅怀、学习、捍卫英烈的社会氛围。

应急管理

综 述

【应急指挥中心信息化建设】2022年，洛江区加快应急指挥信息化建设，升级区应急指挥中心，建成融合通信系统和应急指挥资源管理系统，配备救援无人机1台、航测无人机1台、智能记录仪10台、智能执法终端10台，通过无人机、智能终端、执法记录仪等通信设备，实现全天候、全时域、全地域现场事件态势回传，实现事发地、现场指挥部、区应急指挥中心多级联动，提升洛江区自然灾害防治、安全生产事故预防和应急救援能力。

【安全生产检查】 2022年，洛江区开展安全生产检查，创新建立会商联络、排查整治、督导督查、信息报告、公开曝光、有奖举报、问责问效安全生产大检查七项制度，开展安全生产隐患大排查，区级部门及乡镇（街道）检查企业（场所）3120家次，聘请专家432人次，排查安全隐患3919处，其中一般隐患3917处、重大隐患2处。督促整改一般隐患3842处、重大隐患2处，整改率98.08%，未整改的75处均督促落实临时安全管控措施督促。全区作出行政处罚85次，处罚企业81家，罚款金额100.30万元，责令停产整顿10家，暂扣证照1家，关闭取缔3家，约谈警示762家。

【安全常识宣传教育】 2022年，洛江区举办泉州市暨洛江区2022年“安全生产月”活动启动仪式，开展安全生产宣传系列活动，推进安全宣传进企业、进农村、进社区、进学校、进家庭工作。全年全区各部门开展各类安全生产学习活动200余场，参与6200余人次，开展各类安全宣传活动150余场，参与5.2万人次。开展《中华人民共和国安全生产法》知识答题活动，参与6.7万人次。开展安全生产“公开课”“大家谈”“班组会”等学习活动122场，参与3054人次。开展全员应急救援演练和知识技能培训9场，参与2.68万人次。

应急救援

【概况】 2022年，洛江区应急管理局完善应急预案修订，开展应急预案演练。普及安全生产常识，督促、指导各部门和有关企业结合安全生产宣传月“5·12”全国防灾减灾日等活动，开展安全应急预案演练活动，提升企业安全意识、应急常识。全年开展危险化学品应急演练、燃气管道泄漏应急演练、防汛应急抢险救援演练、地震应急救援协同演练等应急演练81场。

【应急预案修订完善】 2022年，洛江区组织修订完善《洛江区生产安全事故灾难应急预案》《洛江区自然灾害应急预案》等11类应急预案及相关材料。全区6个乡镇（街道）、区直相关单位结合工作实际，及时修订完善洛江区域本行业相关应急预案。全年各乡镇（街道）、区直有关部门新编修订预案55份。

【应急救援通信协同演练】 2022年5月9日，洛江区应急管理局开展融合通信协同演练。演练以区应急指挥中心平台为基础，依托新建的融合通信系统，通过安装无人机、智能终端、执法记录仪等通信设备搭建前方指挥所，运用“现场指挥部手提指挥中心+固定点位视频+无人机视频+报灾终端”等形式，向指挥部提供视频服务，满足应急现场的单兵指挥、救援任务分派等应急需求，检验灾害事故前方指挥部和救援现场通信保障能力，提高各方的协同作战能力，锻炼应急救援队伍迅速响应能力。

【道路交通联合应急救援演练】 2022年6月5日，洛江区应急局落实“安全生产月”活动，全面提高道路交通事故突发事件的快速反应能力和现场处置水平，开展2023年道路交通导改（事故）联合应急救援演练。演练活动模拟小车在万虹路道路拓改路段变道过程中，与一辆渣土车相撞发生的交通事故，在接警后按照应急处置预案要求对事发路段进行交通管制，防止二次事故发生，疏散现场群众、组织车辆分流、维持交通秩序，警戒现场，通知消防、医疗等部门50余人协助救援，对受困群众展开营救，并对途经滞留车辆进行分流引导，到恢复道路通行用时30分钟。较高效检验各部门安全生产事故及突发事件应急救援预案的实战效果。

防灾减灾

【概况】 2022年，洛江区开展自然灾害避灾点安全隐患排查整治工作，结合安全生产专项整治三年行动，对全区101个自然灾害避灾点进行全面自查、整改验收。排查出安全隐患2处，全部完成整改。签订2022年度洛江区自然灾害救助相关保险，投入78.46万元购买全区25万人的自然灾害公众责任保险、6万农户的农房统保和55921户政策性叠加保险。

【地质灾害防治】 2022年，洛江区印发实施《2022年洛江区地质灾害防治方案》。严格落实汛期值班制度、加强地质灾害预报预警。开展地质灾害隐患巡排查，完成洛江区1∶5万地质灾害风险调查评价和地质灾害综合风险普查。做好隐患点治理工作，完成1处地质灾害点及2处房前屋后高陡边坡点销号，完成地质灾害隐患点简易工程治理1处。开展“天上看、地上查、动态管”地灾隐患核查3641处。落实洛江区群专结合地质灾害监测预警设备选址25处。

【灾害信息处置】 2022年，洛江区应急管理局加强对“2·19”连续阴雨低温湿冷天气和“6·5”“6·13”连续强降雨洪涝灾害信息收集核实汇总，及时通过“国家自然灾害灾情管理系统”报送灾情。通过“全国应急信息员数据库”重新核对更新录入灾害信息员名单94人，确保所有乡镇（街道）、村（社区）至少有1名灾害信息员。组织区、乡镇（街道）、村（社区）三级灾害信息员参加灾情管理工作相关视频培训2场106人次，提升基层从事救灾业务人员业务水平。

【救灾物资储备】 2022年，洛江区应急管理局配合区发展改革局做好应急仓库管理使用工作，补充完善相关应急物资。储备救灾帐篷178顶、棉被175件、毛毯175件、应急灯12个、发电机1台、蜡烛8箱、彩布条300匹、毛巾被40件、折叠床40张、取暖器12台、睡袋50件、防潮垫30件、场地灯1架、救生包5个、背包20个、军用水壶10个、铁锹10个、喊话器5个、救生圈5个、被包20个、反光服50件。

【防灾减灾宣传】 2022年，洛江区各级各部门围绕“减轻灾害风险守护美好家园”主题，多渠道多平台地开展“5·12”防灾减灾宣传活动，开展学习宣传培训

36 场，在新媒体平台开设专栏专题 98 个，以会议、线下讲座线上收看相结合、现场宣传、有奖知识竞答、短信宣传、朋友圈推广等形式举办全国防灾减灾咨询日活动 13 场次，在公共场所张贴、悬挂防灾减灾标语、横幅、挂图 542 个，开展防灾减灾宣传进企业、进农村、进社区、进学校、进家庭“五进”活动 52 场，借助短信、朋友圈平台推动防灾减灾科普系列产品，在楼宇广告屏滚动播放防灾减灾宣传片 2 部，宣传覆盖人数近 40 万人次。

安全生产监管

【概况】 2022 年，洛江区建设安全生产责任体系，摸排并督促整改 34 个区级重大安全生产问题。区安全生产办公室 4 月、7 月分别印发《泉州市洛江区安全生产委员会关于开展全区安全生产大检查工作的通知》《泉州市洛江区安全生产委员会关于开展安全生产百日会战专项行动的通知》，聚焦落实“安全生产十五条硬措施”和区级 73 条具体举措。全区企业（场所）自查隐患 1034 处，自改 1008 处，整改率 97.5%。推进安全生产专项整治三年行动巩固提升，部署、细化分解 2022 年巩固提升十大项、44 小项重点任务，着力抓好 3 个专题和 11 个专项行业领域专项整治，摸排重大安全生产问题 3 次。

【安全生产责任体系建设】 2022 年，洛江区实施区领导挂钩督促重大隐患整改工作机制，摸排并督促整改 10 个区级重大安全生产问题，均由区级领导挂钩联系、督办。厘清安全生产监管职责，由区安全生产办公室牵头起草《关于进一步明确安全生产监管职责构建安全生产长效机制的通知》，明确 6 个乡镇（街道）、7 个区委部门、25 个负有安全生产监管职责单位和 6 个其他有关单位的安全生产工作职责，推动健全完善安全生产责任体系。制定印发《关于集中开展落实企业主体责任三年行动巩固提升专项行动通知》等文件，全面指导企业规范安全生产、夯实安全生产基础，落实安全生产主体责任，向区内企业送达企业安全生产主体责任告知书、签订企业安全生产主体责任承诺书，签订及公示完成率 100%。

【安全生产标准化提升专项行动】 2022 年，洛江区纳入安全生产标准化提升专项行动的 1160 家企事业单位中，完成自评的企事业 1146 家，取得标准化证书企业 14 家；建立“三张清单”制度的企事业单位 1160 家，运用“三张清单”排查隐患 4532 处，整改完成 4506 处；实施“红橙黄蓝”动态监管企事业单位 1160 家，其中红色 9 家，橙色 24 家，黄色 698 家，蓝色 429 家；分行业分区域培植市级标杆企业 9 家、区级标杆企业 21 家，并发挥标杆企业示范引领作用，召开现场推进会 17 场，以点带面推动企业标准化建设。

【重点行业领域安全专项整治】 2022 年，洛江区应急管理局推进城镇燃气安全排查整治，重点排查整治全区燃气安全隐患问题，出动车辆 53 辆次、人员 147 人次，发现并整改燃气安全隐患 148 处，联合乡镇政府、派出所取缔无证经营站点 3 个，查处燃气违法违规行为 1 起。加强渔业安全风险防控，8 月联合区公安分局和万安街道开展“安全生产执法周”渔业船舶安全专项执法行动。加强节假日等重点时段渔业安全生产督导检查，全年组织渔船安全生产检查 30 多次，登船检查 200 多艘次。加强建设领域安全风险防控，联合洛江区住建局开展全区建设工程综合执法检查，严厉打击建筑市场违法违规行为，抽查房建、市政项目 20 个，发现问题 6 个，现场出具 3 份督促整改通知单，责令责任单位落实整改到位。突出以粉尘涉爆、有限空间作业、涉氨制冷等领域安全监管，帮助企业建立规章制度，排查治理事故隐患，组织专家到企业开展安全会诊和“有限空间专家指导服务”280 余家次，帮助排查和整改安全隐患、制度缺失、体系运行不到位和不规范等问题 1700 多个。

【安全生产执法效能提升】 2022年，洛江区推进安全生产行政审批“放管服”改革和事中事后监管，全面推行“双随机、一公开”监管模式，出动执法人员514人次，检查单位318家次，发现问题261个，发送责令限期整改指令书83份，复查意见书75份，立案查处34件，处罚49.2万元。按照“零容忍、严执法、重实效”的要求，结合安全生产“百日会战”部署推行“安全生产执法周”活动，监督检查企业666家，事前立案62件，事故立案2件。

地震应急管理

【概况】 2022年，洛江区加强监管，夯实震害防御基础，推进地震易发区房屋设施加固工程，完成辖区内自然灾害风险普查。完善地震应急避难场所管理与维护工作，新建省标地震应急避难场所建设1处，完成地震应急避难场所前期功能标志牌设置4处。开展地震应急综合演练、防震减灾应急救援融合通信协同演练、学校地震应急疏散演练，提升社会应急疏散避险能力。

【地震预警】 2022年，洛江区地震办做好地震监测数据的日常采集、分析、上报和月报表、会商、台站年度运行报告、年度观测工作报告报送工作。加强地震监测设施和观测环境保护，全区有180台地震预警终端，覆盖中小学幼儿园、村（社区），部分景区及人员密集场所；通过地震预警终端可在地震波到达前发出地震预警警报；终端同时作为综合灾害预警服务平台，发布各类自然灾害预警信息。

【避难场所建设维护】 2022年，洛江区应急管理局结合地震应急避难场所情况，在罗溪中心小学开展省标地震应急避难场所建设。完成泉州外国语学校（洛江校区）、泉州南少林国际学校、闽南师范大学泉州洛江附属小学、洛江区第二实验小学等4所学校地震应急避难场所前期功能标志牌设置；每季度对建成的1个Ⅱ类、8个Ⅲ类、5个普通类地震应急避难场所开展地震应急避难场所巡查，对各项功能设施、指向牌、标志牌和平面图进行检查，查漏补缺，确保所有应急避难场所能随时启用。

消防救援

【概况】 2022年，洛江区立足辖区火灾形势及消防监管机制，开展消防安全督查751次，发现、督促整改火灾隐患637处，下发责令改正通知书267份，办理行政处罚41起，责令关停4家。开展消防宣传，走访沿街店面、入户发放宣传单8000份，宣传册2000份，发送提醒短信10万条。全年接警出动530次，出动车辆968辆次，出动人员5403人次，其中火灾救援130起，抢救财产价值1255.6万元。全年未发生较大火灾责任事故，火灾总体形势平稳。

【社会化防控体系建设】 2022年，洛江区成立区、镇（街）两级消安委，定期研判形势、研讨对策。立足辖区火灾形势及消防监管机制，制定《关于开展消防安全百日攻坚行动的通知》《全区生产经营租住场所重大火灾风险综合治理方案》，每月对各乡镇（街道）自建房加工场所、出租屋、“三合一”、消防工作站等4类工作及阶段性消防重点工作“X”项开展不少于2次抽查督导，至年底开展督导7次，检查单位144家，发现隐患173处。提出“集中治理三大支柱行业，常态整治三大消防隐患”的“3+3”治理思路，做好“三合一”（住宿与生产、仓储、经营一种或一种以上使用功能违章混合）场所、群租房、自建房加工场所的日常检查、督改工作。推动各乡镇（街道）采取社区交叉检查的方式，发动村（社区）主干、安监员、派出所网格员等基层力量开展摸排及突击检查，摸排场所168家，发现隐患122处。在秋季开学前，牵头组织教育、公安及各乡镇（街道）等部门组成4个检查组，对全区中小学、幼儿园开展消防安全联合检查行动，随机抽取14所

2022年11月22日，洛江区消防救援大队开展实战化训练

（图/洛江区消防救援大队）

中小学、幼儿园，1所高校，检查发现103个隐患问题。

【消防能力建设】 2022年，洛江消防救援大队常态化开展“六熟悉”演练，对社区、重点单位及其他场所演练80余次；与交警、应急、医疗卫生等部门，联合辖区最大的物流中心开展火灾事故应急综合实战化演练，提升灭火救援实战能力。坚持每月开展一次全员岗位练兵月考核，强化队伍的灭火救援实战能力水平。

【消防宣传培训】 2022年，洛江区消防救援大队落实宣讲队每周不少于3天入辖区单位、企业、社区、农村开展消防宣传教育工作；发动各重点单位进行消防提示标语亮屏行动，在官方政务微信公众号“大美洛江”推送节日消防安全提醒。12月16日，协商南方科技职业技术学校开设消防工程专业并启动招生，为消防队伍建立储备人才库。与区委宣传部、区教育局联合举办消防科普创意短视频及优秀创客征集大赛；在市实验小学洛江校区打造99米示范“消防宣传长廊”，推进消防宣传进校园。“3·13”疫情期间，与移动公司联合制作22秒消防安全电话语音提醒，对辖区3万家企业单位负责人进行精准宣传，落实复工复产阶段的安全生产提醒工作。依托区消防主题空间，组织各校师生走进场馆进行学习活动20场次，在“六一”期间对空间补充消防类书籍50册。到辖区幼儿园、中小学、院校开展消防安全宣传教育及应急演练40场次；开展儿童消防绘画、作文、视频征集活动，活动期间共征集绘画、作文、短视频作品300余篇（个）。

【消防队伍比武竞赛】 2022年9月29日，洛江区举行2022年度多种形式消防队伍比武竞赛。全区2组消防救援站、6组乡镇（街道）消防队、15组重点单位微型消防站参赛队员参加。比赛分3组进行，消防救援站组设置无齿锯切铁丝操、初战快速出水控火操（8人）、400米疏散物资操3个竞赛项目；乡镇（街道）消防队组设置了百米负重、双人利用室外消火栓灭火、原地着装灭油盆火操3个竞赛项目；重点单位型消防站组设置原地着装灭油盆火操、一人两盘水带连接2个竞赛项目。马甲消防救援站获消防救援站组第一名，双阳街道专职队获乡镇(街道)消防队组第一名，泉州市南方科技职业学院获重点单位型消防站组第一名。

2022年9月29日，洛江区举行2022年度多种形式消防队伍比武竞赛。图为比武竞赛启动仪式 （图/洛江区消防救援大队）

生态环境

综 述

【生态环境督察】 2022年，洛江区强化问题滚动排查整改，对上级通报的问题及自查发现的问题形成《洛江区区域突出生态环境问题清单》，并细化分解，明确整改措施、责任主体和完成时限，建立工作台账，定期滚动通报，严格整改销号。配合完成省生态环保例行督察，督察期间，先后印发方案、通知等文件资料26份，刊发每日督察简报14期；办理反馈省督察组交办群众信访件7件；按时保质提交省督察组调阅的7批10项108份资料。

【生态环境质量】 2022年，洛江区提升大气、水、土壤污染防治等重点领域生态环境治理能力和水平，洛江区空气环境质量优良天数346天，轻微污染19天，主要流域省控断面惠女水库出口水期的监测结果达Ⅱ～Ⅲ类水质标准要求。加强环保设施运行，确保污染物达标排放。围绕洛江区“十四五”生态环境保护领域相关规划和重大生态环境保护任务，征集生态环境治理项目，填充项目库，上报2批次20个生态环境治理项目，获得上级专项资金补助。

【国家生态文明建设示范区创建】 2022年，洛江区围绕国家生态文明建设示范区13大项38小项创建指标，在2021年创建基础上，收集完善各项业内资料，打造示范创建点位，创建国家生态文明建设示范区于6月7日通过省级预审，根据预审会上专家提出的意见建议，开展指标档案梳理补缺补漏工作。9月20日通过公示，呈报生态环境部复核。11月19日，在中国生态文明论坛南昌年会上，泉州市洛江区被生态环境部授予“第六批国家生态文明建设示范区”称号。

【互花米草清理】 2022年，洛

2022年8月23日，挖掘机在泉州湾洛江段滩涂上作业，将成片生长的互花米草铲除深埋 （图/泉州通）

江区率先实施“河长 + 林长”共治机制，实现“双长制”同向发力，专门成立互花米草除治工作专班，推进互花米草除治攻坚行动，多措并举做好互花米草监测、除治、修复等工作。11 月底，洛江区提前完成互花米草清理整治面积 96.17 公顷。对互花米草除治后的光滩进行生态修复及景观改造，建立 3 年管护监管机制，防范互花米草“死灰复燃”。

环境监督管理

【概况】 2022 年，洛江生态环境局推行执法正面清单工作，科学合理配置执法资源，实现对守法企业无事不扰，清单内企业合计 19 家，环境执法部门通过视频监控、大数据分析等手段开展非现场检查 5 次，指导帮扶企业做好环境保护工作。加强对泉州湾河口湿地（洛江段）省级自然保护区的监督管理，开展联合巡查和联合执法，严厉打击破坏自然保护区环境资源的违法违规行为。全年开展自然保护区联合检查 2 次，未发现自然保护区违规开发利用的行为。

【环评审批】 2022 年，洛江生态环境局开展企业环境信用评价工作，将生产经营活动中存在污染物排放的企业和其他生产经营者列为参评对象，根据评价内容和评分标准综合评价，确定环境信用等级，审批环评报告表 60 份、报告书2份，办理排污许可证15份，变更排污许可证 34 份，延续 7 份。

【环境执法】 2022 年，洛江生态环境局实施《环境执法能力及环境监测能力提升三年行动方案》，完成洛江环境监测站（含局机关）搬迁改造。2022 年洛江生态环境局现场检查企业 351 次，下达责令改正文书 18 份，作出处罚决定 23 起，罚款金额 201.72 万元，办理移送公安行政拘留 4 起。发挥基层网格员的监督管理作用，全年报送日常巡查信息 9169 条，环境事件信息 5093 条，上报有效事件线索 7 条。

【环保宣传】 2022 年，洛江生态环境局围绕 2022 年环境日“共建清洁美丽世界”主题，开展系列宣传活动。6 月 2 日，开展环保设施公众开放活动，组织 6 批次 100 余人到泉州市医疗废物处置中心学习生态环境保护处理设施知识。6 月 8 日，洛江生态环境局志愿者到泉州市洛江区第二实验小学（南山校区）开展《争当环保小卫士》主题环保科普活动。开展线上线下同步企业环保法律法规培训，邀请专家授课，增强环境保护意识与法律素养，参加人数 200 余人次。6 月 15 日全国低碳日，开展低碳主题活动进社区活动，在万福社区铭基新天地小区进行低碳主题宣传活动，设置低碳、垃圾分类、塑料污染治理等宣传展板，分发各类宣传材料，并开展入户宣传，引

2022年6月15日，洛江生态环境局联合区发展改革局等部门到万安街道万福社区铭基新天地小区开展低碳主题宣传活动

（图/洛江区融媒体中心）

导社区居民落实“双碳”（碳达峰、碳中和）行动，共建美丽家园。

污染防治

【概况】 2022年，洛江生态环境局开展联调保卫战，加强臭氧污染联防联控，印发大气污染预警函，协调部门落实管控措施；开展净化提升工程，制定净化提升工程工作方案，牵头实施4个项目。推进流域水质提升“碧水清源”专项行动，实施“碧水清源”项目6个；开展净土保卫战，实施净土工程，动态更新土壤污染重点监管单位名单，组织开展涉镉等重金属行业企业排查，加强危险废物管理。督促、指导151家产废单位和3家经营单位完成危险废物管理计划备案，全年转移工业危险废物1078.5吨。

【污染源监测管理】 2022年，洛江生态环境局完善监测布点及硬件设施，建立功能完备的环境风险预警平台，形成全面监控、科学预警、快速处理环境管理体系，提升环境监管监测能力。设置2个省重点小流域水质监测断面、1个空气自动监测站、3个声功能区监测点、1个降尘监测点位。

【大气污染防治】 2022年，洛江区加强联防联控，印发《洛江区大气轻中度污染控制方案（2022年修订）》和《洛江区扬尘污染专项整治实施方案》，提升轻中度污染天气防控能力，印发大气污染预警函37份，协调相关部门落实管控措施；加快解决挥发性有机物治理突出问题，组织对涉有机废气排放企业、汽修厂和加油站监督抽测，抽测企业10家工业企业、2家汽车4S店和4家加油站，均能够达标排放。制定《洛江区制鞋行业挥发性有机物污染防治专项整治方案》，摸底全区制鞋企业，开展制鞋企业检查，处罚1家制鞋企业，推动5家制鞋企业完成规范化建设；委托第三方开展VOCs（挥发性有机物）走航监测，并针对性开展污染源监管；强化非道路移动机械监管，完成415辆非道路移动机械编码登记及100辆非道路移动机械尾气抽测工作。全年组织实施5项大气精准治理减排工作。

【水环境综合整治】 2022年，洛江区制定《2022年洛江区流域水质提升“碧水清源”专项行动实施方案》，投资5000多万元完成6个“碧水清源”项目。开展饮用水水源规范化建设，完成前洋水库防护栏、隔离栏、界碑和警示标志建设，完成洛阳江饮用水水源地道路交通警示牌安装，开展年度集中式饮用水水源地环境状况评估。推进入海排污口整治，制定《洛江区入海排污口整治工作方案》，完成万安中心片区内7个市政排水（污）口溯源排查。洛江生态环境局联合区河长办印发《2022年惠女水库水质提升洛江区整改工作任务清单》，科学划分3个流域单元推进28项整治任务，确保水质提升。落实“海上环卫”机制，督促相关单位开展近岸海面和岸滩垃圾常态化保洁，拨付海漂垃圾综合治理专项经费29.63万元，年度清理海漂垃圾24.1吨。开展农村生活污水治理，组建泉州洛水环保有限公司，统一负责全区农村生活污水处理项目，完成6个年度农村生活污水治理项目和20个村庄农村生活污水提升治理。

【土壤环境保护】 2022年，洛江生态环境局加强对泉州大华蓄电池有限公司污染地块治理修复环境监管，治理成效评估报告通过省生态环境厅、自然资源厅联合验收；动态更新土壤污染重点监管单位名单，组织开展涉镉等重金属行业企业排查，及时将排查结果上报市生态环境局。完成危险废物专项整治三年行动，督促整改问题33个；开展危险废物规范化环境管理评估，抽查23家涉危废单位，考核评估均为达标；常态化疫情防控工作，加强涉疫医疗废物环境监管和污水监测。

节能减排

【概况】 2022年，洛江生态环

境局加强低碳主题宣传，以“6•15”全国低碳日为契机，依托“低碳社区创建宣传园地”，利用宣传栏、电子宣传屏、微信等多种方式，宣传普及节能减排知识。组织志愿者队伍，入户发放低碳生活宣传品，加强居民对垃圾分类的指导宣传，发动居民落实垃圾分类工作。投入金额182万元建设首富商城污水管网改造工程主管900米，支管350米。

【主要污染物减排】 2022年，洛江生态环境局开展污染物排放总量控制、排污权交易工作。谋划减排项目，争取减排空间。开展主要污染物排污权指标核定工作，出具新增主要污染物排污权指标购买条件的函件31份。

【公共机构节能减排】 2022年，洛江区推进公共机构节水型单位创建，至年底全区35%以上的区直机关及14%以上的区属事业单位建成节水型单位。生态环境局实施低碳能源改造与提升，对辖区内公共照明灯光改装LED节能灯或加装太阳能路灯，节约电耗45%。

【交通行业节能减排】 2022年，洛江区配合市级交通运输管理部门，加大推广新能源、清洁能源营运车辆应用力度，鼓励公交、出租、客运、货运等企业优先选择新能源、清洁能源车辆。有常规公交线路18条，配备车辆201辆，其中新、清洁能源车辆占比约为100%，首末均在城市副中心的线路配备新能源车辆率100%。2022年，洛江区新增、更新新能源车60辆，淘汰报废出租汽车10辆，完成纯电动车更新和新增60辆。

【工业企业节能减排】 2022年，洛江区培育绿色发展新动能，鼓励企业建设超低能耗、智能控制、先进工艺、资源利用高效循环，获“国家级绿色工厂”称号企业1家，获“省级绿色工厂”称号企业2家。其中信和新材料股份有限公司获“第六批国家级绿色工厂”称号，信和新材料股份有限公司、铁拓机械股份有限公司获省级“绿色工厂”称号。支持企业围绕工艺技术和设备开展系统化节能降碳改造升级，三一筑工（泉州）建筑科技产业园、筑可丽建筑产业园项目（一期）等7个项目列入市级绿色技改项目库。优化能源消费结构，鼓励企业使用可再生能源、天然气、电力等清洁能源，推广光伏发电，严格控制能源消费总量不合理增加，推动能源消费多元化发展。制定出台淘汰落后产能工作方案，以煤电、水泥、平板玻璃、铸造等行业为重点，依法依规关停能耗、环保等不达标和生产不合格产品企业。加强能耗监测，推动福建和诚鞋业有限公司实施重点用能企业能耗在线监测系统稳定运行，加强能源消耗总量和强度双控形势分析和预测预警。全年规模以上工业单位增加值能耗下降6.40%。

【建筑业企业节能减排】 2022年，洛江区竣工民用绿色建筑项目6个，建筑面积56.07万平方米。桐城时代等7个项目通过福建省工业化建筑（设计阶段）认定。全区城镇新建民用建筑按要求100%执行国家节能强制性标准，各项目落实节能专项验收，使用绿色建材。推动新开工保障性住房、教育、医疗、办公综合楼、产业园区、会展场馆、工业厂房等项目装配式钢结构体系、装配式装修体系的推广应用。加快新型建筑工业化发展，推广装配式钢结构体系、装配式装修体系应用项目2个，协调推广竖向混凝土构件预制化试点2个。

经济管理

宏观经济管理

【概况】 2022年，洛江区稳住经济大盘，加快产业升级，智能制造、新型材料、传统产业、建筑企业转型提升，突破发展。市场主体增长，全区登记在册7.6万家。第三产业发展动能提升，奔驰等5个品牌销售网点入驻，汽车服务业企业增至近30家，全年实现限额以上汽车销售额超39亿元。电商融合发展，全区涉及网络销售企业1.4万家，3个镇、31个村上榜2022年“淘宝镇”“淘宝村”。

【重点领域改革】 2022年，洛江区加快实施国企改革，完成洛江水利投资发展有限公司股权划转、转资工作，完成泉州洛江城建测绘队改制。成立国资运行保障中心，完成17家区属国有企业资产清查，规范处置低效闲置资产，盘活国有资产。深化林长制建设，探索推进“林长+”联动机制，构建林长、河长、法院院长、检察长、警长“五长”联动新格局。推进涉案企业合规改革试点，办结3个涉案企业合规案件，建成全省首个企业合规检察护航展示馆，探索实践企业合规工作入选市第二批优化营商环境工作典型经验做法。深化公立医疗机构薪酬制度改革，区医院试行院长任期目标年薪制。

【行政审批】 2022年，洛江区落实行政许可事项“三减一提升”工作，745项行政许可事项“减时间”达91.43%、“减跑动”至0.05次、“减材料”至3.75份、“即办件”占比提升至79.06%。深化工程建设审批制度改革工作，压缩办理时限17个工作日、精简材料40份，出台落实《重点建设项目模拟审批工作方案》，对洛江数字经济产业园实行模拟审批，助推项目落地见效。双阳街道南山社区试点开展“社区涉企服务综窗”，梳理首批79项可服务前移、委托、下放的涉企审批服务事项清单进社区，为20家企业办理公司变更登记服务。

【营商环境优化】 2022年，洛江区落实优化营商环境三年行动计划和提升专项行动，深化“放管服”改革，推动“证照分离”改革，落实证明事项告知承诺制，梳理新增“一件事”集成套餐服务事项，常态化开展行政审批服务“局长走流程”活动，实行对内“一网统管”、对外“一网通办”，最大限度减轻企业和群众办事创业负担。突破亮点创新，首创推出“零咨询服务”办事指南，推行“服务上门+精准帮办”服务新模式、洛江区企业合规检察护航展示馆、开展“社区涉企服务综窗”试点工作等创新举措，优化便民服务措施。

【价格监管】 2022年，洛江区物价监管局分析预测市场价格，及时发布预警信息，开展市场价格监测200多次，每个月逢5日、10日做好市场价格监测数据等民生价格信息在洛江区公众信息网发布。重点监测重大节日主要食品等涉及民生的重要商品和服务价格监测及市场检查。

【行政事业收费】 2022年，洛江区开展2021年度行政事业性收费情况报告工作，完成录入、统计工作，督促引导辖区内有资质的区级行政事业性收费单位21家及收费项目25个做好公示。区发展改革局牵头区财政局随机抽取4家区级行政事业性收费单位，联合收费单位行政主管部门对四家收费单位开展行政事业性收费事中监管。开展涉企违规收费专项整治行动，印发《泉州市洛江区发展和改革局等4部门关于印发涉企违规收费专项整治行动方案的通知》和《泉州市洛江区发展和改革局等部门关于成立洛江区涉企违规收费专项整治行动工作小组的通知》。区发展改革局牵头各主管部门对交通物流、水电气、地方财经、金融、行业协会商会、中介机构等领域涉企收费开展自查自纠，联合区市监局和主管部门对辖区内供水供电企业、行业协会商会收费开展涉企收费专项检查；做好泉州市市场监管局涉企违规收费专项整治联合检查工作，完成洛江区涉企违规收费专项整治联合检查发现问题整改工作。

【碳达峰碳中和行动】 2022年，洛江区主动对接泉州市碳达峰碳中和行动方案（征求意见稿）各项任务，重点推进节能降耗、绿色制造、绿色社区、绿色建筑建设等工作。推进绿色数字技改专项行动，引导企业利用技术改造提高生产效率、推进技术创新，2022年规模以上工业单位增加值能耗比上年下降6.4%；推荐红星美凯龙参评省级绿色商场创建，组织6家商贸企业参加福建省厅举办的“2022年绿色商超创建实施线上培训会”；2022年2个民用绿色建筑项目竣工，100%执行国家节能强制性标准，各项目均能落实节能专项验收。推进绿色节能基础设施建设，鼓励引导中小企业利用厂房屋顶及附属设施建设分布式光伏项目，全年办理分布式光伏发电项目备案45件。推进万福社区低碳社区试点创建，规划建设绿色学校创建15所。开展节能宣传活动，策划实施“低碳宣传进小区”活动，在途经洛江辖区的公交车上开展节能标语宣传。

产业发展

【概况】 2022年，洛江区推进“强产业、兴城市”双轮驱动，经济运行平稳。全区实现地区生产总值355.11亿元，比上年增长3.6%。第二产业增加值223.38亿元，比上年增长4.0%；工业生产总值193.11亿元，增长3.3%；固定资产投资134.16亿元，增长10.6%。智能制造产业新增国家级、省级制造业单项冠军产品2个，福建省铁拓机械股份有限公司1个项目获评省级智能制造优秀场景并完成全国股权系统创新层挂牌；新型材料突破，信和新材料股份有限公司1个项目上榜泉州市“揭榜挂帅”重大技术需求，实现洛江区揭榜挂帅项目零的突破，泉州天智合金材料科技有限公司1个项目获省级STS计划（科技服务网络计划）立项；传统产业转型提升，泉州加来盟体育科技有限公司自主打造新一代国货运动品牌“天跑”，纸类卫生用品行业规模以上工业产值呈20%以上高增长，泉州天娇妇幼卫生用品有限公司、泉州嘉华卫生用品有限公司等旗下品牌市场占有率不断提高。建筑企业加速集聚，各类建筑业企业增至256家，10月引入中化学土木工程有限公司在洛江区落户并开展战略合作，全年二次产业保持稳健增长。

【固定资产投资】 2022年，洛江区完成固定资产审批（核准、备案）251件，其中项目建议书2件、可研3件、初步设计（含概算）8件、备案237件、节能1件。审批（核准、备案）项目251个，计划总投资354.97亿元，比上年增长115%，其中备案类项目计划总投资333.30

亿元，审批类项目计划总投资21.67亿元。

【数字经济】 2022年，洛江区启动制造业数字化转型专项行动，28个省级数字经济项目完成投资超50亿元；新增46家企业“上云上平台”；西人马联合测控（泉州）科技有限公司被评为2022年度省级数字经济领域“未来独角兽”；加快培育集聚载体，洛江区数字经济产业园（一期）动工建设，计划打造“绿色+智慧”数字产业园区，签约入驻企业9家，意向入驻企业项目9个，需求面积6.4万平方米。推进5G商用，建成186个5G站点，实现辖区内主城区、各镇区、智能装备产业园等重要区域5G信号覆盖；启动天娇妇幼5G数字化园区作为洛江区卫生用品行业首个5G全连接工厂，加快铁拓机械5G智能制造装备产业园、新源5G智慧工厂、加来盟5G数字车间等项目建设。

【实体经济培育】 2022年，洛江区新增5家省级工业龙头培育企业、17家市级产业龙头企业和10家市级建筑业龙头企业；培育国家级专精特新“小巨人”2家、省级专精特新中小企业8家。推荐42家企业申报国家高新技术企业，11家企业获评省级科技“小巨人”企业，2家企业入选省创新型民营企业百强，入库省科技型中小企业66家，新增省级新型研发机构1家；推荐80家企业申报省研发经费投入分段补助2285.8万元，获省市级科技计划项目立项11个，扶持经费310万元。全区新增专利授权量1393件、注册商标2720件。首次入围参评“泉州市质量奖”企业2家。年底，全区有国家高新技术企业107家，省级科技“小巨人”企业30家、福建省2022年入库科技型中小企业名单66家。

【项目攻坚】 2022年，洛江区专班式推进重点项目建设，完善项目服务保障和分层分级协调调度工作机制，定期组织项目调度、现场办公、红黑榜晾晒、路演汇报，推动重点项目建设全流程、全生命周期提速增效。实施区级重点项目142个，总投资853.01亿元，年度计划投资107.94亿元。其中区级在建重点项目97个，总投资342.38亿元，年度计划投资106.73亿元，在建项目全年完成投资109亿元，完成年度投资计划的102%。其中，28个市在建重点项目完成投资54亿元、8个省在建重点项目完成投资31.5亿元，均超序时进度20个百分点以上。产业、社会事业、基础设施等领域项目齐头并进，新开工项目45个，总投资131.9亿元；竣工项目35个，总投资110.2亿元。

市场监管

【概况】 2022年，洛江区市场监督管理局（以下简称“洛江区市场监管局”）优化营商环境，开辟审批绿色通道，全年新增市场主体6017家。强化安全监管，开展食品安全各类专项整治行动，检查生产经营主体3000多家次；开展食品、食用农产品监督抽检和快速检测，抽检食用农产品839批次快速检测2561批次。检查零售药店217家次，医疗机构225家次，责令改正30家次。检查327部特种设备，督促完成整改214部。指导提升企业标准化水平，开展涉企收费清理整治，加强知识产权创造、运用、保护和服务工作，新增专利授权量1718件，实现每万人口发明专利拥有量17.17件。至年底新增注册商标2720件；有效商标注册总数量22371件，辖区拥有中国驰名商标6件。

【工商行政管理】 2022年，洛江区全面优化市场准入环境。实行容缺预审，开辟审批绿色通道，为市场主体登记提供便捷审批服务。全年办理企业登记2774家，办理个体工商户登记5306户，全区新增市场主体6017家，市场主体总量增至7.6万家。

【食品生产安全监管】 2022年，洛江区市场监管局加强食品生产经营者市场准入监督管理。检查新办证食品经营单位463家次，督促53家经营者对存在的不符合项目进行整改。开展食品安全各类专项整治行动，检查生产经营主体3000多家次；强化食品安全监管，强化抽检快检工作，抽检839批次，快速检测2561批次。开展疫情后学校食堂及校园周边食品安全监督检查工作，检查大专院校食堂13家次、中学食堂25家次、幼儿园食堂63家次；全力保障中、高考食品安全，开展食品快速检测197批次。开展食品生产、经营企业一品一码追溯系统宣传创建工作，全区注册省市食品安全监督与社会共治系统2379户，共计录入有效信息约769万条。强化“点题整治”专项治理，推进网络餐饮服务经营的监督管理，检查入网餐饮服务提供者113家次，责令整改9家次。抓好食品生产加工小作坊监管，做到普查建档率100%、检查覆盖率100%、监督抽检率100%。

【进口冷链食品安全监管】 2022年，洛江区市场监管局强化进口冷链食品安全监管，督促冷链食品生产经营户严格落实“四证”（入境货物检验检疫证明、集中监管仓出库证明、新冠病毒核酸阴性检测报告、消毒证明）及生产经营场所消杀要求，检查冷链食品生产经营户94家次，消毒155家次，消毒面积170多万平方米；规范进口冷链食品集中监管仓运行，督促按照要求进行报备、进场消毒、核酸检测等，持出仓证明方可出场，全年接收报备240批次约1418吨。

【药械安全监管】 2022年，洛江区市场监管局加强药品、化妆品及医疗器械日常监管，现场验收新开办零售药店3家、换证1家。开展化妆品“线上净网线下清源”专项行动，对化妆品电子商务经营者开展线上宣传贯彻培训2次，组织开展自查的化妆品电子商务经营者105家次，建立制度的化妆品电子商务平台经营者105家次。推动药械化安全社会共治，开展宣传活动7场，发放宣传材料及小礼品2500份。强化监督抽验及不良反应监测，完成省、市市场监管局下达的医疗器械监督抽检任务5批次，检验结果均符合规定；化妆品监督抽样8批次；药品监督抽检25批次。审核上报药品不良反应114例；医疗器械不良反应23例；化妆品不良反应4例。

【特种设备安全监管】 2022年，洛江区市场监管局开展特种设备动态监管平台内检验未办证、超期未检验、检验不合格特种设备专项检查，检查327部特种设备，发现经检验不合格特种设备95部，超期未检验196部，检验未登记8部，督促完成整改214部。开展疫情和安全生产“双防控”工作，发放安全公开信企业数量78家，召开安全专题视频会议4场，发送告知提醒安全生产微信数量850条，检查企业58家次，发现隐患9处；检查大型商业综合体、旅游景区等经营主体156家，发现隐患6个。加强城镇燃气领域安全生产工作，检查燃气供应站点8家、餐饮服务单位95家，发现违法行为1起；开展市场监管领域冬春火灾防控工作，重点检查瓶装液化气销售单位、餐饮服务单位证照、气瓶使用等情况，检查相关经营单位25家；开展起重机械加装“双限位”装置工作，对洛江辖区521台在用起重机械进行专项检查，排查326台；开展电梯非金属材质反绳轮专项监督检查工作，排查电梯2232台。

【产品质量安全监管】 2022年，洛江区推动质量强区战略，实施质量帮扶，开展质量帮扶工作，开展质量管理体系认证提升行动，委托远卓检验认证有限公司为辖区10家企业进行质量管理体系认证工作。开展质量安全专项检查活动，检查妇幼卫生用品生产企业29家，检查校园周边相关经营户35家次，责令抽检不合格儿童鞋服类生产企业限期整改2家；排查电动自行车生产单位6家、销售单位28家、回收及改装单位5家、维修场所15家；检查燃气具销售单位15家；检查加油

（气）站5家，并签署“加油（气）站诚信计量承诺书”5份。加强各类获证企业的监管，对辖区获工业许可证的9家企业进行全面排查。做好监督抽查不合格后处理工作，按“闭环”原则，及时落实好产品抽检不合格8家企业后置处理工作。开展电子计价秤计量监督检查，抽查加油机8台，加油枪24把，加气机2台，加气枪4把。

【市场监管执法】 2022年，洛江区市场监管局开展2022年反不正当竞争专项执法行动，印发《泉州市洛江区市场监督管理局关于开展2022年反不正当竞争专项执法行动的通知》部署2022年开展反不正当竞争专项执法行动工作；开展扫黑除恶斗争，检查经营主体614家；开展2022年涉企违规收费专项整治行动，对辖区内6家商业银行开展涉企收费检查；开展《中华人民共和国反有组织犯罪法》宣传普法活动。开展“点题整治”专项工作，检查校外培训机构16家，2家收费未公示，发出责令整改通知书2份。严厉打击市场监管领域各类违法违规行为，受理消费者申诉、举报3188件，其中，举报973件、投诉2215件，挽回经济损失32万元，移送执法四大队案源线索179条。严厉打击市场监管领域各类违法违规行为，全年立案79件，当罚36件，罚没款111.85万元。

【知识产权管理与运用】 2022年，洛江区市场监管局强化知识产权创造、运用工作，开展“一企一策”座谈走访活动，走访企业40余次，发送知识产权宣传信息10万条。引导企业申报知识产权项目，泉州华大超硬工具科技有限公司、福建北峰通信科技股份有限公司等2家企业被评为2022年度国家知识产权优势企业；福建省德源智能科技有限公司、泉州维盾电气有限公司、福建泉州凹凸精密机械有限公司等3家企业被评为2022年度省知识产权优势企业；泉州市琪祥电子科技有限公司、福建省铁拓机械股份有限公司、泉州众志新材料科技有限公司等3家知识产权优势企业申报市知识产权保护联盟成员单位；福建省微柏工业机器人有限公司、福建甬嘉科技有限公司等2家企业获得2022年度市第一批知识产权奖补助资金5.13万元；泉州蓝蜻蜓卫生用品有限公司等8家企业20件商标获得市级商标补助资金11万元；仰恩大学被确定为市第一批知识产权保护工作站建设单位。全年全区新增专利授权量1718件，实现每万人口发明专利拥有量17.17件，新增注册商标2720件；有效商标注册总数量22371件。

【计量服务下乡活动】 2022年，洛江区市场监管局联合泉州市计量所到罗溪镇双溪村开展计量服务下乡活动，为罗溪镇便民市场及周边商户进行电子秤等计量器具免费检定校准服务，对35台量值准确的计量器具加贴计量强检合格标签。开展《中华人民共和国计量法》等市场监管法律法规宣传，引导商户守法经营，树立诚信意识，遏制缺斤少两等欺诈销售行为，保障消费者的合法权益。

国土资源管理

【概况】 2022年，洛江区开展全区土地调查，强化耕地保护。完成2022年洛江区土地储备计划、制订2022—2024年土地储备三年滚动计划和2022年度洛江区土地供应计划，报送市土地储备中心和市资规局。推进洛江区项目用地供应工作，加快推进批而未供和闲置土地处置。

【森林资源保护管理】 2022年，洛江区建立5个市级接待社会参与林木绿地认建认养和义务植树活动植树点；区林长办联合市、区多部门在多地开展植树活动5场，全区义务植树40万株，参加义务植树9万人次。做好防火宣传、火源管控，严格落实森林防火地方政府行政首长负责制，实现连续7年清明节零火灾。探索推进“林长+”联动机制建设，构建林长、河长、法院院长、检察长、警长“五长”联动、部门协作、打防结合、处置高效、山河共治的生态环境保护发展新格局。多部门联合开展森林防火、林长制、名木古树、湿地保护、野生动物保护等宣传3场次。拓展协作空间，加强林业执法、水政执法与司法审判、检察监督的衔接配合，开展联合管护、联合巡查、联合执法2次，推动“五长”协作共治机制转化为治理效能。

【耕地资源保护】 2022年，洛江区履行耕地保护主体责任，科学划定永久基本农田、生态保护红线、城镇开发边界三条控制线，落实耕地保护党政同责，制止耕地“非农化”、管控“非粮化”，守护土地资源。结合“6·25”全国土地日，开展“线上+线下”耕地保护大型宣传活动，设立大型广告牌2块、制作宣传视频2个、发放宣传材料及宣传礼品4000余份，有线电视视频宣传24万次，与检察院、纪委联合开展现场咨询1场次。开展土地复耕中错误做法排查和“非粮化”问题检查，实地排查土地复耕项目17个，现场督导耕地“非粮化”问题整改工作6次，下发耕地“非粮化”问题整改通知3份，严格管控耕地转为园地、林地和其他农用地。开展耕地“非粮化”问题整改并通过省级审核219宗，面积39.5公顷。至年底划定永久基本农田保护面积2410.87公顷。

【矿产资源保护】 2022年，洛江区自然资源局开展打击非法违法采矿专项行动，对非法违法采矿、碎石、洗砂点进行动态巡查，出动巡查车辆24辆次，出动人员55人次，查处、取缔非法碎石、洗砂点2处。确保复绿效果。加强矿山生态环境恢复治理，督促施工单位加强植被管护工作，完成4处废弃矿山生态环境恢复治理项目。

2022年6月25日，洛江区自然资源局联合洛江区人民检察院、马甲镇人民政府在马甲镇举行第32个全国土地日集中宣传活动。图为活动现场 （图/洛江区自然资源局）

【国有建设用地审批与供应】 2022年，洛江区自然资源局与市资规局沟通协调，推进洛江区项目用地供应工作，招拍挂出让成交5宗国有建设用地使用权，面积17.12公顷，成交总价款1.41亿元。全区采用划拨方式供地16宗，面积62.23公顷，其中城镇村道路用地8宗，安置房用地3宗，绿地与公园用地2宗，教育用地2宗，医疗卫生用地1宗。

【建设用地使用权出让】 2022年，洛江区自然资源局招拍挂出让成交5宗国有建设用地使用权，面积17.12万平方米，成交总价款14.09亿元。其中，商住用地4宗，面积11.63万平方米，成交总价款13.77亿元；工业用地1宗，面积5.49万平方米，成交总价款3200万元。

【土地批后监管】 2022年，洛江区做好国有建设用地的审批与供应，加大批后监管力度，提高土地利用率。获批农转用和土地征收6个批次，面积68.87万平方米。推进批而未供和闲置土地处置工作，盘活存量土地资源。洛江区2022年度完成批而未供用地处置面积50.19公顷，完成闲置土地处置面积13.09公顷，超额完成自然资源部的年度处置任务要求。

【卫片执法检查】 2022年，洛江区完成自然资源部下发的土地卫片执法图斑核查上报工作，核查图斑518个，涉及监测土地面积226.96公顷，其中，涉及违法用地的图斑81个，涉及监测土地面积16.92公顷；涉及合法用地的图斑164个，涉及监测土地面积161.32公顷；涉及其他用地的图斑273个，涉及监测土地面积48.72公顷。全年组织动态巡查208次，巡查发现非法占地违法行为35宗，现场制止13宗，立案查处22宗。

【不动产统一登记】 2022年，洛江区服务企业和个人办理抵押融资金额88.62亿元。1月份起推行不动产登记“同城通办”，打破事项办理属地化管理限制，新建商品房分户登记（缴契税）、抵押权首次登记、变更登记等业务类型企业和群众可在市中心区、台商投资区、洛江区就近申请办理，办理11宗同城通办不动产登记。3月1日起推出个人不动产权证书寄递服务，个人申领不动产权证书可选择EMS（邮政特快专递服务）到家，全年邮寄不动产权证书2687本。6月15日起推行“交房即交证”，在交房当日交付不动产权证书，实现主权与产权同步。10月份起推行不动产继承登记+公证+税务模式，在公证处增设不动产登记中心便民服务站，将涉及商品房继承公证事项的不动产转移登记窗口延伸到公证处。推行“一证一码”模式，通过手机扫描不动产权证书上二维码即可查看图纸信息。不动产登记窗口全年完成不动产登记1.71万宗，登簿2.87万宗，核发不动产权证书8013本，不动产登记证明9637本，办结各类不动产档案资料查询业务8178件，自助机查询出具查询证明1848件，与29家银行签订《不动产抵押登记便民战略合作协议》，设立300个不动产登记便民服务点，全年通过抵押直联系统办结各类抵押登记5561宗。

【农村地籍房屋调查成果通过验收】 2022年8月25日，洛江区农村地籍房屋调查成果市级验收会召开，市自然资源和规划局农村地籍房屋调查领导小组专家听取汇报、现场质询、查看内业资料，对洛江区罗溪镇、马甲镇、河市镇、虹山乡、万安街道和双阳街道6个乡镇（街道）84个行政村农村地籍房屋调查成果进行验收，并对项目成果完善提出意见。洛江区84个行政村调查成果资料完整，并经县级监理单位和市级第三方检查单位检查，验收通过。

粮食管理

【概况】 2022年，洛江区落实粮食安全党政同责制，完成年度粮食安全考核工作，开展社会粮食流通统计、供需平衡调查和救灾物资工作。利用夏粮、秋粮收购时机，发放《粮食流通管理条例》及《福建省地方储备粮管理办法》等法律法规宣传资料，营造社会依法管粮的氛围。加大粮食储备监管力度及安全生产隐患整治排查力度。制定出台粮食生产扶持奖励补贴方案，设立270万元专项资金进行种粮补助，完成区级地方储备粮1.3万吨。

【粮食管理措施】 2022年，洛江区发改局依法开展粮食流通监督检查、粮食收购期间市场监督检查专项工作。建立健全粮食购销企业备案，严格把好粮食收购准入关。落实岗位责任制。按照市政府的储备规模，联合区财政局下达1.32万吨（含新增400吨）区级储备粮和100吨食用植物油的规模任务，完成2022年度区级应急成品粮招投标及轮换任务，同时加强应急成品粮库存监管工作。

【粮食流通统计】 2022年，洛江区发改局落实每周市场粮油价格监测及每季度其他粮油业务报表的上报工作，按时完成统计月报表。开展社会粮食流通统计和社会粮油供需平衡调查，按万分之五的比例以粮食生产量为标识等距在全区抽取15户城镇居民样本户，作为抽样调查固定户开展全社会粮油供需平衡调查。

【粮食质量监管】 2022年，洛江区发改局制定《“双随机一公开”检查工作实施细则》，建立“两库一单”（被查粮食企业名录库、粮食行政执法人员名录库和随机抽查事项清单），规范粮食执法行为。加强粮食收购市场的监督检查，联合区市监局、区财政局等部门，组织开展3次粮食局执法联合检查活动，组织到河市镇市场周边巡查夏粮收购情况，督促区粮食购销企业在马甲粮点设立粮食收购站，并在发改局网站进行相关收购政策宣传。开展粮食监管“12325”热线的宣传，在万安库区马甲粮点张挂公开宣传热线举报电话和电子邮箱，引导社会参与监督。全年开展粮油质量安全抽检36批次，合格36批次。

【粮食安全生产】 2022年，洛江区发改局督促粮食企业落实安全生产主体责任，开展粮食安全生产隐患排查整治工作，组织人员开展安全生产业务学习和消防演练1期。每月定期组织开展安全生产隐患整治排查，督促企业落实值班值守工作及防汛防台风等工作措施落实。

财 政

【概况】 2022年，洛江区一般公共预算总收入27.29亿元，比上年增长8%。一般公共预算收入16.44亿元，比上年增长9.3%。全区一般公共预算支出19.96亿元，比上年增长36.1%。政府性基金预算收入3998万元，比上年下降97.5%；政府性基金预算支出7.99亿元，下降27%。城乡居民基本养老保险基金收入7696万元，机关事业单位养老保险基金收入6132万元，城乡居民基本养老保险基金支出5647万元，机关事业单位养老保险基金支出6120万元。

【财税收入组织】 2022年，洛江区结合经济运行走势和全年收入目标，分解收入任务，明确征收责任，构建“财税牵头、部门配合、信息共享”的依法协税护税机制。着力加强对重点行业、重点领域、重大项目和重点税源的分析和研判，综合利用信息化手段，精准摸排中小零散企业等分散税源，强化征管，堵塞跑冒滴漏，确保应收尽收。完善区对乡镇、街道财税收入任务完成考核办法，按月通报收入征管情况，跟进督导，促进征管任务的有效落实。成立以区政府主要领导为组长的闲置安置房处置工作领导小组，加大闲置安置房盘活力度，优化非税收入收缴流程，确保政府非税收入及时足额收缴入库，全年非税收入增收。

【经济发展促进】 2022年，洛江区落实各项减税降费和惠企纾困政策，制定《洛江区贯彻落实组合式税费支持政策实施方案》《落实留抵退税政策会商机制》等制度，建立留抵退税政策会商机制，加强部门联动，打通退税减税缓税降费“最后一公里”，全年新增退税减税缓税降费5.12亿元，激发经济活力。组织梳理汇总各级各类惠企政策，建成洛江区惠企政策线上直兑平台，实现惠企政策资金直达兑现，全年组织兑现惠企政策奖补资金2.89亿元，扶持重点企业、重点行业发展。制定政策为全区33家小微企业和个体工商户减免租金171.99万元，指导69家企业申请纾困贷款资金3.42亿元，降低中小微企业经营成本，加强困难企业帮扶。组织研究上级支持区域经济高质量发展政策，向上级争取项目资金约4.5亿元，发行新增政府专项债券资金2.62亿元，保障重点项目建设资金需求。

【支出结构优化】 2022年，洛江区加大与人民生活直接相关的社会保障、教育、卫生、基础设施建设等民生领域投入力度，全年民生支出15.95亿元，占一般公共预算支出70%以上。优先支持教育发展，投入6.39亿元用于全面落实各类扶贫助学政策，保障各类学校达标创建、市实小洛江第二校区、第十一中学塘西校区、马甲中学扩建、河市中心小学扩建、区实验幼儿园等项目建设，提升办学条件，推动教育优质发展。完善公共卫生体系，投入2.37亿元，提高城乡居民基本医疗保险补助标准、落实基本公共卫生服务、疫情防控所需设施设备，健全医疗卫生服务体系。投入2.35亿元用于提高城乡居民基本养老保险补助标准、落实困难群众救助补助标准自然增长机制、企业引才稳岗稳就业政策补助、岗位技能培训以及困难群体就业帮扶，完善社会保障体系。投入4500多万元用于支持城市安全信息系统、雪亮工程、治安岗、厝边守望等项目建设，优化网格化管理，为常住人口购买社会治安综合保险，为严重精神病患者购买医疗商业保险，全面推进社会治安防控体系建设。投入2226万元，用于推进城乡大气污染治理、水污染治理、饮用水水源地保护、污水垃圾处理基础设施建设、城乡环境卫生整治、地下污水管道建设工程等，改善人居环境。

【财政改革深化】 2022年，洛江区推进财政管理制度改革，推进经济责任审计问题整改，制定出台《关于加强预算管理有关事项的通知》等制度，全面实施零基预算，推行预算管理一体化改革，打破基数观念和支出固化格局。加强政府债务全口径监测和隐性债务管理，把政府债务严格控制在法定限额内，实现全区政府债务风险下降等。制定出台《洛江区国有企业机构编制及用工管理办法》等12份监管制度，完成国有企业阶段性整合重组任务。万投集团获AA级主体信用评级，国投集团财务逐步优化，国有企业市场化转型步伐加快。推进非税收入收缴电子化和财政电子票据改革工作，完成非税收入票据电子化改革任务。严格执行定期通报和每日催办制度，全年直达资金直达率100%，直达资金高效使用。统筹盘活存量资金，盘活各级存量资金1.28亿元，统筹安排用于急需领域支出。优化政府采购管理，推行政府采购领域“清隐去垒”等措施，政府采购营商环境改善。主动对接、靠前服务，加快项目评审进度，全年完成预（结）算项目58个，核减金额9204.2万元，核减率4.7%。

【财政监督】 2022年，洛江区制定《洛江区地方财经秩序专项整治行动方案》，开展贯彻落实减税降费政策、政府过紧日子、基层“三保”（保基本民生、保工资、保运转）保障、国库管理、资产管理、债务管理、政府采购、防范中介机构变相截留相关涉农资金专项整治，规范财经秩序。比照省市要求，借助第三方力量对2021年、2022年部门预（决）算公开信息进行监督检查，抓好问题整改，确保预（决）算公开内容全面真实完整。对各乡镇2021年度巩固拓展脱贫攻坚成果专项资金落实情况进行检查，落实问题整改责任，促进后续规范使用。开展“1+X”专项督查。立足部门职能，开展节假日期间“三公”[因公出国（境）费用、公务接待费、公务用车购置和运行维护费]经费、会议费、差旅费、培训费等支出督查，增强单位遵守财经纪律的自觉性。加强对政府采购活动的事前、事中和事后监督检查，依法处理政府采购投诉事项，促进政府采购活动公开公平公正。

2022年度洛江区一般公共预算收支总表

表4 单位：万元

预算科目	决算数	预算科目	决算数
一、税收收入	118207	一、一般公共服务支出	24744
增值税	48686	二、外交支出	—
企业所得税	25616	三、国防支出	847

续表 4

预算科目	决算数	预算科目	决算数
个人所得税	7557	四、公共安全支出	5882
资源税	—	五、教育支出	63914
城市维护建设税	5534	六、科学技术支出	5626
房产税	4694	七、文化旅游体育与传媒支出	3060
印花税	1267	八、社会保障和就业支出	23637
城镇土地使用税	2992	九、卫生健康支出	26590
土地增值税	10492	十、节能环保支出	2225
车船税	790	十一、城乡社区支出	12861
耕地占用税	657	十二、农林水支出	17616
契税	9805	十三、交通运输支出	1279
烟叶税	—	十四、资源勘探工业信息等支出	22806
环境保护税	116	十五、商业服务业等支出	1554
其他税收收入	1	十六、金融支出	—
二、非税收入	46213	十七、援助其他地区支出	—
专项收入	7575	十八、自然资源海洋气象等支出	1853
行政事业性收费收入	2836	十九、住房保障支出	1203
罚没收入	1146	二十、粮油物资储备支出	1420
国有资本经营收入	9954	二十一、灾害防治及应急管理支出	2954
国有资源（资产）有偿使用收入	15816	二十二、其他支出	867
其他收入	8886	二十三、债务付息支出	8397
		其中：地方政府一般债券付息支出	8391
		二十四、债务发行费用支出	17

税务

【概况】 2022年，洛江区围绕福建省委“提高效率、提升效能、提增效益”部署和泉州市“强产业、兴城市”双轮驱动战略，全年组织完成税费总收入31.39亿元，落实组合式税费支持政策为纳税人减轻税费负担和增加现金流5.08亿元，深化税收征管改革经验做法得到全市推广，“党团服务网格化营商环境更优化”创新项目获得市特色党建项目评比三等奖，“智税闽捷办”服务企业案例被央视《新闻联播》报道，万安税务分局被评为全国总工会模范“职工小家”。

【税收征管】 2022年，洛江区加强对重点行业、重点企业的监控，点对点全程跟踪，辅导企业及时足额入库税款，区内207家规模以上企业全年入库税款6.18亿元，比上年增收5186万元，比上年增长9.16%。摸排股权转让、不动产转让等潜在一次性税源，分户建档、专人监管负责，全年入库各项一次性税源超4.03亿元。对全区集中开工的重大项目实行“专员对接，全程帮办”，提供“一件事集成套餐”服务。全年组织税收收入23.43亿元，组织社保和非税收入7.96亿元，一般公共预算总收入增幅排名全市第三。

【减税降费】 2022年，洛江区税务局启动“区局盯分局、分局盯片区、干部盯税户”的组合式税费支持政策落实网格化体系，纵向三级联动压实责任，横向与区财政、区市场监督、区自然资源局、住建等相关部门密切配合，办理增值税留抵退税1.51亿元，办理制造业中小微企业缓缴税费1.71亿元，实施“六税两费”减半、小型微利企业所得税减免、小规模纳税人减免增值税等其他新增减税降费1.86亿元，为全区企业减轻税费负担和增加现金流5.08亿元。《惠企三心纾企三困 洛江税务发挥职能作用助力复工复产》专报得到市委常委肯定批示，助力企业享受减税降费红利做法被央视《新闻联播》报道。

【税收风险管理】 2022年，洛江区税务局推行日常管理网格化、风险应对专业化、质量审核团队化的“三三制”风险管理模式，风险应对能力和处理复杂涉税事项能力提升，风险分析识别效率从36.7%提升到91.3%。辅导低风险纳税人1665户次，辅导入库税款2185.4万元，开展中风险纳税人纳税评估入库税款724.1万元，调整应纳税所得额4357万元。改革后完成土地增值税清算项目31个，审核税款1.32亿元；完成企业所得税汇算后续管理审核225户次，入库税款996万元；不动产转让和股权转让审核入库税款1.18亿元；完成稽查协查75户次，查补入库150万元。

【纳税服务】 2022年，洛江区税务局推广纳税服务专属群举措，建立纳税服务专属群69个，分类推送税费政策2000多次，解答纳税人疑难咨询30多条，确保便民办税“最后一百米”始终保持畅通，为西人马联合测控（泉州）科技有限公司、泉州市嘉华卫生用品有限公司等11家重点企业解决税款缓缴、留抵退税、出口退税等61个“急难愁盼”问题；企业办理退税审批平均时间压缩至1个工作日，缩短33%，引导多家企业申请获得纾困贷款3.4亿元。开展“局长走流程”活动，局领导和特约监督员以群众身份走流程、问需求，优化办税“最后一公里”；在办税厅设置“办不成事”受理台，解决材料不齐全不敢办、机械执行政策不愿办、业务不熟、态度不好不给办等办不成的事；成立税悦工作室，定期举办纾困政策直达企业“云答疑”活动；主动融入“闽捷办”智慧税务平台，服务企业落实税惠红利做法作为智慧税务“闽捷办”典型案例被《福建新闻联播》头条报道。

【税收共治】 2022年，洛江区税务局参与制定《洛江区助力市场主体抗击疫情纾困解难若干措施》等文件，打好财税政策扶持、金融服务实体经济、支持重点项目建设等多措并举的政策组合拳。与工信、财政配合，落实开票额增长鼓励政策，提振市场主体信心。评定A级纳税人690户、B级纳税人3622户，对受疫情影响逾期申报的纳税人采取不给予行政处罚、不调整纳税信用评价的措施，帮助企业将无形的纳税信用转化为有效的融资信用、融资资本。与泉州市税务局、洛江区纪委监委联合开展“廉通企业监督护航”纪税企联络室主题活动，设立“党风廉政联系点”，税收营商环境监督员“请进来”，纪检监督检查“走出去”，共同推进精准监督。与区商务局联合开展“春风助企百局行”外贸服务活动，通过“三对接”出口为企业排忧解困；联合区人社局辅导特困行业阶段性缓缴企业社保费政策，以“专心”“专线”“专办”的“三专思路”为特困行业“送政策、解难题、办实事”。

【税收征管改革】 2022年，洛江区税务局发挥深化征管改革精确执法试点单位优势，探索全局统筹、专业分工、分级分类的税收征管“四精”新模式，对3个分局主要职责进行专业化分工调整，对管户实行“规模+行业+区域”的分级分类管理，通过架构扁平化、资源集约化让征管力量向一线倾斜，向重点岗位倾斜，初步实现重点税源集中管理、重点行业归口管理、特定业务专门管理的目标，深化税收征管改革经验做法得到全省、全市推广。

贯彻落实新《福建省税务行政处罚裁量基准》，规范和正确行使行政处罚裁量权。做好第二批“首违不罚”清单的施行和推广，有效推动柔性执法制度落地。严格落实三项制度，开展重大执法决定法制审核工作，促进执法严格规范。运用内控监督平台强化内控监督，自我纠正执法过错，严格落实税收执法责任制。

统 计

【概况】 2022年，洛江区统计局开展统计法治宣传教育，组织学习贯彻统计法律底线。分行业、分专业开展业务培训，注重加强新入库企业和项目单位统计人员培训，实现对洛江区全部“四上”企业（规模以上工业企业、资质等级建筑业企业、限额以上批零住餐企业、规模以上服务业企业）统计人员全员培训，并针对人口抽样、统计单位审核确认等业务开展专题培训。科学开展统计调查、强化数据分析，优化统计产品，通过洛江区政府官网向社会各界主动公开经济指标完成情况、洛江统计月报、洛江统计年鉴、洛江统计摘要信息23条。

【统计改革】 2022年，洛江区建立健全防惩统计造假责任体系，召开专题会贯彻落实中央《关于更加有效发挥统计监督职能作用的意见》和《福建省防范和惩治统计造假、弄虚作假责任制规定（试行）》，提出洛江区贯彻意见。建立统计机构防惩统计造假、弄虚作假责任制并印发实施，与区纪委监委联合制定《统计违纪违法案件移送协作办法》，健全完善信息互通共享、问题线索移送移交等工作机制，推动统计监督与纪律监督、监察监督、派驻监督有机结合。开展多轮次文件清理工作，清理纠正把统计机构作为地方经济社会发展目标完成责任单位等违反统计法精神的文件和做法。

【统计管理】 2022年，洛江区统计局制定出台国民经济核算、工业、固定资产投资、建筑业、房地产开发、贸易、劳动工资、农村、服务业、基本单位名录库等专业统计数据质量控制办法，加强统计数据的全覆盖、全流程质量控制。严格按照“开网即查、随报随审、抓大控小”的模式，坚持关口前移，利用查询模板功能发现异常数据，加强表内指标或关联报表指标匹配审核，及时核实数据确保时效，在数据报送截止后对企业数据、增长情况进行比对，查找对洛江区影响较大的企业，核实变动原因，提高数据的准确性。对辖区培育纳库企业实行重点跟踪，建立统计台账，实行动态管理。

【统计服务】 2022年，洛江区统计局建立健全部门信息共享机制，强化信息互享互通，相关信息及时反馈主管部门和各乡镇（街道）。强化新上规模企业申报审核、统计数据上报、统计业务方面指导。做好统计数据采集、发布和解读工作，强化经济形势分析研判，为党委、政府科学精准决策提供统计信息支撑。做好人口普查数据开发应用，编印发布第七次人口普查主要数据公报，分析解读近十年来洛江区人口总量、结构等变动趋势，为社会公众了解洛江区人口状况提供统计服务。依法对外提供统计资料。及时提供月度、季度、年度统计数据，编印统计月报、摘要、年鉴、公报等综合性统计资料，方便有关部门和社会各界查阅使用。

审 计

【概况】 2022年，洛江区审计局履行审计职责，开展审计监督，对公共资金、国有资源资产和领导干部履行经济管理责任情况，实行有重点的审计全覆盖，完成审计项目单位15个，其中政策跟踪审计项目2个、预算执行审计项目2个、行政事业审计项目7个、企业审计1个、经济责任和自然资产资源管理责任审计3个；查出违规金额746万元、管理不规范金额1081万元；提出审计建议36条，被采纳30条；提交审计信息75篇，被采用49

篇次。

【预算执行审计】 2022年，洛江区开展2021年度区级预算执行情况和决策草案审计，督促财政部门清理应缴未缴收入入库，加大沉淀资金清理力度，加快政府债券资金投入使用，规范预算绩效管理，推动完善洛江区全面实施预算绩效管理的若干措施。开展洛江区老旧小区综合整治和提升改造资金开展专项审计调查，规范资金拨款审核，促进加强管理。

【经济责任审计】 2022年，洛江区局对虹山乡党政主要领导和区科协主要领导开展经济责任审计，同步对虹山乡政府履行自然资源资产管理和生态环境保护情况进行审计。及时督促整改，推动建章立制、规范管理，强化对领导干部权力运行的监督和制约，助力生态文明建设的各项改革任务实施。

【行政事业审计】 2022年，洛江区审计局开展区教育局、区科技局、区农业农村和水务局、区自然资源局、区商务局、区委文明办、就南中学7家单位2021年度预算执行或财务收支审计，纠正被审计单位存在预算编制不科学、预算执行率低、个别项目未严格执行政府采购程序等问题，有效地促进被审计单位遵守财经纪律、规范财务管理。

2022年5月7日，洛江区审计局召开区自然资源局进点会。图为会议现场 （图/洛江区审计局）

【国有企业审计】 2022年，洛江区审计局开展洛江城建测绘队2021年度资产负债损益审计，关注企业经营情况，做深做细审计项目，规范和完善区国有企业财务收支行为及经营管理制度。从资金审批、物资采购、招投标、合同管理等方面入手，检查制度是否建立以及制度在实际工作中是否得到有效执行。审查是否存在截留、隐匿、转移各项收入问题，是否存在扩大范围列支、虚列支出、虚增往来款、跨期摊销费用等情况。审查各项资产的质量及运营情况、增减变动情况以及是否存在资产流失和不良债务情况审查，是否违反中央八项规定精神，是否违规发放奖金补贴，是否超预算列支“三公”经费。

【政策跟踪审计】 2022年，洛江区开展2021年度国家粮食储备政策落实情况跟踪审计，揭示存在的问题，规范专项资金专账核算，促进加强管理，推动国家储备粮的有效轮换、储存安全和效益的稳定。开展对阳江片区市政道路工程一期建设项目跟踪审计，敦促工程项目加快建设进度，严格执行基建程序和监理规定，促进项目完善内业资料和规范资金管理。

【上级交办审计】 2022年，洛江区审计局加大对落实中央八项规定精神的审计监督力度，结合项目对“三公”经费和会议费“1+X”情况进行督查；配合区委巡察工作，抽调5批5人次参与区委巡察或相关专项检查，保持反腐败斗争的高压态势，发挥审计在反腐倡廉方面职能作用。建立健全审计与相关职能部门的协调联动机制，发挥审计监督在廉政监督、考核任免、巡视巡察、专项检查等方面的作用。

金融

综述

【金融服务】 2022年，洛江区金融办协调银行综合运用转贷政策、延期还本付息政策、优惠利率政策等多种货币政策工具，帮扶企业渡过难关，全年组织6场政银企对接会，签订意向授信28.63亿元。针对银企信息不对称问题，促进银企融资有效匹配，组织开展政银企对接会，宣传贯彻金融政策，精准提供融资支持，为市场主体做好服务，组织2场政银企对接会，签订意向授信8.63亿元。以科创板、创业板注册制和新三板精选层等政策红利为契机，加大对辖内优质龙头企业的培育力度，引导辖区符合条件的企业申报省、市上市挂牌后备企业，福建省铁拓机械股份有限公司、西人马联合测控（泉州）科技有限公司等14家符合条件的企业入选市级上市挂牌后备企业。5月26日，福建省铁拓机械股份有限公司在全国股权系统创新层挂牌。

【金融运行监测】 2022年，洛江区金融办加强对全区金融运行监测。强化企业帮扶化险力度，督促各银行机构落实省政府“五不”要求，协调相关银行做好受困企业贷款展期、续贷等事项；强化对小贷、金融服务公司等地方金融组织的有效监管，定期或不定期组织开展现场监管检查。

【金融风险防范化解】 2022年，洛江区全区不良贷款率1.44%，全年通过清收、核销等方式化解不良贷款0.53亿元，推进存量处置的同时严控新增不良，重点盯紧辖区新文行、长江机械、嘉泰数控等风险大户信贷情况，及时协调银行提供帮扶，保障企业生产经营。

【非法集资防范】 2022年，洛江区金融办加强监管，建立监测台账，定期报送涉嫌非法集资重大风险线索统计表和刑事、行政案件统计表。组织处非成员单位加强涉金融领域的监测防控，联合市场监管对涉嫌非法集资广告资讯信息开展排查清理工作，检查各类广告、信息22条，出动执法人员、车辆15次，监测各类广告和资讯信息22条次，暂无发现涉金融领域非法集资广告违法行为。走访排查对辖内名称中含有“金融”“理财”“财富管理”“股权众筹”等字样的4家机构。联合开展以“守住钱袋子、护好幸福家”为主题的集中宣传活动，同步开展非法集资“下乡进村”、非法集资“进校园”等系列宣传活动，并综合运用微信、公交车等载体，开展防范非法集资宣传，分发各类宣传材料1万份，播放LED屏宣传标语、悬挂宣传横幅1200条，宣传人数2万人。

银行业

【概况】 2022年，洛江区有银行业金融机构10家。年末全区金融机构本外币存款余额246.88亿元、比上年增长14.8%，人民币存款余额241.3亿元，人民币贷款余额243.5亿元。

【中国工商银行泉州洛江支行】 2022年，中国工商银行泉州洛江支行（以下简称“工行洛江支行”）推进重点战略落地，坚持业务发展与风险管控两手抓，加强营销，强化管理，严控风险，确保安全，实现存贷款规模同业晋位。年底，工商银行洛江支行本外币拨备前利润1.39亿元，比上年增加1054.49万元，增长8.22%。中间业务收入3154万元，比上年增长5.63%。

负债业务。2022年，工行洛江支行全部存款余额33.53亿元，其中储蓄存款余额13.80亿元；公司存款余额11.75亿元，比年初增加2.27亿元；机构存款余额7.98亿元，比年初增加3221万元；各项存款日均余额29.16亿元；储蓄存款日均余额13.04亿元；对公存款日均余额16.11亿元。

资产业务。2022年，工行洛江支行各项贷款余额55.50亿元，其中公司贷款余额12.28亿元；个人贷款余额42.92亿元。

社会公益。2022年3月5日，工行洛江支行到洛江区幼儿园开展“传承红色基因弘扬雷锋精神”志愿活动，并进行金融知识宣传；9月28日组织员工到泉州市洛江区双阳街道南山社区参加“喜迎二十大，志愿助老心向党”九九重阳节系列活动启动仪式，开展“敬老关爱”金融知识普及宣传活动。开展抗疫志愿活动，组织员工参加洛江区金融抗疫志愿服务队，协助社区做好疫情防控，洛江区金融办向工行洛江支行敬赠“金融抗疫战一线，尽职尽责显担当”锦旗。开展爱心捐赠，先后到丰泽区实验小学、洛江区退役军人事务局、文旅集团、双阳街道、洛江公安局、洛江检察院等单位开展防疫物资捐赠，用实际行动诠释工行洛江支行履行社会责任以及抗击疫情的决心。组织开展“成长关爱助力高考”和“母亲健康1+1”公益募捐活动。

表5　　洛江区主要金融机构表

登记名称	地址
中国银行股份有限公司洛江支行	泉州市安吉路滨海华庭项目西面一楼西101～104号及二楼西201～204号
中国工商银行股份有限公司泉州洛江支行	泉州市洛江区万荣街万祥商厦1幢10～17号
中国建设银行股份有限公司泉州洛江支行	泉州市洛江区万安开发区安吉路
中国农业银行股份有限公司泉州洛江支行	泉州市洛江区万安万荣街洛江区自然资源局综合大楼一、二层
泉州农村商业银行股份有限公司洛江支行	泉州市洛江万安开发区万发街65号
泉州银行股份有限公司洛江支行	泉州市洛江区安吉路阳光美尔奇店面107～112
招商银行股份有限公司泉州洛江支行	福建省泉州市洛江区安吉南路恒盛商业广场·尚东国际A楼102店面、A楼603号房
中信银行股份有限公司泉州洛江支行	福建省泉州市洛江区安吉南路恒盛商业广场尚东国际一、二层
中国民生银行股份有限公司泉州洛江支行	福建省泉州市洛江区安泰路中亚大厦一、二层
兴业银行股份有限公司泉州洛江支行	福建省泉州市洛江区万安街道万荣街隆恩尚城御景苑1号楼一层

【中国建设银行泉州洛江支行】 截至2022年底，中国建设银行泉州洛江支行（以下简称“建设银行洛江支行”）存贷款总额89.68亿元，一般性存款时点余额45.28亿元，日均余额市场占比41.12%；

各项贷款余额44.4亿元，全行主营业务收入1.94亿元，比上年增长3.7%，全年实现中间业务毛收入2126万元。

信贷业务。建设银行洛江支行全方位支持洛江区产业结构优化，贷款投向区域内重点制造业大中型企业、生物科技企业、大型基建企业等领域，新增大中型项目2个，审批授信金额1.42亿元。全年发放制造业贷款约4.78亿元；中长期制造业贷款新增1057万元；基础设施领域贷款新增3785万元；民营企业贷款余额12.81亿元，绿色贷款新增投放2000万元。为区域内居民提供个人住房贷款、消费贷款等融资便利，全年办理商业性住房贷款3.52亿元。其中，二手房贷款4815万元。

小微企业扶持。建设银行洛江支行通过“抵押快贷”“云税贷”“云电贷”“闽叶云贷”“商户云贷”等普惠金融信贷产品，为洛江区内小微企业提供多样化融资需求。截至12月底，支行普惠类贷款余额5.61亿元，服务小微企业客户数986户，新增用户223户。

社会服务。2022年，建设银行洛江支行配合洛江区防疫金融工作，保障代理财政国库服务不断档，确保国库资金支付正常运行，支持防疫资金周转。为200多家单位办理国库代发工资、公积金、养老保险代缴等业务，办理慈善总会、红十字会划拨捐款及困难补助业务上百笔，紧急处理企业国际汇款及涉疫支付近十笔。

【中国农业银行泉州洛江支行】2022年，中国农业银行股份有限公司泉州洛江支行（以下简称“农行洛江支行”）各项存款余额60.64亿元，比年初增加6.59亿元，个人余额33.02亿元，比年初增加3.9亿元；对公存款余额27.62亿元，比年初增加2.69亿元。

贷款存量。2022年，农行洛江支行各项贷款余额51.75亿元，比年初减少5386万元。涉农贷款余额17.23亿元，比年初增加5.1亿元。

资产质量。2022年，农行洛江支行不良贷款余额1657万元，不良率0.32%，控制在较低水平。清收处置合计完成1559万元，已核销贷款清收436万元。

经营效益。2022年，农行洛江支行实现营业收入1.87亿元，比上年增长3.47%；实现净利润1.04亿元；实现中间业务收入1752万元，其中零售中收1349万元，对公中收403万元。

服务社会。2022年，农行洛江支行持续开展综合服务示范点的改造工程及进村办理社保卡活动，全面提升农村基础金融服务的服务，践行“我为群众办实事”，获区政府部门及当地群众的好评。

【泉州银行洛江支行】 2022年，泉州银行洛江支行总资产12.6亿元。其中，公司存款余额1.71亿元，公司贷款余额2.65亿元；普惠存款余额4097万元，普惠贷款余额2.61亿元；零售存款余额7.75亿元，零售非存总资产余额2.73亿元，零售贷款余额2.41亿元，零售基础客户2.41万户，其中洛江万安社区总资产2.5亿元。

信贷优化。2022年，泉州银行洛江支行信贷业务发展方向由拓展公司、小微企业业务为主逐步转变为“做小做微”，服务周边居民群众及小微企业主。全年发放小微贷344笔，贷款金额2.59亿元。全年发放零售贷款产品“贷生活”、普惠贷款产品“惠民贷”200笔。

业务推广。2022年，泉州银行洛江支行针对市场需求和客户反馈不断优化推广活动。开展云闪付一元乘公交、福利汇商户消费满减、“特惠购”、“一元购”、公益理发、趣味运动会等各项惠民活动进学校、入小区。普惠条线进企业、入园区，以整村授信的批量化作业方式帮助企业、村民，解决融资难、融资贵的问题。

服务社会。2022年，泉州银行洛江支行融入泉州市金融局“‘党建+’邻里中心金融便民服务点建设”新发展格局，6月起分别在双阳街道南山社区、河市镇白洋村建设邻里金融服务站。服务站聚焦社区及乡村衣食住行，丰富便民金融工具箱，送金融知识进万家，守护居民钱袋子，用实际行动践行为民服务的初心。

【泉州农商银行洛江支行】 2022年，洛江辖内有7个泉州农商银行洛江支行营业网点，员工63人，是洛江区唯一一家网点覆盖全区乡镇的金融机构。年底，洛江辖区支行各项存款余额35.54亿元，各项贷款余额17.18亿元，表内不良贷款余额1992.57万元，不良占比1.16%。

创新服务。2022年，泉州农商银行洛江支行与洛江区委组织部、区委乡村振兴办签订“党建+金融”双基联动助力乡村振兴战略合作协议，辖内网点分别与各级党工委、镇委签订共建合作协议。以推行“党建+金融”双基联动模式为抓手，推进“党建+金融助理+多社融合”发展模式，创新“党建指导员”与“乡村振兴金融指导员”互派制，选派31名乡村振兴金融指导员，到86个行政村（社区）开展驻村金融服务。与区住建局共同推进针对“裸房”装修的“福农·福居贷”，年底，洛江辖区各支行裸房贷授信户数220户，授信金额1534.5万元，用信余额1388.98万元。

社会服务。2022年，泉州农商银行洛江支行结合永安村“多彩永安，五彩蝶村”的发展新理念，优化升级洛江片区唯一福农驿站——永安村福农驿站，打造“蝶变·‘绿色+数字金融’赋能乡村振兴”服务模式，利用扫码支付、乡村振兴贷、小额标准贷、福居贷等数字金融产品，为村集体和村民提供“一站式”金融服务，打造2.0版的福农驿站。12月，洛江区马甲镇永安村福农驿站被中国人民银行福州中心支行与福建省农业农村厅认定为“乡村金融教育基地”，基地每月接待农村居民100人次以上，配置1名驻点金融助理和常驻讲师3名，定期开展金融知识宣传，助力永安村“蝶变”。

2022年，泉州农商银行洛江支行结合永安村“多彩永安，五彩蝶村”的发展新理念，优化升级福农驿站，助力乡村振兴。图为永安村福农驿站（2022年摄）　　（图/洛江区委组织部）

【兴业银行洛江支行】 2022年，兴业银行洛江支行立足洛江，把握机遇，紧扣新的规划发展主线，践行普惠金融与乡村振兴，服务于数字经济、海洋经济、绿色经济、文旅经济建设，银政企合作不断深化，为地方经济发展贡献兴业力量。洛江兴业全部存款余额1.74亿元，其中储蓄存款余额1.08亿元，公司存款余额0.64亿元，其他定期存款余额0.02亿元。

贷款业务。2022年，兴业银行洛江支行贷款持续增长，信贷结构持续优化，12月末洛江兴业各项贷款余额9.27亿元，其中公司贷款余额1.58亿元，个人贷款余额7.65亿元，对非居民贷款0.04亿元。

客户拓展。2022年，兴业银行洛江支行全年新开企金结算账户169户，全年新增个人客户数3393户，按揭新增客户209户，个人经营贷客户新增80户。

特色业务。2022年，兴业银行洛江支行为满足企业和个人客户对金融新产品的需求，兴业银行加大业务创新力度，不断推出各类创新业务产品，企金创新业务产品有快易贷、快押贷、科创云贷、兴优贷、人才贷、科技贷、合同贷、光伏贷、e票贷、乡村振兴贷款、工业厂房按揭（线上）等；个人贷款创新业务产品有茶农贷、茶商贷、烟商贷等。

【招商银行洛江支行】 2022年，招商银行洛江支行立足大泉州经济圈，创新驱动，提升管理，夯实业务基础。12月末，各项存款余额10.61亿元，各项贷款余额6.33亿元。

融资服务。2022年，招商银行洛江支行创新融资方式，提高服务能力和效率。为政府及国有企业提供专项债策划、辅导和申报等服务，服务洛江区专项债项目6个，项目总投资额50亿元以上。为三一（泉州）筑工科技有限公司装配式建设产业园新批项目贷款1.6亿元、泉州市玛莎电子商务有限公司新增3000万元授信等，为企业提供融资服务。

社会服务。2022年，招商银行洛江支行在疫情期间主动联系洛江防疫联队进行物资捐赠，分别向洛江区国企单位和学校等疫情防控区域捐赠生活物资和防疫物品，助力泉州疫情防控工作，贡献自身力量。践行“因您而变”的服务理念，坚持价值银行战略，增强创新意识和服务意识，与洛江区多家单位和学校开展独具文化气息的泉州古城徒步活动。

【民生银行洛江支行】 2022年，民生银行洛江支行各项存款余额7.9亿元，贷款余额12.07亿元，服务客户3.21万户，其中个人客户3.06万户，企业客户1509户。

服务小微企业。2022年，民生银行洛江支行服务实体经济，为企业提供多样化的金融方案，为企业主解决资金短缺、扩大生产等问题。同时聚焦产业供应链客群经营，科技赋能客群开发，推动多个重点项目落地，带动项目1800多名员工薪资代发业务，高效率解决员工开卡难的问题。以薪资服务日为载体，增强客户满意度，为企业和员工提供金融服务。

风险防控提升。2022年，民生银行洛江支行强化金融消费者教育，提升金融消费者风险防范意识和依法维权能力。每年的3月、6月、9月及12月开展金融知识普及宣传月主题活动，重点关注老年人、年轻人等重点群体，关注农民、外来务工人员等普惠金融重点人群的金融需求，开展进企业、进农村、进学校、进家庭、进社区活动，普及金融知识，延伸服务半径。

中国人保财险股份有限公司洛江营销服务部

【概况】 2022年，中国人保财险股份有限公司洛江营销服务部（以下简称“人保财险洛江营销部”）保险业务费收入1.12亿元，比上年增长11%。个人保费9137万元，比上年增长14%；法人保费2000万元，比上年增长2%；政府保费85万元，比上年下降13%。

【车险结构调整】 2022年，人保财险洛江营销部根据自身车险发展情况，适时调整经营策略，培育非家用车市场，统筹协调非营业车、营业车协调发展。至年底，车险保费增长10.59%，其中家用车增长7.52%，非营业车增长33.09%，增长174万元，营业车同比增长10.15%。

【个人非车险业务】 2022年，人保财险洛江营销部落实个人非车险战略发展新目标，加大随车产品推广力度，渗透两安康、驾意险。驾意险渗透率76.27%，营造耕耘渠道和平台，学生平安险、惠闽宝、借意险等个人非车险产品逐渐形成规模。截至年底，个人非车险保费收入1512万元，比上年增加550万元，增长57%。

【保险服务政府治理】 2022年，人保财险洛江营销部围绕助力政府治理现代化，提出“服务十局人保护航”行动，针对区人社局，区卫健委，区市场监督管理局等十个政府职能部门在相关领域发展过程中面临的治理风险，开发专属保险产品，提供服务。围绕政府重点推进的“强化退役军人服务保障”“持续开展安全生产专项整治三年行动”“做大万虹路汽车走廊规模”等工作，与洛江区退役军人事务局签订“退役军人优抚对象救助保险协议”，实现保费收入25万元；与区住房和城乡建设局签订《福建省房屋安全保险监测项目的合作协议》，实现保费收入30万元。至年底，“服务十局”保费收入189万元。

园区发展

【概况】 2022年，洛江经济开发区推进产业转型、园区建设、项目攻坚等各项工作推进开发区高质量发展。全年实现地区生产总值302亿元，比上年增长3.6%；一般公共预算总收入27.29亿元，比上年增长8%；一般公共预算收入16.44亿元，比上年增长9.3%。出口商品总值87.57亿元，比上年增长16.82%；实际利用外资1.4亿元。

【产业特色】 2022年，洛江经济开发区推动铁拓机械5G智能装备产业园、加来盟体育5G智慧工厂等“5G+制造”项目加快建设，全年新增“上云上平台”企业46家。组织企业实施重点技改项目，35个技改项目完成投资19.5亿元，比上年增长32.5%。支持龙头企业增资扩产、做大做强，新增国家级、省级专精特新“小巨人”企业10家，福建省工业龙头培育企业9家，48个增资扩产项目总投资118.6亿元，建成投产后每年新增产值超100亿元。扶持优质企业上市，14家企业入选市级上市挂牌后备企业，铁拓机械在全国股权系统创新层挂牌。发展壮大数字经济，华南动力配套及试验工业园等28个省级数字经济项目完成投资超50亿元。落实全市工业（产业）园区标准化建设专项行动，“四个一批”项目完成投资11.5亿元，在全市率先采用“国有+民企”土地连片合作开发模式，洛江区数字经济产业园（一期）开工建设，云箭智能科技等9个项目签约入驻；推动土地集约利用、产业空间拓展，梳理城镇低效再开发试点片区5个、用地面积9.5平方千米，整合低效工业用地面积34公顷、闲置厂房12万平方米。出台《关于促进洛江区建筑产业高质量发展的若干措施》，新增建筑业企业12家，兑现奖励4955.8万元，建筑业总产值达285.6亿元，比上年增长24%。

【第三产业】 2022年，洛江经济开发区出台促进商贸服务业高质量发展措施，组织举办洛江乐购生活节、万虹路汽车走廊文化节、侨家乐·福建省华侨美食风情文化节等促消费活动，社会消费品零售总额比上年增长10%，增速位居全市第一。加快发展电子商务，中聚电商园建成运营，中海联实业、阿里巴巴国际站服务商等40家企业进驻，全区网络销售额超120亿元，比上年增长10%，3个镇、31个村上榜2022年“淘宝镇”“淘宝村”。

【项目建设】 2022年，洛江经济开发区组建“抓前期、促开工、保纳统”专班，开展“攻前期、快审批、促落地”活动，落实“红黑榜”晾晒机制，跟踪协调统管区申报建设工程审批事项，全年新增谋划项目70个、开工项目45个、竣工项目35个，在建重点项目完成投资109亿元，完成年度投资计划的102%，全社会固定资产投资增长10%。建立“首问即服务”责任制，上报并获批省政府审查农转用和土地征收项目5个批次、面积68公顷，处置批而未供和闲置土地面积63.29万平方米。开展“抓征迁交净地”行动，完成房屋征迁面积3.8万平方米、土地征收面积90.19万平方米。多渠道筹融资，主动向上争取资金4.5亿元，新增政府债券资金2.6亿元。万虹路国道324至河市中学改造提升工程开工建设，完成朝阳二路、安达路等改造提升。投资985万元建设城市公共停车场，新增停车泊位379个。投入2.5亿元建设21个教育项目。市实小洛江第二校区加快建设，泉州十一中塘西校区、洛江区实验幼儿园开工建设。区妇幼疾控综合业务大楼投入使用，区医院新院区开工建设，泉州宝璋肿瘤医院主体结构封顶。丰富群众文体生活，新建13条全民健身路径、20个口袋健身公园，改造提升7个篮球场，俞大猷纪念馆重装开馆，蔡襄书院挂牌，区档案馆主体建筑封顶。

【科技创新】 2022年，洛江经济开发区鼓励企业加大研发投入力度，推荐企业申报2022年福建省研发经费投入分段补助2285.8万元，规模以上工业企业研发经费比上年增长23.9%。培育科技创新主体，推荐42家企业申报国家高新技术企业，入库省科技型中小企业66家，新增省级科技“小巨人”企业11家。组织企业申报2022年省市级科技项目，获得立项11个、扶持经费310万元。

营商环境创设

【概况】 2022年，洛江经济开发区落实省委“提高效率、提升效能、提增效益”行动，开展“百名干部进百企、一企一策促发展”专项行动，建立区领导、区直部门与重点企业结对挂钩联系服务机制，研究制定应对疫情纾困解难措施21条、支持民营企业高质量发展措施17条、稳经济增长措施70条。

【企业服务】 2022年，洛江经济开发区成立用工稳岗保障服务专班，举办招聘活动60多场，帮助企业新招聘员工4000多人，发放稳岗、稳就业奖补2126.6万元。引导企业开展市场采购贸易、跨境电商等新业态，帮助企业赴海外抢订单拓市场，全年完成外贸出口85.18亿元、比上年增长17.76%。开展优化营商环境三年行动，“涉企审批上门服务日”获评全市优化营商环境“最具获得感”十大举措，首创设立综合金融服务专区列为全市典型经验做法，万洋众创城探索工业园区标准化用电试点被列为全省优化营商环境典型经验，市场主体总量比上年增长8.6%。常态化开展“局长走流程”活动，压缩审批时限53个工作日、减少环节16个、推行告知承诺制事项7个，企业和群众办事更加便捷。

【招商引资】 2022年，洛江经济开发区开展“抓开放招商促项目落地”专项行动，成立全区开放招商领导小组，组建10个产业发展专项小组，新聘任招商引才顾问20人，掀起全员招商热潮。全年签约合同项目136个、总投资747.3亿元，分别完成年度目标的 113.3%、124.6%。其中，20 亿元以上项目 9 个、总投资 276 亿元；履约落地项目 128 个、开工项目 97 个，履约率、开工率均创新高。

【生态环保】 2022 年，洛江经济开发区投入 5000 多万元实施 6 个“碧水清源”项目，完成 6 个农村生活污水治理项目建设和 20 个村庄生活污水提升治理，主要流域和小流域水质优良比例达 100%。加强臭氧污染联防联控，完成 5 个大气精准治理减排项目。抓好土壤污染治理，完成泉州大华蓄电池有限公司污染地块治理修复，组织开展重金属行业企业排查，规范危险废物管理。投入 474.7 万元治理水土流失面积 662 万平方米。

智谷园区建设

【概况】 2022 年，智谷（泉州）万洋高新技术产业园（泉州市传感器智能制造产业基地核心区）位于洛江区河市镇坛顶村，项目意向用地面积 66.67 万平方米，总投资 50 亿元。其中一期用地 12.07 万平方米，建筑面积约 24 万平方米投资 9 亿元，主导产业以智能制造业为主，涵盖现代化标准厂房、高层厂房、定制厂房、中央食堂、商业区、生活区等全方位业态。

2022年，洛江区以万洋众创城为试点先行，同步推动万安—双阳、河市西片区等连片改造提升，盘活闲置地块和厂房，进行资源重组和实施标准化改造。图为已完工封顶的万洋众创城产业园区主体建筑 （图/洛江区融媒体中心）

【园区建设】 2022 年，智谷（泉州）万洋高新技术产业园项目位于洛江区河市镇，于 2021 年 10 月 27 日完成土地出让，2021 年 11 月 18 日开工建设，2022 年 12 月完成一期 3 ～ 9 号、12 ～ 16 号厂房外墙装饰及室内设备安装；10 ～ 11 号楼完成外墙粉刷。二期第一批 2 号宿舍、17 号高层厂房完成 10 层主体结构施工。

【招商引资】 2022 年，洛江区引进符合产业发展条件、科技含量高、发展潜力大的企业进驻，推动传感智能制造、新材料、人工智能、电子信息等产业发展壮大。全年审核同意 4 批次 34 家企业作为智谷（泉州）万洋高新技术产业园意向入园企业。

城乡建设管理

城乡规划

【概况】　2022年，洛江区加快国土空间总体规划编制，搭建市、区两级沟通服务平台，主动对接项目业主加快项目获批投建。加快推进洛江区医院项目及数字产业园一期项目进行“多评合一”方案审查。泉州万洋众创城科技有限公司智谷（泉州）万洋高新技术产业园（一期）、泉州第十一中学塘西校区项目、三一（泉州）筑工科技有限公司项目1号厂房、综合楼等18个项目完成“建设用地规划许可证”核发，总建设面积98.71万平方米。

【空间规划编制】　2022年，洛江区推进《泉州市国土空间总体规划（2021—2035）》的编制工作，对洛江片区单元控制性规划进行修正调整，形成中期成果汇报稿，为建设“海丝名城、智造强市、品质泉州”提供有力支撑和空间保障。

【村庄规划编制】　2022年，洛江区推进村庄规划编制专项行动，全面推进乡村振兴，推动实现农村现代化。组织完成编制河市镇南塘村、溪井村、岭客村，马甲镇永安村、杏川村、西头村、就南村、炉田村、二甲村、义山村、新生村、洋坑村，罗溪镇垵内村、建兴村、东方村、广桥村、三村村、大路脚村、双合村、三合村、钟山村等21个行政村村庄规划，完成投入750万元，投入占比93.7%。

城市建设

【概况】　2022年，洛江区围绕“智造洛江、生态新城”目标，坚持“强产业、兴城市”双轮驱动，开展“抓城建提品质”专项行动，以绿化美化亮化净化智化“五化”提升工程为抓手，加快园林绿地、特色景观等建设，提升乡村建筑风貌，促进建筑业发展。

【中心城区（镇区）提质】　2022年，洛江区根据“品质泉州”建设的部署和要求，聚焦“智造洛江、生态新城”定位，点线面结合，集中力量、整合资源推进中心城区（镇区）、片区、街区“五化”提升和精细化管理，打造品质洛江。全年策划生成104个“五化”项目，年度完成投资9.36亿元。

【片区建设】　2022年，洛江区统筹谋划推动实施阳江新城、中部功能区、小总部经济区、河市西片区等片区的开发建设和前期工作，并将阳江新城片区和河市西片区两个片区纳入全市片区比拼活动，完善片区配套，实现产业更新提级、土地利用优化与建设项目提质。2022年片区更新实施城建项目17个，总计划投资18.63亿元，年度计划投资6.83亿元，完成投资7.84亿元。其中，阳江新城一期全部完成征收工作，年度实施城建项目7个，年度计划投资3.29亿元，完成投资 3.24 亿元；河市西片区年度实施城建项目 10 个，年度计划投资 3.54 亿元，完成投资 4.60 亿元。小总部经济区拟调整为“智创科技城”项目，规划用地 35 公顷。

【房屋征迁】 2022 年，洛江区 9 个项目纳入市级“抓征迁交净地”专项行动，需拆除房屋面积 5.41 万平方米，征收土地面积 113.86 万平方米。完成房屋拆除面积 5.41 万平方米，完成土地征收面积 113.86 万平方米。其中，5 个春季攻坚项目完成房屋征收面积 0.6 万平方米，完成土地征收面积 26.06 万平方米。4 个秋季攻坚项目完成房屋征收面积 4.81 万平方米，完成土地征收面积 87.8 万平方米。

【老旧小区（片区）改造】 2022 年，洛江区住建局实施阳光花园、阳山归侨安置房、南山安置房、祥光花苑 1～2 期、侨福四季花苑、坪山侨居安置房 6 个老旧小区提升改造工程，完成投资 610 万元，涉及改造面积 2.4 万平方米，惠及住户 978 户。完成双阳南山社区整体改造提升项目，总投资 180 万元，涉及改造面积 0.4 万平方米，住户 164 户。探索失管、弃管老旧小区改造后的长效管理新模式，改造万源花苑和万祥商厦 2 个老旧小区，实行由业委会自行管理试点。

【综合交通体系提升】 2022 年，洛江区实施聚城畅通项目 32 个，年度计划投资 11.51 亿元，完成投资 13.07 亿元。两个高速前期项目继续推进，其中洛江至丰泽高速（甬莞高速联络线）完成路线技术方案审查及方案修编，工业投资项目可行性研究报告方案设计通过省发展改革委审查；泉梅高速洛江段（国道 324 改线洛江段）完成“工可”审查、初勘和初测验收，编制完成初步设计文件。4 条在建市政道路包括洛江西环路朋虹街—经九路市政道路工程、万虹路（河市中学至马甲新庵岭段）、万虹路（国道 324—河市中学段）、经九路（万虹路至西环路）市政道路工程拓改均按时序推进。董厝停车场、杏宅停车场等 5 个公共停车场建设项目完工，新增公共停车泊位 359 个。

【村镇建设】 2022 年，洛江区实施村镇建设项目 15 个，年度计划投资 1.01 亿元，完成投资 3.75 亿元，完成年度投资比例 371.75%。推进整治既有裸房、落实农房管控、引导建房新风、整治公共空间、试点集约建设、开展集镇整治和保护风貌建筑等乡村建筑风貌提升工作，创建马甲、虹山集镇环境整治和河市溪山新时代农村社区试点示范项目，重点打造山边村、杏川村、后溪村和虹山村 4 个区级乡村建筑风貌提升示范村。2022 年裸房整治开工 4018 座，完工 3754 座。

建筑业

【概况】 2022 年，洛江区推动建筑业向绿色化、智能化、装配化的方向转型，完成建筑业产值 263.88 亿，比上年增长 14.57%；建筑业税收 3.59 亿元，下降 19.64%；建筑业产值约占地区生产总值的 8%，成为洛江经济发展的重要支柱产业之一。指导扶持区内 4 家企业、新增 5 项资质，其中 1 家企业晋升总承包一级资质 1 项。全年新增建筑业企业 20 家，建筑企业总数 269 家，其中总承包资质一级 13 家，总承包资质二级 8 家，总承包资质三级 104 家，专业承包和施工劳务资质 144 家。

【建筑企业扶持】 2022 年，洛江区出台建筑业扶持政策，加强工程支付履约监管、搭建建材供应链平台，鼓励企业职工提升技能水平、深化产教融合、校企服务等。洛江区住建局、财政局细化《关于印发洛江区建筑产业高质量发展奖励实施细则（试行）的通知》，奖励三批建筑业 5 家次，落实扶持资金 5214.02 万元。组织走访调研，了解辖区建筑企业融资需求，搭建建筑企业融资对接平台，全年指导 9 批、20 家建筑企业上报融资需求，帮助获批融资金额 8245 万元。

【建筑龙头企业培育】 2022年，洛江区开展建筑业招大商、引龙头工作，组建由区住建局牵头的建筑业招商工作专班，对接中交第三公路工程局有限公司、中建科工集团有限公司等多家建筑业企业到洛江设立分支机构，与中化学土木工程有限公司签订框架协议、落户协议。培育建筑业龙头企业，壮大产业规模，区内10家建筑企业入选泉州市建筑业龙头企业名单。授予建筑企业年度“行业龙头企业”称号3家、“施工明星企业”称号10家、“技术明星企业”称号4家、“外埠优秀企业最佳贡献奖”2家。

【建筑产业高质量发展大会】 2022年3月2日，洛江区召开以“提振精神再出发、实干担当向未来”为主题的建筑业高质量发展大会，福建万宝建设有限公司执行董事赖将成等辖区78名优秀建筑企业家代表参加会议。大会发布《关于促进洛江区建筑产业高质量发展的若干措施》，围绕进一步加大行业招商力度、扶持企业做大做强、鼓励企业争先创优、优化营商环境、加强要素保障服务等方面提出36条措施。

房地产业

【概况】 2022年，洛江区健全住房保障体系，提高住房保障水平，加快建立“多主体供给、多渠道保障、租购并举”的住房制度，保持房地产市场平稳健康发展，改善洛江区城镇居民住房条件。商品房上市供应3774套，面积22.03万平方米，其中住宅套数1417套，面积16.42万平方米。房地产销售面积51.81万平方米，销售额46.29亿元。2022年，全区房地产在建项目10个，面积63.65万平方米，竣工面积60.38万平方米，总投资29.34亿元。

2022年3月2日，洛江区建筑产业高质量发展大会召开。图为大会对建筑业行业龙头企业进行表彰　　（图/洛江区融媒体中心）

【商品房预售管理】 2022年，洛江区住建局加强房地产企业资质、预售款管理，办理预售许可12宗，套数6842套，面积48.66万平方米，其中住宅3668套，面积43.17万平方米。加强预售款监管，受理预售监管资金审批179件。完成资质审批5件，其中新申请2件、延期1件、变更2件。

【房地产市场监管】 2022年，洛江区住建局开展房地产市场秩序整顿工作，检查房地产中介机构20家；开展以房养老诈骗检查工作，检查房地产机构93家、房地产销售项目8个；开展二手房市场整治行动，检查16家房地产经纪机构，出动执法人员42人次，下发整改通知书5份，发现问题3个，整改完成3个。

【物业服务】 2022年，洛江区住建局开展小区物业日常管理巡查150人次，督促物业公司加强卫生环境的整治，开展小区安全防护检查108次。落实上级考评检查问题的整改30多件，查处业主或物业公司举报的小区业主违占违建行为为20余件。规范监督物业承接查验招投标并备案3件，指导小区成立（换届）业主委员会及备案11件，办理前期物业合同备案1个项目，物业合同到期续签备案4个项目。督促全区43家物业企业完成59个服务项目的“高层建筑重大火灾风险评估情况登记表”

及“高层建筑排查清单、隐患清单和整改责任清单”，签订“安全生产标准化函告书及承诺书”。落实76个小区物业纠纷人民调解全覆盖，建立9个基层物业（邻里）纠纷调解室，拓展组建38个小区物业纠纷调解室，坚持源头治理，从根本上减少矛盾发生，成功调处物业管理纠纷120余件。

城市管理

【概况】 2022年，洛江区加快推进市政基础设施建设，加强市容市貌环境卫生整治，做好城乡环境卫生管理工作，开展116期考评，发现存在问题9038个，督促各部门及时做好问题整改。推进“放管服”改革，提升城市精细化管理水平。坚持依法行政，创新执法方式，严格规范行政行为，出具行政处罚36条、行政许可信息74条，行政处罚金额17.60万元。

【“两违”治理】 2022年，洛江区落实属地原则，建立五级网格化管理机制，开展全天候、全覆盖的日常巡查，做到“发现一起、报告一起、拆除一起”。开发洛江区“两违”和建房安全监督管理平台，将违法建设网格化巡查纳入系统平台，信息共享，永久留痕，接受监督。运用电视、报纸、网络、标语、宣传车、宣传手册等方式进行宣传，扩大治违行动影响力。建立“两违”（违法占地、违法建设）治理考核奖惩制度，定期考核各乡镇（街道）治理工作，及时跟进各责任单位“两违”治理任务完成情况，通报处理责任落实不到位、工作不力的单位。全年拆除“两违”106宗，拆除面积8.78万平方米。

【市容管理】 2022年，洛江区贯彻落实《泉州市市容和环境卫生管理条例》，开展占道经营、广告清理、城市“牛皮癣”、噪声扰民等专项治理，强化养犬和餐饮油烟管理。印发《关于进一步提升全区城市精细化管理专项行动实施方案》，集中开展城市管理领域精细化专项行动，改善人居环境。印发《洛江区中、高考期间建筑工地施工噪声扰民整治工作方案》，为中高考护航。全年纠正店外经营行为1480起、流动摊点1535起，查处夜市大排档246起、烧烤摊85起，取缔流动摊点数677处，对18起屡教不改长期占道经营进行立案查处；清理布条、横幅、占道灯箱及各类违规广告、店铺招牌1020起；查处乱张贴广告、城市“牛皮癣”行为430起，清洗8.6万张；纠查建筑工地噪声扰民行为37起；印发洛江区餐饮业油烟、油水整治告知函100余份及洛江区加强餐饮业油烟防治及燃气使用安全告知书400余份，受理群众投诉件54件，督促餐饮店安装油烟净化设施；养犬劝导26起，捕捉流浪犬20只。

【数字城管】 2022年，洛江区城市管理局依托数字城管平台，

2022年7月12日，洛江区城管局联合区交警大队、市交通执法支队执法四大队等部门加强路面执法。图为洛江区城管局联合河市交警整治土方车问题 （图/洛江区城管局）

发挥数字化城市管理的优势，通过利用信息化手段，实现对城市动态的实时管理。全年区级数字城管平台受理案件26552件，专业部门按期处置22283件，按期处置率83.92%，处置26470件，结案率99.69%。

【城市管理领域安全生产】2022年，洛江区城市管理局印发《关于开展全区城市管理领域安全生产大检查工作的通知》《洛江区城市管理局关于开展安全生产百日会战专项行动的通知》等相关文件，开展全区生产经营租住场所重大火灾风险综合治理、安全生产大检查、房屋市政工程安全生产等工作。牵头做好渣土车安全整治和城市管理安全整治专项工作，联合区交警大队、市交通执法支队执法四大队等部门加强路面执法，采取部门执法和联合执法、机动巡查和节点守卡、定期与不定期相结合的方式开展专项行动。区渣土办召开联席会议9次，联合各职能部门对辖区内13家渣土运输企业安全生产工作进行检查12次，约谈企业6次，要求辖区内渣土运输企业加强渣土车驾驶员的动态管理，落实渣土车运输安全生产工作。全年开展联合执法行动37次，部门执法1306次，出动2668人次，查处违规渣土车辆152辆，处罚12.11万元。

【城市道路排水防涝】2022年，洛江区城市管理局督促指导万安、双阳街道办事处清理道路雨水口，汛期对滨江路、安和路、万虹路等主干道积水点进行处理，出动180人次，出动疏通车1台15次，清掏雨水口392处，疏通雨水检查井102处。

【“五化”提升工程】2022年，洛江区加快推动产城融合双轮驱动，进一步完善城乡基础设施公共服务功能，提高城市品质。1月26日，召开“五化”（“绿化、美化、照明化、净化、智化”）提升工程专题会，部署工程具体实施措施。出台《洛江区“五化”提升工程工作方案》，并强化一线总指挥和专班作用，在全区范围内组织实施“五化”提升工程，进一步提升全域城市品质，推动生成104个“五化”项目，计划投资9.36亿元。至年底，开工项目86个，完成项目52个，完成投资5.96亿元，通过分批推进“五化”项目，提升城市精细化管理水平。

市政公用事业

【概况】2022年，洛江区实施万安、双阳街道背街小巷整治提升，对道路路面硬化，配套建设雨水管线，硬化整治面积2万平方米。实施万安双阳微光能路灯工程，建设万安双阳社区微光能路灯400盏。新建河市西片区天然气管网3千米，提升居住品质。打通经九路、法院支路、朝阳二路3条“断头路”，畅通片区微循环，完成安达路等主干道改造，推进万虹路、印尼街、阳山路改造提升工程，提升通行质量。

【城区景观改造】2022年，洛江区落实“绿满泉城”三年行动、实施万安中心小学西侧街头绿地喷灌智慧升级改造项目设备安装、桥南花苑前口袋公园、万荣街97号围墙周边绿化提升、洛江第二实验小学旁口袋公园、经五路及纬四路道路绿化工程、万荣街花漾街区提升工程（景观绿化专篇）等道路绿化及口袋公园项目提升及建设，城区景观品质得到提升。加强园林绿化养护工作，将城区主要干道、重要节点的园林绿地由园林行业主管部门纳入集中管理，实行统一标准，提升园林绿化管养的专业化水平；定期开展园林绿地养护巡查及考评工作，发现问题要求立即整改，确保城区园林绿化管养工作提质增效。

【污水管网改造】2022年，洛江区城市管理局与泉州水务集团签订框架协议，谋划整体推进污水管网建设；年度投资2340万元，完成6千米城市污水管网和2千米乡镇污水管网建设，提高区域污水收集率；推进内沟河清淤疏通，完成塘西排洪渠、福滨街排洪渠等长约3千米内沟河清淤疏浚；完成安吉路雨污分流排查整治及清淤工作。

【城乡公厕改革】 2022年，洛江区投资125万元完成新建改造城市公厕2座、乡镇公厕1座、农村公厕2座。及时拨付补助资金，下达农村公厕建设市级“以奖代补”资金27万元。完成5座（河市镇4座、虹山乡1座）环卫工人休息小屋建设，下拨省级补助资金25万元。

【垃圾分类】 2022年，洛江区印发《洛江区进一步推进生活垃圾分类工作的实施方案》《洛江区2022年生活垃圾分类工作意见》《洛江区农村生活垃圾分类实施方案》等文件，明确4年垃圾分类总体目标和具体措施，指导各乡镇（街道）推进垃圾分类工作，拨付全年垃圾分类工作经费400万元。结合创城、世界环境日、综治平安、活动等普法开展垃圾分类宣传活动，共同营造“垃圾分类全民行动”的社会氛围。中心城区建设垃圾分类主题公园、落实公交候车亭垃圾分类宣传海报投放、印制张贴垃圾分类市民公约，建设垃圾分类亭（屋）42座，落实42个小区68个投放点位；完成三盛四季公园二期、南益刺桐春晓市级垃圾分类示范小区创建，推进厨余垃圾收运陆续进小区。罗溪镇完成全镇17个行政村前期摸底排查工作，印发宣传手册、宣传海报1万份，更换镇村主次干道的分类垃圾桶854个、建设垃圾分类亭17座并投入使用、设置有害垃圾、可回收物暂存点，陆续收运镇区餐厨垃圾到虹山乡阳光堆肥房处置。

【城市燃气管理】 2022年，洛江区城管局印发《洛江区城镇燃气安全排查整治工作方案》，成立工作领导小组，细化量化责任分工，推进城镇燃气安全排查整治工作。重点排查整治全区瓶装燃气供应站点、燃气管道、燃气汽车加气站、餐饮燃气使用的燃气安全隐患问题，全年出动57车次、167人次，发现燃气安全隐患158处，全部整改。开展“打非治违”专项行动，联合乡镇政府、派出所、市场监管局查处取缔无证经营站点3个，查处跨区域燃气违法行为1起，扣押钢瓶204个，罚款7万元。加强燃气安全宣传教育，印发宣传资料3000余份，宣传燃气安全知识和防范基本技能，在餐饮行业及居民用户中推广安装燃气泄漏报警器、安全自闭阀等安全设备，餐饮用户安装燃气报警器717户、居民用户安装1017户。

2022年，洛江区完成垃圾分类亭建设42座，落实垃圾分类投放点68个。图为垃圾分类亭　（图/洛江区融媒体中心）

供水服务

【概况】 2022年，洛江区有3座自来水厂，城乡年供水总量2978.4万吨，年销售2533.1万吨。其中，城区供水总量2343.3万吨，销售总量1949.10万吨；农村供水总量635.10万吨，销售总量584万吨。全年发展新用户8608户，其中居民用户473户、企事业用户73户、店面用户22户、一户一表改造8608户。

【水质监测】 2022年，洛江区自来水公司增加水质检测频次，检测水质176份，其中源水、出厂水、管网水分别为17份、127份、30份，自来水水质综合合格率99.5%。对重点用户进行实时监测，排查异常站点，修复漏点75处。

【供水管网建设】 2022年，洛江区新开工建设管网项目，完成阳江大道及纵一路进场施工2.3千米；完成新建直径75毫米及以上给水管道12.6千米，完成投资1250万元。西环路（朋虹街至经九路）与万虹路（河市中学至马甲新庵岭）配套管网工程纳入城乡供水一体化项目，其中西环路（朋虹街至经九路）进场施工1.9千米，万虹路（河市中学至马甲新庵岭）进场施工2.33千米，完成投资356万元。

【城乡供水一体化项目开工建设】 2022年8月17日，洛江区城乡供水一体化项目开工。项目总投资7.95亿元，布设供水管道169千米，新建及改造水厂12座。其中，日供水量1000吨以上水厂4座，并打造智慧水务一体化管理平台，实现水源地到用户一体化、数字化、智慧化管理。至年底，洛江区城乡供水一体化项目投资5.7亿元，项目包括建设万吨级以上供水厂2座，提升改造千吨以上水厂2座，新建或提升改造偏远农村及高海拔地区一体化水厂8座。2022年完成平行检测单位和第三方检测单位招标方案编制，完成施工图预算编制单位招标采购，完成马甲第二水厂施工图论证审查和厂区清理。完成就南水厂提升改造施工前准备，铺设供水管网2千米，覆盖罗溪镇、马甲镇、河市镇等水资源紧张地区，项目累计完成投资额5494万元。全线贯通八峰水库水源应急管道改线工程，确保罗溪镇金溪供水有限公司实现双水源供水。协调市自来水公司在河市镇新开取水口，调入市自来水公司优质水源，解决受干旱气候引起的季节性供水紧张问题。协调马甲供水公司解决群众“一户一表”改造工作中存在的问题和困难，通过不断完善“从水源头到水龙头”供水保障体系，向实现“城乡供水一体化”目标坚实迈进。

供电服务

【概况】 2022年，洛江区辖区内有500千伏变电站1座、220千伏变电站3座、110千伏变电站4座、35千伏变电站2座。10千伏供电馈线152回1498千米，绝缘化率99.83%，电缆化率57.38%，其中公用线路136回1325千米，专用线路26回173千米。公用变压器1555台，容量890兆伏安，专用变压器2003台，容量1006兆伏安。

【电网建设】 2022年，洛江供电服务中心为贯彻落实中央关于全面推进乡村振兴的决策部署和省、市工作要求，推动城乡融合发展，推进乡村振兴“串点连线成片”，打造都市型乡村振兴样板。洛江辖区67个配网项目，项目总投资1.08亿元，用于改造网架结构、电网自动化建设，提升电网供电能力和供电可靠性；改造升级配电台区及低压线路，消除农村低电压问题。

【售电用电】 2022年，洛江区完成售电量16.90亿千瓦，比上年增长0.91%；应收电费10.43亿元，比上年下降0.017%；电费回收率100%。服务客户18.92万户。

【供电服务“互联网+”推广】 2022年，洛江供电服务中心开展线上业务办理以及“网上国网”等使用操作培训和现场推广，并做好电力设施保护宣传，组织开展安全用电进校园、安全用电现场宣传等活动，营造安全用电氛围。

农业与农村

综 述

【乡村振兴战略实施】 2022年，洛江区优化区委扶贫开发成果巩固与乡村振兴二作领导小组班子，成立市级乡村振兴示范线工作专班，每10天倒排一次进度、开展一次督查。召开全区乡村振兴工作现场推进会及争创市级精品示范线暨乡村建设“五个美丽”工作现场推进会4次，及时研究并协调解决乡村振兴工作推进过程中存在的具体问题和实际困难。2022年，投入2.8亿元完成113个乡村振兴试点示范项目。分阶段、分类型梯次推进乡村振兴整镇建设，制定《洛江区乡村振兴整镇推进行动方案》《整镇推进要素保障方案》，首批重点培育马甲镇工贸带动型和虹山乡农业生态型2个“五好”试点乡镇，完成马甲镇、虹山乡整镇推进重点建设项目20个，总计投入1.43亿元。全年农作物传播面积4230.8公顷，完成农林牧渔业总产值11.11亿元，比上年增长6.7%。

【巩固拓展脱贫攻坚成果】 2022年，洛江区落实“1338”防返贫帮扶机制，发挥“一键报贫”作用，重点对九类重点人群开展防止返贫监测帮扶入户排查走访，排查5万多户、17万人，未发现新识别监测对象。投入区级衔接资金500万元，实施村财创收、农村基础设施、帮扶慰问等39个项目，加快推动脱贫攻坚成果同乡村振兴有效衔接，加强低收入人口动态监测，全面开展低收入人口救助帮扶，定期对接排查对象名单，落实落细兜底保障政策。做好市定脱贫户关心关爱工作，落实市定脱贫户帮扶资金8.64万元，对288户市定脱贫户开展帮扶慰问，每户发放300元帮扶慰问资金。

【农村人居环境提升】 2022年，

2022年9月23日，洛江区举办“秋收献礼二十大 仙山洛水幸福来”庆祝2022年“中国农民丰收节”活动。图为农民丰收节启动仪式

（图/洛江区融媒体中心）

洛江区推进“五个美丽”创建行动，制定《洛江区扎实推进乡村建设“五个美丽”创建工作方案》，投入6000余万元，完成294个乡村建设“五个美丽”创建，评选区级优秀案例47个，推荐参评市级乡村“五个美丽”建设优秀案例16个，被评为省级乡村“五个美丽”典型示范建设点9个。

【农民丰收节活动】 2022年9月23日，洛江区举办“秋收献礼二十大 仙山洛水幸福来”庆祝2022年“中国农民丰收节”活动，同时为6家企业代表授“青少年粮食安全知识宣传教育基地”牌匾。活动现场开展返乡创业青年人才主题分享，举办“福”味洛江农特产品展销会、“青耘中国·秋收硕果”公益直播助农活动、农耕文化体验及高素质青年农民培训等活动，展示洛江区特色农业、乡村振兴及旅游业发展成就。

农业产业化

【概况】 2022年，洛江区结合区情实际精准施策，发展壮大特色现代农业，全面推进乡村振兴。全区农作物良种覆盖率为95%以上，优质专用率为90%左右。全区获评省市级农业产业化龙头企业17家，全区龙头企业产值为4.62亿元，其中产值超5000万元企业4家。

【数字农业建设】 2022年，洛江区农水局推进数字农业建设，提升和改善53个益农信息社和1个区级运营中心基础条件。依托益农信息社的“12316”语音咨询以及益农信息社平台发送“12316”短彩信，提供技术咨询和市场信息。

【合作社培育】 2022年，洛江区农水局开展农业经营主体培育行动，促进家庭农场发展，规范发展农民合作社。1家合作社获评“2022年泉州市十佳合作社”、1家合作社获评为“2022年福建省级示范合作社”、3家家庭农场获评为“2022年泉州市市级家庭农场”。

【农产品销售】 2022年，洛江区农水局围绕水果、蔬菜、畜禽、水产、花卉苗木等特色农产品，引导农业企业推进生产标准化、规模化，提高农产品品质和一致性，发展壮大“互联网+产业”新业态，推动“网货下乡”和“农产品进城”，鼓励和支持村民就近就地就业增收。全区农产品网上销售额超1.1亿元。

【农产品质量监管】 2022年，洛江区农水局加强常规检测，建立农产品抽样对象库，加大水果、蔬菜等抽样检测力度，完成农残快检样品4548份。建立源头可溯的优质农产品源头管控模式，将新增的、遗漏的食用农产品生产主体全部纳入食用农产品“一品一码”可追溯系统监管，并对食用农产品进行源头赋码，做到产品生产有记录、信息可查询、流向可跟踪、责任可追究、产品可召回、质量有保障。完成赋码13.70万批次；开展线上巡查主体4362家次，发现问题137个，全部整改到位；出动检查人员168人次，现场检查主体70家次。

农业机械化

【概况】 2022年，洛江区有省级农机专业合作社1家，拥有各种农业机械10台（套）。2022年农机总动力为2.1万千瓦，主要粮食机械化率达70%。

【农机更新】 2022年，洛江区农水局推广实用新型农机具，推进农机购置补贴工作，年农机购置补贴资金达30万元。同时通过项目建设调整优化农机装备结构，带动农民不断加大对农机化的投入力度，促进农机化水平提升。

【农机操作安全宣传】 2022年，洛江区农水局开展创建“平安农机”示范工作，大抓农机安全生产工作，农机事故保持零发生率。深入开展农机安全生产检查26次、72人次。重点对农机安全、操作人员安全意识和责任意识进行宣传，发放宣传材料200余份，悬挂安全条幅4条，发送安全短信156条。

种植业

【概况】 2022年，洛江区农作物播种面积4230.8公顷，完成粮食总产量1.17万吨，油料总产量0.24万吨，蔬菜总产量（含菜用瓜）3.71万吨，水果总产量0.17万吨，茶叶总产量98吨。

【粮食生产】 2022年，洛江区把粮食生产纳入实施乡村振兴战略实绩考核，压紧压实区、镇、村、组四级工作责任制，制定出台《粮食生产扶持奖励补贴方案》，设立专项奖励扶持资金270万元进行种粮补助，落实实际耕地地力补贴、种粮一次性补贴、农机补贴等500多万元，完成粮食总产量1.17万吨。

【蔬菜生产】 2022年，洛江区强化蔬菜产销监测，指导菜农合理安排产品结构，抓好在田蔬菜生产管理，增加鲜菜平衡供应能力，全区在田蔬菜面积330多公顷，日均产量81.3吨。

【科学施肥】 2022年，洛江区开展耕地质量保护和提升行动，培肥地力、改良土壤，提升基础地力，围绕施肥新技术、肥料新产品、施用新机具、拓展新服务，推广测土配方施肥技术5600公顷/次、推广种植绿肥266.7公顷、实施秸秆还田466.7公顷。

【植物病虫害防治】 2022年，洛江区农水局开展水稻病虫害、草地贪夜蛾等农作物重大病虫害与疫情监测预警，强化定点监测与大田普查相结合。落实病虫情信息周报制和疫情周报、月报、年报制度，及时发布病虫情报5期，完成植物检疫月报12期、农作物重大病虫害周报40期以上。加大对红火蚁防控力度，推行联防联控、统防统治和群防群治，推广专业防治组织实施统一防控，防控面积166.7公顷以上。

林 业

【概况】 2022年，洛江区巩固国家森林城市创建成果，助力乡村振兴战略，开展国土造林绿化、生态建设和修复。洛江区有林地面积2.45万公顷，森林覆盖64.39%，森林蓄积量149.12万立方米，省级及以上生态公益林达占补平衡面积不减。开展2022年度森林、草原、湿地调查监测工作，完成9个草原调查监测样的核对、58个变化图斑核实建档及森林资源年度变更。完成森林经营面积560公顷，其中植树造林200公顷，森林抚育320公顷，封山育林40公顷。

【林业经济】 2022年，洛江区以培育家庭林场、林业专业合作社等新型经营主体，扶持壮大林业产业化龙头企业，推动商品林专业化、规模化经营。登记林权流转规范118起，流转面积1035公顷。全年全区新增各类新型林业经营主体5家，创建省级家庭林场1家，市级林业专业合作社示范社和示范家庭林场2家。全区林业总产值23.80亿元。全区栽植各类花卉面积达335.2公顷，花卉产值5.08亿元，销售额3.90亿元，出口额197万美元。

【林业改革】 2022年，洛江区聚焦林草工作，全面推行林长制的总体部署，出台《中共泉州市洛江区全面深化改革委员会关于深化集体林权制度改革推进林业高质量发展的实施方案》。完善林业经营机制，落实天然商品林停伐补助机制，加大森林保险扶持力度，建立森林保险体系，保护森林资源安全，降低分散林农、林事企业、国有林场等经营主体的经营风险，全区森林保险投保面积2.2万公顷，其中生态公益林参保面积6582公顷，商品林参保面1.54万公顷。做好福建省林长制智慧平台的完善及日常维护工作。完成洛江区林长信息录入、管护区信息完善、护林员考核指标信息完善。

【林业执法】 2022年，洛江区自然资源局以打击破坏和非法占用林地等森林资源为工作重点，与市公安局洛江分局联合开展严厉打击破坏和非法使用林地违法犯罪“绿谷2022”专项行动；下发《洛江区自然资源局关于进一步加强林地保护管理工作的通知》，提高森林资源管理能力和水平，落实高质量绿色发展和高水平生态环境保护责任，实行生态保护制度；推动森林督查案件查处整改清零攻坚行动；全年森林督查下发图斑242个，其中涉及违法占用林地图斑12个，违法面积1.22公顷。全年查处违法占林问题5类58宗，火烧迹地3宗，恢复1宗8.67公顷；查处未批先占林地3处，全部完成整改并销号。

【义务植树】 2022年，洛江区采取多种形式开展义务植树活动。3月5日，区林长办联合团区委、区人民检察院等单位在罗溪镇后溪村乡村体育公园开展“汇聚青春力量•助力乡村振兴”植绿靓家志愿服务活动种植香樟树100余株；4月24日，在阳江公园一期开展“履行植树义务助力乡村振兴”市、区直机关义务植树活动，市四套班子领导、泉州军分区主要领导、区四套班子领导、区人武部部长与部分干部职工代表种植菩提榕、大肚木棉、香樟、秋枫、山茶220株。在河市、马甲、罗溪、虹山设立义务植树活动植树点4个和林木绿地认建认养点4个。由泉州市委文明办、区林长办、马甲镇党委政府、泉州微公益协会等单位在马甲镇协办以“义务植树护绿助力乡村振兴”为主题的植树活动。区林长办还与泉州市南少林国际学校联合开展以“同植亲子林，助力碳中和”的亲子义务植树活动。各单位、各乡镇（街道）同步组织义务植树活动。

畜牧业

【概况】 2022年，洛江区开展重大动物疫病的防控工作、牲畜屠宰管理、病死畜禽无害化处理。推进畜禽标准化、规模化养殖和畜禽粪污资源利用，促进畜牧业生产健康发展，保障市场肉、蛋、奶供给。截至年底，全区有生猪规模养殖场3家，生猪存栏5.2万头，比上年增长8.3%，蛋鸡生产基地1家。全年完成畜牧业产值5.34亿元，比上年增长2.6%。

【畜牧业转型升级】 2022年，洛江区坚持把畜牧业作为促进农业增效、农民增收的特色优势产业进行重点培育，推进畜牧业全环节升级、全链条增值，坚持以项目建设为抓手，支持新建1个新增存栏1万头以上的现代化养殖场（泉州绿之园农林业开发有限公司），夯实畜牧业发展基础。强化能繁母猪保险工作，加强生猪饲养管理的指导，指导养殖户加快调整猪群结构，淘汰劣质母猪，优化存栏母猪结构和生产性能，适度控制生产规模，截至年底，生猪存栏5.2万头；引导绿之园养殖场进行升级改造，投入632.09万元完成畜禽粪污资源化利用提升项目建设，提高养殖效率。

【动物免疫】 2022年，洛江区农水局重点抓高致病性禽流感、口蹄疫和小反刍兽疫等重大动物疫病的防控工作，坚持规模养殖畜禽按程序免疫、散养畜禽集中免疫和每月补免相结合的免疫措施，确保应免疫密度达100%，免疫高致病性禽流感311万羽，猪口蹄疫8.9万头，牛、羊口蹄疫2.4万头，小反刍兽疫1.61万头，全面完成重大动物疫病防控工作任务。

【动物疫病监测】 2022年，洛

江区健全重大动物疫情举报核查工作责任制，完善疫情普查、疫情报告制度、免疫动态监测、预警和预报工作制度，密切注视疫情动态，确保信息畅通，及时处置突发动物疫情。开展动物免疫抗体水平监测，抽检各类动物疫病免疫抗体 7444 头（羽）份，确保高致病性禽流感、口蹄疫等抗体检测合格率均达 80% 以上；抽检 521 份样品开展非洲猪瘟等病原检测，结果均为阴性。

【动物检疫行为规范】 2022 年，洛江区农水局加强定点屠宰检疫的规范化管理，对屠宰检疫工作实行“定岗定人”制度。推行“派出机构 + 指定兽医”产地检疫模式，聘请 12 名协检员，派驻 2 名官方兽医，实施分类管理，分级指导，对规模养殖场实行检疫人员派驻制度，查验饲养档案、免疫证明和动物标识，做到有出必报，有报必检；对散养户实行检疫人员包片管理制度，以强制免疫、免疫档案、耳标佩戴等为基础，开展产地检疫。

渔 业

【概况】 2022 年，洛江区推进海水养殖和淡水养殖，海水养殖主要品种为贝类牡蛎、缢蛏等。淡水养殖主要品种为罗非鱼、草鱼、鲢鱼、鲟鱼等。洛江区注重改善养殖品种结构，养殖技术逐步向科学化、多类型、高层次发展。全年完成渔业产值 0.45 亿元，比上年增长 4.8%。

【渔船管理】 2022 年，洛江区农水局完成 31 艘渔船年度检验工作，对乡镇管控渔船进行挂牌和建档，将海上渔船进行分组编队，每 10 艘船设为一组，每组设有一名挂钩责任人，并与船东签订“海上渔船疫情防控责任状”“渔船安全生产责任状”。落实 24 小时值班值守制度，在洛阳桥中亭和桥南安置房前分别设立 2 个值班值守点，聘请 4 名人员对 97 艘渔船出入海进行登记、核查，并建立工作台账。在渔船点检中心也安排 3 名人员轮流 24 小时值班，完成全部渔船插卡式自动识别定位系统安装，通过渔船插卡式自动识别定位系统以及中心大屏幕，实时监控海上渔船位置和作业动态。

【生产安全培训】 2022 年，洛江区农水局结合乡镇船舶集中整治，“三无”渔船整治和渔业安全生产工作，开展渔民、船东渔业安全生产教育讲座 1 期，组织渔民船东开展船员职务和适航培训 3 期，编印《渔民船东一封信》91 份，悬挂安全生产宣传标语 12 条，发放农业渔业安全生产手册 200 多册。

农田水利

【概况】 2022 年，洛江区贯彻落实“节水优先、空间均衡、系统治理、两手发力”的治水思路，落实各项水利工作任务，推进水利高质量发展，完成投资 2.01 亿元。开展取水许可核查工作，核查取用水单位 12 个。开展水资源费征收工作，全年征收水资源费 52.27 万元，污水处理费 3.01 万元。结合常态化扫黑除恶斗争工作，创新工作手段，强化信息共享、部门联动，打击违法采运河砂等水事违法行为，办理省河长办举报平台投诉件 1 件，处理劝退违规电鱼 20 多人次。

【水利工程建设】 2022 年，洛江区编制《洛江区山洪灾害防御预案》，投入 55 万元，完成 21 处山洪灾害预警设施设备维修养护。投入 250 万元，开展后深溪水库、钟洋拦河闸、6 座山围塘除险加固工程。投入 209 万元，完成 23 座小型水库维修养护及物业化管护工作，消除安全隐患。争取省、市项目支持，全年投入 245 万元，完成 6 处村级通水工程建设。

【库区移民】 2022 年，洛江区加快 2021—2022 年 26 个库区后扶项目建设进度，年底完工验收

9个，完工待验收10个，在建5个。配合省移民中心专家组完成洛江区库区后期扶持示范区项目的量价复核工作。

【河长制工作】 2022年，洛江区完善河湖长动态调整和责任递补机制，督促各级河湖长、河道专管员巡河履职尽责。截至12月底，巡河（湖）7456人次，发现并办结问题2601个。全面开展妨碍河道行洪突出问题排查整治攻坚行动，开展河道河岸清理整治10次，开展清淤疏浚3次。同时，突出抓好内沟河和国、省控监测断面水质提升，推进7个市政排水（污）口溯源排查整治。开展第二轮中央生态环境保护督察整改问题“回头看”核查和整改，完成河市辉祥电子门口水沟清淤问题。整合河长智慧管理平台，把乡镇河道监控视频接入区级智慧指挥中心，实现数据共享，提高河湖管理的信息化水平。同时，及时更新辖区洛阳江洛江区段“一河一档一策”数据。开展洛阳江数字孪生流域平台建设，打造一个联动处置中心、一个监督决策中心、一套移动应用、一套应用支撑服务以及一套数据标准服务的“五个一”系统平台，全面提升辖区河湖管理的信息化水平。

农村工作

【概况】 2022年，洛江区围绕建设智造洛江、生态新城目标，推动全区乡村振兴重点工作落实，完成农村集体产权制度改革，全区84个村（社区）都成立股份经济合作社，并进行登记赋码。深化集体林权制度改革，出台全区《关于深化集体林权制度改革推进林业高质量发展的实施方案》，推动林长制工作落地见效。深化农村土地改革，建立农村宅基地改革和管理工作联席协调会议制度，开展全区农村宅基地规范管理工作，及时跟踪掌握全区农村宅基地审批情况。

2022年，洛江区罗溪镇培育体育休闲、农业休闲与乡村旅游复合型乡村旅游产品，打造“乡村旅游+文化体育”的后溪旅游品牌。图为洛江区农村新貌——后溪村（2022年5月29日摄）（图/杨小玲）

【农村人居环境提升】 2022年，洛江区推进“五个美丽”创建行动，制定《洛江区扎实推进乡村建设“五个美丽”创建工作方案》，投入6000余万元，完成294个乡村建设“五个美丽”创建，评选区级优秀案例47个，推荐参评市级乡村“五个美丽”建设优秀案例16个，被评为省级乡村“五个美丽”典型示范建设点9个。

【农村宅基地管理】 2022年，洛江区农水局定期召开宅基地联席会议，研究宅基地管理中碰到的新问题、新情况，强化部门协调配合，联合进行“四到场”检查，指导全区4个乡镇建立农村宅基地“一站式”审批窗口，覆盖率100%。印发《洛江区农村宅基地“一户一宅”认定的指导意见（试行）》，加强农村宅基地审批管理，做好农村宅基地资格权认定工作。宣传推广《洛江区乡村住宅立面标准图集》和农村建房质量安全常识，督促指导工匠管理和培训，严格实行“带图审批”，严格审查建房方案的立面设计，引导村民多采用闽南地域风格的外立面装修，构建便捷亲民、实用高效的农村房屋管理

2022年11月20日，洛江区开展"乡村振兴我助力·我在洛江有亩田"首批认领开耕活动。图为启动仪式（图/洛江区融媒体中心）

长效机制。

【村财监督管理】 2022年，洛江区农水局通过"银农直联"将村级集体经济组织账户、农村集体"三资"监管系统与银行业务系统对接，打造具备网上审批、转账汇款、网上查询、电子对账、财务公开等功能的管理平台，加强村级资金流向监管。全年通过"银农直联"系统审核资金7839笔，成功线上支付1.53亿元，发现不合规、不规范资金1538笔，涉及资金4885.24万元。依托乡村振兴（扶贫惠民）资金在线监管平台和泉州市村级小微权力监督信息平台，推动村级财务收支网上公开，督促指导各乡镇（街道）按季度及时上传各村（社区）财务公开报表和村务公开栏财务公开照片截图，实现村级财务在线公开监督。督促指导各乡镇（街道）及时纠正合同到期未及时变更调整等问题，防止村集体资产流失、集体经济亏损，查摆经济合同194份，协商解决3份，重新修订1份，收回拖欠租金42万元。对6个重点村（社区）开展一次全面的财务审计工作，督促指导各乡镇（街道）对存在问题进行全面整改。

【农村建筑工匠培训】 2022年10月24—28日，洛江区农村建筑工匠培训班在马甲镇杏川村开班，全区各乡镇的60名农村建筑工匠参加。培训活动通过理论授课、视频讲解、课堂互动、现场教学、拉练考核等方式，对"农村宅基地管理办法""省（市）农房建设相关规章和政策""多元素碰撞下的新农村建筑风貌的规划与设计""建筑构造与建筑识图""建筑材料及施工安全生产技术管理""建筑安全事故警示教育""乡村历史建筑遗产文化的历史传承、保护与改造"等内容进行集中培训。

【农村土地认耕活动】 2022年11月20日，洛江区"乡村振兴我助力·我在洛江有亩田"首批认领开耕启动仪式在河市镇白洋村华优教育基地举行。洛江区新阶联、洛江区青商会分别与河市镇新告村委会、马甲镇永安村委会签署"我在洛江有亩田"认领协议，认领数量分别为0.67公顷，认领土地以委托种植为主，期限为期一年，双方可在每年种植一季粮食作物的基础上，采取轮作套种方式种植油、糖、菜等非粮食作物，充分发挥土地利用率，增加村民村财收入，助力粮食安全和乡村振兴。

工业

综述

【工业经济运行】 2022年，洛江区积极应对疫情影响和复杂经济形势，加强工业经济运行调度，开展重点企业“点对点”结对挂钩，“一对一”精准帮扶，推进“百名干部进百企 一企一策促发展”专项行动，突出“筑巢引凤”，打出稳住经济大盘增强发展后劲“组合拳”，工业经济总体平稳运行，全区实现工业增加值193.11亿元，比上年增长3.3%，工业对经济增长的贡献率为49.8%，其中规模以上工业增长值增长4.2%。智能制造和纸类卫生用品逆势增长，分别比上年增长8.9%、31.8%，机械装备、纺织鞋服、工艺制品等主要行业增速减缓，全区完成规模以上工业产值773.78亿元，比上年增长1.6%；全区工业用电量63.31亿千瓦时，比上年下降0.57%。建立“小升规”培育库及创新培育库，其中建立“小升规”培育库100家，新增“小升规”工业企业41家、规模以上工业企业207家，新增战略性新兴产业培育库企业37家、标识17家。

【工业经济效益】 2022年，洛江区围绕智能制造、传感器、电子信息等主导产业开展园区开放大招商，签约项目158个、总投资980.25亿元。其中，民企产业项目开工率93.94%，投产率69.7%，投资额完成率113.17%。推动龙头企业福建铁拓机械股份有限公司、福建新源重工有限公司、泉州市琪祥电子科技有限公司、泉州天娇妇幼卫生用品有限公司、泉州市嘉华卫生用品有限公司等9个增资扩产项目建设，总投资43.35亿元，可盘活土地33.17公顷。实现制造业税收3.59亿元，比上年增长9.6%，全年规模以上工业企业利润总额81.32亿元，比上年下降2.9%；全年规模以上工业企业每百元营业收入中的成本为80.46元，比上年下降0.38元；营业收入利润率为11.25%，比上年下降0.63个百分点。规模以上工业企业资产负债率33.34%，比上年末下降0.73个百分点。规模以上工业战略性新兴产业增加值占规模以上工业增加值比重21.1%。规模以上工业单位增加值能耗比上年下降6.4%；完成规模以上工业增加值能耗4.89万吨标准煤，能耗比上年下降2.47%。

【企业技改提升】 2022年，洛江区完成工业投资34.3亿元，比上年增长38.9%；完成技改投资30.5亿元，比上年增长24.5%。加大力度推进创新驱动，引导企业利用技术改造提高生产效率、推进技术创新，完善企业为主体、市场为导向、产学研相结合的技术创新体系建设，泉州加来盟体育科技有限公司的“5G智能化车间”等17个项目申报为省、市级重点工业技改项目，福建铁拓机械股份有限公司被评为2022年省级智能制造优秀场景；推荐福建北峰通信科技股份有限公司等3家企业申报2022年企业技术中心培育对象，推荐福建省德源智能科技有限公司申报省级企业技术中心，泉州华大超硬工具科技有限公司申报市级企业技术中心。

【政策服务保障】 2022年，洛江区从政策宣讲、落实兑现、用工服务、防控指导、物流畅通等方面提供全方位服务，推进“百名干部进百企 一企一策促发展”专项行动，实时关注重点龙头企业、纳税大户在订单、上岗员工、产线产能等方面状况，协调解决有关困难，尽最大可能及时帮助化解企业经营风险，全年兑现各级各类惠企补助资金7223.59万元，252家次企业受益。鼓励企业加大生产力度，对工业用电量达2021年同期90%以上的规模以上制造业企业予以奖励；支持企业“升规纳统”，泉州市嘉华卫生用品有限公司等6家企业获补助13.23万元；泉州市雅兴家庭用品有限公司等28家企业获得省级新增规模以上工业企业奖励资金140万元；信和新材料股份有限公司获得2022年中央中小企业发展专项资金补助115万元；福建新源重工股份有限公司等4家企业获得泉州市明星梯队企业管理咨询项目补助资金36.4万元。

纺织鞋服产业

【概况】 2022年，洛江区规模以上纺织鞋服企业31家，集中在产业链中游，其中纺织制造企业5家、成衣制造企业8家、鞋类制造企业16家。全年完成纺织鞋服规模以上工业产值156.5亿元，比上年下降1.7%。引导纺织鞋服产业实施智能化改造提升，通过引入自动化生产线、实施机器换工，置换发展新动能，泉州加来盟体育科技有限公司申报为省、市级重点工业技改项目，福建和诚鞋业有限公司被列入2022年市级产业龙头企业名单。支持企业走专精特新发展路线，环球新材料获得省专精特新中小企业认定，实现纺织鞋服产业该项荣誉零的突破。

【福建和诚鞋业有限公司】 福建和诚鞋业有限公司成立于1995年，位于洛江区双阳街道，占地约7万平方米，2022年有员工3000多人，加工流水线14条，针车线37条。公司注重引进先进设备和技术，采用全套国外先进制鞋设备，大量吸纳管理、技术人才；对产品质量严格把关，通过ISO（国际标准化组织）9001质量管理体系认证及英国SATRA

福建和诚鞋业有限公司生产车间（2022年摄）

（图/洛江区融媒体中心）

实验室（鞋类测试和研究中心）认证，主要生产Decathlon（迪卡侬）、Columbia（哥伦比亚）、Mammut（猛犸象）等国际知名品牌的户外鞋与运动鞋，连续多年获“优秀雇主企业”“关爱员工模范企业”“和谐企业”等。2022年纳税8256万元。

【泉州加来盟体育科技有限公司】泉州加来盟体育科技有限公司位于洛江区双阳街道，2019年3月在洛江注册，注册资金3000万元，有制鞋生产流水线8条，年产运动鞋300万双、休闲鞋400万双。公司是大东亚（福建）体育用品有限公司的全资子公司，位于晋江市陈埭镇，是一家以外贸代工为主，集研发设计、生产制造、市场销售于一体的知名制鞋企业。2022年实现营业收入3.77亿元，纳税960万元。

【泉州禾纶织造有限公司】 泉州禾纶织造有限公司成立于2004年，为港商独资企业，位于洛江区万安街道塘西工业区，是一家集专业研发、生产、销售中高档针织品的纺织企业，职工数近150人，拥有先进针织大圆机52台、检验设备7套、染整检测辅助实验室1个。公司主要产品有棉、涤、腈纶、尼龙、天丝、莫代尔、竹纤维、珍珠纤维、玉米纤维、莱卡、竹炭纤维等功能性和环保纤维面料，同时可为时装、运动装、休闲装、内衣、泳装、健美服、瑜伽服提供优质面料，是国际知名服装品牌的供应商，年产针织面料2500多吨，产品主要销往欧美等发达国家。2022年纳税526万元。

工艺制品产业

【概况】 2022年，洛江区继续加大力度推动树脂陶瓷等工艺制品行业加快产业调整和转型升级，2022年现有行业企业均为外向出口型企业，全年完成规模以上工业产值104.47亿元，比上年下降31.5%。洛江区建材家居产业招商为引领，推动工艺制品产业数字化，促进工艺制品建材家居产业融合发展，总投资4.8亿元的筑可丽建筑产业园（一期）等项目落地建设，其中DW智能家居园林装饰品项目基本完工。

【工艺美术传承】 2022年，洛江区积极推进工艺美术传承，引导、鼓励、支持优秀工艺美术人才发展，开展工艺美术大师评审认定申报工作，组织开展传统工艺相关技能培训，助推“指尖技艺”变“指尖经济”，截至年底已培育吴水木、吴敏达2位省级工艺美术大师，黄景平、何育平、林宇毅、陈丽华、张国钟5位市级工艺美术大师，指导工艺美术大师获评泉州市“大师工作室”5个。推进大师带徒授艺，保护传统工艺美术品种和技艺，指导推荐洛江双溪铜锣厂的“泉州十音铜锣锻制技艺”入选第一批泉州市传统工艺美术品种和技艺目录，洛江双溪铜锣厂被授予“泉州市非物质文化遗产生产性保护示范基地”“泉州市传统工艺美术传承保护单位”“泉州老字号”等称号。提升工艺美术技艺，组织林慧、黄景平、林宇毅等工艺美术大师、民间艺人参加各类工艺美术博览会，参与工艺美术评选活动，参赛作品已在福建省“争艳杯”上获得金奖1个、银奖5个、铜奖3个、优秀奖1个。

【泉州钰乘礼品有限公司】 泉州钰乘礼品有限公司创立于1998年，总部位于泉州市洛江区河市镇禾洋工业区，占地面积6万平方米，设有跨境电商子公司、柬埔寨海外子公司、光电子公司，主营园林饰品、家居饰品、节日礼品、太阳能电子产品。公司重视产品的自主研发投入，获美国专利5项、国内发明专利5项，实用新型专利21项、外观发明专利200多项。公司通过以玻璃铁艺为主、太阳能、电子为辅，整合木艺、仿真花、陶瓷、树脂等资源进行多元化的战略布局，形成多元化、多材质的产品体系，并向灯类产品、家电产品衍生发展。2022年纳税1182万元。

【泉州建文艺品有限公司】 泉州建文艺品有限公司创建于1987年，建筑面积近10万平方米，有员工1000多人，是集树脂、陶瓷工艺品于一体的工艺品企业。公司先后获全国外商投资“双优企业”“福建AAA工业企业”“福建省模范职工之家”等称号，并通过国际质量管理体系认证。2022年纳税448万元。

纸类卫生用品产业

【概况】 2022年，洛江区围绕产业链强链、补链，招商落地卫生用品产业项目12个，总投资11.28亿元，洽谈引进热风无纺布生产项目、卫生用品产业标准化园区项目2个、总投资17.4亿元；泉州市嘉华卫生用有限公司扩建项目等9个签约项目、总投资17.1亿元。截至年底，规模以上纸类卫生用品企业26家，其中流延膜、无纺布等原材料生产企业7家，卫生巾、纸尿裤生产企业19家。完成规模以上工业产值86亿元，比上年增长31.8%，高于全区增速30.2个百分点，增速居全区重点行业首位，成为洛江区经济重要增长点。

【泉州天娇妇幼卫生用品有限公司】泉州天娇妇幼卫生用品有限公司位于洛江区双阳街道，创立于2005年，有生产人员1000余人，其中研发技术人员200余人，拥有10公顷卫生用品新型生产基地，建成16万平方米现代化标准厂房，引进21条国际高速生产线，并配备全封闭无尘、无菌臭氧消毒车间，每台设备均安装金属检测仪、污点检测系统、红外线杀菌设备等质量检验检疫设备，建立严谨、专业、规范的6S生产管控体系及智能化质量管理体系，获得发明专利1项、实用新型专利25项、外观专利21项。2022年纳税5021万元。

【泉州市嘉华卫生用品有限公司】泉州市嘉华卫生用品有限公司位于洛江区河市镇，成立于2003年，是一家产销研一体的品牌卫生用品企业，总占地面积10万平方米的现代化生产工厂，通过ISO 9001质量管理体系与ISO 14001环境管理体系双认证。公司主营产品包括婴儿纸尿裤、尿片、拉拉裤，卫生巾、卫生护垫、成人护理用品等，自建销售网络，创立“安妮娜”“宜婴”等品牌推向市场，销售量稳增。2022年纳税2816万元。

【泉州市恒毅卫生用品有限公司】泉州市恒毅卫生用品有限公司成立于2003年，位于洛江区双阳街道，公司占地面积1.53万平方米，建筑面积1.7万平方米，有员工130余人。公司致力提升产品质量，研发新型产品，提高市场竞争力，投入国内型大环腰尿裤、拉拉裤、悬浮芯片沙漏式和卫生巾自动化流水作业生产线，配备高度净化的无尘生产车间，产品均通过国际SGS（瑞士通用公证行）和国家ISO 9001认证，创建卡尼酷、A佳宝贝、妈宝适、好搭档和恒毅爽歪歪等系列品牌，品种500个条码入市。2022年纳税1836万元。

交 通

【概况】 2022年，洛江区交通运输、仓储和邮政业实现增加值3.9亿元，与上年持平。全年新建公路10.50千米，全区公路通车总里程达546.24千米，比上年增加27.55千米。其中，二级及二级以上高级公路里程46.57千米，高速公路里程17.37千米，公路密度达145.74千米/百平方千米。洛江区有机动车9.93万辆，其中汽车类6.30万辆，摩托车3.63万辆。驾驶人总数10万人，其中持AB证0.41万人，C证8.35万人，摩托车驾驶证1.24万人。全区共有营运汽车1205辆，货运汽车962辆（含普通货车658辆，牵引车124辆，挂车153辆）。全区公交运营线路长度471.35千米，全年公交客运量941.28万人次。

【农村公路建设】 2022年，洛江区推进农村公路提级改造，协助4个乡镇做好农村公路提级改造建设，完成农村公路提级改造10.5千米，完成投资315万元。推进农村公路安防工程建设，完成4处农村公路安防工程，包括虹山乡白凤村寮山道路、罗溪镇大路脚村省道213路口—晏田（C188）、罗溪镇广桥村省道213路口—格外（C038）、河市镇山边线，对上述道路设置路侧波形护栏，消除道路安全隐患，合计里程6.8千米，总投资200万元。完成马甲镇二甲村新坝仔桥改造工作。

【农村公路管养】 2022年，洛江区列养的农村公路总里程438千米，其中县道里程73.29千米，乡道里程203.29千米，村道里程161.42千米。农村公路养护采用“一镇一包”，统一由社会化公司进行日常养护。区住建局组织开展农村公路自动化检测工作，委托福建省交建设工程试验检测有限公司对全区农村公路进行技术状况评定，完成390千米外业采集及检测数据的整理、汇总、分析并出具检测评定报告。

【交通安全管理】 2022年，洛江区交警大队围绕“人、车、路、企业”安全四要素，按照“应排尽排”原则开展大排查，分期分批落实整治，全力推动隐患清零，排查六类道路交通安全隐患78处。以交通流量大、秩序混乱、事故多发的国省道干线及县乡道路，交通违法多发、秩序混乱的城乡道路点段、交叉口，校园、主要景区出入口及周边主要道路为重点区域，结合事故分析研判报告，联合派出所、交通执法、城管等部门突出重点时段、重点路段、重点车辆，严查严处各类交通违法违规行为。全年现场查处各类交通违法行为3.59万起，其中酒驾642起、醉驾228起、客车超员14起、摩托车超员693起、违法载人72起、货车违法超载457起、非法改装车辆18起、未戴头盔2527起，未使用安全带1.12万起。道路交通事故死亡人数13人、发生伤亡交通事故25起；受伤人数20人、直接财产损失1.16万元。

【交通安全执法规范化建设】 2022年，洛江交警大队加强执法理念教育和业务培训，健全执法制度，规范执法行为，提升队伍执法水平和执法能力。紧扣交通肇事、涉酒案件等重点案件监督管理，推动实现执法办案事前有效防范、事中精准指导、事后即时监督，构建执法行为、执法效果的闭环式、可回溯管理体系。建设完善全市“一体化”执法监管平台，对接处警、受立案、案件审核审批及送达、案件结果评价等全部流程即时记录、动态监督、全程留痕，强化异常业务预警预报。

【道路交通安全基础设施建设】 2022年，洛江交警大队多次开展全区道路安全隐患整治工作，组织路权单位、属地乡镇街道针对全区国、省、县道道路开口不合理、临近池塘水渠路段防护设施和警示标志不足进行实地分析论证、专家调研指导，实现辖区道安形势总体平稳。全年排查六类道路交通安全隐患78处，专项投入整治资金553.7万元。其中省、市为民办实事项目2个，临水道路隐患6处，通寺道路隐患13处、工业园区周边道路隐患8处，“三必上、五必上”12处，五有工程37处，年底全部整改完成，整改率100%。

【交通安全宣传】 2022年洛江交警大队运用多媒介、多渠道开展贴近群众的宣传活动，坚持“分众”理念和“互联网+”模式，扩大社会面交通安全知识传播领域。开展法治教育、预警提示、路况通报、事故警示、便民服务、民意征集等活动，发挥警示曝光作用，定期曝光交通违法行为较多的重点运输企业和车辆；组织人员深入社区、农村有针对性地对群众酒后禁驾，不坐超员车，不坐超载车，不坐低速货车、拖拉机，不坐“带病车”进行宣传教育。深入客货运企业，与企业法人代表、安全管理责任人以及从业驾驶人签订安全承诺书，扩大宣传的覆盖面。灵活运用“声、屏、报、信、网”等宣传介质，加强新媒体平台建设，创新“互联网+宣传”模式，提供更便捷、更丰富、更全面、更实用的交通出行资讯和服务，有效提升交警新媒体平台的传播力、渗透力和影响力。全年发放各类宣传资料

2022年，洛江区将省道213线路段改造提升列入“2022年重点项目”和“2022年为民办实事”项目。图为2022年11月提级改造完成后的省道213线部分路段 （图/洛江区住建局）

11 万份。

【省道 213 线提级改造】 2022 年，洛江区将省道 213 线路段改造提升列入“2022 年重点项目”和“2022 年为民办实事”项目，主要进行水泥路面病害修复、沥青路面改造、边沟排水沟修复及交通安全设施修复和提升，2022 年 11 月完工交付使用，审招标控制价 2262.304 万元，设计时速 20 千米，路线全 10.33 千米。

邮 政

【概况】 2022 年，洛江区邮政局推进三级物流体系建设，同住建局合作建设村级站点，新建 5 个村级站点。持续推行“党建 + 业务”新模式，组织开展“情暖聚中秋和睦邻里情”中秋、进“无毒社区”守护行动等主题活动，促进业务发展。全年为企业提供代发工资服务 35 家，上账 22 家，全年放社保卡 4334 户，全年新增商贸收单项目有效优质商户 352 户，全年新增快捷支付客户 5971 户。邮递业务经营稳步推进，全区邮政实现业务总收入 7279 万元，全年实现利润 1388 万元。

【寄递业务】 2022 年，洛江区邮政寄递业务完成预算 85.38%，比上年下降 14.51%。在广东专线基础上新增太原专线，全年够量直发 163 趟，发运件量 66.30 万件，直发太原 17.5 米拖头 2 趟次，发运件量 1.03 万件；做好小件前置集包工作，由 2021 年日均集包 1.19 万件提升至日均 2.13 万件，最高峰值达 3.1 万件，全年总件数 662.68 万件。

【金融业务】 2022 年，洛江区邮政金融业务快速发展，收入和利润两项指标均超全市平均水平。坚持“日平台 + 财富日”发展模式，推动金融转型升级，年底余额突破 17 亿元。保险业务比上年增长 52.1%。

【邮务业务】 2022 年，洛江区邮政完成报刊征订预算 103.08%，比上年增长 4.58%；集邮完成预算 100.21%，增长 90.49%；实现函件业务创新转型发展，函件完成预算 108%；渠道平台完成预算 98.1%，其中分销专业利润完成率 176.85%，完成率居全市第二。

【邮政安全监管】 2022 年，洛江区邮政协助组织召开全区安全生产工作会议 1 场、安全委员会暨平安邮政工作联席会 3 场、安全专题活动推进会议 2 场、安全专项及重大活动布置会 6 场，做好安全服务保障工作；印发《洛江邮政分公司关于明确“2022 年管理提升年”监督检查管理办法实施细则的通知》，梳理 12 条管理细则，成立 4 个管理小组监督落实各项措施，实现全年安全生产无事故。

通 信

【概况】 2022 年，洛江区年末全区电话用户总数 35.37 万户，比上年增加 900 户，其中移动电话用户 31.93 万户，比上年增加 600 户，移动电话中 4G 电话用户 16.35 万户；5G 电话用户 13.79 万户。全区互联网上网用户 44.37 万户，比上年增加 0.56 万户，移动互联网用户 30.69 万户，互联网普及率 86.2%，其中农村地区互联网普及率 85.8%。

【中国电信洛江分公司】 2022 年，中国电信洛江分公司对洛江万安双阳、马甲等地区 16 个小区的管网管道线路进行改造整治，实现洛江所有乡镇万兆资源全覆盖，全年新增 PON（无源光纤网络）接入能力 2 万个 FTTH（光纤到户）端口。总投资 3350 万元用于 5G+ 千兆网络建设，完成 5G 基站 142 个（其中室外站点 72 个，室内站点 70 个），新建 2.2 万个千兆宽带端口，完成洛江各乡镇千兆网络覆盖。建成 3 个 5G 智慧工业园区、10 个 5G 智慧小区。6 月 20 日，中国电信泉州分公司、福建省铁拓机械股份有限公司、鼎捷软件举行 5G+ 新一代 ERP+PLM（企业资源计划 + 产品生命周期管理）工业数字化升级启动仪式，助力铁拓机械建成 5G 智能制造产业园建设。

数字平台建设。2022 年，中国电信泉州分公司与泉州天娇妇幼卫生用品有限公司举行“天娇妇幼 5G 数字化园区”项目签约仪式，打造卫品行业 5G 全连接工厂的标杆。完成万盛社区、南山社区“党建 +”邻里平台、河市镇厝边 2.0 管理平台签约建设。聚焦乡镇数字化、信息化，探索建设智慧基层综合治理管理体系，承接马甲镇“乡镇云”平台项目，实现全省首个乡镇基层治理平台突破。

通信保障。2022 年，中国电信洛江分公司配合区、镇（乡）政府紧急开通海峡方舱新建站点 4G+5G 开通，出动应急保障队伍 70 人次，支撑开通战“疫”相关手机超 100 部、固话 7 部、宽带超 160 条、提供防疫手机 50 部、充电宝 50 部、应急电话 2 部。提前组织，结合防汛安全预案，提前对洛江区教育局及各高考考点进行网络安全检查，深入排查设备、网络、机房是否存在隐患，做好应急通信物资储备。

2022年3月，泉州移动洛江分公司联合桥南社区“党建+”邻里中心综合服务云平台打造智慧社区。图为泉州移动公司经理接受泉州通采访介绍平台建设情况　（图/泉州移动公司洛江分公司）

【中国移动洛江分公司】 2022 年，洛江移动通信客户 15 万户，5G 用户、宽带用户数实现高速增长。完成行政村（社区）千兆光纤宽带 100% 覆盖，实现洛江区域内的全量行政村的 5G 网络覆盖。

新型综合服务。2022 年，洛江移动通过 5G+ 算力网络 + 智慧中台的“连接 + 算力 + 能力”新型信息服务体系，先后为政务、教育、金融、电力、制造等行业，提供信息化解决方案。

民生建设服务。2022 年，数智化助力民生建设服务，参与“综治三率、无疫校园、智慧社区、厝边守望”等多个项目，实现“技防”替代“人防”助力抗疫，推进智慧社区、无疫校园建设；推广“平安三率”视频彩铃，打造综治三率宣传新案例；推动数字经济赋能传统产业，打造桥南社区“党建 +”邻里中心全市标杆项目、洛阳桥智慧旅游提升项目、洛江区矛盾纠纷多元化解等政府行业信息化标杆；以“加来盟智慧工厂”为标杆案例，实现传统产业数改智转，助力“智”造洛江数字产业化、产业数字化发展。

商贸服务业

商贸发展服务

【概况】 2022年，洛江区围绕打造一流营商环境，以市场主体需求和营商环境问题为导向，提升商务发展质量，主动服务和融入国内国际“双循环”新发展格局，搭建各类商贸服务平台，为企业发展牵好线、搭好桥，不断提振企业发展信心。完成社会消费品零售总额96.28亿元，比上年增长12.7%，增速排名全市第一；限额以上批零住餐销售额151.48亿元，增长22.5%。

【消费平台搭建】 2022年，洛江区挖掘特色消费节庆资源，市区联动，政企互动，线上线下结合，抓紧春节、五一国际劳动节、国庆节、“双11”等重要节点和节假日消费旺季，围绕母婴用品、家装建材、餐饮娱乐、日用百货等领域，开展系列促消费活动，打造贯穿全年的区域促消费平台，拉动消费超1.5亿元；五一国际劳动节期间，举办“乐购五一洛江有你”第三届洛江乐购生活节，发放购物、餐饮、住宿、娱乐、休闲等各类消费板块消费券2000万元，带动消费1.7亿元。

【市场主体培育】 2022年，洛江区商务局稳固重点企业，鹭燕医药、松青钢材、达丰进出口、元泽汽车、利星行奔驰等体量较大的重点企业全年销售额约62.65亿元，比上年增长15.6%，支撑指标稳定增长。培育31家新入库企业，发挥新增限额以上商贸企业的增量作用，全年实现销售额37.63亿元，占限额以上批零住餐销售额的24.84%。

【优品母婴用品购启动】 2022年12月22日，洛江区商务局联

2022年12月22日，2022年“全闽乐购 跨年购”爱泉州·大乐购促消费暨泉州优品数字化促进工程——泉州优品 母婴用品购主题系列活动在洛江居然之家启动。图为启动仪式现场 （图/洛江区商务局）

合洛江区工业和信息化局在居然之家承办2022“全闽乐购　跨年购”爱泉州·大乐购促消费暨泉州优品数字化促进工程——泉州优品　母婴用品购主题系列活动，现场设置产品展示区和直播间，组织泉州天娇妇幼卫生用品有限公司、泉州市嘉华卫生用品有限公司等洛江多家重点企业商家，集中展示企业新品、主打产品、爆款商品，通过线下专场展销、线上直播带货，买三送一、第二件半价等大力度促销，进一步打响“泉州日用品”优质品牌，促进年底母婴用品消费。

电子商务

【概况】　2022年，洛江区及时兑现促进电子商务发展扶持资金，开展产销对接，帮助销售农产品，农村电商网上零售额增幅排全市前列。引导更多企业开展新零售、拓展线上业务，拨付电商扶持资金80多万元。推动中聚电商园建设运营，建筑面积1万平方米，引进中海联实业、思源培训学校、阿里巴巴国际站服务商等多业态进驻，逐步形成集聚发展效应。全年网络零售额114.02亿元，比上年增长4.7%，涉及网络销售的企业1.45万家。

【电商发展政策落实】　2022年，洛江区商务局落实省、市、区电商政策宣传，贯彻落实2021年洛江区促进电子商务发展政策，拨付补助资金30万元；落实2022年省级电子商务发展项目申报，为企业争取省级电子商务发展资金50万元。走访调研区内电商企业引导更多企业开展新零售、拓展线上业务；指导企业用好、用好各级电商扶持政策。

【电商发展环境优化】　2022年，洛江区商务局对接各大电商平台，举办“泉州优品母婴用品购”预热会暨“礼遇泉州”专场招商会，指导洛江区天娇妇幼、渔亨食品、凯迪仕智能锁、钱隆酒店、中禾餐饮等16家优质企业入驻“礼遇泉州”平台。通过招商推介，助力企业拓展线上销售渠道。依托仰恩大学等本地院校，建立健全多层次培训体系，对接抖音、天猫等平台，推动抖音全国TOP5（前5名）直播服务商麦豹科技在洛江区举行关于抖音直播业务培训，帮助更多企业开展抖音直播业务运营，提升电商人才专业化水平。

【电商产业体系建设】　2022年，洛江区商务局推动电子商务赋能传统产业转型升级，引导母婴、妇幼用品等优势产业对接淘宝、天猫、京东、抖音等电商平台，发挥网销优势，拓宽销售渠道。嘉华、天娇、玛莎、恒玺、恒乐等前10家企业网络年销售额合计超10亿元；产生出宜婴母婴旗舰店、家得宝旗舰店、布班迪母婴用品旗舰店、贝氏母婴旗舰店、柔丫婴旗舰店等10多家年销售额超2500万元的品牌网店。

【农村电商发展】　2022年，洛江区推进农村电商持续发展，建设农村电商人才队伍，建设区、镇、村三级物流体系，在全区各村普及村级电商服务站点建设，构建集“农村电商+合作社（农场）+公共服务+普惠金融+物流配送”于一体的惠农模式，实现村民“购物不出村、销售不出村、创业不出村”。洛江区有3个镇入选“淘宝镇”、31个村入选“淘宝村”。

对外经贸与合作

【概况】　2022年，洛江区有出口实绩外贸企业246家，出口85.18亿元，其中一般贸易57.55亿元，市场采购20.55亿元，跨境电商7.02亿元，比上年增长17.76%。进口2.38亿元，比上年下降9.09%，进出口87.57亿元，增长16.82%。

【市场开拓】　2022年，洛江区鼓励企业多渠道拓展海外市场，组织全区70多家企业参加第131届、132届线上广交会，合计参展展位100多个（品牌展位40多个）。推荐泉州建文艺品有限公司、福建泉州振跃工艺品有限公司报名2022泉州市外贸首场云展会（家居工艺品、礼品专场），组织泉州市一扬文化用品有限公司等10家外贸企业参加第二届中国跨境电商交易会，发动福建乐家诺家居用品有限公司、福建北峰通讯科技股份有限公司等企业参加2022年泉州外贸供采对接会等。做好推动外贸企业出境大走访抢订单拓市场工作，10—12月，洛江17家企业赴境外参展或拜访客户开展商务活动，达成意向订单约1.1亿元。

【市场采购贸易】 2022年，洛江区发挥设立在石狮东南亚采集中心的洛江产业馆带动作用，利用入驻产业馆的行业龙头企业打好洛江品牌效应，搭建具有主体准入放宽、增值税免收、通关便利等特点，供货商和境外采购商交易便利的贸易合作平台；及时宣传省、市、区相关扶持政策，鼓励更多企业采用市场采购贸易方式出口，同时做好入驻平台企业指导服务工作，不断扩大全区市场采购平台贸易规模。全年6家外贸公司通过市场采购贸易方式出口20.51亿元，占全区出口总量的24.08%。

【外贸企业纾困】 2022年，洛江区商务局走访外贸企业123家次，解决困难问题35个；通过“中国（福建）国际贸易单一窗口”投保并有回迁的小微企业99家；指导有资金需求企业申请外贸贷、纾困贷合计76家次，累计放款金额1.07亿元；组织146家次企业申报各级奖励资金，兑现各级市场采购贸易、境外专业展及中小开、拓展欧盟市场出口、跨境电商及出口信保扶持资金841万元。

【跨境电商培育】 2022年，洛江区引导传统出口企业“上线触网”，利用阿里巴巴国际站、亚马逊等知名跨境电商第三方平台，推动传统外贸企业转型开展跨境电商B2B、B2C业务。配合相关涉外部门做好推进口岸通关便利化，支持企业布局海外仓、运营中心，不断壮大跨境电商规模，出台本级对跨境电商扶持政策，推动跨境电商成为稳住外贸基本盘的重要组成部分。全年3家企业通过跨境电商贸易方式出口7.06亿元，占全区出口总量的8.29%。

【外贸政策培训宣传】 2022年，洛江区组织企业参加线上线下业务培训及各类对外贸易知识培训，包括外贸保稳提质举措、海关关税征管改革惠企政策、外汇收支便利化试点政策、RCEP成员国贸易投资环境信息、汇率风险中性与外汇衍生产品运用、RCEP全国性专题培训等13期政策宣传讲座。开展“助力外贸企业抢订单拓市场”现场专题培训，逐一解读“抢订单拓市场”政策。

供销合作

【概况】 2022年，洛江区建立和完善供销社会化服务体系，使供销中心社成为洛江区服务“三农”、服务农村电商的主体力量，推进区供销系统改革和提升。洛江区的罗溪、马甲、河市3个基层社，在职职工10人，下岗职工和退休人员125人。

【农资供应】 2022年，洛江区供销合作社春耕期间加盟服务网点15个，储备供应化肥1700吨。结合安全生产，督导检查农药经营加盟服务网点春耕化肥、农资存储和供应的品种、数量、价格等服务情况，监管是否销售硝酸铵类复混肥或高毒农药等违禁农资产品。

【为农服务】 2022年，洛江区供销合作社创建镇域惠农综合服务中心1个、村级社1家、省级示范新型庄稼医院1家、扶持加盟的6家农民专业合作社有机肥1000千克；加盟农机综合服务社1家，设立“废弃农药农膜回收点”1个；深入实施供销合作社“绿色农资”行动，参与农业面源污染防治，在确保春耕生产农作物需求前提下，推进化肥、农药减量使用，施肥用药零增长。

烟草专卖

【概况】 2022年，洛江区全年销售卷烟9916箱，比上年增长0.46%，销售雪茄1.56箱。查处涉烟违法案件42件，其中物流寄递环节1件，无证运输1件。全年查获卷烟1258.5条。开展合理布局修订工作，加强行政许可后续监管，加强新办证客户核查，年底有烟草销售持证户1203户，新办70户。

【烟草打假打私】 2022年，洛江烟草局夯实网格化建设，开展“三员三进”打假巡查机制，完善打假惩防体系，与公安成立打假涉案线索研判工作室，与检察院、市管、村委会等单位部门构建联合工作机制。加强案件侦查，建立双边客户及历史售假客户名单，对物流寄递从业人员开展相关法律法规、举报投诉宣传和耳目培养，实现制售假烟机台六年“零落地”目标。

【烟草市场监管】 2022年，洛江烟草局深化“五要素”模型运用，识别重点户386户，查处案件2件，发现异常信息86条，命中率22.3%；优化“双随机”工作，筛选174户客户，依托涉烟案件要素管控平台开展数据分析利用，联合公安部门建立信息研判中心，建立开展联合监督检查。联合公安部门对物流寄递企业进行逐一排查，落实物流寄递车辆、线路、实物包裹监管要求。优化零售户基础数字信息，客户信息维护率99%以上。深化电子烟监管，全年办理电子烟零售许可证5本，歇业1本，与市管局约谈1户无证经营户，结合政府双创工作要求，宣传电子烟相关政策规定，开展监管培训4场次。全年市场净化率维持在99%。建立异常经营嫌疑数据库，全年提报45户存在异常经营行为，最终认定30户，对11户借套证户进行限供减供、19户虚假户进行停供处理。强化大户监管，依托内管系统，线上线下相结合，加大对重点区域、对象、品规、经营数据的跟踪监测力度，重点加强隐形大户排查和大户跟踪监管。全年形成“黑灰黄”名单11户，约谈辖区重点大户42户次，查处大户11户次，取缔2户，形成案件11件，查处率100%。

2022年，洛江区深化电子烟监管，不定期向电子烟客户宣传电子烟相关政策规定。图为2022年8月26日，组织人员上门向电子烟客户送达倡议书 （图/洛江烟草公司）

服务业

【概况】 2022年，洛江区围绕“党建+”邻里中心生鲜便利店建设，打造“15分钟便民生活圈”，试点万福、万盛、桥南、南山、新峰社区，打造示范点，满足周边社区群众生活需求，不断提升居民的生活品质。区商务局引导大润发联合供应链资源，通过淘宝淘鲜达、大润发优鲜小程序和“饿了么”等平台为周边3千米社区提供送达的商品外卖服务，解决消费“最后一公里”问题。全年批发零售业比上年增长94.9%，租赁和商务服务业增长13%，住宿和餐饮业增长402.1%，汽车销售服务类增长5.6%。

【批发和零售业】 2022年，洛江区限额以上批发业销售额85.32亿元，比上年增长17%。限额以上零售业销售额62.16亿元，比上年增长29.1%。其中，粮油、食品类比上年增长42.3%，日用品类增长277.8%，中西药品类增长6.7%，汽车类增长5.6%，家用电器和音像器材类增长84.4%，建筑家居装潢材料类比上年下降16.3%。全区限额以上批零住餐业企业实现销售额151.48亿元，比上年增长22.5%。

【住宿和餐饮业】 2022年，洛江区商务局对接服务全区23家商务酒店，促进住宿业良性发展，全年全区限额以上住宿业营业额2496万元，比上年增长12.6%。培育预制菜龙头企业，扶持、引导中禾食品、伍氏（中国）、新强食品、盛之源餐饮等重点企业开展预制菜业务。推荐闽家霖餐饮、中禾食品、新强食品等企业参加市级“最闽南”美食名菜、名厨、名店、预制菜名气系列评选活动，泉州新强食品有限公司被评为“最闽南”预制菜名企、泉州闽家霖餐饮服务有限公司被评为“最闽南”美食名店。以钱隆酒店为龙头，聚集闽家霖、国安餐饮等“闽菜馆”发展，不断推动特色餐饮业发展，全区限额以上餐饮业营业额3.37亿元，比上年增长57.5%。

位于万安街道万虹路的利星奔驰汽车4S店展厅（2022年摄）
（图/洛江区融媒体中心）

【汽车贸易服务】 2022年，洛江区有汽车一级经销商4S店21家，覆盖高、中、低各层次的品牌，并随着信兴汽车城和二手车交易市场的开通，形成一条集买、租、换、修、养于一体的汽车服务产业带。顺应汽车消费的新趋势，不断引进和丰富“智能汽车”“新能源汽车”品牌和车型，吸引比亚迪、华为问界、理想、极狐、合创等众多新能源汽车品牌入驻经营，推动宝马、奔驰、雷克萨斯、大众、奥迪等传统燃油车企不断推出新能源车型系列，更好地满足消费者多元需求。5月21—22日，以发放购车补贴活动为契机，举办2022年第二届洛江区万虹路汽车走廊文化节，拉动汽车销售额3000万元以上。通过举办车展、引导汽车销售企业运用“线上引流+实体消费”模式，加大汽车营销力度，带动汽车大宗消费。全区汽车销售额41.49亿元，占限额以上零售额的70.6%，成为洛江区消费市场有力的支柱产业。

旅游业

综 述

【旅游发展策划】 2022年，洛江区推进研学旅游、工业旅游、红色旅游融合发展，串点成线打造9条精品旅游线路。优化文化旅游发展格局，推动获选省级旅游休闲集镇1个、省级旅游村6个、省级四星级旅游村1个、省级养生旅游休闲基地1家、省级观光工厂2个。2022年，整合挖掘文化旅游资源，成立洛江区文旅经济与食品产业发展小组，签订6个项目投资意向和协议，总投资额45.86亿元。

【旅游品牌建设】 2022年，洛江区文体局借助青山绿水的生态优势，以文旅融合为途径，整合“名山、名桥、名人、名传说”等经典文旅资源，以文化赋能，推动文旅深度融合，深化“悠游洛江”文旅品牌建设，助力洛江区“智造洛江，生态新城”建设。开设“悠游洛江”公交车，组织开展文旅宣传推介、文旅节庆活动，以文化遗产利用赋能经济社会发展。2022年，接待旅游人数201.53万人次，实现旅游收入16.91亿元。

【公共服务建设】 2022年，洛江区完善文旅设施项目建设，提升旅游业服务供给质量。仙公山景区完成缆车上下站绿化提升、停车场厕所改造等；完善俞大猷纪念馆通风、消防设施及周边绿化、美化提升工作。以为民办实事为抓手，投入1100万元，完成陈三五娘主题园一期建设、俞大猷公园修缮等项目。至年底，全区共新增旅游导览图及交通标示39块、整改提升景区停车场7处，实现新增停车位712个、建设旅游厕所34座。

文化旅游

【概况】 2022年，洛江区有各级文物保护单位30处，包括国家文物保护单位1处、省级文物保护单位4处、市级文物保护单位25处。整合“四名”（名山、名桥、名人、名传说）的人文资源，灵活举办“线上带你游洛江”“大美洛江奇妙游”“世遗大讲堂”洛阳桥公益讲座、“着汉服说世遗”洛阳桥公益宣传活动暨洛阳桥讲解员发证仪式、洛江特色美食伴手礼展销、“喜迎二十大，局长带你游洛江”探秘“四名”活动等营销活动12场，强化“悠游洛江”品牌塑造，提升“悠游洛江”知名度和美誉度，推动文旅消费扩容提级。

【世界文化遗产点洛阳桥】 “泉州：宋元中国的世界海洋商贸中心”世界文化遗产点之一，又名万安桥，位于洛江区万安街道与台商投资区洛阳镇交界的洛阳江入海口，距市区10千米。桥始建于北宋皇祐五年（1053），嘉祐四年（1059）竣工，由泉州知州蔡襄主持建造。1988年，国务院公布洛阳桥为第三批全国重点文物保护单位。洛阳桥是中国四大古桥之一，也是中国现存的最早跨海梁式大石桥，首创“筏形基础”“种蛎固基”和“浮运架梁”等先进的建桥技术。现桥长731米，宽4.5米，桥墩45座。桥上有4尊宋刻石将军、6座宋代石塔及众多的石碑、摩崖石刻。桥南蔡襄祠中蔡襄书写的《万安桥记》碑刻被誉为文、书、刻俱佳的“三绝碑”，是极为珍贵的书法艺术作品。2022年接待游客52.3万人次。

【爱国教育基地俞大猷公园】 俞大猷公园位于俞大猷故里河市镇，为纪念抗倭民族英雄俞大猷而建，为泉州首批爱国主义教育基地，占地面积53.33公顷。俞大猷为明代著名的抗倭民族英雄、军事家、武术家，其带领的“俞家军”与戚继光带领的“戚家军”并称“俞龙戚虎”。公园有10.5米高的俞大猷立像、古城靖国门、陈列馆、国术馆、啸卧亭、弹亭、田螺姑娘雕像、石碑坊、正气堂等景点。2022年接待游客5800人次。

【乡韵鹿境文化旅游度假区】 乡韵鹿境文化旅游度假区位于泉州生态规划保护区，有泉州后花园之称的河市镇，背靠仙公山脉，相邻俞大猷公园与泉州植物园，地理位置优越，占地面积66.67公顷，打造福建省首家梅花鹿亲子主题乐园；园区内建设有16+网红玩乐打卡、亲子游乐项目、帐篷露营地、萌宠乐园、中草药研学园。2022年，接待游客人数8.43万人次，收入505.6万元。

【红色旅游基地洪四村】 罗溪镇洪四村环境优美，空气清新，辖区内泉州八峰水库、前洋水库、车厝水库连接环绕，山清水秀，依山傍水，风景秀丽，人杰地灵，是晋江和洛阳江两江流域的源头。洪四村拥有洪四村影剧院、昭灵宫、九龙禅寺、兴灵宫、三界亭、添怀家庙、花溪碗窑旧址、八峰、前洋、车厝3个水库、党员文化公园、德孝广场宣传阵地及红色根据地（1951年围歼入窜敌人战斗点）等优秀旅游资源，被评为省级红色旅游基地。2022年接待游客3.2万人次，实现旅游收入12.5万元。

生态旅游

【概况】 2022年，洛江区文体旅游局立足洛江优质的生态旅游资源，开展品牌创建活动，宣传推广优质旅游资源，丰富旅游业态和旅游产品，辖区内AAA级景区1家。

【仙公山风景区】 仙公山，又名“双髻山”“丰山”，为国家AAA级旅游景区，省级风景名胜区，因祀“何氏九仙”而得名，祈梦文化驰名中外。仙公山山体硕大巍峨，其主峰海拔758.5米，岩崖陡立，山间径曲林幽，山巅云雾缭绕，宗教、民俗文化历史悠久，儒、道、释三教并存，有丰山洞、白水岩、朝天阁、仙灵桥、仙井、仙足迹、仙棋盘、仙茶树、仙排阁、贵妇双髻、荷塘印月、仙公蓬莱等胜景，宋代朱熹、王十朋、明代张端图等历代文人墨客留下的摩崖石刻。2022年，仙公山景区游客总数36.28万人，旅游总收入1983.5万元。

【九品莲花生态园】 九品莲花生态园是泉州市唯一一家莲花观光生态园，园内拥有五种顶级的观音莲和九大色系的香水莲。游客到园内可品一品养生的莲花茶，也可以享受到天然的莲花美食，还有亲子漂流、划船、泼水狂欢等项目。每年4—11月，莲花大面积盛开，是爱花之人必去之处。2022年，接待游客人数8000人，收入30万元。

【后深溪景区】 后深溪位于洛江区河市镇后深溪水库，集漂流、梦幻玻璃桥、玻璃旱滑、丛林穿越、儿童乐园、烧烤、重走长征路、水上运动、攀登、露营、溯溪于一体的度假山庄，四周空气清新，风光旖旎，群峰耸立，沟壑纵横，是健康运动旅游、体验交流学习、品茗休闲娱乐的最佳场所，获2016年度泉州市十佳文明景区。2022 年，接待游客 6 万人，收入 400 万元。

【虹桥飞瀑】 虹桥飞瀑是集避暑、康养、休闲、亲子体验于一体的新型旅游胜地。景区内有落差 108 米的彩虹瀑布，有树龄 300 年、多人方可合抱的苍劲挺拔的古松树、古樟树，有立于清道光甲辰年的虹山水尾护林碑和明代史学家何乔远的真迹崖刻等古迹。配套有超吉尼斯纪录 8.4 米的虹桥悬廊和华东跨度最大的飞渡太空船等项目。2022 年接待游客 1 万人，收入 50 万元。

【虹山油菜花基地】 虹山油菜花基地是泉州地区面积最大的油菜花观赏基地。每年春天，油菜花盛开，吸引众多游客、驴友、摄影爱好者、画家。游客可体验虹山长桌宴，品尝当地美食，如虾皮芥菜饭、土鸭汤、鼠曲龟等。举办油菜花节以来，基地最高峰游客日接待量超过 1 万人。

【石龙谷生态景区】 石龙谷占地面积 200 多公顷，是个集旅游观光、养生休闲、拓展体验于一体的探险乐园，建有森林氧吧、花海梯田、大峡谷观光体验区、卧龙索桥、旱滑道、丛林穿越、空中滑索、石龙谷餐馆、农耕体验区、荡秋千、射箭、高空漂流、红色教育基地、宿营基地、奇幻世界游乐园、飞龙悬岛、半山美庐别墅、RTV 酒楼、观光回程休闲步道、“网红”秋千园、石龙溶洞等项目。2022 年，接待游客人数 3.36 万人，收入 503.5 万元。

【樱梅园生态景区】 樱梅园位于虹山乡，建成 2.8 千米景区观光路，3 千米登山道、彭祖文化广场、2888 米彭祖阁生态长城、福建省最长的高空快车，丛林穿越体验区，花海梯田、宿营地，是集旅游观光、亲子体验、训练拓展培训、住宿、餐饮、登山、农业休闲等于一体的生态旅游度假区。2022 年接待游客 6700 人，收入 60 万元。

2022年，洛江区以全域旅游发展为载体，抓旅游景区建设，石龙谷景区、樱梅园景区瀑布景区逐步完善。图为虹桥飞瀑景点（2022 年摄）

（图/虹山乡）

【泉州海丝野生动物园】 泉州海丝野生动物世界园区占地面积 33.33 公顷，是以珍稀野生动物种群发展、科研繁育救护、休闲娱乐体验、科普宣传教育为主的综合性主题公园，被评为泉州市中小学生研学实践教育基地、泉州市科普教育基地、泉州市“我最喜爱的十佳科普教育基地”。园区有大熊猫、白犀牛、长颈鹿、黑白疣猴、环尾狐猴、白狮、东北虎等世界珍稀野生动物 100 余种 2000 多头（只）。2022 年，接待游客人数 12.7 万人，收入 1523.6 万元。

【联亨文旅山庄】 联亨文旅山庄总面积规模约 100 公顷，山庄依山傍水，风景秀丽，空气清新，植被茂盛，拥有四季宜人的气候条件，其后期规划发展为集生态休闲旅游、观光、娱乐、度假、养老、餐饮、住宿于一体的多功能山庄。2022 年接待游客 3500 人。

旅游市场营销

【概况】 2022 年，洛江区强化“悠游洛江”旅游品牌营销，结合辖区实际，引导旅游企业推出文旅市场消费优惠方案，做好假日引流预热，逐步推动旅游市场经济复苏。全年接待国内外游客201.53万人次，比上年下降16.2%。全年实现旅游总收入16.91亿元，比上年下降13.1%。

【旅游宣传】 2022年，洛江区加强与传统媒体合作，针对洛江文旅产业深度报道，运用抖音、微信等新媒体资源，不断提高洛江区“悠游洛江”文旅品牌知名度、美誉度。全年获得各类旅游宣传报道近200篇次。

【旅游推介】 2022年，洛江区创新模式，推进“一镇一品”产业发展。实施“旅游+”跨界融合行动，利用“名山名桥名人名传说”的厚重文化底蕴，继续挖掘洛江区海丝文化、仙公山祈梦文化、俞大猷爱国主义文化、陈三五娘爱情文化等洛江区特色历史人文资源，发展万安街道古桥海丝旅游、双阳街道印尼风情旅游、河市镇乡村康养旅游、马甲镇仙公山祈梦文化旅游、罗溪镇红色生态旅游、虹山乡全域旅游路线，开发传统内涵与现代精神相结合的多层次旅游产品。

【大美洛江奇妙游活动】 2022年5月19日，“大美洛江奇妙游”中国旅游日网络大V（社交网络上拥有大量“粉丝”、具有影响力和话语权的人）悠游洛江活动在洛阳桥启动，邀请10名福建本土网络大V及相关媒体记者们共同参与活动，开展为期两天一夜的泉州洛江深度体验游。网络大V以“大美洛江奇妙游”为主题原创摄影作品、短视频、游记攻略，在新浪微博、微信、携程、马蜂窝、小红书、抖音、携程等多家社交平台发布，推介“悠游洛江”品牌。

2022年5月19日，洛江区开展“大美洛江奇妙游”中国旅游日网络大V悠游洛江活动。图为活动现场合影 （图/洛江区融媒体中心）

旅游管理

【概况】 2022年，洛江区辖区有旅行社1家、星级饭店1家、A级旅游景区1家。根据上级主管部门工作要求及本级工作实际，开展市场主体监督管理工作，全年出动检查人员106人次，检查44家次。

【景区建设与安全管理】 2022年，洛江区文体局指导仙公山景区新建缆车上站出口至通仙桥以及缆车通行道下的水永亭至二级站方向两条安全护栏；新建停车场LED彩屏改建缆车下站旅游公厕等设施。按照省市上级主管部门文件精神，指导星级饭店、旅行社、A级旅游景区按照防控、复产复工和市场安全生产管理要求，推动旅游市场稳定发展。

【规范旅行社质量】 2022年，洛江区文体局以游客满意为标准，以品质化为方向，优化旅行环境，强化旅行社企业和从业人员意识，全面提升旅游服务质量，树立旅行社良好的形象。指导督促旅行社依法依规开展经营活动，提升产品设计、业务广告、旅游合同、游览服务、质量改进、安全、投诉处理等管理和服务环节，做到企业利益和游客利益有机统一。

教育

综述

【教育事业发展】 2022年，洛江区有普通中学10所，其中公办中学7所，所有公办完中实现省级达标，其中，泉州第十一中学属省一级达标高中，奕聪中学属省二级达标高中，马甲中学属省三级达标高中；小学34所；幼儿园48所，其中省示范幼儿园1所、市示范幼儿园3所、区示范幼儿园8所；中职学校1所；教师进修学校1所。全区幼儿园至高中各类学校在校生5.23万人，各类学校专任教师3310人。小学适龄儿童入学率100%，初中适龄人口入学率99.9%。全区特殊教育在校生56人。在洛就读外来务工人员子女义务教育阶段8205人。辖区内共有2所大专以上院校，其中本科高校1所、高职高专1所，普通高校本专科在校生1.9万人，招生6965人，毕业生5054人。2022年，洛江投入5.3亿元，完成新建、扩建马甲中学、泉州十一中、市实验小学洛江校区、马甲第二中心小学、闽南师大附小、洛江区实验小学第二校区等26个中小学项目，万安中心幼儿园、洛江区第二实验幼儿园、河市第二中心幼儿园、阳江安置小区幼儿园、万安第二中心幼儿园等13所公办园，新增校舍面积约20.8万平方米，新增学位1.69万个。

【德育工作】 2022年，洛江区整合传统文化和红色教育资源优势，为青少年搭建拓宽品德教育实践的平台，7月13日增设万安街道岩山公园为洛江青少年德育教育基地。各中小学加强思想政治理论课示范课建设，全区中小学推选的8节思政课入选2022年泉州市中小学思想政治理论课示范课、优质课。打造中小学德育典型案例，泉州第十一中学的《提升自我管理能力丰富学生思政教育》入选2022年福建省“一校一案”落实《中小学德育工作指南》典型案例。

【心理健康与劳动教育】 2022年，洛江区组织区级第三批劳动教育实践特色项目和劳动教育实践基地遴选，推荐河市中学“开心农场”劳动项目参评市级劳动教育实践特色项目，集中开展以“劳动创造美好生活”为主题的“劳动教育周”等活动。各中小学加强学生心理健康教育，开展“五个一”心理健康教育宣传活动。3月，举行“心健康•善爱我•共成长”心理健康教育宣传月活动，加强对疫情期间师生心理疏导和健康教育，做好秋季期初学生心理健康摸底排查工作。至年底，全区17所区属中小学均设置心理咨询室，共投入198.48万元、配备32名专兼职心理健康教师，其中专职心理健康教师25人，实现全区中小学600人以上学校均配备专职心理健康教师。

2022年12月16日，洛江区第三实验小学开展心理团体辅导活动
（图/洛江区融媒体中心）

【学生素质培养】 2022 年，洛江区各学校以课后服务为平台，开展特色素质教育。奕聪中学开设扎染课、市实验小学洛江校区开设特色轮滑课、闽南师大附小引入妆糕人特色课程。2022 年奕聪中学的扎染工作坊获全国中小学艺术节展演一等奖，市实验小学洛江校区承办 2022 年福建省第十七届运动会青少年部社会俱乐部组轮滑冰球比赛；河市中心小学陈姗姗获 2022 年福建省乒乓球巡回赛（马尾站）女子乙组单打冠军，沈梦岚获 2022 年福建省第十七届省运会青少年部社会俱乐部组田径比赛200米和400米冠军。

【“十四五”教育专项行动】 2022 年 11 月，洛江区印发《洛江区“十四五”教育事业发展专项规划》，围绕实现“十四五”教育规划目标，洛江区教育局制定《洛江区教育局“十四五”规划重大项目汇总表》明确教育建设安排。配套制定《洛江区基础教育高质量发展行动方案》，聚焦教育关键领域和短板弱项，提出“十四五”规划的中期目标、实现路径与具体措施，将重点任务、重大举措转变为具体的行动方案。全年洛江区教育总投入 6.3 亿元，比上年增长 46.5%，其中完成项目建设投资 2.5 亿元，实施教育建设项目 21 个。召开洛江区教育发展促进会成立暨捐赠大会，募集资金 1.5 亿元，首次召开全区基础教育高质量发展专题会，制定洛江区基础教育提升三年行动方案。

【教育发展促进会第一次会员大会召开】 2022 年 2 月 14 日，洛江区教育发展促进会召开第一次会员大会。大会审议通过《泉州市洛江区教育发展促进会章程》《泉州市洛江区教育发展促进会第一次会员大会选举办法》和《泉州市洛江区教育发展促进会财务管理制度》，选举产生泉州市洛江区教育发展促进会第一届理事会和监事会，林坤聚当选为会长。

学前教育

【概况】 2022 年，洛江区有幼儿园 48 所（含学前班 4 个），在园幼儿 11093 人，幼儿教师 826 人。落实教育优先发展战略，加快普及普惠学前教育，增加公办幼儿园学位供给，学前三年入园率 98.98%。提高公办园在幼儿园总量中的占比，公办幼儿园在园幼儿数占比达 53.1%，普惠性学前教育覆盖率达 90.49%。

2022 年，洛江区实现除虹山以外每个镇（街道）有 2 所以上的公办园。实施《洛江区普惠性民办幼儿园奖补方案》，全区民办普惠园有 29 所，占比 78.38%，全区学前教育“两率”（公办园就读幼儿比例，普惠性幼儿园覆盖率）分别达 50% 和 80% 以上；加大创建示范园力度，推进“总园 +”办学模式，拥有省示范幼儿园 1 所、市示范幼儿园 3 所、区示范幼儿园 8 所，优质覆盖率 50.67%。

【示范园创建】 2022 年，洛江区推进幼儿园提升工程，完成民办园等级评估 1 所、普惠性认定 1 所、区级示范园评估 1 所，开展市级示范园创建 1 所，4 所省级保教改革建设园通过市级验收。

【普惠性学前教育】 2022 年，

洛江区教育局以“政府主导、城乡统筹、科学规划、合理布局、就近入学”原则，推进公办幼儿园建设，提升公办幼儿园科学保教水平和办园品质。全区有普惠性幼儿园 29 所，在园幼儿 4172 人，全区普惠性覆盖率 90.49%。确保普惠性幼儿园生均公用经费补助，共拨付 159.68 万元。

2022年，洛江区创新课后服务管理，全面做好中小学课后服务扩容提质。图为闽南师范大学洛江区附属小学开设特色足球课程

（图/洛江区融媒体中心）

义务教育

【概况】 2022 年，洛江区有小学 34 所，中学 8 所（其中普高 4 所，省一级达标高中 1 所），十二年一贯制学校 2 所，在校小学 2.46 万人、初中 9523 人，普通中学专任教师 1119 人，小学专任教师 1365 人。坚持义务教育阶段划片招生、免试入学，稳步推进初中招生改革，完成 2022 年秋季小学、初中招生。在校生总数 3.41 万人（小学 2.46 万人、初中 0.95 万人），6～11 周岁入学率 100%，初中适龄人口入学率 99.9%。

【“双减”政策落实】 2022 年，洛江区教育局围绕校内、校外两个环节，强化作业管理、扩充课后服务、规范培训机构，加强宣传教育，密切家、校、社会联系，共同推进“双减”工作。拓展服务内容，完善以编内教师为主，编外和校外专业聘请人员为辅的师资结构，实现扩面“双减”政策提质。探索低年级学生学业评价的新方式，遵循低年级学生心理与年龄特点，以趣味闯关活动，提升核心素养。指导各学校以校为单位，制定午餐托管服务工作方案，逐步推进校内午间供餐服务，满足学生需求。城区学校全部开展午托服务。暑假期间泉州市实小洛江校区、区第三实验小学和河市中心小学等 3 所小学开展暑期托管、夏令营服务，服务学生 1000 多人。全区 43 所义务教育学校实现课后服务全覆盖，参与课后服务学生共 29316 人次，教师 2013 人次，学生满意度 96.87%，家长满意度 97.07%。

【义务教育管理标准化】 2022 年，洛江区教育局认定义务教育 9 所区基础教育课改基地和 5 个学科教学研究基地，推进 8 所学校乡村温馨校园建设。强化常态化督导，抽检 10 所省级义务教育管理标准化学校，规范办学行为。加强名优校培育，区实验小学省级教改示范校通过市级终期评估，市实小洛江校区获评第一批“福建省义务教育教改基地校”。至年底，洛江区有省级义务教育管理标准化学校 27 所，占比 61.4%，国家级乡村温馨校园典型示范 1 所，省教改示范校 4 所，区级特色课改基地校 7 所。

【义务教育均衡发展】 2022 年，洛江区教育局对 9 个区基础教育课改基地和 5 个学科教学研究基地进行授牌，及时总结和推广教学研究成果和改革经验，推动各学科教学研究工作，促进全区学校实施新课程水平的提升。推进就南中学等乡村温馨校园建设，提高乡村教育发展水平。

普通高中教育

【概况】 2022 年，洛江区普通

高中6所（含一贯制学校），教学班级数146个，在校生7068人，其中有毕业生2413人。3所公办高中本科上线率达60%，“双一流”（世界一流大学和一流学科）高校上线人数比上年增长30%。2022届高考全区公办高中本科上线人数比2021届增加31人，比上年增长6%，其中十一中和奕聪中学本科上线率70%。上线率提高6个百分点。

【普通高中建设】 2022年，洛江区加快马甲中学硬件建设，推进二级达标创建进程。深化十一中与南开公能教育管理有限公司合作办学，利用奕聪中学与北京四中网校合作办学提高优质资源使用率。奕聪中学省一级达标高中通过省级现场考察，其特色课程“染·设”艺术实践工作坊荣获全国一等奖。

【教学教研】 2022年，洛江区教育局利用“5G+专递课堂”构建城乡一体化培训体系，全面开展线上教研共建工作，“线上+线下”同步发力开展教研交流、专家讲座、名师送教、联合教育督导等，发挥优质教育资源辐射作用，提升教师团队的综合素养。以乡镇（街道）为单位，加强小片区管理，逐步推进城乡校际结对帮扶共建，探索洛江区域内“名优校+”共同体建设，推动大片区管理，完善“校际—片区—县区”教研模式，实现优质教育资源共享，促进乡村教育振兴。

【高中教学管理】 2022年8月18日、9月15—16日，洛江区分3批次举办高中校教学管理能力暨高中教研员教科研能力提升培训班，聚焦新高考新课程，提升教学管理能力研修，为高中教师指明新课程、新理念下，提升课程领导力和教师发展的实施路径、新高考备考策略，提升教育科研实效，引领高中学校提高教学管理水平，促进教师专业发展，推进区域教育优质均衡发展。

高等教育

【概况】 2022年，洛江区有仰恩大学和泉州医学高等专科学校（以下简称“泉州医高专”）2所高等院校，仰恩大学为全日制本科院校，有10个学院，3个直属系部，25个本科专业，其中有5个省级一流本科专业建设点。泉州医高专为全日制大专，有洛江、惠安、南安、北门街等四个校区，专业设置有临床医学等20个专业。全区在校大学生1.90万人，其中仰恩大学在校生1.04万人，泉州医学高等专科学校0.86万人。仰恩大学教职工696人，其中专任教师456人，医高专有教职员工762人，专任教师508人。

【仰恩大学】 2022年，仰恩大学获批增设艺术教育、人工智能、物联网工程、数据科学与大数据技术等4个新专业。新增广告学、计算机科学与技术、英语3个省级一流本科专业。新增6个教育部“1+X”证书制度试点项目，组织完成“经济类实践课程群教学团队”“文化产业品牌建设与传播课程群教学团队”2个省级本科教学团队评审验收工作。组织完成商务英语、网络与新媒体、数据科学与大数据技术、物联网工程、人工智能、艺术教育6个新增学士学位授权专业专家实地考察和评审工作。

科研工作。2022年，仰恩大学获批立项市厅级及以上项目39个，其中福建省社会科学基金项目2个；横向项目3个、科技服务项目5个。公开发表学术论文66篇，其中核心期刊和SCI（科学引文索引）、CSCI（中国科学引文索引）收录论文6篇，授权专利69项。学校知识产权保护工作站被确定为泉州市知识产权保护工作站，获批建设经费补助8万元。服务运作与协同创新精益生产团队被选定为2022年福建省团队科技特派员；1名教授入选2022年福建省个人科技特派员。福建省本科高校教育教学改革研究重大项目成果《新文科视阈下服务地方的全媒化复合型品牌传播人才培养研究》入选福建省教育科学研究所组织编撰《福建省本科高校教育教学改革研究典型案例汇编（第二册）》。

继续教育与社会服务。2022年，仰恩大学完成2022级成人高考（专升本）新生入学注册及2022年招生工作。学校成为资产评估师职业资格考试泉州考试站点并承办2022年资产评估师职业资格考试。完成“书记校长访企拓岗”专项活动，走访地方政府、人社部门、人才机构、重点企业等，与中国海峡人才市场泉州分部、石狮市、南安市等单位共建“仰恩大学人才工作服务站”3个，与安踏泉州分公司等6家单位建立就业实践基地。

对外合作交流。2022年，仰恩大学同白俄罗斯国立技术大学达成合作共识，签署校际合作协议。与英国、新西兰、美国、韩国、马来西亚等多所高校开展线上合作洽谈；推介国家留学基金委出国留学资助项目和“本升硕、硕升博”等留学项目。10名在职教师申请赴英国、马来西亚、泰国等国外高校攻读硕士和博士学位。

【泉州医学高等专科学校】 2022年，泉州医学高等专科学校与福建医科大学、福建中医药大学联合举办护理学、药学等9个专升本专业，在学函授学生1587人。2022年，市政府成立泉州医学院工作专班，学校成立创建泉州医学院工作领导小组及升本创建办公室，重点推动学科专业建设、新医科教材建设、师资队伍建设、新校区建设、智慧校园建设等工作，拓展办学空间，为学校提升办学层次打下基础。

专业建设。2022年，泉州医高专开展本科专业设置论证模拟评估，编制本科专业建设规划、实验室建设规划，开展人才培养方案论证工作，完善对校级专业带头人及培养对象考核管理，开展专业教研室考核，进一步提升专业建设成效。加强内涵建设，深化人才培养模式创新，推进“三教”改革，组织开展“课堂革命”典型案例评选工作。新增“1+X”证书制度试点项目3个。3门课程获得2022年省级精品在线开放课程，临床医学专业资源获得2022年省级专业资源库建设立项，儿童护理等6门课程获得2022年福建省职业教育在线精品课程项目立项。开设10门次创新创业类课程，不断优化创新创业课程体系。2022年，获第五届“中国创翼”创业创新大赛福建省级选拔赛三等奖1个。

科学研究。2022年，泉州医高专全校教职医护员工发表论文176篇，其中发表在核心刊物及以上的论文36篇，SCI论文16篇。全校教职医护员工新获授权实用新型专利33项。学校有市级及以上立项的纵向科研项目27个，获资助经费18.1万元；横向课题2项，资助经费6.2万元；立项校级科研项目66个，总资助经费84.32万元。

教育管理

【校园安全维护】 2022年，洛江区完成校园一键报警、视频监控联网率和防冲撞设施100%，基本完成全区学校AI人脸系统预警技防建设，全区平安校园创建率达97.8%。推进学校安全标准化提升专项行动，全区86所学校全部完成验收。

【教育信息化建设】 2022年，洛江区教育局构建“互联网+”教育新生态，以泉州实验小学洛江校区和河市白洋小学2所学校作为“5G+专递课堂”试点校，联合泉州市实验小学，“三校”联动，推进洛江区“5G+专递课堂”建设。

【教师队伍建设】 2022年，洛江区教育局通过“专项招聘”、公费师范生“双选会”面试、省统考等方式补充新任教师170名，其中研究生7名。推荐参评泉州市“十四五”中小学学科带头人培养对象14名、名师培养对象8名、名校长培养对象4名。遴选区“十四五”中小学骨干教师培养对象90名，第二批区级中小学幼儿园名师工作室23个。落实中小学校党组织领导的校长负责制，完成全区中小学校领导班子考核和调整，涉及58人。

科技

【概况】 2022年，洛江区围绕省市创新驱动发展战略，坚持协同创新、转型升级，推进科技与经济紧密结合。组织企业申报省市各类科技项目23个，向企业拨付各级各类科技创新奖励补助专项资金2051万元。组织推荐42家企业通过国家高新技术企业认定，其中37家企业通过认定，全区高新技术企业达107家，首次突破百家。11家企业被认定为福建省科技“小巨人”企业，66家企业进入福建省2022年入库科技型中小企业名单；福建省德源智能科技有限公司获评福建省新型研发机构。

【科技计划项目】 2022年，洛江区推荐泉州华大超硬工具科技有限公司、泉州天智合金材料科技有限公司等企业的23个项目申报省市科技计划项目，其中泉州众志新材料科技有限公司、泉州天智合金材料科技有限公司的11个项目获得立项，获得扶持经费310万元。推荐的信和新材料股份有限公司的“锂离子动力电池用耐老化UV固化漏电保护涂料的技术开发及产业化”项目上榜2022年泉州市“揭榜挂帅”重大技术需求，实现洛江区“揭榜挂帅”项目零的突破。

【科技成果与奖励】 2022年，洛江区推荐的泉州天智合金材料科技有限公司和中国科学院宁波材料技术与工程研究所合作“面向高频功率器件的非晶纳米晶软磁粉末材料研发及量产制备”项目获福建省STS计划立项，扶持经费60万元；信和新材料股份有限公司与厦门大学、海洋化工研究院有限公司合作的“海工装备关键涂层及功能材料研发与技术创新应用”项目获省科技进步奖一等奖。

【科技交流与合作】 2022年，洛江区推动天智合金和中国科学院宁波材料技术与工程研究所共建的非晶纳米晶磁性材料工程中心建设。深化新时代科技特派员制度，壮大科技特派员队伍，组织申报并认定省级科技特派员13名、市级科技特派员21名、区级科技特派员28名。

【科学普及与宣传】 2022年，洛江区把研发投入归集统计工作作为科技领域开年的一项重点工作，分别于1月13日、2月22日、3月9日，组织250余家次企业参加2022年度“企业研发费用归集”线上线下培训活动，帮助企业做好研发费用统计，规范相关研发费用归集操作，鼓励企业加大研发投入力度；印发《中共泉州市洛江区委办公室泉州市洛江区人民政府办公室印发〈关于深入推进科技特派员制度服务乡村振兴和助力产业转型的若干措施〉的通知》，以科技助力乡村振兴和产业转型，向企业拨付兑现各级各类科技创新奖励补助专项资金2051万元；开展“科技三下乡”等大型宣传活动，向群众宣传科普知识。

文化

【概况】 2022年，洛江区加快公共文化设施建设步伐，区文化馆通过“国家二级馆”评定，区图书馆申报“国家二级馆”并完成初评。按照“总馆—分馆—服务点”的模式，启动总分馆制建设，实现图书借阅、文艺活动、文化下乡等方面统筹。完成建设2个新型公共文化空间、2个农村文化广场。全区实现村（社区）综合性文化服务中心全覆盖。开展丰富多彩的群众性文化活动175场。9月，“泉州祭十班习俗”入选省级非物质文化遗产项目。

【群众文化】 2022年，洛江区文体局在景区举办街头文化、常态化惠民演出活动30余场，举办洛江区非物质文化遗产巡回图片展15场。依托区图书馆、文化馆开展非遗花灯制作、“三八”国际妇女节插花活动、我们的节日“七夕”文化志愿服务活动等100余场主题活动。联合区委宣传部开展学习宣传贯彻中共二十大精神“微宣讲+文明实践”暨“三下乡”系列活动。开展面向社会的公益培训，组织举办文化馆南

2022年2月15日，洛江区开展“文化进万家”暨“佳节尚文明·志愿关爱行”庆元宵游园主题活动。图为群众参加节目演出

（图/洛江区融媒体中心）

音、舞蹈、声乐等公益艺术培训班，举办洛江区舞蹈公益培训班，丰富群众文化生活。

【文艺活动】 2022年，洛江区组织举办洛江区“赓续文化薪火 辉映时代光芒”俞大猷纪念馆重装开馆活动、“三下乡”文艺演出、洛江区“文化和自然遗产日”活动。举办申遗成功一周年系列宣传活动、虹山首届花朝节“凤回大晋”暨第八届油菜花节、喜迎二十大共建文明城“文明旅游 悦享生活”大美洛江交响音乐会、“党建+”邻里中心系列文化宣传活动；联合武警泉州支队举办庆祝建军95周年主题晚会；图书馆全年举办阅读推广活动140余场，流动服务车下乡60次，馆员参加各项培训29场。全年活动参与2.8万人次。组织文艺工作队伍，打造原创歌曲《一米阳光》《赤子》，朗诵作品《中国成语里的洛江》，南音《陈三五娘》，舞蹈《俞大猷》等10余个原创作品。

【文化场馆建设】 2022年，洛江区文化馆通过“国家二级馆”评定，区图书馆申报“国家二级馆”并完成初评。融合建设示范点，赋能“党建+”邻里中心，依托原有基层综合文化服务中心，围绕宣传贯彻中共二十大精神、丰富拓展“党建+”邻里中心文化服务功能，融合建设改造提升“党建+”邻里中心文化服务空间示范点15个。推进文化“嵌入式”服务，改造提升建设2个新型公共文化空间。区图书馆将原有的艺术展览厅部分面积改造建设成24小时新型公共文化空间，以满足周边居民由于图书馆闭馆而无法实现的阅读和学习需求。罗溪镇综合文化站新型空间，建设非遗传习所，增加戏曲、书法、掌中木偶戏、提线木偶戏等的教学与体验，引入新型智能文

化设备，丰富农村十里服务半径的文化内容。

【非物质文化遗产保护】 2022年，洛江区完成2021年度省级非物质文化遗产代表性传承人传承活动评估工作。完成“文化进万家——视频直播家乡年”活动。完成“十‘泉’十‘福’”活动作品报送、“世遗泉州的经济文化展”参展展品报送。完成国家级文化生态保护区建设资金申报工作、泉州市市级优秀传统文化传承发展专项资金项目申报工作。完成非遗工坊典型案例报送。完成非遗“廉洁”题材报送、完成十八大以来泉州市非遗保护成果资料报送、完成非遗里的“闽人智慧”材料报送。完成11个非遗工坊建设和认定工作材料报送。完成区级第九批非遗项目以及第六批非遗传承人申报工作。完成非遗研究基地、传承示范基地、生产性保护重点单位申报工作。举办2022年洛江区“文化和自然遗产日”线上线下系列活动，利用微信公众号、淘宝等新媒体平台展示非遗项目。完成泉州市非物质文化遗产保护工作暨非遗代表性传承人培训工作。成立并开展泉州市洛江区陈三五娘传说文化研究会活动，配合做好陈三五娘主题园建设工作。成立泉州市洛江区河市陈成芬南音传承中心。

【文化市场监管】 2022年，洛江文体局创新网格化管理模式，以日常巡查、线上监管为主线，结合基层文旅市场专项整治行动，规范文旅市场企业经营行为。对新设立泉唱娱乐会所、风雅KTV、欧际酒吧，大自然流光溢彩主题KTV经营许可证到期不予延续，吊销超神网吧经营许可证。

【陈三五娘传说文化研究会成立】 2022年9月29日，洛江区推动国家级非物质遗产“陈三五娘传说”保护传承深入开展，提升文化影响力，召开陈三五娘传说文化研究会成立大会。会议选举产生洛江区陈三五娘传说文化研究会第一届理事会理事、洛江区陈三五娘传说文化研究会第一届监事会监事。陈永泽当选为研究会第一届会长，杨思思、胡玉双、胡玉琳当选为副会长，陈培霞当选为秘书长，王良辰当选为监事长，聘任陈继川为名誉会长。区陈三五娘传说文化研究会第一批会员50名。

【“泉州祭十班习俗”入选省级非遗项目】 2022年，流传于洛江本地区的民间信俗“泉州祭十班习俗”获评第七批省级非物质文化遗产代表性项目名录。“祭十班习俗”从明代开始流传于洛江本地区，2022年已有463年的历史。该习俗为了纪念嘉靖三十八年（1559）八月廿八日发生在福泉大路泉州琯头路段，十班（十村）村民“卫乡御倭”的英雄壮举，具有重要的爱国主义教育意义。2007年，“祭十班”习俗入选第一批市级非物质文化遗产代表性项目名录；2022年9月23日，“泉州祭十班习俗”省级非遗项目揭牌仪式在洛江万安街道岩山公园举行。

2022年9月29日，洛江区召开陈三五娘传说文化研究会成立大会
（图/洛江区委宣传部）

2022年，“泉州祭十班习俗”入选省级非遗项目。图为2022年9月23日，“泉州祭十班习俗”揭牌仪式在洛江万安街道岩山公园举行

（图/洛江区融媒体中心）

体 育

【概况】 2022年，洛江区根据全区体育基础设施基本情况，选定为民办实事项目建设点，投入257万元完成新建全民健身路径13条、篮球场改造提升7个、新建健身步道2千米、新建一个七人制足球场。至年底有灯光篮球场30个、塑胶篮球场30个、多功能运动场27个、笼式足球场9个、全民健身路径129条。

【竞技体育】 2022年，洛江区加强体育后备人才的培养，组织参加各级体育赛事。组队参加国家、省、市比赛，角逐7个项目，取得金牌14枚、银牌9枚、铜牌7枚。参加2022年全国武术套路锦标赛；2022年福建省第十七届运动会女子散打比赛；福建省第十七届运动会大学生部武术套路比赛；福建省第十七届运动会青少年部社会俱乐部组轮滑冰球比赛；2022年福建省青少年越野滑轮锦标赛暨第十七届运动会表演赛；2022年泉州市第一届冰雪轮滑锦标赛暨泉州市首届“冰雪特色校”冰雪轮滑公开赛；2022年泉州市少年儿童羽毛球锦标赛。

【群众体育】 2022年，洛江区文体局开展形式多样、分门别类的群众体育活动，做到活动内容生活化、竞赛方法多样化、活动时间节日化、组织形式社会化。通过开展机关干部、中小学生、老年人、企业职工和残疾人等各种人群的体育比赛和健身活动，促进全民健身活动健康发展。组织开展2022年洛江区迎新春庆元旦排球赛、2022年洛江区全民健身“迎春杯”羽毛球比赛、2022年洛江区全民健身第七届迎新春围棋邀请赛、2022年洛江区第二届中小学生足球联赛、2022年洛江区中小学生乒乓球联赛、2022年洛江区全民健身篮球赛、2022年泉州市全民健身运动会洛江区第一届跆拳道比赛、“奔跑吧·少年”2022年闽台港澳青少年武术文化夏令营、2022年福建省全民健身运动会暨泉州市洛江区第十四届羽毛球团体比赛，丰富居民文体生活。推动全民健身活动深入开展，促进全民素质提高。

【新春围棋邀请赛】 2022年2月15日，洛江区全民健身领导小组、区文体旅游局联合主办第七届迎新春围棋邀请赛，满足职工群众多元化的体育健身需求，丰富职工文化生活。比赛通过网上报名，参赛选手大部分围棋段位达业余5段及以上，同时筛选少儿组2位小选手参赛，共22名业余选手参赛，赛期为期1天。比赛采取国家体育总局审定的最新围棋竞赛规则，通过电脑编排，积分循环制，共赛5轮，选取前8名棋手，并发放奖状。周垅、郑子明、郑德雄分获围棋比赛前三名。

【轮滑冰球比赛】 2022年7月19—22日，2022年福建省第十七届运动会青少年部社会俱乐部组轮滑冰球比赛在洛江举行。比赛为期4天共计33场，9支队伍近200名青少年运动员参加比赛。厦门冰睿雪轮滑冰球俱乐部获甲、乙组冠军，泉州市洛江区代表队获甲、乙组亚军，南平市体育局获甲组季军。

卫生健康

综 述

【医疗资源】 2022年，洛江区有各级各类医疗卫生机构159家。其中，公立医院2家（洛江区医院、福建省洛江监狱医院）、其他民营医院4家、专业公共卫生机构3家（妇幼保健所、疾病预防控制中心、卫生监督所）、乡镇卫生院4家、社区卫生服务中心2家、其他医疗机构143家（社区卫生服务站4家、村卫生所96家、门诊部12家、诊所27家、医务室4家）。全区千人均卫技人员数3.99人，千人均执业（助理）医师数1.71人（全市平均值2.19人），千人均注册护士数1.45人。全区建设床位数685张，千人均床位数2.68张。

【医学教研】 2022年，洛江区完成“培训提升一批”的省级基层医疗卫生人才队伍建设项目，选派1名基层骨干医师参与泉州市基层卫生人才能力提升培训以及15名骨干医师到上级医疗机构进修学习。开展业务培训30余期，培训专技人员1000余人次。推进区医院与泉州市第一医院医联体建设，发挥医联体内部高水平专家资源共享、技术帮扶，泉州市第一医院持续下派专家，开展专家会诊及疑难病例讨论100余次，开展业务讲座28次，培训医务人员230余人次，手术示教140余次。

【医疗卫生人才队伍建设】 2022年，洛江区完成“公开招聘一批”“定向培养一批”“培训提升一批”3个省级基层医疗卫生人才队伍建设项目，招聘编制内工作人员18名，定向培养3名本土专科医学生。及时调整下属事业单位岗位设置，医疗机构高中初级岗位之间的结构比例为1.8∶3.5∶4.7。全区副高级以上职称53人。落实各项卫生专业人才补助，拨付“公开招聘一批”基层医学人才2021年度项目补助4.6万元；拨付临时性工作补助150万元至各医疗卫生单位。组织基层医疗机构在岗在编的全日制大专学历28人，本科学历25人申报基层卫技人员学历补贴，并按照1∶2落实好区级配套补助预算38.94万元。落实关心关爱医务人员薪酬待遇政策，审核报送洛江区一线医务人员工作补助7.92万元。

【爱国卫生运动】 2022年，洛江区卫健局组织开展预防性消杀面积6743.73万平方米、终末消毒面积29.89万平方米，清理转运垃圾5126吨。推进健康洛江建设，结合文明城市创建工作，开展全区性爱国卫生运动12次，有9.85万人次参与活动，清理卫生死角11.79万处、生活垃圾5.86万吨，有效清除“四害”（苍蝇、蚊子、老鼠、蟑螂）滋生（栖

2022年6月1日，洛江区爱国卫生运动主题活动在万安社区大江盛世开展。图为在大江盛世小区进行“四害”消杀（图/洛江区卫健局）

息）场所。消毒面积18.50万平方米、投放鼠药2500千克、高效氯氰菊酯1500千克、杀虫颗粒850千克，喷洒消杀药剂23.5万毫升，有效降低“四害”密度和危害。推进卫生健康城镇创建行动，全年9个村（社区）获评省级卫生单位。

【医政管理】 2022年，洛江区强化医疗机构质量管理，落实医疗质量和医疗安全的核心制度，落实执行《病历书写规范》，建立健全病历全程质量监控、评价、反馈制度。按照《洛江区加强医疗安全管理专项整治活动工作方案》，严格遵守18项医疗质量安全核心制度。组织2次医疗质量检查，以核心制度落实为主要着力点进行质量控制。推进临床路径管理和单病种付费，开展抗菌药物专项整治和处方点评工作，推进合理检查、合理用药、合理治疗，规范诊疗行为。开展“平安医院”创建活动，加强内涵建设，改进医疗服务，加强医患沟通。健全医患纠纷第三方调处和医疗风险转移机制，洛江区所有医疗机构全部参加医疗责任保险。处置医疗纠纷5件，受理医疗投诉7件，均妥善处理。

【医疗行风建设】 2022年，洛江区各医疗机构建立医务人员医德档案，把医德医风建设纳入绩效考核评价制度范围。开展“转变服务理念提升服务质量”专题讲座。畅通病人投诉渠道，在门诊大厅设立医德医风“一线通”，及时受理群众咨询、投诉。采取问卷调查、暗访、抽查等方式，重拳治理“红包”，打造风清气正的就医环境。通过发放廉政警示牌、发送廉政短信、廉政图片巡回展、编印廉政警示手册，加强职业道德教育，提高医务人员职业素养。开展第三方满意率的调查，提高群众评价的参与面。开展群众满意医院评选活动，促进医疗行风不断好转。邀请福医大附属第二医院专家开展医疗纠纷预防与处理办法讲座，营造和谐医患关系，未发生医闹情况。

【医疗卫生项目建设】 2022年，泉州宝璋肿瘤医院项目为广州圣德医疗管理有限责任公司在洛江区建设的高端三级民营肿瘤专科医院，投资15亿元，占地面积5.72公顷，建筑面积16.5万平方米，设置床位1000张（首期开放400张）。完成门诊楼、住院大楼均封顶，主楼屋面花架、楼梯间电梯间、风井。完成在河市镇选址新建洛江区医院，开工建设万安社区卫生服务中心改造工程。

医疗卫生制度建设

【概况】 2022年，洛江区统筹推进相关改革，形成医改工作合力，深入推进区医院与第一医院紧密医联体建设，推动优质医疗资源共享和下沉基层。全年泉州市第一医院下派常驻专家8名，安排门诊特需专家21名，涉及17个专业，借助专家下沉优势，继续夯实全髋关节置换术、膝关节置换术、超声乳化联合人工晶体植入术等新项目及适宜技术的开展。

【医联体建设】　2022年，洛江区卫健局与泉州市第一医院实现信息化完全统一，心电、医学影像、检验、病理、消毒供应等五大中心全部运行，全年上传心电图2812人次、动态心电图654人次、动态血压401人次、CT（电子计算机断层扫描）影像9477人次；检验上送标本357人次，病理标本405人次。

【公立医院薪酬制度改革】　2022年，洛江区印发《泉州市洛江区深化公立医院薪酬制度改革实施方案》，从完善工资总额管理、健全内部薪酬体系、规范负责人薪酬管理、健全考核评价体系等方面对公立医院薪酬制度进行规范管理，强化公立医院公益属性。区医院试行院长任期目标年薪制，院长年薪由区财政全额负担，区医管委负责制定院长绩效考核办法，并实施年度考核，考核结果与院长年薪挂钩、与医院绩效工资总额、医保支付、财政补助挂钩。5月对洛江区医院院长2021年绩效考核指标完成情况进行综合考核。

【现代医院管理制度建立】　2022年，洛江区推进现代医院管理制度建设，区医管办、区卫健局指定专人负责，指导区医院按时序完成公立医院章程制定工作。区医院作为泉州市第一医院医疗集团紧密型医联体单位，参照部分泉州市现代医院管理制度建设医院经验和做法，制定医院章程和规章管理制度。

【基本药物制度完善】　2022年，洛江区卫健局严格执行各级药采规定，全区所有公办医疗机构均通过省药械集中采购网交易平台进行药品采购，严格控制标外采购。所有公办医疗机构和村卫生所全部配备和使用国家基本药物，实施基本药物制度，实行药品零差价销售。全年落实对医疗卫生机构和村卫生所药品零差率补助150万元，群众药费负担减轻。落实“4+7”政策，组织全区各公办医疗单位签订“4+7”国家中选药品约定采购量协议书。

基层卫生健康

【概况】　2022年，洛江区卫健局落实基本公共卫生服务，开展基本公共卫生服务项目12大项工作，全区居民健康档案电子建档22.46万人，居民规范化电子健康档案覆盖率87.43%。老年人体检1.48万人，体检率73.51%。超额完成省重大公共卫生各项任务，完成增补叶酸任务数810人，完成率115.71%；完成产前筛查任务200人，完成率100%；完成地中海贫血筛查任务数200对，完成率100%；孕前优生检测任务数396对，完成率99%，超出评价标准≥80%；完成“两癌”筛查1300人，完成率103.85%。

【基层医疗卫生服务体系建设】　2022年，洛江区建成“三达标”基层医疗卫生机构6家，开展基层医疗卫生机构服务能力建设，其中服务能力达推荐标准1家，基本标准4家，推荐标准占比16.67%，基本标准占比83.33%。辖区各乡镇村所82家，服务能力达推荐标准7家，达基本标准29家，推荐标准占比8.54%，基本标准占比35.37%。

【村卫生站建设】　2022年，洛江区卫健局开展空白村卫生所以奖代补工作，巩固消除空白村卫生所，为7家空白村卫生所提供服务乡村医生发放补助，全年发放28万元。

【家庭医生签约服务】　2022年，洛江区卫健局提升普通人群和重点人群家庭医生签约率，将享受“两病”（高血压、糖尿病）特殊门诊待遇人群全员纳入家庭医生签约服务，做到“应签尽签”，提高慢性病患者签约服务覆盖率。家庭医生签约 8.91 万人，签约率 36.04%，重点人群签约 4.58 万人，签约率 70.32%。

【基层卫生健康补助】 2022 年，洛江区卫健局延续精准扶贫医疗补助政策。为 788 名脱贫户办理商业医疗保险，合计 31.52 万元。对补助对象在定点医疗机构发生住院、门诊特殊病种医疗费用，经基本医疗保险、医疗救助、大病保险补偿后，个人自付部分 100% 补助。实现“四个一”，构建一个体系，群众一分都不用出，实现一站式结算，群众一趟都不用跑。

妇幼保健

【概况】 2022 年，洛江区关爱妇幼健康，推进 2022 年妇幼为民办实事任务落实。围绕“三孩”生育政策实施，提升妇幼保健机构基础设施设备，投入 67 万元增配儿童视力、听力筛查仪，母婴胎心监测仪等业务设备。推进 13 ～ 14 周半适龄女性宫颈癌疫苗接种，完成 1604 人首针接种任务，达省级要求适龄女性 80% 覆盖率。100% 完成“两癌”、产前筛查任务，完成“两癌”筛查 450 人、产前筛查 150 人。

【免费婚前保健】 2022 年，洛江区妇幼保健所开展婚前咨询、检查及开办卫生知识讲座，制定完善婚检工作有关的规章制度和岗位职责，提高婚检服务质量，增强广大欲婚者接受婚前保健服务认识水平。全区结婚登记 782 人，婚前医学检查 407 人，婚前医学检查率 52.05%，婚检检出疾病 47 人，疾病检出率 11.55%；婚前卫生咨询率 44.88%。针对婚检中发现的各种疾病及异常情况均给予正确的治疗和婚育指导，降低出生缺陷发病率，促进洛江区人口的优生优育。

【孕产妇系统管理】 2022 年，洛江区各医疗机构均建立孕产妇保健卡（手册），按孕早、中、晚期、产褥期所规定的检查项目进行系统检查、监护和保健指导。2022 年总产妇数 1734 人，活产 1738 人，产妇早孕建册人数 1624 人，早孕建册率 93.66%；产后访视 1678 人，产后访视率 96.55%；系统管理 1610 人，系统管理率 92.64%；孕产妇死亡 0 人，孕产妇死亡率 0/10 万。

【新生儿疾病筛查】 2022 年，洛江区助产机构分娩活产 1336 人，开展新生儿听力筛查 1108 人，新生儿听力筛查率 83%。对筛查不通过者均给予转至听力诊断机构诊治。继续加强对新生儿疾病筛查工作的管理力度，做好新生儿血样的采集的送检工作，不断提高筛查率。同时，对市妇幼保健院反馈的可疑阳性者做到及时通知，督促复查，使阳性病复诊率达 100%，降低残疾儿童的发生率。

【托幼机构管理】 2022 年，洛江区根据《托儿所、幼儿园卫生保健管理办法》，规范托幼机构的管理，坚持卫生许可证办园，教师持健康证上岗，儿童凭体检合格证入园。全区入托园所总数 53 家，当年应检儿童数 1.34 万人，当年儿童体检总数 1.31 万人，体检率达 98.30%。眼保健 1.29 万人，眼保健率 98.11%，口腔保健 1.29 万人，口腔保健率 96.76%，听力保健 1.3 万人，听力保健率 96.79%。全区托幼机构工作人员 1629 人，参加健康体检 1616 人，体检率 99.20%。

【儿童保健管理】 2022 年，洛江区各卫生院、社区卫生服务中心儿童保健管理建设取得全面发展，全区儿童保健工作严格实行“4.2.2”体检制，重点加强对 0 ～ 3 岁儿童系统管理、儿童“四病”的防治及学龄前儿童体检工作。2022 年全区 7 岁以下儿童 19067 人，进行健康管理 18204 人，7 岁以下儿童健康管理率 95.47%。其中 3 岁以下儿童 6241 人，系统管理 5864 人，3 岁以下儿童系统管理率 93.96%。全年 5 岁以下

2022年5月17日，泉州市洛江区妇幼疾控综合业务用房大楼竣工。图为竣工仪式　（图/洛江区卫健局）

儿童死亡率3.45‰，婴儿死亡率1.73‰，新生儿死亡率1.15‰。对5岁以下儿童进行营养评价，身高/体重检查人数11343人，5岁以下儿童低体重患病率0.84%、生长发育迟缓率0.74%、消瘦率0.34%、肥胖率1.38%、中重度贫血患病率0.23%。

【区妇幼疾控综合业务用房大楼竣工】　2022年5月17日，洛江区举行区妇幼疾控综合业务用房大楼竣工仪式。区妇幼疾控综合业务用房大楼位于万安街道塘西社区万虹路25号，总投资9340万元。项目于2019年1月开工，占地面积4849平方米，建筑面积1.46万平方米，其中1～6层为区妇幼保健院业务用房、7～9层为区疾控中心业务用房。区妇幼疾控综合业务用房投入使用，提升全区实验室检验检测能力，满足辖区妇幼群体的健康服务需求，助推洛江区卫生健康事业高质量发展。

老年保健和服务

【概况】　2022年，洛江区开展医养结合服务工作，发布关于推进医养结合工作的实施方案，开展医养结合服务工作。在罗溪镇、河市镇、马甲镇养老院建立医疗服务室，由卫生院安排医务人员到医疗服务室坐诊，开通养老机构预约就诊绿色通道，为入住老年人提供医疗巡诊、健康管理、保健咨询、预约就诊、急诊急救、中医养生保健等服务。

【医养结合机构建设】　2022年，罗溪卫生院建立“医养服务中心”，增设康复中心，设立养老病床8张，依托“中医馆”为老年人提供康复理疗服务，为脑外伤、脑血管意外后遗症患者提供康复锻炼场所，开设休息区、阅读区。承接医疗机构内需长期照护的半失能和失能老年人，解决医疗机构中老年人的“压床”问题。合理配置并整合各类医疗和养老等服务资源，推动医养结合和分级诊疗工作的开展，提升老年人健康养老服务水平，实现以医带养、以养促医、医养结合的工作目标，同时也鼓励其他养老机构与医疗卫生机构开展多种形式的合作协议，建立健全协作机制。马甲中心卫生院、罗溪卫生院、双阳卫生服务中心完成康复室建设，康复服务主要包括针灸、艾灸、刮痧、拔罐、神灯、推拿、熏洗、牵引等。

【医疗卫生服务延伸】　2022年，洛江区各基层医疗卫生机构依托国家基本公共卫生服务项目，为辖区老年人建立健全健康管理服务制度，免费为老年人体检、保健咨询、健康指标监测和健康信息管理等服务。推行签约服务，与有意愿的老年人建立契约服务关系，提供连续性的健康管理服务和基本医疗服务。对65岁以上老年人每年免费提供一次生活方式和健康状况评估、体检、健康指导等健康管理服务。将居家养老的老年人纳入家庭医生签约服务重点人群，优先签约并提供健康管理和疾病医疗服务，医疗机构全科医生定期上门为老年人服务，服务内容包括一般常见病、多发病诊疗、护理和诊断明确的慢性病治疗，指导和督促康复训练，心理支持，健康教育与促进等。

【中医特色养老保健服务】 2022年，洛江区发展中医药健康养老服务，将中医治未病理念、中医药养生保健、中医药康复医疗融入健康养老全过程，在全区推广中医药养生保健、医疗、康复、护理服务，引导中医医疗和预防保健机构延伸提供社区和居家养老服务。全区各医疗机构设置中医科、中药房和中药库，配备了中医诊疗设备，100%能提供中医药医疗服务。乡村卫生所医生掌握2～3种常用中医适宜技术为老年人提供中医药医疗、康复、养生保健等服务。

中医中药

【概况】 2022年，洛江区6家基层医疗机构和万鸿医院均设有“中医馆”。全区中西医结合诊所3家、中医诊所7家。全区乡镇卫生院、社区卫生服务中心执业（含助理）医师115名，其中中医类别29名，占医师总数的25.2%，中、高级技术职称20人。

【中医保健服务】 2022年，洛江区探索中医药服务渠道拓展，推动各基层医疗机构与泉州医高专附属人民医院、泉州市中医联合医院等上级医院建立协作、帮扶关系。各基层医疗卫生机构邀请上级医院专家、学者到洛江区开展指导、义诊、培训、专家门诊等工作，选派中医药人员到上级医院进修，通过“请进来”和“送上去”方式的结合，有效完善洛江区中医药服务网络。各基层医疗卫生机构均设有中医科，中医诊疗设备配备在10种以上，能开展6种以上中医药适宜技术，基层医疗卫生机构设有中药房，中药饮片均在300种以上，中成药配备均在100种以上，确保100%能提供中医药服务。加大中医药政策及中医药适宜技术的宣传、推广力度，有效增强中医药人员中医药适宜技术应用意识和服务能力；组织开展“中医中药中国行”等活动，结合日常诊疗、基本公共卫生服务等载体，采取义诊咨询、健康知识讲座等形式，普及中医药健康养生、预防保健等知识，提升居民群众对中医药知识的知晓率，营造全区中医药宣传、推广、服务的浓厚氛围。2022年各基层医疗卫生机构更新中医药内容宣传栏100余版，开展中医药讲座30余场，举办中医药内容咨询活动10余场，印发折页、小册等多种形式中医药宣传材料，向群众发放中医药宣传材料2万份。

【中医药场馆建设】 2022年，洛江区加强“中医馆”建设，将“中医馆”建设推广到民营医院，全区6家基层医疗机构和万鸿医院均建成“中医馆”，实现中医馆100%覆盖。中医临床科室集中设置，中医药方法和手段综合使用，中医药文化氛围浓郁，中医药服务工作以崭新的形式面向群众。洛江区图书馆设有中草药特藏馆，根据洛江地域特点，选取常见常用的200种草药图片，制作成挂画展板，供读者观赏。还收藏相关中医学纸质文献3100余册，包括珍贵的中医药图书文献，供读者学习和研究使用。河市紫楹山庄中草药基地设有石斛文化传媒中心、石斛文化长廊、石斛种质资源圃、石斛药膳体验厅、石斛膏方研发中心等。建设中草药科普园、中小学生中草药研学基地，主要是种植洛江本地中草药100多种并引种20多种香草，购置精油提取机，开展中小学生中草药精油提取DIY（自己动手）研学科普活动，同时加大中医药膳研究和推广力度。

疾病预防控制

【概况】 2022年，洛江区推进职业健康、免疫规划、地方病、食品安全、卫生监测、严重精神障碍管理、学校卫生及饮用水监测及其他传染病防控等各项工作。建立卫生应急队伍，调整充实区级紧急医学救援队伍和突发急性传染病防控队伍共48人，两支队伍各个岗位设AB岗，以及队长单位和副队长单位，负责队伍应急状态下的管理与安排。

【慢性病综合防控】 2022年8月5日，洛江区召开创建国家级慢性非传染性疾病综合防控示范区工作动员部署会议。洛江区卫健局印发《洛江区创建国家级慢性非传染性疾病综合防控示范区工作方案》《关于印发〈洛江区死因监测漏报调查总体方案〉的通知》《关于命名洛江区2022年新增全民健康生活方式行动健康支持性环境的通知》，建立多部门参与的工作督导小组，开展全区健康支持性环境建设工作督导，创建国家级慢性病综合防控示范区。通过以创建慢性病综合防控示范区为契机，开展“多人群、多方式、多途径”参与的慢性病健康管理方法。

【精神障碍患者管理】 2022年，洛江区卫健局实施以“村医组网打底、专家下乡沉底、政府保险兜底”为三大核心的村医网格化管理模式，全区划分126个网格，建立6支以村医为网格员、乡镇卫生院院长（社区卫生服务中心主任）任网格长的专业村医网格化管理队伍，在乡镇卫生院（社区卫生服务中心）设立“村医网格化”服务管理办公室，村医入户随访，做实患者指导监护，利用村医的专业性，摸排上报疑似精神障碍患者。全年没有发生“重精”肇事肇祸案件，全区在册确诊精神障碍患者878人，患者规范管理率91.23%，面访率90.89%，规律服药率提高到74.6%。

2022年6月30日，洛江区卫健系统安全生产暨消防安全行业专家组成立大会召开

【人乳头瘤病毒预防接种】 2022年，洛江区卫健局联合区教育局、区妇联协调开展人乳头瘤病毒疫苗（HPV疫苗）接种健康知识宣传工作，对学校相关人员、学生及家长进行HPV疫苗接种必要性宣传动员，组织接种点对疫苗、接种管理、信息登记、疑似预防接种异常反应进行监测和处置的培训。5月21日起，洛江区启动首批225名13～14.5周岁女性免费接种人乳头瘤病毒疫苗（HPV疫苗）工作。11月21日起，完成首批225名13～14.5周岁女性两剂次接种工作。

医疗救治

【概况】 2022年，洛江区卫健局把医疗救治工作作为重点，统筹安排做好医疗救治和新冠疫情防控工作，推进医务人员防疫相关政策培训、成立新冠医疗救治专班和工作组、构建分级诊疗体系、开展家庭医生签约工作等各项工作，并对方案措施随时优化，保证救治及时有效，确保医疗质量安全。

【职业病监测与救治】 2022年，洛江区卫健局推进职业病监测工作，购买具备资质的第三方职业健康检查机构开展辖区用人单位的职业健康体检，全年体检7255人，其中岗前体检3752人，在岗期间体检2683人，离岗体检820人；对区妇幼保健院开展放射诊疗的医疗机构进行基本情况调查，掌握洛江区医疗机构放射诊疗设备防护安全、医疗照射频度、患者剂量和公众的辐射防护情况，建立放射诊疗机构及放射诊疗设备基础信息档案，全年放射诊疗基本情况调查覆盖到全区所有放射诊疗机构；开展对辖区6家重点行业企业的现场调查、采样和实验室检测工作，并进行相应的网络报告；强化职业卫生监管，检查用人单位20余户次，开具监督意见书2份，均完成整改。

【无偿献血活动】 2022年，洛江区卫健局印发《泉州市洛江区人民政府办公室关于开展2022年无偿献血活动的通知》，把2022年的1400人次的任务进行分解，并根据市卫健局统一时间安排开展6场无偿献血工作，采集全血1514人次、采血量302850毫升，超额完成市级下达任务。加强宣传工作，结合“世界献血者日”组织医疗机构开展宣传活动，呼吁全社会参与无偿献血。

卫生监督

【概况】 2022年，洛江区贯彻国家和省市卫生健康工作会议精神，强化综合监管，加强依法行政，抓好医疗卫生、传染病与消毒产品、公共卫生、职业卫生等日常监管，落实医疗机构和公共场所疫情防控常态化措施，依法查处卫生领域违法违规行为，保障人民群众的卫生健康。

【医疗卫生监督执法】 2022年，洛江区卫健局开展打击非法行医专项行动。卫健、公安和市场监管等部门开展联合执法行动，深入各乡镇、村居，采取明察暗访结合的方式查处各类涉嫌非法行医犯罪行为、计划生育技术服务违规行为。严肃查处无证行医、违规执业行为，强化对开展人类辅助生殖技术服务机构的监督核查。调查处理投诉举报件4件。行政处罚案件立案6件（其中医疗监督类案件2件，传染病卫生监督类案件4件），并对6家违反疫情防控医疗机构执业许可证要求的医疗机构予以关闭停业整顿等处理。未发现出卖、转让、出借情况，未发现出具虚假医学证明文件等情况。

【卫生抽查监督】 2022年，洛江区卫健局强化综合监管，1—12月下达卫生监督意见书19份，卫生行政处罚立案7件，罚款5.2万元，所有结案信息均录入国家卫生监督信息平台。调查处理投诉举报件4件。国家下达洛江区“双随机”监督抽查任务数64家（公共场所30家、生活饮用水1家、放射卫生2家、学校卫生6家、医疗卫生2家、传染病防治10家、妇幼健康2家、消毒产品11家），全部完成监督，监督完成率100%。

人口家庭

【概况】 2022年，洛江区常住人口25.6万人中，居住在城镇的人口15.8万人，占61.9%；居住在乡村的人口为9.8万人，占38.1%。家庭规模为3～5人户居多，家庭户类型以2代户为主，3代户次。

【人口构成】 2022年，洛江区0～17岁人口5.18万人，18～34岁人口4.47万人，35～59岁人口8.60万人，60岁及以上人口3.04万人，60岁以上人口占总人口比重14.28%。

【家庭结构】 2022年，洛江区家庭规模呈现缩小趋势，小型化、结构简单的家庭成为洛江区家庭户的主要形式。年末总户数6.11万户，户均人口3.48人，家庭结构以5人户为主。

劳动与就业

【概况】 2022年，洛江区人力资源和社会保障局（简称“洛江区人社局”）落实就业优先政策，解决用工难题。成立全区用工稳岗保障服务专班，主动为企业提供员工招聘、疫情防控和政策落实等多项服务，关注脱贫人员就业状态，按时足额发放失业人员失业金、失业补助金、临时价格补贴、社保补贴等资金790.6万元、惠及8202人次。兜底安置就业困难人员，帮助困难人员再就业68人。全年全区城镇新增就业3200人，失业人员再就业779人。

【就业服务】 2022年，洛江区落实各项促进就业和鼓励创业政策，变“线下”专项公共就业服务为“线上”招聘服务，助力辖区企业招工，稳定和扩大就业。开展网上招聘60场次，为118家次企业发布招聘岗位6000余个。到云南省与昆明、师宗、陆良、罗平4个县市就业部门开展劳务对接、签订劳务合作协议；组织7家企业赴云南昆明开展劳务对接。组织3家企业到黎明职业大学洽谈，组织26家企业与南方科技职校签订校企合作协议。推动就业创业扶持政策落实落地，为120家企业发放失业保险扩岗补助42.45万元；为14家基层组织（单位）发放公益性岗位补贴52.23万元；为21家企业发放吸纳外省脱贫劳动力一次性奖补19万元；为11家外出招工企业发放一次性劳务奖补5.3万元；为53家企业发放一次性稳就业奖补239.15万元；为1946家企业发放失业保险稳岗返还533.17万元；为2597家企业发放失业保险留工培训补助1446.1万元。

【职业培训】 2022年，洛江区人社局组织开展职业技能培训、岗位技能提升培训，针对企业员工，组织开展计算机软件、营销员、电工等岗位技能提升（互联网+）培训。针对农村转移劳动力，组织开展项目制培训，举办家政服务员、建筑工匠、保育员就业技能培训。同时，鼓励各类求职者和企业职工参加技能资格和等级考试。全年培训1.71万人次，发放各类培训766.15万元。

【人才服务工作】 2022年，洛江区落实人才“港湾计划”和“涌泉”行动，做好高层次人才申报认定及待遇兑现工作，入选省“雏鹰计划”青年拔尖人才1人、省高层次人才C类3人、省工科类青年专业人才4人、市高层次人才37人，兑现人才工作生活津贴、贡献奖励、购房补助、省工科类青年专业人才补助、在站博士后人员科研生活补助、应届毕业生一次性生活补贴、高校毕业生安居及社保补助共689.53万元。

【毕业生服务工作】 2022年，洛江区人社局实施“三支一扶”计划（大学生在毕业后到农村基层从事支农、支教、支医和扶贫工作），新招募派遣9名“三支一扶”高校毕业生到乡镇开展服务工作；鼓励企业吸纳应届高校毕业生，6家企业吸纳应届高校毕业生20人。搭建毕业生与用人单位双向选择的平台，与泉州医高专、华侨大学、仰恩大学联合举办毕业生校园招聘会3场，250多家次企业提供招聘岗位5000余个。做好毕业生档案管理服务工作，全年接收毕业生档案1420份、办理档案转递271件。

【劳动权益维护】 2022年，洛江区加强劳动用工实名制管理，落实实名制考勤制度，推行银行代发工资制度，督促企业通过银行依法按月足额支付农民工工资，落实《保障农民工工资支付条例》，全区58个在建工程项目实现保障农民工工资支付制度全覆盖。优化农民工工资保证金制度，积极推动保函替代现金形式缴存，全区保函形式存储工资保证金比例90%以上。开展劳动保障守法诚信等级评价和用人单位工资支付行为信用等级评价工作，评价劳动保障守法诚信A级企业11家、C级企业1家，评价工资支付守信企业40家、严重失信1家，推送其他信用部门实施守信激励和联合惩戒。贯彻执行《中华人民共和国劳动合同法》《中华人民共和国劳动合同法实施条例》，提供劳动合同示范文本、农民工简易劳动合同、建筑业简易劳动合同，指导企业规范劳动合同管理行为，减少劳动合同纠纷隐患，维护农民工权益。

【企业劳动用工监察执法】 2022年，洛江区重点查处拖欠工资、不签订劳动合同、使用童工等劳动保障违法行为。联合区市场监督管理局等有关部门开展“双随机、一公开”活动（随机抽取检查对象，随机选派执法检查人员，抽查情况及查处结果及时向社会公开），树典型创示范。联合区住建局开展执法检查，整改问题隐患，督促工程建设项目落实各项保障工资支付制度。开展专项检查6次，检查用人单位105家，涉及劳动者3389人，对存在拖欠工资、使用童工等违法行为的4家企业予以立案查处，并作出行政处罚，累计罚款2.8万元。

【劳动争议处理】 2022年，洛江区人社局推进劳动争议调解规范化管理和服务。依托法官工作室和根治欠薪联动执行办公室、法律援助工作站，加强与区法院、法律援助中心在重大纠纷调处、根治欠薪工作、劳动争议调处执行等方面的沟通衔接、联系合作，注重维护劳动者合法权益。推广使用省智慧调解仲裁办案系统，规范劳动人事争议仲裁办案程序，加强劳动人事争议仲裁管理，提高劳动人事争议仲裁工作效能。全年劳动仲裁立案处理劳动争议313件，涉及人数737人、金额1396.02万元；案外调解劳动争议70件，涉及人数89人、金额84.88万元。

【劳动普法宣传】 2022年，洛

江区人社局加强普法宣传，向群众发放《中华人民共和国劳动法》《中华人民共和国工会法》《工资支付暂行规定》《保障农民工工资支付条例》《中华人民共和国民法典》等法律法规政策。联合区住建局深入在建工程项目开展《保障农民工工资支付条例》宣传活动，推动在建工地更高质量落实《保障农民工工资支付条例》规定各项制度。12 月联合开展根治欠薪法治宣传暨集中接访系列宣传活动。全年分发各种宣传材料 2500 多份。

收入与消费

【城镇居民收入与支出】 2022 年，洛江区城镇居民人均可支配收入 50599 元，比上年增长 5%；人均消费支出 30489 元，比上年增长 5%。

【城镇居民耐用消费品拥有量】 2022 年，洛江区年末城镇每百户家庭拥有彩色电视机 78.9 台、洗衣机 135.2 台、电冰箱（柜）92.1 台、空调 223.5 台、计算机 40.9 台、家用汽车 40.8 辆、移动电话 311.3 部。

【农村居民收入与支出】 2022 年，洛江区农村居民人均可支配收入 23826 元，比上年增长 6.7%；人均消费支出 17258 元，比上年增长 5.5%。人均住房建筑面积 83.3 平方米。

【农村居民耐用消费品拥有量】 2022 年，洛江区年末农村百户家庭拥有彩色电视机 86.5 台、摩托车 1.4 辆、家用汽车 40.6 辆、洗衣机 88 台、空调 176.7 台、移动电话 292.3 部。

社会保障

【概况】 2022 年，洛江区实施全民参保计划，推进养老、失业、医保、工伤保险法定人员全覆盖。全区参加基本养老保险 6.7 万人，比上年增长 15.52%。参加失业保险 3.49 万人，比上年增长 8.05%；全区参加工伤保险 4.81 万人，比上年增长 15.07%；参加城乡居民养老保险 9.2 万人，比上年下降 0.04%；参加机关事业单位养老保险 3196 人。聚焦精准扶贫，帮助特殊贫困群体实现应保尽保，为 2207 名低保户、残疾人、计生对象等困难群众全额或部分代缴基本养老保险费 46.92 万元，帮扶特殊贫困群体实现应保尽保。

【医疗保障】 2022 年底，洛江区城镇职工基本医疗保险参保 42893 人，其中退休人员 2956 人，参保职工住院医疗费用平均实际报销比例为 63.32%；城乡居民基本医疗保险参保 16.68 万人，参保居民住院医疗费用平均实际报销比例为 51.85%；生育保险参保 3.72 万人，报销生育医疗费 636.08 万元，发放生育津贴 1355.89 万元。

【保障性住房建设】 2022 年，洛江区做好保租房的筹集工作，新增保租房任务 800 套，实际新增保租房项目 8 个合计 1379 套，超额完成任务；区住建局督促刺桐春晓保租房业主单位加快装修进度，确保 2023 年 6 月底达入住条件，推进 2022 年保租房续建项目和 2023 年开工项目，确保完成年度任务；推进华宝花苑 453 套限价房的销售工作。做好保障性住房管理工作，包括五金机电产业生活配套工程 453 套限价房销售的前期准备工作。做好 27 套公租房出租后的后续管理工作。继续配合区人才办做好高层次人才安居保障工作，做好第六、第七层次人才购房补助的发放工作合并为“涌泉”行动做好住房保障工作。

【保险基金管理】 2022 年，洛江区深化社保基金管理“提升年”行动，加强社会保险基金安全警示和社保基金风险防控，构建集政策、经办、信息、监督“四位一体”的风险防控体系，防范化解重大风险，确保社保基金安全。

【保险基金发放】 2022年，洛江区全年发放企业职工基本养老金7236万元、失业金487.69万元、工伤待遇593万元、城乡居民养老金5389.85万元、被征地养老保障金1428.13万元；发放机关事业单位退休干部养老金6052.05万元。

【医保经办服务窗口启用】 2022年，洛江区医保经办服务事项延伸至基层，拓展“党建+”社区邻里中心医保便民办事功能，构建“15分钟医保服务圈”，为广大群众提供更加便捷可及的医保服务。7月28日，洛江区乡镇（街道）便民服务中心医保窗口启动。为人民群众提供14项高频医保经办服务事项，建立起群众“家门口”的医保政务服务网格，提升医保服务就近办理能力。

民政事务

【概况】 2022年，洛江区落实民生保障政策，深化民政领域改革创新，增强民生服务效能，优化社会治理功能，投入40万元新建5个城乡社区服务站，提升社区服务能力。开展专项社会事务管理，规范行政服务自由裁量权标准。巩固提升“救急难”全国综合试点工作成效，全年发放“救急难”资金171.6万元。

【城乡社会治理】 2022年，洛江区推进“共建共享”社区治理试点建设。投入35万元新建万安街道万福社区、双阳街道南山社区两个“共建共享”社区治理试点。

【社区建设与服务】 2022年，洛江区推进乡镇（街道）社会工作，投入140万元提升乡镇（街道）服务能力，按照“一年覆盖、两年规范、三年提升”的工作思路，打造“1334+N”服务项目模式，构建民生服务圈，9月，洛江区在全市社会工作推进会上作典型经验发言。新建改造提升居家社区养老服务站。投入资金150万元新建改造提升翁山村、洪四村、庄田村、梧宅村、浮桥村、乌关村、坛顶村、双溪村等8个农村居家社区养老服务站。全区86个村（社区）均建设居家养老服务站，覆盖率实现100%，可以为全区老年人提供就餐、短期托养、家政服务、文化娱乐等服务。

【社会组织登记】 2022年，洛江区加强社会组织登记管理，严格社会组织准入，行使社会组织监管职能。加强《社会团体登记管理条例》学习，依法登记成立民办非企业单位和社会团体6家。同时对147个社会组织进行年检。

【婚姻登记管理】 2022年，洛江区民政局规范婚姻登记档案管理，严把婚姻登记手续关，办理结婚857对，离婚登记330对，补领结婚证和补领离婚证130件。

【儿童收养】 2022年，洛江区民政局社会福利中心加强日常管理，完善各项制度，为每个在院儿童建立档案，妥善安排在院儿童的生活、医疗、护理、康复和

2022年7月28日，洛江区乡镇（街道）便民服务中心医保窗口启动。图为启动仪式合影 （图/洛江区医保中心）

教育，开展家庭寄养等工作，为在院儿童回归社会创造条件。年底，洛江区社会福利中心有孤儿9人。

【社会救助】 2022年，洛江区民政局围绕救助的精准性、突出救助的扶贫性、体现救助的广泛性，构筑以城乡低保、特困人员救助为主体，以临时救助等专项救助为配套，以社会力量为补充，覆盖城乡的社会救助体系，建立城乡统筹联动的低保标准调整机制，低保标准提高到每人每月900元，全年发放低保金1496.1万元。11月推动政府出台规范性文件《泉州市洛江区城乡困难群众临时救助规定》，全年为1274人发放临时救助金171.1万元，临时救助资金使用率116.39%。落实残疾人“两项补贴”（困难残疾人生活补贴、重度残疾人护理补贴）政策。保障残疾人福利，将残疾人生活补贴和护理补贴标准提高到省定标准，全年为1793名困难残疾人发放生活补贴209.5万元；为2141人发放护理补贴263.6万元。

【养老服务】 2022年，洛江区通过政府购买居家养老专业化服务的形式，为特殊老年人提供居家养老服务。投入202万元为特殊老年人提供养老信息化基础服务；为上述对象中不能自理的558名老年人提供每人每周2工时（90

2022年，双阳街道南山社区对居家养老服务站进行提升并开办长者食堂，为社区60周岁及以上的老年人开展助餐活动。图为南山社区长者食堂（2022年摄） （图/洛江区融媒体中心）

分钟）的上门实体援助服务，形成良好的社会效应。投入90万元新建西头村（省级）、前溪村（省级）、南山社区（市级）3个长者食堂，建有厨房和餐厅，供餐能力每日100人以上，就餐座位50个以上，达国家规定的食品卫生经营标准，可向照料中心、居家养老服务站点及居家老年人提供配餐服务，同时为有需要的居家老年人提供助餐送餐服务。

【殡葬管理】 2022年，洛江区民政局预算100万元为每位洛江籍死亡对象发放1000元的火化补贴，将权力下放至各乡镇、街道。实际为465名死亡对象发放46.5万元火化补贴。

【地名与边界线管理】 2022年，洛江区完成“洛江—南安”行政区域界线联检工作，12月完成内页整理，并将联检报告上报市政府。完善中心城区楼盘命名。规范住宅小区命名，按有关规定对3个楼盘进行备案。

【慈善事业】 2022年，洛江区开展慈善助医、慈善助学、慈善助残、慈善助困，慈善援建工作，发放慈善资金1361万元，受助2900多人。对因患重病导致经济困难的家庭给予及时救助，共救助患有癌症、白血病、尿毒症等重症特困病人394人，发放救助资金63.5万元；资助洛江区品学兼优的贫困大学生57人，发放救助资金17.1万元；资助自闭症儿童进行康复训练15人，安装假肢、助听器69人，发放救助资金36.7万元；开展特殊困难家庭救助活动和元旦、春节期间助困活动，慰问贫困人员216人（户），资助洛江区福利院、北斗星自闭症儿童康复中心，发放慰问金11.1万元；捐赠者定向资助教育、消防及乡村基础设施等支出资金1251万元。12月，通过评审获得社会组织AAAAA等级，延续通过公益性捐赠税前扣除资格复审。

民族事务

【概况】 2022年，洛江区少数民族户籍人口9875人，流动人口6224人，其中相对较多的少数民族为回族、畲族。外来少数民族在洛江区就业以在区内各企业务工和开办个体烧烤店为主。

【少数民族经济发展】 2022年，洛江区委统战部争取各级民族发展资金58万元，区级民族资金8.5万元，推动畲族医药产业发展项目、民俗文化展示馆二期等8个乡村振兴项目落地实施。推动脱贫攻坚成果巩固拓展同乡村全面振兴有效衔接，同步推进厝斗村省第四批少数民族特色村寨试点村建设。撰写的信息《洛江区推动少数民族村振兴发展》被《八闽快讯》正刊采用。传承少数民族优秀文化，开展“铸牢中华民族共同体意识·畲族医药与健康养生同行”2022福建省畲族医药非遗项目进机关、进企业、进乡村、进社区活动走进洛江。宣讲畲族医药知识，推广畲族医药健康理念，传承畲族优秀非物质文化遗产。

【少数民族发展服务】 2022年，洛江区委统战部重点做好外来少数民族务工人员的服务与管理。坚持尊重差异、包容多样的原则，做到输出地、输入地党委政府和用工企业三者联动，抓好输前、输中、输后三个环节，做到培训、管理、服务三举并重，创造各族群众共居、共学、共事、共乐的良好条件。召开民族工作联席会议2次，强化沟通协调，帮忙解决实际问题和困难。配合省民族宗教厅开展关于少数民族乡村脱贫人口可发展和“同心圆梦·喜迎二十大”主题调研，配合省市区人大三级联动开展关于推动新时代民族工作高质量发展情况调研，并提出合理化建议。

【民族团结进步宣传】 2022年，洛江区委统战部联合区教育局，开展铸牢中华民族共同体意识主题月活动，各中小学校将《中华民族大团结》读本列为重要思想政治学习内容。与区农水局等部门联合举办2022年“中国农民丰收节”活动，举办“福籽同心爱中华·喜迎党的二十大”洛江区第十五个民族团结进步宣传月主题活动。其中，桥南社区组织附近学生参观民族团结进步教育基地，杏宅社区开展民族团结知识讲座和宣传活动，促进各民族交融。

【畲族医药非遗项目活动】 2022年8月10—11日，洛江区委统战部等部门协助举办福建

2022年8月9日，洛江区委统战部等多部门协助省民族与宗教事务厅在洛江区双阳街道举行2022年福建省畲族医药“四进”活动。图为活动现场 （图/洛江区委统战部）

省畲族医药非遗项目“四进”（进机关、进企业、进乡村、进社区）活动。活动结合线下活动 + 线上宣传 + 平台展示等多样化方式开展畲族医药品牌宣传工作。现场以图片、视频、实物等形式展览展示全省畲族医药发展情况、成果、畲医畲药故事、畲医畲药药品及畲药在健康养生行业中的应用。活动邀请 6 名畲族医药非遗项目代表性传承人现场为干部群众提供锤板拍打疗法、中医问诊等医药服务体验，并宣讲畲族医药知识，推广畲族医药健康理念，传承畲族优秀非物质文化遗产。

宗教事务

【概况】 2022 年，洛江区依法登记的宗教活动场所 15 处，其中已登记开放的佛教活动场所 4 处，基督教场所 4 处；道教场所 4 处，基督教聚会点 3 处，无天主教、伊斯兰教聚会场所。民间信仰活动场所较多，各级民间信仰活动场所联系点 9 个，一般民间信仰活动场所 295 处。

2022年8月3日，洛江区委统战部排查宗教场所安全生产及消防隐患。图为到慈恩寺开展安全检查 （图/洛江区委统战部）

【宗教场所安全管理】 2022 年，洛江区委统战部召开安全工作推进会，印发安全工作要点，邀请区消防大队、区交警大队开展消防、交通安全培训，开展应急演练。推进安全标准化建设，委托第三方安全管理机构中安质环公司对安全标准化实施运行进行指导。开展宗教活动场所安全专项整治三年行动、“安全生产月”活动、宗教领域安全工作百日会战专项行动、安全生产标准化提升专项行动及消防安全隐患“回头看”整治攻坚行动等安全专项工作。利用清明、五一国际劳动节、端午等重要时间节点，开展安全检查督查 14 人次，全面排查安全生产及消防隐患、薄弱环节，发现安全隐患 2 处，强化安全监管和落实整改措施，推动场所安全隐患自查自纠，确保全区宗教活动场所安全稳定。

【宗教法治化水平提高】 2022 年，洛江区委统战部举办民族宗教专题培训班，邀请市民族宗教局政法科讲解宗教政策法规，同时开展中共二十大精神宣讲，全方位、多渠道地开展宗教教职人员培训工作，提高宗教人士教职人员综合素质。推动全区宗教活动场所开展讲经用经解经交流会，引导基督教场所通过神学思想宣讲会，分享学习心得体会，践行宗教中国化方向。

万安街道

【概况】　万安街道位于洛江区南部，东连台商区洛阳镇，西靠洛江区双阳街道，南接丰泽区城东街道，北邻惠安县黄塘镇，为洛江区政府所在地，也是洛江区的经济、政治、文化中心。2022年，万安街道下辖8个社区，总人口3.43万人。实现一般公共预算总收入11.05亿元，其中一般公共预算收入5.5亿元，完成固定资产投资37.26亿元；49家限额以上批发零售住宿餐饮企业完成销售额33.68亿元，有15家规模以下企业转为规模以上企业，其中工业企业4家、批零住餐企业8家、营利性服务业2家、非营利性服务业1家。街道被泉州市委市政府授予“泉州市创建全国文明城市先进集体”等称号。

【经济发展】　2022年，万安街道以“企业布局园区化、产业发展集群化、产品品牌高端化”理念引领产业发展，加快产业结构调整，推动工业经济转型升级。4家规模以下企业转为规模以上企业，46家规模以上工业企业完成工业总产值249.67亿元；福建泉州凹凸精密机械有限公司、泉州华大超硬工具科技有限公司等4家智能制造企业完成增量扩面，实现规模以上工业总产值6.07亿元。新增泉州天勤箱包有限公司、泉州市一扬文化用品有限公司、泉州禾伦织造有限公司等14家企业申报高新技术企业，推进完成泉州南洋艺品有限公司、福建弘力电气有限公司等8个技改项目完成年度技术改造投资10.09亿元。10月，福建弘力电气有限公司被认定为市级龙头企业。辖区纺织机械等智能制造产业加大技改力度，与国内外一线品牌合作，开拓市场，集群不断做强，泉州禾伦织造有限公司、福建泉州凹凸精密机械有限公司、泉州佰兴机械有限公司3家优质纺织机械智能制造企业实现产值34.4亿元。辖区有建筑产业企业180多家，建成绿色建筑产业园一期、国家住宅工程中心方圆豪山研发基地、信和涂料等建筑产业生产基地，与居然之家、红星美凯龙等建材市场形成集研发、生产、销售于一体的建筑产业链。

【城乡建设】　2022年，万安街道成立项目建设专班，实行“一个项目一组专班”的服务，推动项目建设全面提速，不断提升城区品质。投入近300万元完成丰海路路侧边坡绿化、塘西排洪渠杏宅段两侧立体绿化工程、桥南古街夜景工程、杏宅院前社区雨污水分流整治、杏宅口袋公园建设等“五化”提升项目；配合区相关部门推进完成万虹路与高速桥交叉处桥墩美化、安达路部分路段绿化提升、桥南堤后路提升改造、法院支路建设、万荣街店招提升项目等项目。投入200多万元推进实施万安中心城区污水管网配套工程、海漂垃圾整治、塘西排洪渠清淤、社区道路破损改造、安吉路（万虹路口段）排水沟盖板加固、万安内沟河清淤整治、界桩设置等近20个民生项目建设，提升城市品位。

【社会事业】 2022年，万安街道以人民为中心，健全最低生活保障为主体、临时救济为补充的社会救助体系，全面实施新型农村合作医疗体制，落实优抚政策。发动居民参加城乡居民医保缴费1.67万人；3292人参加城乡居民社会养老保险，缴费率83.57%，其中1191人领取养老金。为低保74户115人（含特困13户13人）发放低保金94.2万元、优抚对象生活补助金78.63万元，落实重点优抚对象慰问金7.34万元。

【桥南社区服务】 2022年，桥南社区举办的“四点半课堂”为社区近600名儿童提供相关的教育、托育服务；依托中心开展孝心讲堂等活动及培训20余场次，丰富社区群众的文化体育生活。引进禾康智慧养老项目，为辖区50余名60岁以上老人提供公益性用餐、健身娱乐、康复理疗等服务；每月及时为655名60岁以上老人发放养老金，组织开展多场书法、健康太极、针灸理疗等活动，开展防骗专题讲座和咨询指导等，解决老年人共同关注的问题，服务老年群体身心健康。

双阳街道

【概况】 双阳街道位于洛江区南部，东与惠安县黄塘镇相连，东南与万安街道毗邻，西南分别与丰泽区北峰街道、清源街道接壤，西北与南安市丰州镇连接，北与洛江区河市镇交界。双阳街道，地处著名风景胜地清源山北面，东距洛江区政府驻地约9.2千米。2022年，双阳街道辖11个社区，总人口2.12万人。一般公共预算总收入4.96亿元，其中一般公共预算收入2.79亿元。62家规模以上企业完成规模以上工业总产值271.77亿元，限额以上批零住餐完成投资105.5亿元，占全区比重69.6%。

【经济发展】 2022年，双阳街道智能制造完成产值7502.6万元，机械装备8209.6万元，纸类卫生用品7682万元，纺织鞋服10994.7万元。配合上级开展乐购生活节、汽车文化节、“泉州优品母婴用品购”等系列促消费活动，拉动消费超4亿元，合创、奔驰4S店、宝马投入运营，理想汽车、雷克萨斯、尼桑日产等汽车4S店项目加快建设，鹭燕医药、元泽汽车等重点限额以上企业销售增长。加强项目对接洽谈，挖掘优质企业或项目入驻辖区，辖区属地签约合同项目21个、总投资46.7亿元。组织双阳籍客商乡贤和双阳辖区企业开展招商洽谈6场次，达成招商项目15个，招商金额超30亿元。

万安街道桥南社区党建+邻里中心（2022年摄）

（图/洛江区万安街道）

【城乡建设】 2022年，双阳街道推进征迁建设完成4个“项目攻坚2022”项目，完成6.5公顷土地清零任务。超年度计划完成11个重点项目投资计划，全年完成投资18.89亿元。市级重点项目，前洋安置小区（二期B区）完成115%；建文树脂厂改造、希尔顿欢朋酒店、旗牌王厂房扩建分别完成136.5%、116.8%、110.8%，为双阳产业经济发展注入新的活力。

2022年9月9日，双阳街道教育促进会成立。图为大会现场
（图/洛江区双阳街道）

【社会事业】 2022年，双阳街道实施“抓城建提品质”9大项目专项行动，对阳光路吕埔段沿街店面进行立面整治提升，建设前洋社区董厝停车场、安置小区二期B区地面停车场，改造原新城路人行道，修建陈三坝留公陂休闲小公园，年度投资5.29亿元。投入1003万元实施5个为民办实事项目，超时序进度完成建设目标。建成双阳街道新时代文明实践所、新峰社区文明实践站、阳江社区文明实践站结合“党建+”邻里中心并投入使用。开展弘扬雷锋精神、移风易俗树新风、“侨家乐·福建省华侨美食风情文化节”等各类文化惠民活动14场次，宣传打造双阳侨文化和侨品牌特色，满足居民群众的精神文化需求。定期走访各社区困难家庭、低保户残疾人等群体，走访入户探访131人次，电话访问316人次，低保、特困审核及发放95万元；临时救助审核发放74人，12.8万元；慈善救助发放24人，残疾人“两项补贴”审核发放2616人次，合计24.8万元。

【教育促进会成立】 2022年9月9日，洛江区双阳街道教育促进会成立，在洛江区公共文化中心举行。选举林进勇任会长，并举行会长、名誉会长证书颁发仪式，捐赠、授牌。双阳教育促进会共募集资金1060余万元，用于双阳街道的教育事业。

河市镇

【概况】 河市镇位于洛江区中部，洛阳江上游，东与惠安毗邻，西与南安相接，南接双阳，北连马甲，辖区面积105平方千米，镇域内环境优美，生态资源丰富，主要有东溪、西溪2条河流流过，森林覆盖率64.29%。2022年，河市镇辖21个行政村，户籍人口3.74万人，常住人口3.95万人。完成一般公共预算总收入3.43亿元，比上年增长12.15%，其中一般公共预算收入1.98亿元，比上年增长22.3%。完成规模以上工业产值209.82亿元，全社会固定资产投资34.90亿元。

【经济发展】 2022年，河市镇有工业企业375家，其中规模以上工业企业97家，占全区规模以上企业总数的40%。纳税超1000万元企业有7家、超500万元企业11家。筑牢经济增长根基，泉州协创艺品有限公司、泉州众锦源精密机械有限公司等5家企业建成投产，西片智能制造产业

福建省级乡村振兴试点村新告村（2022年摄）　（图/杨小玲）

园二期全面动工，台湾优良产业园等10余个工业项目加快建设。实施工业（产业）园区标准化建设，新谋划生成铁拓机械（二期）、新源重工（二期）2个智能制造产业园项目。实施23个技改项目完成投资14.5348亿元，鼓励科技创新，新增认定福建省高新技术企业9家、福建省科技“小巨人”企业5家、专精特新“小巨人”企业10家、制造业单项冠军产品称号国家和省级各1家。15个区级重点项目开工，竣工4个，完成投资19.79亿元。实现省级乡村振兴试点村新告村、市级乡村振兴试点村白洋村和厝斗村、乡村振兴示范线路（白洋村—山边村—新告村—厝斗村）22个项目全开工、全竣工，总投资1615万元。

【城乡建设】　2022年，河市镇河西一路建成通行，经九路、万虹路拓改（三期）加快进度。投入1000多万元完成道路提级改造7.15千米，以及更换破损井盖、清理道路路面及两侧杂草和修复破损路面。投入超100万元完善河市镇小型消防站，建设4个环卫工人驿站。推进“五个美丽”创建行动，建设美丽庭院50户、美丽微景观21处、美丽乡村小公园4个、美丽田园2处、美丽民族特色村寨1个，创建成效显著，在全市人居环境整治提升暨“五个美丽”建设现场推进会上作典型发言。投入近200万元建设完善浮桥安置房的绿化、消防、电梯、物业用房等扫尾工程。

【社会事业】　2022年，河市镇落实防止返贫监测和落实帮扶机制，对低保户、特困供养对象实现应保尽保，发放低保金额约300万元。落实困难群众临时救助、疾病救助和慈善救助，发放救助金超60万元。落实“助孤工程”，补贴失能老人，救助残疾人，开展计生帮扶，关注重点优抚对象、退役军人和义务兵，总计发放补贴超430万元。新建鸟关、庄田、坛顶、浮桥和梧宅5个村级居家养老服务站。配套500余万元支持教育项目，河市中心小学第四栋教学楼及连廊工程、第二中心幼儿园户外设施等多个教育项目投入使用。发放“双一流”大学生、研究生奖学金4万元，支持学校、卫生院等日常经费50余万元，推动教育卫健事业发展。洛江区医院项目开工，宝璋肿瘤医院加快建设，完成河市卫生院围墙及周边硬化工程等。组织开展新时代文明志愿服务活动超50场次，重点培育河市镇“音为爱”南音传承、俞大猷纪念馆志愿服务共建2个特色志愿服务项目。开展精神文明建设工作，俞大猷纪念馆重新获评为区级爱国主义教育基地，获评为区级先进集体（个人）14个和文明家庭、先进工作者等荣誉，申报市级文明村镇4个、区级道德模范3个。

【民族团结进步宣传月活动】　2022年9月24日，洛江区第十五个民族团结进步宣传月活动在洛江区唯一的畲族行政村河市镇厝斗村举行。活动以“福籽同心爱中华　喜迎党的二十大”为主题，结合宣传活动开展畲歌微

2022年9月24日，河市镇政府联合区委宣传部等部门在河市镇厝斗村举行洛江区第十五个民族团结进步宣传月主题活动。图为活动现场
（图/洛江区河市镇政府）

课堂、畲族亲子体验、百米墙绘涂鸦、长桌宴等活动，推动民族团结创建工作。

马甲镇

【概况】 马甲镇位于泉州市洛江区中北部，东靠惠安、仙游县，西接南安市，南通河市镇，北连罗溪镇，地域面积114平方千米。2022年，马甲镇辖24个行政村，人口6.17万人，有汉族、畲族两个民族，是洛江区的人口大镇。全年马甲镇实现一般公共预算总收入1.32亿元，比上年增长13.98%，其中一般公共预算收入6806万元、增长8.2%。

【经济发展】 2022年，马甲镇坚持稳中求进工作总基调，统筹经济社会发展。聚焦“1+3”专项行动，制定《马甲镇“项目攻坚2022”活动方案》。完成全社会固定资产投资13亿元，比上年增长106%。5个区级重点项目完成投资6.15亿元，库区后扶示范区项目完成路基、挡墙和栈桥建设，管涵埋置和绿植喷播，实现全线贯通；和光悦湖项目一期快速推进，二期计划春节前开工；溪北文旅休闲生态农庄酒店用地报批取得新突破。10个“抓城建提品质”建设项目完成投资1.2亿元，6个“五化”提升工程项目完成投资0.65亿元，集镇整治提升、西环路（马甲）安置小区基础设施建设、新坝仔桥危桥改造、县道334线（梧峰至炉田、永安至祈山）路面修复养护、乡道055线（仰恩至梅岭）路面破碎板修复等项目的实施。抽调精干力量组建征迁工作专班，完成新镇区土地征收30.67公顷。

【城乡建设】 2022年，马甲镇深化农村人居环境整治，投入700余万元实施79个乡村建设“五个美丽”创建项目，获评为区级以上典型案例13个；投入近200万元完成潘内村大厅埔旧路“白改黑”（水泥路改成沥青路），投入120万元完成永安、杏川、蔡内等3条健康休闲步道建设，投入130万元完成马甲、新庵、仰恩等3个口袋公园建设。严格兑现考评奖惩，推动保利物业提升全域化公共服务水平。制定《马甲镇裸房整治行动方案》，建立全镇3038幢存量裸房整治台账，完成920幢裸房整治年度任务，基本实现镇域中心无裸房。规范农房建设审批管理，落实带图审批、按图施工、“四到场”（批前选址到场、批后放样定位到场、开工砌基到场、竣工验收到场）等工作要求，强化“两违”治理，拆违面积超7000平方米。

【生态治理】 2022年，马甲镇投入950万元完成5个村生活污水配套管网建设、6个村生活污水提升治理，每年投入50万元委托专业运维机构对33座农村生活污水处理设施进行管理，主要流域和小流域水质优良比例100%。加强仰恩湖污染治理，不断提升惠女水库水质。推进乡村生态振兴，永安村被评为高级版“绿盈乡村”，潘内村、西头村创建初级版“绿盈乡村”。推动“河长制”“林长制”协同发力，常态化开展河道巡查，推进河道“四乱”清理整治，完成绿化造林面积 181.2 公顷，拔除松材线虫病枯死树 5000 余株，落实历年森林督查案件整改 22 个。

【社会事业】 2022 年，马甲镇开展“我为群众办实事”实践活动，完成实事 36 件。提升养老服务、社会救助、关心关爱等民生服务效能，新增 1 个长者食堂、完成 3 个农村幸福院扩容提质，服务老年人 600 余人；为 103 对育龄夫妻免费提供优生检测，为 7 户失独家庭免费办理意外伤害保险；镇社工站开展服务活动 20 余场；镇政府发放低保、临时救助、重点优抚对象、60 周岁以上退伍军人生活补助金等各类补助 1195 万元，镇慈善会发放救助金 50 余万元、奖教奖学金 30 余万元。马甲中学 2022 年高考本科上线人数 107 人，其中艺体类本科上线 64 人。投入 330 万元完成义山小学运动场改造、第二中心幼儿园三新分园提升，加快推进马甲中学科学实验楼、第二中心小学实验楼等项目建设。

【新时代文明实践所提档升级】 2022 年 6 月，马甲镇投入 51.3 万元改造提升新时代文明实践所，9 月中旬验收并投入使用。升级后的新时代文明实践所共有室内活动面积 1225 平方米，有新时代文明实践讲堂、荣誉墙、志愿项目、身边好人榜、组织架构、志愿者旗帜、主形象墙、七个平台、六传六讲、讲帮乐庆 10 个展示区域。同时依托洛江区图书馆马甲镇分馆、综合文化站，扩建“南音协会”“百姓书房”等文化新阵地，提供舞蹈、乐器、表演等活动场所。

2022年，马甲镇投入51.3万元整合提升新时代文明实践所，为文明实践活动开展和传播提供载体。图为改造后的一楼报告厅

（图/洛江区融媒体中心）

罗溪镇

【概况】 罗溪镇位于洛江区北部，东与仙游县相连，西与南安市毗邻，南与马甲交界，北与虹山乡接壤。辖区面积 126 平方千米，海拔 700 米，森林覆盖率 80% 以上。2022 年，辖 17 个行政村，人口 4.54 万人。完成一般公共预算总收入 3220 万元，其中一般公共预算收入 1770 万元。完成规模以上工业产值 12.98 亿元；限额以上商贸批发零售额 1.35 亿元，比上年增长 328%；完成全社会固定资产投资 7 亿元，增长 1.76 倍。

【经济发展】 2022 年，罗溪镇抓招商、促投资，洽谈项目 12 个，签订合同 6 个，协议引资 26.10 亿元。新引进企业 7 家，纳税 1023 万元，完成年度民企招商 2.6 亿元和 3 个谋划生产项目。承建区级在建项目 4 个，檀香园农业综合开发项目完成场区内道路平整、供电线路架设和其他基础设施土方工程；罗溪八峰兰庭完成 1～8 号楼主体结构施工建设，楼盘预售 256 套。省道 213 线（梅仙路）提升改造工程完成。洛江区卫生用品智能制造基地纳入泉州市中心市区一体化建设管理范围内，提交市级审批项目用地。搭载泉州市惠企政策线上直达兑现平台，罗溪惠企申请服务事项办结率100%，服务辖区企业10余家，协助福建省亿方建设工程有限公司申请建筑产业高质量发展奖励176.5万元；解决金光彩印等2宗久拖不决的土地供地问题。培育规模以上企业1家和限额以上纳入统计企业2家，完成28家企事业单位开展标准化创建工作，培育示范性标杆企业2家、示范岗10个。

【城乡建设】 2022年，罗溪镇编制国土空间规划、中心镇区单位控规，100%完成17个村应编规划编制。推进旧镇区改造提升，完成1期计划改造14栋。盘活存量资产，对历年来征迁的空地、资产进行盘点建档，推动安置房剩余房源、车库及储藏间等冗余资源盘活。推动“五化项目”专项攻坚，以“线”为单位，以万虹路、甬莞高速洛江北（罗溪）收费站连接线、三兴路等主要道路为主，开展两侧环境整治、裸房改造、绿化亮化工程；以“点”为单位，对金光隧道口、红绿灯口、公母池周边等重要点位进行灯光亮化，建设微景观、微公园。全年共创建美丽庭院、美丽乡村田园、微景观等小品景观70余个，组织人居环境整治200余次，投入工作经费600万元，整治农村裸房197栋，实现镇域中心建成区裸房“存量有减无增”。

【基础设施】 2022年，罗溪镇开展污染防治、“绿满泉城”、道路提升、水系联排联调等基础设施升级工程。投入500万元用于镇区内污水提升改造工程及管网铺设，投入70万元用于镇、村24座生活污水处理站运营费用，所有环保建设项目均达功能性运行要求；开展“绿满泉城”行动，统筹推进后溪生态体育公园、罗溪高速出口连接线绿化工程建设，合计投入430万元；投入310万元完成道路提级改造3.5千米和养护专项工程1.22千米，完善综合交通体系；投入26.6万元推进4个村“村村通自来水项目”及水利设施修复工程，保障饮水供水设施能效。

2022年8月3日，洛江区委书记颜丽明（左三）带队调研万虹路（马甲至罗溪段）改造提升及罗溪旧镇区改造项目。图为调研活动现场 （图/洛江区罗溪镇）

【社会事业】 2022年，罗溪镇加大教育投入力度，全镇投入奖教助学300万元，投入教育基础设施建设350万元，奕聪中学对照新标准迎接省一级达标院校验收，罗溪中心小学全部通过省义务教育标准化达标校。奕聪中学与北京四中网校进行协作办学，搭建“智慧课堂”平台；开展“弘扬美德传家风移风易俗树新风”“弘扬和谐‘福’文化共创幸福社会”等主题宣传活动，拓宽文化宣传推介渠道；以文明城市创建工作为抓手，制定罗溪镇文明城市创建工作重难点分解表和罗溪镇文明城市创建网格化责任分解表，投入370人次参与创城创卫工作；城乡居民医保人均财政补助提高到610元，城乡低保最高标准提升至每人900元，发放低保特困补助金近350万元。夯实镇村服务基础，发展以居家康养为主体的服务模式，提档升级社工站、社区服务站、居家养老服务站和长者食堂等各类基础服务设施项目近10个，投入82万元。为583户计生失独家庭及二女户家庭购买意外保险及办理医保减免，承办24件区委区政府为民办实事全面完成。组织农村房屋建设工匠培训，辖区内参训工匠63人，轮训136人，全镇新增就业230人。

【乡村振兴】 2022年，罗溪镇严守耕地红线，严厉整治乱占耕地建房、农地“非粮化”等违法行为，核查图斑305宗，执法12宗，拆除面积约1200平方米；推进撂荒地复耕复种工作，全年整治撂荒地面积73.82公顷；加快惠农政策落实，发放惠农耕地地力补贴、种粮补贴111万元，粮食播种面积548.8公顷，产量3307吨；引进培育龙头企业，发展特色农业产业。打造绿之园，檀香园生猪养殖基地，前溪、双溪蔬菜基地，绿益果园等农业规模企业，推进檀香园一期、二期生猪养殖基地项目的建设，初步形成“种养结合”的特色农业产业。动态监测返贫复贫，确保涉贫问题即查即改，排查1.25万户4.95万人，基本不存在返贫风险，全镇新增公益性就业岗位12个，实现全镇建档立卡贫困户年均收入均不低于1.13万元，村集体经营性收入均达20万元，发展新型农业经营主体55个，规范提升农民合作示范社2个，培育家庭示范农场5个，其中泉州锦芳果林有限公司被评为2021—2023年省级重点龙头企业。提升洪四酸茶和洪岩三宝等“一村一品”的产品设计推广，提高罗溪农特产品知名度。流转新东村、翁山村、双溪村、后溪村的农田，规模化打造美丽田园，引进翔云、开铭等现代农业公司盘活土地资源，增加村集体和村民的收入。全年完成省市两级试点村建设项目6个，整镇推进乡村振兴项目6个，市区两级乡村振兴项目15个，完成投资额4486万元，完成率100%。

【特色旅游】 2022年，罗溪镇以溪为线发展亲水休闲之旅理念，串联沿线新东村、后溪村、前溪村、双溪村等重点村，精准挖掘后溪慢生活体验区发展潜力，深化建设生态体育公园和“桃花岛”项目，打造新东现代农业示范区，增强农耕式、沉浸式旅游体验；践行“以文为界”发展规划，联动推出“罗溪文化大礼包”活动，洪四村以红色旅游基础，推进樱花园四期建设；后溪村规划建设亲水生态步道、桃花岛等体育娱乐场地。

【钟山村居家养老服务站启用】 2022年5月17日，罗溪镇钟山村居家养老服务站启用。服务站共三层，面积360平方米，分设娱乐活动室、健身房、农村书屋、厨房、餐厅、男女宿舍，并配备有冰箱、空调、电视、电脑等配套设施，集生活照料、家政服务、康复服务、助医服务于一体的新型养老服务综合平台，可满足当地老人全方位、多样化的养老服务需求。

虹山乡

【概况】 虹山乡位于泉州市洛江区最北端，距离中心市区约55千米，与南安市、永春县、仙游县相接壤。2022年，全乡辖区面积24平方千米，下辖5个行政村，总人口1.28万人。全年完成一般公共预算总收入3088万元，比上年增收396万元，增长14.7%，其中一般公共预算收入1517万元，增收192万元，增长14.5%。

【经济发展】 2022年，虹山乡开展招商引资和项目建设，完成年度重点项目2个、乡村振兴项目 16 个，聚焦年度签约项目投资 35 亿元以上招商任务，围绕“梧凤小镇”康养农文旅产业，组建招商工作专班，党政领导招商，以商招商，招商“凤归巢”森林人才康养民宿驿站、航天智慧康养产业园和广电智慧 5G 小镇 3 个项目 66 亿元。

2022年3月12—20日，虹山乡举办首届花朝节“凤回大晋”暨第八届油菜花节。图为花朝节开幕式上身穿汉服的女子进行花朝仪式
（图/洛江区融媒体中心）

【城乡建设】　2022 年，虹山乡乡村振兴整镇推进“五好”乡镇创建考评成绩位列农业生态型乡镇全年第一；乡村振兴“五个美丽”全面推进，开展群众庭院美化改造、家门口微景观、小公园（小广场）颜值提升等“五个美丽”创建活动，打造 50 个乡村美景，其中 5 个美丽乡村庭院、1 个美丽田园、1 个美丽乡村休闲旅游点获洛江区乡村建设“五个美丽”优秀案例。完成五掌至樱梅园亮化工程，木兰溪（苏山段）1.5 千米水边漫道、木兰溪（苏山段）4.5 千米水边夜景工程、樱梅园至苏山新街口道路两侧 1.51 千米低压线缆落地管道工程、庵尾蔗山围塘拦水及机耕路工程、新时代文明实践主题公园、白凤村与松角山村连通道路拓宽硬化及防护工程、三元坑道路排水工程及防护工程、木兰溪河长制主题公园。

【社会建设】　2022 年，虹山乡全方位推动“福”文化资源转化利用，融入“花朝节”和乡村振兴营销季等文旅活动，打造“福”文化品牌，获洛江区“福”文化示范乡镇。共建景区联合体，以乡办公有制企业泉州洛江彩虹服务有限公司为引领，统筹辖区樱梅园、石龙谷、虹桥飞瀑等乡村旅游景区景点，挖掘深受职工喜爱的疗休养服务项目，开发适宜疗休养旅游路线，创建洛江区职工疗休养基地。

【虹山首届花朝节】　2022 年 3 月 12—20 日，虹山乡举办首届花朝节“凤回大晋”暨第八届油菜花节。12 日，开幕式结合花朝节传统活动，由身穿汉服的女子进行花朝仪式，同时举行汉服秀及南音、歌咏、太极剑、空灵鼓、古乐器等表演。花朝节活动以虹山乡特色建筑、历史记忆和文化底蕴为依托，整合虹山乡山水生态、休闲农业、彭祖养生文化等资源，打造“梧凤小镇·彩虹之乡”康养农文旅小镇，推进虹山乡一、二、三产融合发展，活动吸引游客 36 万人，收入 9000 万元。

荣誉

2022 年洛江区地方荣誉一览表

表 6

单位	荣誉称号	授奖机关	表彰文号
洛江区	第六批国家生态文明建设示范区	生态环境部	—
洛江区	平安县（市、区）	福建省平安建设领导小组	—
洛江区	福建省“双拥模范城”	中共福建省委 福建省人民政府 福建省军区	闽委〔2022〕48 号
洛江区	“项目攻坚 2022”活动综合优秀集体	中共泉州市委、泉州市人民政府	—

2022 年洛江区先进单位一览表

表 7

单位	荣誉称号	授奖机关	表彰文号
洛江区科协	2022 年表现突出的科普中国信息员组织单位	中国科协办公厅	—
洛江区科协	2021 年科普中国信息员队伍建设优秀组织单位	中国科协办公厅	科协办函普字〔2022〕30 号
泉州市洛江区人民检察院	2022 年度全国检察宣传先进单位	最高人民检察院检察日报社	检报发〔2022〕10 号
洛江区财政局	省级文明单位	中共福建省委、福建省人民政府	—

续表 7

单位	荣誉称号	授奖机关	表彰文号
洛江区罗溪镇后溪村民委员会	全省乡村治理示范村	中共福建省委农村工作领导小组办公室 中共福建省委组织部 中共福建省委宣传部 福建省农业农村厅 福建省民政厅 福建省司法厅 福建省乡村振兴局	—
洛江区委政法委	福建省平安建设先进集体	福建省平安建设领导小组、福建省人力资源和社会保障厅	—
洛江区马甲镇	福建省第二批省级乡村治理示范乡镇	中共福建省委农村工作领导小组办公室等 7 部门	闽委农办〔2022〕19 号
洛江区虹山乡松角山村	第二批福建省级乡村治理示范村	中共福建省委农村工作领导小组办公室 中共福建省委组织部 中共福建省委宣传部 福建省农业农村厅 福建省民政厅 福建省司法厅 福建省乡村振兴局	—
洛江区罗溪镇后溪村	2022 年度乡村振兴实绩突出村	中共福建省委扶贫开发成果巩固与乡村振兴工作领导小组办公室	—
河市镇霞斗村	2022 年省级乡村治理示范村	中共福建省委农村工作领导小组办公室	闽委农办〔2022〕19 号
河市镇白洋村	2022 年省级产业振兴示范村	福建省财政厅	闽财农〔2022〕50 号
泉州市洛江区人民政府信访局	全省信访系统先进集体	福建省人力资源和社会保障厅、福建省人民政府信访局	闽人社表彰〔2022〕1 号
洛江区文体旅游局	全省文化和旅游系统先进集体	福建省人社厅 福建省文旅厅	闽人社表彰〔2022〕9 号
泉州市洛江区人民政府防汛抗旱指挥部办公室	福建省应急管理系统先进集体	福建省人力资源和社会保障厅、福建省应急管理厅	闽人社表彰〔2022〕36 号

续表 7

单位	荣誉称号	授奖机关	表彰文号
泉州市洛江区市场监督管理局	全省市场监管系统先进集体	福建省人社厅	—
泉州市洛江区统计局	2022 年度住户调查专业业务工作考核优秀	国家统计局福建调查总队	—
泉州市洛江区统计局	福建省第七次全国人口普查突出贡献集体	福建省统计局福建省第七次全国人口普查领导小组办公室	闽统〔2022〕55 号
泉州市洛江区人民政府双阳街道办事处	福建省第七次全国人口普查突出贡献集体	福建省统计局福建省第七次全国人口普查领导小组办公室	闽统〔2022〕55 号
泉州市洛江生态环境局	2021 年生态环境保护执法大练兵表现突出的设区市局派出机构	福建省生态环境厅	闽环保总队〔2022〕7 号
洛江区人民调解中心	全省 2019—2021 年度“人民调解先进集体”	福建省司法厅	—
泉州市公安局洛江分局	2021 年度全省公安机关执法质量优秀单位	福建省公安厅	闽公综〔2022〕91 号
泉州市公安局洛江分局指挥情报中心	党的二十大安保维稳成绩突出集体	福建省公安厅	闽公综〔2022〕315 号
泉州市公安局洛江分局刑侦大队	全省公安机关夏季治安打击整治“百日行动”成绩突出集体	福建省公安厅	闽公综〔2022〕265 号
泉州市洛江区人民检察院	2021 年度全省检察机关信息工作比去年有明显进步的单位	福建省人民检察院办公室	闽检办发〔2022〕2 号
泉州市洛江区人民检察院	全省检察机关新闻宣传工作“百优”优秀电视、广播新闻作品——《“党建红”+“检察蓝”共绘初心铸检魂》	福建省人民检察院宣传处	闽检宣〔2022〕2 号
洛江区总工会	第二届福建省机器人焊接技能大赛优秀组织奖	省总工会 省市场监督管理局	—
泉州市洛江区疾病预防控制中心	福建省五一劳动奖状	福建省总工会	闽工〔2022〕6 号
西人马联合测控（泉州）科技有限公司功能材料研制中心	福建省工人先锋号	福建省总工会	闽工〔2022〕6 号
泉州市公安局洛江分局出入境管理大队	福建省五一先锋号	福建省总工会	闽工〔2022〕104 号
泉州市烟草公司洛江分公司	福建省安康杯先进单位	福建省总工会 福建省应急管理厅 福建省卫生健康委员会	闽工〔2022〕79 号
方圆建设集团有限公司	福建省安康杯先进单位	福建省总工会 福建省应急管理厅 福建省卫生健康委员会	闽工〔2022〕79 号

续表 7

单位	荣誉称号	授奖机关	表彰文号
泉州市洛江兴达保洁服务有限公司垃圾环卫保洁班组	福建省“安康杯”竞赛先进班组	福建省总工会 福建省应急管理厅 福建省卫生健康委员会	闽工〔2022〕79 号
洛江区科协	2022 年福建省全国科普日优秀组织单位	福建省科协	闽科协普〔2022〕62 号
洛江区科协	福建省全民科学素质网络竞赛优秀组织单位	福建省科协	—
罗溪镇关工委	全省基层五好关工委示范点	福建省关工委	—
洛江区融媒体中心	泉州市宣传工作先进集体	中共泉州市委、市政府	—
泉州市洛江区人民政府	2021 年度安全生产目标责任优秀单位	泉州市人民政府	—
马甲镇人民政府	泉州市创建全国文明城市工作先进集体	中共泉州市委、泉州市人民政府	—
万安街道办事处	泉州市 2021 年度创建全国文明城市“优秀志愿服务组织”	泉州市创建全国文明城市工作指挥部办公室 泉州市志愿者协会	—
洛江区住建局	泉州市 2021 年度创建全国文明城市“优秀志愿服务组织”	泉州市创建全国文明城市工作指挥部办公室 泉州市志愿者协会	—
洛江区青年志愿者协会	泉州市 2021 年度创建全国文明城市“优秀志愿服务组织”	泉州市创建全国文明城市工作指挥部办公室 泉州市志愿者协会	—
洛江区万安街道塘西社区新时代文明实践志愿服务大队	泉州市 2022 年疫情防控优秀志愿服务组织（团队）	泉州市委宣传部 泉州市文明办 泉州市民政局 共青团泉州市委	—
洛江区双阳街道朝阳社区新时代文明实践志愿服务大队	泉州市 2022 年疫情防控优秀志愿服务组织（团队）	泉州市委宣传部 泉州市文明办 泉州市民政局 共青团泉州市委	—
洛江区河市镇霞溪村新时代文明实践志愿服务大队	泉州市 2022 年疫情防控优秀志愿服务组织（团队）	泉州市委宣传部 泉州市文明办 泉州市民政局 共青团泉州市委	—
洛江区马甲镇马甲村新时代文明实践志愿服务大队	泉州市 2022 年疫情防控优秀志愿服务组织（团队）	泉州市委宣传部 泉州市文明办 泉州市民政局 共青团泉州市委	—

续表 7

单位	荣誉称号	授奖机关	表彰文号
洛江区罗溪镇永生村新时代文明实践志愿服务大队	泉州市 2022 年疫情防控优秀志愿服务组织（团队）	泉州市委宣传部 泉州市文明办 泉州市民政局 共青团泉州市委	—
洛江区虹山乡松角山村新时代文明实践志愿服务大队	泉州市 2022 年疫情防控优秀志愿服务组织（团队）	泉州市委宣传部 泉州市文明办 泉州市民政局 共青团泉州市委	—
洛江区民生保障志愿服务队	泉州市 2022 年疫情防控优秀志愿服务组织（团队）	泉州市委宣传部 泉州市文明办 泉州市民政局 共青团泉州市委	—
泉州市洛江区心理卫生协会	泉州市 2022 年疫情防控优秀志愿服务组织（团队）	泉州市委宣传部 泉州市文明办 泉州市民政局 共青团泉州市委	—
洛江区甘泉公益服务中心	泉州市 2022 年疫情防控优秀志愿服务组织（团队）	泉州市委宣传部 泉州市文明办 泉州市民政局 共青团泉州市委	—
泉州市泉城公益协会	泉州市 2022 年疫情防控优秀志愿服务组织（团队）	泉州市委宣传部 泉州市文明办 泉州市民政局 共青团泉州市委	—
洛江区海丝小镇公益协会	泉州市 2022 年疫情防控优秀志愿服务组织（团队）	泉州市委宣传部 泉州市文明办 泉州市民政局 共青团泉州市委	—
泉州市洛江区人民检察院	洛江区检察院红客空间被泉州市委组织部确定为泉州市基层党建工作实训点	泉州市委组织部	泉委组综〔2022〕40 号
洛江区河市线：河市镇白洋村—山边村—新告村—厝斗村	泉州市第二批乡村振兴精品示范线	中共泉州市委扶贫开发成果巩固与乡村振兴工作领导小组	泉委振兴办〔2022〕26 号
中共洛江区委双阳街道工作委员会	党的二十大期间泉州市信访安全保障工作成绩突出集体	泉州市信访联席会议	—
洛江区行政服务中心	第五届泉州市机关体制机制创新优秀案例三等奖（党建类）	泉州市直机关党工委 泉州市委改革办	—
区总工会	2022 年泉州市职工庆祝“三八”国际劳动妇女节健身操比赛优秀组织奖	市直机关工委 市总工会 市体育局	—

续表 7

单位	荣誉称号	授奖机关	表彰文号
洛江区罗溪镇	全市“平安农机”示范乡镇	泉州市农业农村局 泉州市应急管理局	—
洛江区罗溪镇	“走读泉州”首批推荐名镇	中共泉州市委宣传部 泉州广播电视台	—
泉州市洛江生态环境局	2022 年泉州市“勇当主力军机关我先行” 生态环境保护执法大练兵执法技能竞赛团体二等奖	泉州市生态环境局	泉环保〔2022〕99 号
泉州市洛江生态环境局	2022 年泉州市固体废物环境管理技能竞赛团体三等奖	泉州市生态环境局	泉环保〔2022〕124 号
泉州市洛江生态环境局	非现场执法打击自动监测数据弄虚作假专项行动优秀单位	泉州市生态环境局	泉环保〔2022〕129 号
泉州市洛江区卫健局	泉州市“安康杯”竞赛组织工作优秀单位	泉州市总工会 泉州市应急管理局 泉州市卫生健康委员会	泉工〔2022〕12 号
泉州市马甲中学工会委员会	泉州市模范职工之家	泉州市总工会	泉工〔2022〕38 号
泉州华大超硬工具科技有限公司工会委员会	泉州市模范职工之家	泉州市总工会	泉工〔2022〕38 号
西人马联合测控（泉州）科技有限公司工会委员会	泉州市模范职工之家	泉州市总工会	泉工〔2022〕38 号
泉州市洛江区汇丰妇幼用品有限公司工会委员会	泉州市模范职工之家	泉州市总工会	泉工〔2022〕38 号
泉州市洛江兴达保洁服务有限公司工会委员会	泉州市模范职工之家	泉州市总工会	泉工〔2022〕38 号
泉州金茂服装有限公司办公室工会小组	泉州市模范职工小家	泉州市总工会	泉工〔2022〕38 号
泉州市洛江区税务局第二税务分局	泉州市级五一先锋号	泉州市总工会	泉工〔2022〕46 号
泉州市洛江区烟草专卖局行政管理办公室	泉州市级工人先锋号	泉州市总工会	泉工〔2022〕46 号
泉州艺龙美术工艺有限公司研发中心	泉州市级工人先锋号	泉州市总工会	泉工〔2022〕46 号
泉州市洛江区汇丰妇幼用品有限公司人资行政部	泉州市级工人先锋号	泉州市总工会	泉工〔2022〕46 号
福建新源重工有限公司技术研发中心	泉州市级工人先锋号	泉州市总工会	泉工〔2022〕46 号
福建新源重工有限公司轮式挖掘机智能数字化生产班组	泉州市工匠型班组	泉州市总工会	泉工〔2022〕 49 号
福建省铁拓机械股份有限公司装配班组	泉州市工匠型班组	泉州市总工会	泉工〔2022〕49 号
洛江区不动产登记中心	泉州市三八红旗集体	泉州市妇联	泉妇〔2022〕7 号

续表 7

单位	荣誉称号	授奖机关	表彰文号
洛江区罗溪奕聪第二中心幼儿园	泉州市三八红旗集体	泉州市妇联	泉妇〔2022〕7 号
洛江区教育系统关工委	全市基层“五好”关工委示范点	泉州市关工委	—
双阳街道关工委	全市基层“五好”关工委示范点	泉州市关工委	—
万安街道关工委	全市基层“五好”关工委示范点	泉州市关工委	—
马甲镇关工委	全市基层“五好”关工委示范点	泉州市关工委	—
河市镇关工委	全市基层“五好”关工委示范点	泉州市关工委	—
虹山乡关工委	全市基层“五好”关工委示范点	泉州市关工委	—
罗溪镇洪四村关工委	全市基层“五好”关工委示范点	泉州市关工委	—
奕聪中学关工委	全市基层“五好”关工委示范点	泉州市关工委	—
罗溪镇关工委	全省基层“五好”关工委示范点	福建省关工委	—
区教育系统关工委	全市基层“五好”关工委示范点	泉州市关工委	—
双阳街道关工委	全市基层“五好”关工委示范点	泉州市关工委	—

2022 年洛江区先进个人一览表

表 8

姓名	工作单位	荣誉称号	授奖机关	表彰文号
施永安	洛江区纪委监委	全国纪检监察系统嘉奖	中共中央纪委 国家监察委员会	—
郑　琰	洛江区检察院	2022 年度全国检察宣传先进个人、2021 年科普中国信息员典型代表	最高检检察日报社	—
潘文国	洛江老干局	全国青少年普法教育优秀辅导员	中国关工委 中央政法委 司法部 共青团中央 中国法学会	—
杨文谦	洛江区科协	2021 年科普中国信息员典型代表、2021 年科普中国信息员典型代表	中国科协科普部	科协普函信字〔2022〕9 号
林子超	洛江区科协	2021 年科普中国信息员典型代表	中国科协科普部	科协普函信字〔2022〕9 号
杨小玲	洛江区委宣传部	奋进新时代——第四届光明杯手机摄影大展优秀作品奖	中国艺术摄影协会 中国摄影家杂志社 广东省艺术摄影学会 深圳市光明区文化广电旅游局 深圳市艺术摄影学会	—

续表 8

姓名	工作单位	荣誉称号	授奖机关	表彰文号
施鸿芽	双阳街道办事处	民革全国祖统工作先进个人	民革中央	革中〔2022〕132 号
杨德青	虹山乡政府	2019—2021 年福建省重点建设项目“先进工作者”	福建省人民政府	—
黄　超	洛江区纪委监委	福建省纪检监察系统嘉奖	中共福建省纪委 福建省监委	闽纪〔2022〕88 号
黄看治	洛江农水局	优秀科技特派员	中共福建省委扶贫开发成果巩固与乡村振兴工作领导小组	—
叶永萍	万安街道党工委	第 44 届世界遗产大会暨泉州项目成功申遗工作先进个人	福建省文化和旅游厅 福建省文物局 福建省住房和城乡建设厅 福建省林业局	—
吴庆贤	泉州市洛江生态环境局	2021 年生态环境保护执法大练兵泉州市表现突出个人	福建省生态环境厅	闽环保总队〔2022〕7 号
谢月英	万安街道办事处	福建省妇联系统先进工作者	福建省人力资源和社会保障厅 福建省妇女联合会	闽人社表彰〔2022〕22 号
陈明清	洛江区司法局	全省司法行政先进工作者	福建省人社厅 福建省司法厅	闽人社表彰〔2022〕28 号
吴晓男	泉州市洛江区应急管理局	2022 年全省应急管理系统先进工作者	福建省人力资源和社会保障厅、福建省应急管理厅	闽人社表彰〔2022〕36 号
廖世同	洛江区市场监管局	全省市场监管系统先进工作者	福建省人社厅	—
张礼仁	洛江区人社	2021 年度福建省人社系统优秀网评（宣传）员	福建省人力资源和社会保障厅办公室	—
黄杜英	洛江区统计局	福建省第七次全国人口普查突出贡献个人	福建省统计局 福建省第七次全国人口普查领导小组办公室	—
赖金泉	洛江区统计局	福建省第七次全国人口普查突出贡献个人	福建省统计局 福建省第七次全国人口普查领导小组办公室	—
赖小茶	洛江区统计局	福建省第七次全国人口普查突出贡献个人	福建省统计局 福建省第七次全国人口普查领导小组办公室	—

续表 8

姓名	工作单位	荣誉称号	授奖机关	表彰文号
黄杜英	洛江区统计局	福建省第七次全国人口普查突出贡献个人	福建省统计局 福建省第七次全国人口普查领导小组办公室	—
蔡永成	泉州市洛江区疾病预防控制中心	福建省“最美医师”	中共福建省委宣传部 福建省卫生健康委员会 福建省总工会	闽卫人函〔2022〕1214 号
潘　锋	洛江区司法局	2019—2021 年度全省人民调解先进个人	福建省司法厅	—
庄小坤	泉州市公安局洛江分局	全省公安机关夏季治安打击整治“百日行动”成绩突出个人	福建省公安厅	闽公综〔2022〕265 号
王美捷	泉州市公安局洛江分局	全省公安机关夏季治安打击整治“百日行动”成绩突出个人	福建省公安厅	闽公综〔2022〕265 号
谢章远	泉州市公安局洛江分局	党的二十大安保维稳成绩突出个人	福建省公安厅	闽公综〔2022〕315 号
黄俊锋	泉州市公安局洛江分局	党的二十大安保维稳成绩突出个人	福建省公安厅	闽公综〔2022〕315 号
戴新杰	泉州市公安局洛江分局	知识产权保护工作成绩突出个人	福建省知识产权局、福建省公安厅	闽知发〔2022〕34 号
蒋龙涛	泉州市公安局洛江分局	知识产权保护工作成绩突出个人	福建省知识产权局、福建省公安厅	闽知发〔2022〕34 号
魏长希	泉州市洛江生态环境局	2021 年度“清水蓝天”生态环境保护专项执法行动表现突出个人	福建省生态环境厅、福建省公安厅	闽环保总队〔2022〕5 号
苏啸鸣	洛江区检察院	全省检察机关新闻宣传工作“百优”优秀检察宣传工作者	福建省人民检察院宣传处	—
叶永萍	万安街道党工委	第 44 届世界遗产大会暨泉州项目成功申遗工作先进个人	福建省文化和旅游厅 福建省文物局 福建省住房和城乡建设厅 福建省林业局	—
任剑锋	方圆建设集团有限公司	福建省“安康杯”组织工作优秀个人	福建省总工会 福建省应急管理厅 福建省卫生健康委员会	闽工〔2022〕79 号
李小松	泉州众志新材料科技有限公司	福建省五一劳动奖章	福建省总工会	闽工〔2022〕6 号
翁景斌	泉州市公安局洛江分局	福建省五一劳动奖章	福建省总工会	闽工〔2022〕59 号
林泉津	泉州市洛江生态环境局	福建省五一劳动奖章	福建省总工会	闽工〔2022〕104 号

续表 8

姓名	工作单位	荣誉称号	授奖机关	表彰文号
杨小玲	洛江区委宣传部	“喜迎二十大 建功新福建”全省职工摄影作品征集活动三等奖	福建省总工会	—
谢月英	万安街道办事处	福建省妇联系统先进工作者	福建省人力资源和社会保障厅 福建省妇女联合会	—
杨文谦	洛江区科协	福建省十佳科普信息员	福建省科协	闽科协普〔2022〕44 号
沈诗敬	洛江区委宣传部	泉州市宣传工作先进个人	中共泉州市委、市人民政府	—
刘志滨	双阳街道办事处	泉州市创建全国文明城市工作先进个人	中共泉州市委、泉州市人民政府	—
杜丽珠	洛江区教育局	泉州市创建全国文明城市工作先进个人	中共泉州市委、泉州市人民政府	—
黄连生	洛江区市场监管局	泉州市创建全国文明城市工作先进个人	中共泉州市委、泉州市人民政府	—
林顺健	洛江区城管局	泉州市创建全国文明城市工作先进个人	中共泉州市委、泉州市人民政府	—
郑璐璐	洛江区委宣传部	2021 年度优秀通讯员	中共泉州市委宣传部 泉州晚报社	—
陈应心	万安街道办事处	民兵工作先进个人	泉州军分区	—
吴晓斌	洛江区委宣传部	2022 年度全市网络舆情服务保障工作先进个人、2021 年度全市网信工作先进个人	中共泉州市委网信办	—
林悦苹	洛江区委宣传部	2022 年度泉州市网络传播工作先进个人	中共泉州市委网信办	—
黄维灿	泉州市公安局洛江分局	2021 年度网络应急处置工作先进个人	中共泉州市委网络安全和信息化委员会办公室	泉委网信办〔2022〕9 号
杜翠芬	泉州市洛江生态环境局	2022 年泉州市“勇当主力军机关我先行” 生态环境保护执法大练兵执法技能竞赛个人一等奖	泉州市生态环境局	泉环保〔2022〕99 号
魏长希	泉州市洛江生态环境局	2022 年泉州市“勇当主力军机关我先行” 生态环境保护执法大练兵执法技能竞赛个人三等奖	泉州市生态环境局	泉环保〔2022〕99 号
林宁波	泉州市洛江生态环境局	2022 年泉州市生态环境监测职业技能竞赛个人理论二等奖	泉州市生态环境局 福建省泉州环境监测中心站	泉环保〔2022〕125 号

续表 8

姓名	工作单位	荣誉称号	授奖机关	表彰文号
林泉津	泉州市洛江生态环境局	非现场执法打击自动监测数据弄虚作假专项行动优秀个人	泉州市生态环境局	泉环保〔2022〕129 号
魏长希	泉州市洛江生态环境局	非现场执法打击自动监测数据弄虚作假专项行动优秀个人	泉州市生态环境局	泉环保〔2022〕129 号
刘伟强	洛江区市场监管局	泉州市执法稽查技能竞赛个人一等奖	泉州市市场监督局	—
杜国章	洛江区商务局	泉州市 2021 年度创建全国文明城市“优秀志愿者”	泉州市创建全国文明城市工作指挥部办公室	—
陈宇淑	洛江区文体旅游局	泉州市 2021 年度创建全国文明城市“优秀志愿者”	泉州市创建全国文明城市工作指挥部办公室	—
庄默嘉	洛江区信访局	泉州市 2021 年度创建全国文明城市“优秀志愿者”	泉州市创建全国文明城市工作指挥部办公室	—
陈少英	洛江区应急局	泉州市 2021 年度创建全国文明城市 “优秀志愿者”	泉州市创城办 泉州市志愿者协会	—
魏少伟	双阳街道	泉州市 2021 年度创建全国文明城市 “优秀志愿者”	泉州市创城办 泉州市志愿者协会	—
杨小玲	洛江区委宣传部	“喜迎二十大 奋进新征程”美术、书法、摄影优秀作品展	泉州市文化和广播旅游局、泉州市文学艺术界联合会	—
黄阿斗	洛江区统计局	泉州市第七次全国人口普查突出贡献个人	泉州市统计局 泉州市第七次全国人口普查领导小组办公室	—
施良财	洛江区统计局	泉州市第七次全国人口普查突出贡献个人	泉州市统计局 泉州市第七次全国人口普查领导小组办公室	—
戴炳伟	河市镇党委	泉州市五一劳动奖章和泉州市重点项目建设功臣	泉州市总工会 泉州市发展和改革委员会	泉工〔2022〕5 号
林顺健	洛江区城管局	2022 年度泉州市重点项目建设功臣泉州市“五一劳动奖章”	市发展改革委 市总工会	—
王智毅	洛江发改局	2021 年度泉州市重点项目建设标兵	市总工会 发展改革委	—
吴双江	嘉泰数控科技股份公司	泉州市 “金牌工人”	泉州市总工会	泉工〔2022〕6 号
王远航	福建省铁拓机械股份有限公司	泉州市 “金牌工人”	泉州市总工会	泉工〔2022〕6 号

续表 8

姓名	工作单位	荣誉称号	授奖机关	表彰文号
庄丽颖	信和新材料股份有限公司	泉州市“金牌工人”	泉州市总工会	泉工〔2022〕6 号
张小萍	国家税务总局泉州市洛江区税务局	泉州市“金牌工人”	泉州市总工会	泉工〔2022〕6 号
郭晓芳	洛江区双阳中心幼儿园	泉州市“金牌工人” 泉州市“五一巾帼标兵”	泉州市总工会	泉工〔2022〕6 号
彭金彬	泉州市洛江区林业技术推广站	泉州市“金牌工人”	泉州市总工会	泉工〔2022〕6 号
任剑锋	方圆建设集团有限公司	泉州工匠、 泉州市“五一劳动奖章”	泉州市总工会	泉工〔2022〕47 号
纪　勇	泉州华大超硬工具科技有限公司	泉州工匠、 泉州市“五一劳动奖章”	泉州市总工会	泉工〔2022〕47 号
郑永忠	福建新源重工有限公司研发员	泉州工匠、 泉州市“五一劳动奖章”	泉州市总工会	泉工〔2022〕47 号
郭志明	泉州市顺风耳电子科技有限公司	泉州工匠	泉州市总工会	泉工〔2022〕47 号
蔡心婕	洛江区住建局	2021 年度泉州市“优秀共青团干部”	共青团泉州市委	团泉委〔2022〕26 号
黄增铭	泉州市洛江区医院	泉州青年五四奖章（疫情防控一线优秀个人）	共青团泉州市委 泉州市青年联合会	团泉委联〔2022〕16 号
林文贵	洛江区罗溪镇政府	泉州青年五四奖章	共青团泉州市委 泉州市青年联合会	团泉委联〔2022〕16 号
黄种铁	泉州市公安局洛江分局	泉州青年五四奖章	共青团泉州市委 泉州市青年联合会	团泉委联〔2022〕16 号
许奕智	共青团洛江区委	泉州市疫情防控优秀志愿服务组织者	泉州市委宣传部 泉州市文明办 泉州市民政局 共青团泉州市委	泉委文明办〔2022〕27 号
梁　莹	洛江区志愿者协会	泉州市疫情防控优秀志愿服务组织者	泉州市委宣传部 泉州市文明办 泉州市民政局 共青团泉州市委	泉委文明办〔2022〕27 号
吴丽蓉	洛江区心理卫生协会	泉州市疫情防控优秀志愿服务组织者	泉州市委宣传部 泉州市文明办 泉州市民政局 共青团泉州市委	泉委文明办〔2022〕27 号
林亮艺	洛江区民政局	泉州市疫情防控优秀志愿服务组织者	泉州市委宣传部 泉州市文明办 泉州市民政局 共青团泉州市委	泉委文明办〔2022〕27 号

续表 8

姓名	工作单位	荣誉称号	授奖机关	表彰文号
杜晓宏	洛江区万安街道万盛社区新时代文明实践志愿服务大队	泉州市 2022 年疫情防控志愿服务“优秀志愿者”	泉州市委宣传部 泉州市文明办 泉州市民政局 共青团泉州市委	泉委文明办〔2022〕27 号
陈友钊	洛江区双阳街道南山社区新时代文明实践志愿服务大队	泉州市 2022 年疫情防控志愿服务“优秀志愿者”	泉州市委宣传部 泉州市文明办 泉州市民政局 共青团泉州市委	泉委文明办〔2022〕27 号
卓烽春	洛江区河市镇霞溪村新时代文明实践志愿服务大队	泉州市 2022 年疫情防控志愿服务“优秀志愿者”	泉州市委宣传部 泉州市文明办 泉州市民政局 共青团泉州市委	泉委文明办〔2022〕27 号
林志良	洛江区马甲镇西头村新时代文明实践志愿服务大队	泉州市 2022 年疫情防控志愿服务“优秀志愿者”	泉州市委宣传部 泉州市文明办 泉州市民政局 共青团泉州市委	泉委文明办〔2022〕27 号
赖丽旋	洛江区罗溪镇新时代文明实践志愿服务支队	泉州市 2022 年疫情防控志愿服务“优秀志愿者”	泉州市委宣传部 泉州市文明办 泉州市民政局 共青团泉州市委	泉委文明办〔2022〕27 号
彭玉城	洛江区虹山乡虹山村新时代文明实践志愿服务大队	泉州市 2022 年疫情防控志愿服务“优秀志愿者”	泉州市委宣传部 泉州市文明办 泉州市民政局 共青团泉州市委	泉委文明办〔2022〕27 号
洪友进	洛江区民生保障志愿服务队	泉州市 2022 年疫情防控志愿服务“优秀志愿者”	泉州市委宣传部 泉州市文明办 泉州市民政局 共青团泉州市委	泉委文明办〔2022〕27 号
林春晴	洛江区心理卫生协会	泉州市 2022 年疫情防控志愿服务“优秀志愿者”	泉州市委宣传部 泉州市文明办 泉州市民政局 共青团泉州市委	泉委文明办〔2022〕27 号
林　斌	洛江区保护未成年人权益工作站	泉州市 2022 年疫情防控志愿服务“优秀志愿者”	泉州市委宣传部 泉州市文明办 泉州市民政局 共青团泉州市委	泉委文明办〔2022〕27 号
黄启明	泉州真情在线公益协会	泉州市 2022 年疫情防控志愿服务“优秀志愿者”	泉州市委宣传部 泉州市文明办 泉州市民政局 共青团泉州市委	泉委文明办〔2022〕27 号
黄堃鹏	泉州市泉城公益协会	泉州市 2022 年疫情防控志愿服务“优秀志愿者”	泉州市委宣传部 泉州市文明办 泉州市民政局 共青团泉州市委	泉委文明办〔2022〕27 号

续表 8

姓名	工作单位	荣誉称号	授奖机关	表彰文号
林勇民	洛江区海丝小镇公益协会	泉州市 2022 年疫情防控志愿服务“优秀志愿者”	泉州市委宣传部 泉州市文明办 泉州市民政局 共青团泉州市委	泉委文明办〔2022〕27 号
杜特锋	洛江区甘泉公益服务中心	泉州市 2022 年疫情防控志愿服务“优秀志愿者”	泉州市委宣传部 泉州市文明办 泉州市民政局 共青团泉州市委	泉委文明办〔2022〕27 号
吴荣辉	泉州市真诚公益团队	泉州市 2022 年疫情防控志愿服务“优秀志愿者”	泉州市委宣传部 泉州市文明办 泉州市民政局 共青团泉州市委	泉委文明办〔2022〕27 号
吴春燕	团区委	泉州市 2022 年疫情防控志愿服务“优秀志愿者”	泉州市委宣传部 泉州市文明办 泉州市民政局 共青团泉州市委	泉委文明办〔2022〕27 号
吴东平	洛江区法院	青年法警标兵	共青团泉州市委 泉州市中级人民法院	—
林毅高	洛江区法院	青年审判标兵	共青团泉州市委 泉州市中级人民法院	—
王发生	洛江检察院	2021 年度泉州市“优秀共青团干部”	共青团泉州市委	—
苏静娴	泉州市洛江区人民法院	泉州市三八红旗手	泉州市妇联	泉妇〔2022〕7 号
徐丽娜	洛江区罗溪镇妇联	泉州市三八红旗手	泉州市妇联	泉妇〔2022〕7 号
杜银花	洛江区马甲镇妇联执委	泉州市三八红旗手	泉州市妇联	泉妇〔2022〕7 号
王靖娟	洛江区发展和改革局	泉州市三八红旗手	泉州市妇联	泉妇〔2022〕7 号
黄小萍	泉州市实验小学洛江校区	泉州市三八红旗手	泉州市妇联	泉妇〔2022〕7 号
赵　媛	洛江区万安街道	泉州市三八红旗手	泉州市妇联	泉妇〔2022〕7 号
杨伟鹏	洛江区侨联	2021 年度全市侨联系统信息传播工作先进个人二等奖	市侨联	—
许德昌	洛江区教育局	全市关工委“最美五老”	泉州市关工委	—
庄以福	洛江区万安街道	全市关工委“最美五老”	泉州市关工委	—
关工委常务副主任富添水	洛江区双阳街道坪山社区	全市关工委“最美五老”	泉州市关工委	—
雷荷枝	洛江区河市镇	全市关工委“最美五老”	泉州市关工委	—
黄建元	洛江区罗溪镇	全市关工委“最美五老”	泉州市关工委	—
彭四明	洛江区虹山乡	全市关工委“最美五老”	泉州市关工委	—
陈长寿	洛江区双阳街道南山社区	全市关心下一代“最美志愿者”	泉州市关工委	—

续表 8

姓名	工作单位	荣誉称号	授奖机关	表彰文号
苏建成	洛江区马甲镇马甲村老年协会	全市关心下一代“最美志愿者”	泉州市关工委	—
黄新兴	洛江区罗溪镇洪四村	全市关心下一代“最美志愿者”	泉州市关工委	—
林历元	洛江区河市中心小学	全市关心下一代“最美志愿者”	泉州市关工委	—
黄　玲	洛江区爱邻舍社会工作服务中心	全市关心下一代“最美志愿者”	泉州市关工委	—
郭清海	洛江区万安街道琯头第一卫生所	全市关心下一代“最美志愿者”	泉州市关工委	—
赖建华	洛江区罗溪中心小学	全市关心下一代“最美志愿者”	泉州市关工委	—
林海岚	泉州市洛江区人民法院	刺桐最美女法官	泉州市中级人民法院	—
林毅高	泉州市洛江区人民法院	青年审判标兵	泉州市中级人民法院	—
吴东平	泉州市洛江区人民法院	青年法警标兵	泉州市中级人民法院	—
陈　虹	泉州市洛江区人民法院	2022 年泉州市大学生实习“涌泉•扬帆”实习导师	共青团泉州市委 泉州市学生联合会	—
吴泰虹	泉州东艺雕刻有限公司	2017—2022 年度优秀党员	致公党福建省委会	—
黄清白	泉州信联投资有限公司董事长	2017—2022 年度优秀党员	民革福建省委	—
罗　雄	农工党洛江总支	2021 年度社情民意信息工作先进个人	农工党泉州市委会	农工泉委〔2022〕26 号

人物

“洛·匠”人物

2022 年，洛江区总工会围绕“劳动创造大美洛江”，策划摄制“洛• 匠”人物系列微视频，记录洛江各行业各级劳模、工匠，吴敏达等 8 人入选 2022 年洛江区“洛•匠”人物。

吴敏达　1969 年 6 月出生，女，民盟盟员，泉州东艺雕刻有限公司艺术总监。吴敏达的作品多次在工艺美术展览上获金奖，并多次被国家及社会机构珍藏，且数次为外国元首、大使雕刻肖像作为外交馈赠礼品。吴敏达先后获得全国五一劳动奖章、全国乡村青年工艺大师、福建省五一劳动奖章、福建省劳动模范、福建省工艺美术大师等多项荣誉。作为影雕技艺的传承人，吴敏达言传身教，带出一批出色的影雕“娘子军”，在创立“吴敏达劳模创新工作室”之后，她更是毫无保留地将技艺传授给学徒，不断指导培养影雕巧匠。2022 年，吴敏达入选洛江区“洛•匠”人物。

贾冬霞　1962 年 1 月出生，女，泉州维盾电气有限公司技术总工程师。她带领着团队先后获得 3 项技术发明专利和 8 项实用新型专利，并获得国内外多项高端奖项。贾冬霞先后获得全国五一巾帼标兵、福建省五一劳动奖章、泉州市劳动模范等多项荣誉。2022 年，贾冬霞入选洛江区“洛 • 匠”人物。

李小平 1965 年 7 月出生，中共党员，信和新材料股份有限公司总经办主任，原信和工会主席。担任信和工会主席期间，他切实维护职工合法权益，2005 年筹备成立信和职工之家，每年制定员工活动年度计划、制定“三必访”制度、关注员工队伍的成长，组织员工大力开展岗位练兵。李小平先后获“泉州市劳动模范”“福建省劳动模范”“全国劳动模范”等称号。2022 年，李小平入选洛江区“洛 • 匠”人物。

杜清洁 1969 年 10 月出生，中共党员，洛江百福花卉技术研究所所长。2002 年创办洛江百福花卉技术研究所后，杜清洁依靠现代农业技术和传统技艺，带领团队钻研，为当地花卉产业的现代化进程提供关键的技术支撑。杜清洁被共青团中央、农业农村部评为“全国农村创业致富带头人”“福建省劳动模范”“泉州市第三层次人才”等称号。2022 年，杜清洁入选洛江区“洛 • 匠”人物。

曾华山 1970 年 9 月出生，泉州市劲力工程机械有限公司董事长、技术总监。先后研发工程机械、农机装备机械、铁路施工机械等多种设备，应对交通、市政、园林、农田、拾装及铁道施工铺设等工程作业中的难题。曾华山被评为“泉州市科技创业领军人才”，2019 年获泉州市五一劳动奖章，2021 年被评为泉州工匠。2022 年，曾华山入选洛江区“洛 • 匠”人物。

吴福森 1987 年 2 月出生，研究生学历，中共党员，福建省特种设备检验研究院国家特种机器人质检中心副主任。吴福森运用专业知识为企业提供机器人产品及工业自动化产品检测、技术咨询服务，帮助企业解决应用过程中的选型、操作、维修、工艺等问题。先后获“洛江区青年五四奖章”“泉州市青年优秀人才”“泉州工匠”“泉州市五一劳动奖章”等称号。2022 年，吴福森入选洛江区“洛 • 匠”人物。

黄平水 1941 年 11 月出生，泉州市洛江协源铜锣厂锻制技工，十音铜锣锻制技艺第十三代传人，福建省省级非物质文化遗产传承人，首届洛江工匠，从事铜锣锻制近 60 年。2022 年，黄平水入选洛江区“洛 • 匠”人物。

张明铁 1958 年 11 月出生，洛江双阳街道非遗传习所所长。他自 16 岁起便跟随父亲走街串巷制作妆糕人，2021 年泉州申遗成功，全民兴起的非遗文化热潮给张明铁新的事业机会。张明铁不断奔走于洛江区的妆糕人传习所及各大中小学学校之间，为社会各界爱好者和孩子们上“妆糕人”制作课，促进传统技艺的发扬与传承；他多次赴澳大利亚、菲律宾、印度尼西亚等国及欧洲等地进行文化交流，带动“妆糕人”走出国门，走向世界。2022 年，张明铁入选洛江区“洛 • 匠”人物。

郭志明 1971 年 1 月出生，回族，泉州市顺风耳电子科技有限公司董事长、研发总监。2021 年，创办郭志明劳模创新工作室，完成攻关项目 8 个，解决生产技术难题 12 个，改良工作文件 3 件，并获取相关自主知识产权。郭志明团队的发明专利项目多次获全国发明展览会“发明创业奖项目奖”金奖、法国巴黎国际发明展览会银奖、德国纽伦堡国际发明技术金奖等国内国际奖项。2022 年，郭志明入选洛江区“洛 • 匠”人物。

2022年洛江区组织机构及负责人名单

（以2022年12月31日在职者为准）

中共洛江区委

书　记：颜丽明
副书记：郭　宁
　　　　陈政实
常　委：王志宏
　　　　涂德望
　　　　王昭昭
　　　　曾国家
　　　　张荣伟
　　　　蔡崇达
　　　　郑友飞
　　　　齐建伟

洛江区人大常委会

主　任：陈逢生
副主任：杨文格
　　　　何雄峰
　　　　赵艺忠
　　　　彭朝顺

洛江区人民政府

区　长：郭　宁
副区长：王昭昭
　　　　王洪杰
　　　　沈艺程
　　　　杜仁义
　　　　林联华
　　　　陈其昌
　　　　王泽勇
　　　　黄群贤（挂职）

政协洛江区委员会

主　席：李奉恒
副主席：金玲珊
　　　　张小桥
　　　　王翌炜
　　　　林从金（兼）

洛江区纪委监委

区纪委书记、监委主任：
　　　　蔡崇达
区纪委副书记、监委副主任：
　　　　黄　超
　　　　杜金基

区委工作机构

办公室
主　任：杜德森
副主任：王庆军
　　　　张志龙
组织部
部　长：王志宏
常务副部长：许旨钦
副部长：郭宏戎（兼）
宣传部
部　长：张荣伟
常务副部长：林少白
副部长：沈诗敬（兼）
　　　　叶金玉
宣传系统党委书记：
　　　　姜小兰
统战部
部　长：曾国家
常务副部长：林康前
副部长：林永和
政法委
书　记：涂德望
常务副书记：林伯强
副书记：李江阳
　　　　朱　松
政法系统党委书记：
　　　　蔡昌胜
编委办
主　任：朱德华
副主任：张振峰
区直机关工委
书　记：陈政实
副书记：杜永会
巡察办
主　任：谢凛凛
副主任：孙国群
巡查组组长：陈金元
　　　　赖活泼
老干部局
局　长：郭宏戎
文明办
主　任：谢剑锋
副主任：魏初鑫
史志研究室
主　任：杜天生
档案馆
馆　长：谢家祥

副馆长：童雪娥

党校（行政学校）

校　长：王志宏（兼）

常务副校长：林足水

副校长：黄秀山

区人大常委会工作机构

办公室

主　任：吕翔宇

副主任：吴长沙

人事代表工委

主　任：林海飞

内司工委

主　任：赵　剑

副主任：施性龙

财经工委

主　任：王国兴

副主任：陈朝阳

教科文卫工委

主　任：黄文坤

副主任：黄彩莲

环城工委

主　任：涂添丁

副主任：庄　勇

华侨民宗工委

主　任：黄丹阳

区政府工作机构

办公室

主　任：黄杜英

政府口系统党委书记：

陈栋梁

副主任：庄金宝

朱剑伟

郑美玲

发改局

局　长：潘凯锋

系统党委专职副书记：

刘建中

副局长：王靖娟

许少坚

谢思勤

教育局

局　长：王炜煌

系统党委书记：丁　妮

副局长：许蓉如

黄铁水

科技局

局　长：刘永水

副局长：赖世芬

工信局

局　长：杜荣文

党组副书记：赖平原

副局长：江　静

魏少明

倪浩松

民政局

局　长：杜丽卿

副局长：华　斌

司法局

局　长：蔡　涛

副局长：高英磊

黄焕彩

财政局

局　长：苏永川

副局长：王庆阳

林小龙

姚苏秦（挂职）

滕进华（挂职）

人社局

局　长：刘延宁

副局长：洪建全

陈隽雯

自然资源局

局　长：刘鑫淼

副局长：高清河

倪劲峰

黄　岚

住建局

局　长：柯文清

党组副书记：陈双元

副局长：黄志军

周曲涛

赖晓霞

农水局

局　长：许坤芳

副局长：郑伟胜

黄达军

洪伟生

商务局

局　长：林志斌

副局长：谢　滢

陈锦川

郑璐璐

文体旅游局

局　长：吕培基

副局长：林晓玲

杜提明

卫健局

局　长：陈体明

副局长：王文奇

曾素红

退役军人事务局

局　长：杜宝国

副局长：吴景良

黄永星

应急局

局　长：陈东升

副局长：吴文昆

万恺恺

高荣超

审计局

局　长：姚秋惠

副局长：王峻斌

林丽琼

市场监管局
党组书记：吴水挺
局　长：黄连生
副局长：林速辉
　　　　周志勇
　　　　郑美燕
统计局
局　长：洪天配
副局长：潘英崇
信访局
局　长：蔡海芳
副局长：彭加珩
城管局
局　长：林顺健
副局长：黄聪云
　　　　庄劲峰
　　　　张大治
政务服务中心管委会
主　任：黄子达
副主任：林侨芳
经济开发区管委会
主　任：尤全到

区政协工作机构

办公室
主　任：李　骏
三胞经济办
主　任：阮必尧
副主任：苏永招
教文卫办
主　任：苏世仿
副主任：倪保兴
提案文史办
主　任：苏世龙

法　院

院　长：苏益铮
副院长：王梓榕
　　　　颜智斌
　　　　王　莹

检察院

检察长：王声典
副检察长：翁明朱
　　　　陈彩云
　　　　蔡　亮

群众团体

总工会
主　席（兼）：郑友飞
党组书记、副主席：黄克航
副主席：吕金蔓
　　　　杜爱治
团委
书　记：许奕智
副书记：朱莉莉
　　　　王发生
妇联
主　席：史萃婷
副主席：黄快治
科协
主　席：杨文谦
副主席：林子超
　　　　戴燕华
侨联
主　席：杨伟鹏
副主席：林怡飞
工商联
主　席：林从金
常务副主席：林永和
专职副主席：黄嘉琳
文联
主　席：王永泰
贸促会
二级主任科员（主持工作）：
　　　　庄　源
残联
理事长：戴志东
副理事长：陈　宏
红十字会
专职副会长：黄群沙
计生协会
会　长：林坤聚
常务专职副会长：谢世谊
专职副会长：张朝霞
社科联
主　席：张荣伟
常务副主席：沈诗敬
关工委
主　任：谢工农
　　　　潘文国
慈善总会
会　长：谢定昌

民主党派

民革
主　委：杨文革
副主委：陈璇璇
　　　　黄必良
民盟
主　委：郑　忠
副主委：庄　勇
　　　　吴敏达
民建
主　委：林少槐
副主委：胡祖原
　　　　李　阳
民进
主　委：曾素红
副主委：林亚妹
　　　　兰文生

农工党

主　委：罗　雄

副主委：谢　滢

　　　　史鼎三

致公党

主　委：陈云华

副主委：田　珍

　　　　吴泰虹

九三学社

主　委：罗春珍

副主委：管　佩

　　　　詹游霖

乡镇（街道）

万安街道

党工委书记：叶永萍

党工委副书记、办事处主任：陈世财

人大工委主任：黄炳煌

党工委副书记：康向阳

纪工委书记、监察组组长：赖炳南

党工委秘书：郭露萍

宣传委员、统战委员：王华龙

组织委员、政法委员：王　煜

副主任：杨涌杰

双阳街道

党工委书记：刘志滨

党工委副书记、办事处主任：赖添才

人大工委主任：黄永宜

党工委副书记、政法委员：洪旭明

宣传委员、办事处副主任：许小雄

统战委员、办事处副主任：李　颖

组织委员：张奇明

纪工委书记、监察组组长：魏少伟

党委秘书：黄子榕

人大工委副主任：苏晓颖

办事处副主任：高加跃

办事处副主任：施鸿芽（挂职）

非公企业和社会组织党工委专职副书记：黄进贤

河市镇

党委书记：魏璐莎

党委副书记、镇长：苏　森

人大主席：杜志毅

党委副书记、政法委员：戴炳伟

纪委书记、监察组组长：洪贤祝

宣传委员：黄辉鸿

党委秘书：刘景阳

组织委员、统战委员：林伟文

副镇长：魏志实

　　　　陈继佳

　　　　蔡志鸿

　　　　朱佳莹

马甲镇

党委书记：吴欲曙

党委副书记、镇长：林江滨

人大主席：刘泉彬

党委副书记、政法委员：李小龙

党委副书记：赖　滔（挂职）

纪委书记、监察组组长：陈竞龙

宣传委员、副镇长：林汉彬

党委秘书：杨　威

组织委员、统战委员：兰志兴

副镇长：林聪成

　　　　黄孕号

罗溪镇

党委书记：林金荣

党委副书记、镇长：连　超

人大主席：吴再生

组织委员、统战委员：董清寅

纪委书记，监察组组长：陈毅铭

宣传委员：李　虹

政法委员、党委秘书：刘浥尘

副镇长：许志峰

　　　　李　豪

科技副镇长：林文贵

虹山乡

党委书记、人大主席：张劲松

党委副书记、乡长：林堃鹏

党委副书记、宣传委员：韦移发

政法委员、副乡长：林志专

纪委书记、监察组组长：陈成旺

党委秘书、副乡长：庄培德

人大副主席：黄腾扬

附录

文献选编

中共泉州市洛江区委2022年工作报告

2022年来，洛江区委坚持以习近平新时代中国特色社会主义思想为指导，全面贯彻党的十九大、十九届历次全会和二十大精神，弘扬伟大建党精神，按照新发展阶段新福建建设和海丝名城、智造强市、品质泉州部署要求，坚持稳中求进工作总基调，高效统筹疫情防控和经济社会发展，统筹发展和安全，扎实推进“两稳一保一防”，加快建设更高水平的智造洛江、生态新城，各项事业取得新进展新成效。获评国家生态文明建设示范区、全省平安区等荣誉称号。全年经济运行保持良好态势，多项主要经济指标增幅排名全市前列。

一、旗帜鲜明讲政治，把牢把准前进方向

1. *深入学习宣传贯彻党的二十大精神*。精心做好习近平总书记来闽考察一周年、党的十九大以来成就、“奋进新征程、建功新时代”“强国复兴有我”等主题宣传和群众性宣传教育，全方位展现洛江发展成效，为迎接党的二十大召开造声势、浓氛围。党的二十大胜利闭幕后，召开区委常委会（扩大）会议、理论学习中心组学习会议等，及时传达学习，深入研究部署贯彻落实措施。筹备召开区委全会，筹备开展区管干部学习贯彻党的二十大精神专题研讨班。区委常委第一时间带头学习、示范引领，深入基层一线开展宣传宣讲和各类调研，做好省委、市委宣讲团来洛宣讲、交流工作，迅速掀起学习宣传贯彻热潮，推动党的二十大精神家喻户晓、深入人心。优化“三队两翼一线”基层宣讲工作法，组建区委宣讲团分赴基层一线宣讲，创新推出邻里“微享堂”，利用大美洛江微信平台等专题专栏集中报道、广泛宣传，不断把学习宣传贯彻引向深入。

2. *政治建设更加过硬*。始终把旗帜鲜明讲政治作为根本要求，深入贯彻《关于加强和维护党中央集中统一领导的若干规定》，深刻领悟“两个确立”的决定性意义，增强“四个意识”、坚定“四个自信”、做到“两个维护”，不断提高政治判断力、政治领悟力、政治执行力。严明政治纪律和政治规矩，教育引导党员干部牢记“五个必须”、坚决防止“七个有之”，做到头脑特别清醒、立场特别坚定。牢记“国之大者”，引导广大党员干部做政治上的明白人，把对习近平总书记的深厚爱戴之情转化为忠诚核心的坚定自觉和干事创业的强大动力。

3. *理论武装持续深化*。落实第一议题制度，持续学懂弄通做实习近平新时代中国特色社会主义思想，深入学习研讨《闽山闽水物华新—习近平福建足迹》等。举办区管干部学习贯彻党的十九届六中全会精神专题研讨班，多形式、多层次、全覆盖抓好党员干部教育培训。区委理论学习中心组率先开展集中学习研讨35场次，示范带动全区上下步调一致开展学习800余场。“‘洛地有声’宣传工作品牌”案例入选全省基层社科联工作经验和创新做法选编，获第五届泉州市机关体制机制创新优秀案例征集评选活动特等奖。

4. *贯彻上级部署见行见效*。对习近平总书记最新重要讲话重要指示批示精神，省委市委各项工作要求，都结合洛江实际提出具体贯彻意见，并建立台账、闭环落实，确保抓细抓实抓好。把落实省委“提高效率、提升效能、提增效益”行动贯穿全年，深入实施“强产业、兴城市”双轮驱动、“1+3”专项行动等，推动在“效”上看高低、见担当、显精神，各项中心工作实现提速增效。修订区委工作规则，强化请示报告，做到政令畅通、令行禁止。

二、紧抓第一要务，推动高质量发展

1. *全力以赴稳大盘*。坚决落实“疫情要防住、经济要稳住、发展要安全”重要要求，全力稳增长、稳主体、保就业、防风险，努力保持经济运行在合理区间。稳市场预期。召开区委经济工作会、“强产业、兴城市”双轮驱动动员部署会、民营经济发展工作会、建筑产业高质量发展大会、“1+3”专项行动和专班工作推进会等，分析形势、指挥调度，全力打好稳住经济大盘保卫战、攻坚战、持久战。建立区四套班子领导月调度、党员领导一线协调督导等制度，在经济发展、项目攻坚一线组建党员攻坚队、服务队，全面提振市场信心和预期。稳工业支撑。大力推进产业数字赋能、科技赋能、链条赋能、生态赋能，机械装备、卫生用品等产业集群分别逆势增长16.7%、31.8%。规模以上工业产值增长1.6%，17个省市重点技改项目完成投资7.7亿元；开展平台经济“五十百千”三年行动，提升规上工业企业数字化覆盖率，新增“上云上平台”企业46家。稳有效投资。全区重点建设项目储备库储备项目70个，总投资754亿元，分别增长27.3%、133.5%；实施重点项目142个，总投资、年度计划投资分别增长20.3%、13%。组建重点项目全生命周期服务专班，定期组织项目调度、现场办公、路演汇报，逐季集中开竣工，红黑榜比拼晾晒，推动项目快开工、快建设、快投产，全年97个在建重点项目完成投资109亿元，8个省级、28个市级在建重点项目分别超年度投资计划25.9、21.9个百分点。稳消费外贸。组织乐购生活节、汽车文化节等系列促消费活动，现代商贸、汽车服务等回暖向好，社会消费品零售总额增长12.7%，增速位居全市第1。出台鼓励利用外资稳外贸出口配套政策，引导外贸企业出境大走访抢订单拓市场，全年外贸出口80.15亿元、增长17.76%，实际利用外资2085万美元、增长43.1%。

2. *四产联动促发展*。高效统筹疫情防控和经济社会发展，层层递进复工复产、满工达产、增资扩产、提质强产。政企合力推动复工复产，采用“线下预审+线上快审”方式，一企一策帮助企业对接转场采购、开具通行证、驾驶员转码等，保持产业链供应链安全稳定。3月，仅用5天时间实现规上企业、重点项目、限额以上商业等100%复工，实现疫情防控和复工复产双统筹、双胜利。一企一策推动满工达产，顶格落实上级稳经济一揽子政策措施，开展“百名干部进百企 一企一策促发展”专项行动，制定稳经济增长70条、应对疫情纾困解难21条、民企高质量发展17条等措施，免申即享、即申即享精准直达企业，全年兑现惠企资金2.89亿元，减免税费5.12亿元，帮助69家企业获得纾困增产增效专项贷3.42亿元，协调银行机构为53家企业提供超8.5亿元贷款展期等支持。顺应形势推动增资扩产，实施龙头企业培优扶强工程，5家企业列入福建省工业龙头培育企业，实施重点企业增资扩产项目48个、总投资118.6亿元；14家企业入选市级上市挂牌后备企业，铁拓机械在全国股权系统创新层挂牌。立足长远推动提质强产，实施工业园区标准化建设行动，滚动推进数字经济产业园等项目9个、总投资128.3亿元，用地1636亩、盘活低效用地336亩，规上企业入园率达70%、超市下达任务35个百分点。实行“1+10+N”招商机制，坚持全员招商、全面出击、全程服务，全年签约合同项目162个、总投资916.4亿元，分别完成年度目标的162、183.3%，其中，20亿元以上项目10个。履约率、开工率均创历年新高，招商工作位列梯队第1名。

3.改革创新增动能。坚持抓改革促发展，定期召开区委深改委会议，实施10个方面26项重点改革事项，项目化推动11个重点改革项目落地。实施优化营商环境三年行动计划，推出审批服务“反向提示”工作机制、“涉企审批上门服务日”等，创新上线“i洛江”程序平台等，63项高频服务项目实现“掌上办”，市场主体数量增长7%。落实“四个倍增”科技赋能计划，新认定国家高新技术企业25家，省科技“小巨人”企业11家、专精特新企业10家、创新型企业32家，规上工业企业研发经费增长23.9%、增速位居全市第3。发展壮大数字经济，华南动力配套及试验工业园等28个省级数字经济项目累计完成投资超50亿元。

三、推动融合发展，城乡品位全面提升

1.城市能级持续壮大。坚持人民城市人民建、人民城市为人民，策划开展绿化、美化、亮化、净化、智化等“五化”工程建设，点线面推进104个项目、投资9.36亿元；实施33个道路、学校、医院项目，完成背街小巷整治约2万平方米，新增城市公园16个，城市品质品位全面提升。主动融入“一湾两江四岸”海丝新城和中心市区一体化开发建设大局，统筹推进阳江新城、河市西片区等开发建设，17个片区更新项目完成投资7.84亿元。大力实施“抓城建提品质”专项行动， 156个城建项目完成投资58.54亿元，城镇化率达61.5%，城市综合服务功能和承载能力不断增强。

2.生态环境清新美丽。深入贯彻习近平生态文明思想，大力推进生态文明建设。创新河长林长协同共治机制，依托红树林湿地公园生态防护示范区，建成洛江区河长制主题公园，一体推进两轮中央生态环境保护督察整改，完成两轮中央生态环境保护督察共73件信访件办理及“回头看”工作。深入打好蓝天、碧水、净土保卫战，按时完成既定的大气精准治理减排、水质提升“碧水清源”、农村生活污水治理等任务，空气质量优良天数比例高于近三年平均值，惠女水库水质达III类及以上，主要流域和小流域水质优良比例达100%。

3.乡村振兴全面推进。实施乡村振兴“1+6+2”系列行动，建成12个乡村振兴省市区级试点村、3个省级实绩突出村、4条市级示范线路，虹山乡入选首批全市乡村振兴最美示范线。整镇推进乡村振兴，虹山乡、马甲镇在全市考评中分别排名农业生态型、工贸带动型乡镇第1名、第4名。坚持“区乡统筹、抱团发展、市场化运作”思路，总结推广“投资入股”“村企共建”等发展模式，撬动社会资金近106亿元。深入开展百万村财攻坚行动，所有村集体经营性收入达20万元以上，其中，村集体收入超百万元的村实现零的突破，占比10%。全域旅游推进全面振兴持续深化，全年接待旅客201.53万人次、旅游收入16.91亿元，“坚持绿水青山就是金山银山 发展全域旅游助力乡村振兴”相关经验做法获国家乡村振兴局刊发，省委罗东川副书记批示“总结推广洛江经验”。

四、坚持人民至上，持续增进民生福祉

1.守牢疫情防控底线。坚决落实“三个坚定不移”，因时因势调整优化防控措施，全面落实第九版防控方案、国家二十条优化措施、新十条和省十三条细化措施，全力筑牢疫情防控屏障，牢牢守住不发生规模性疫情的底线。成立民生保障专班，“线上＋线下”直达配送入户，保供应、稳物价，满足群众生活、就医等基本需求。联动抓好疫情、民情、舆情工作，设立服务专线、宣传专栏，畅通诉求渠道，广大群众支持理解并主动参与，未发生重大涉疫舆情事件，防疫工作既有力量又有温度。健全机制抓长远。

2. 民生事业迈上新台阶。践行以人民为中心的发展思想，七成以上财力投向民生领域，扎实办好66件为民办实事项目，健全“我为群众办实事”活动长效机制，梳理完成279项“我为群众办实事”实践项目，解决一批道路出行、医院就医、教育设施等群众的“操心事、烦心事、揪心事”。抓牢就业这个最基本的民生，全年城镇新增就业3200人，失业人员再就业779人，困难人员再就业68人。办好人民满意的教育，投入5亿元建设阳江学园等21个教育项目，新增学位2700个，奕聪中学通过省一级达标高中省级现场考察，区教师进修学校成功创建县级教师进修学校标准化，公办学校本科上线率比去年提高6个百分点。区医院新院区、泉州宝璋肿瘤医院加快建设，区妇幼保健院实现整体搬迁，深化区医院与第一医院紧密医联体内涵建设。推进“共建共享”社区治理试点建设，实现社区服务、社会组织及社会工作“三社联动”。

3. 文化软实力不断提升。坚持以文润城、以文惠民，推出“喜迎二十大”“二十大时光”等专题专栏，拍摄制作《二十大报告，我印象最深的一句话》《洛江十二时辰》等融媒体产品，讲好洛江故事、展现洛江作为。聚焦“世遗一周年”，开展系列主题宣传，“在洛江遇见世遗”话题霸屏微博热搜榜。塑造文化标识，建成“陈三五娘”文化园、蔡襄书院，“洛水仙珊”城市IP品牌不断打响，永安村农家书屋获评“福建省示范农家书屋”。打造“幸福洛江”，策划生成“洛有你·更有福”福文化品牌，新建“福”蝶文化公园、幸福驿站等阵地，推动“福”文化融入非遗项目，融入便民服务圈、产业发展圈。推动文化产业健康发展，南洋艺品获全国版权示范单位。大力弘扬社会主义核心价值观，高标准完成全国文明城市年度测评工作，实施文明城市创建品质提升项目33个，不断完善优化新时代文明实践中心（所、站）功能，新时代文明实践“一镇一园”项目经验做法在《八闽快讯》刊发。

4. 社会大局安定稳定。统筹发展和安全，注重加强和创新基层社会治理，探索实践“近邻评理＋”新模式、提升“厝边守望”平安惠民工程、“1+3+N”党建引领近邻基层治理模式等，扎实开展涉案企业合规改革试点工作，打造涉案企业合规“洛江样本”，经验做法在《法治日报》《检察日报》《福建法治报》等头版报道。深化平安洛江建设，常态化开展扫黑除恶斗争，推行派出所“警格＋网格”治理新模式，扎实开展治安打击整治“百日行动”，严厉打击电信网络诈骗犯罪，破获多起重特大督办案件。全面启动实施“八五”普法规划，一体推进法治洛江、法治政府、法治社会建设。全力护航党的二十大，二十大期间实现“零进京访”“零赴省集体访”“三个不发生”。探索的“望闻问切”心理四诊法获省委副书记罗东川批示肯定，深化“1123”夜访夜谈工作机制，中央交办的2批85件治重化积信访事项化解率100%。严防金融风险，全区不良贷款0.89亿元，不良率1.44%，控制在合理水平。

5. 安全生产常抓不懈。坚持安全第一，预防为主，紧盯“安全生产、应急管理、防灾减灾”等工作，着力推进应急管理体系、应急综合指挥平台、应急值守备勤“三个建设”，应急管理水平稳步提升。建成并启用应急广播三级平台478个点位，在全市率先实现全覆盖。高位推动安全生产专项整治三年行动巩固提升年活动，以“传帮带”“以点带面”模式推动安全生产标准化提升，全区企事业单位安全生产标准化创建率100%。开展房屋结构安全隐患排查整治“回头看”工作，排查经营性自建房2910栋，均按要求分类处置到位。各类生产安全事故指标同比全面下降，未发生重特大事故，全区安全生产形势总体平稳可控，获2021年度“县级政府责任优秀单位”。

五、全面从严管党治党，党的领导核心作用充分发挥

1.扛稳扛牢主体责任。持续深化全面从严治党，高标准完成省委主体责任检查涉及洛江区的2个具体问题和市委涉粮问题专项巡察反馈的30个问题整改，市委主体责任检查反馈的四方面28个具体问题，均按时序进度扎实推进；全覆盖开展全区主体责任落实情况检查，管党治党责任延伸到末梢、落实到细处。推动党史学习教育常态化长效化，健全推动党中央重大决策部署落实机制，严明政治纪律和政治规矩。深入贯彻《关于加强对“一把手”和领导班子监督的意见》，实现“责任清单、廉政档案、廉政谈话”三个全覆盖，推进政治监督具体化、精准化、常态化，监督实效不断增强。制定实施六届区委五年《巡察工作规划》，已完成3轮5批次10个单位党组织巡察。

2.紧抓意识形态工作。全面落实意识形态工作责任制，修订《洛江区党委（党组）意识形态工作责任制实施意见》，牢牢掌握意识形态工作领导权。完善抓意识形态正负面“清单”，开展专项督查，推动形成齐抓共管大格局。健全网络综合治理体系，组建网络民情观察队，用好突发事件敏感舆情“五步三协同”应急处置机制，妥善处置涉洛网络舆情55条，持续巩固壮大主流舆论强势，全年未发生重大负面舆情事件。

3.基层党建提质增效。坚持大抓基层的鲜明导向，建成15个“党建+”邻里中心，梳理下放79项审批服务事项，实现19个社区“15分钟便民服务圈”全覆盖，基层善治水平有效提升。全面推进基层党支部“达标创星”活动，强化村级组织带头人整体提升，推动83个重点项目一线领办，党组织政治功能和组织功能不断增强。抓党建促乡村振兴，深入实施“双领双强”基层组织力提升工程，开展村级组织换届“回头看”，生成壮大村集体经济项目402个。加强党建引领网格化管理，丰富“网格化＋”场景运用，开展“1+3+N”近邻党建行动，实现有物业管理小区100%组建党组织。推进两新领域党建工作，党员处级领导干部兼任25家非公企业党建工作指导员。

4.持之以恒正风肃纪反腐。勇于自我革命，深入推进作风建设三年行动，分领域分地域分层级纠“四风”树新风。聚焦落实中央八项规定及其实施细则精神，开展监督检查82场次、发现问题92个，查处违反中央八项规定精神问题7件9人。全力支持监督执纪问责和监督调查处置工作，共立案51件，涉及科级干部6件，给予党纪政务轻处分40人、重处分6人，移送检察机关审查起诉6人。全周期管理推进“惩、治、防”，一体推进不敢腐、不能腐、不想腐。创新推行“四访一促”工作机制，相关经验做法在人民网、中央纪委国家监委网站、《党风廉政建设》等刊发。

5.建设高素质干部队伍。坚持重担当、重实绩、重实干的选人用人导向，突出政治标准和工作实绩，坚持“一时”与“一贯”相结合，对在疫情防控、项目攻坚、招商引资、“五化”工程、国企改革等工作中表现较突出的95名干部，优先提拔使用或晋升职级，其中一线占比60%。实施新时代基层干部主题培训行动计划，推进年轻干部全链条梯次培养，常态化储备优秀年轻干部，年度集中更新区管优秀年轻干部94名，不断做大“蓄水池”。落实“三个区分开来”，依纪依法认定从轻减轻18人，激励干部担当作为。纵深推进人才“港湾计划”和“涌泉行动”，新增市级以上高层次人才59人，让各类人才汇聚洛江。

六、广泛凝聚人心汇聚力量，大力发展全过程人民民主

1.做好新时代人大工作。召开区委人大工作会议，出台加强和改进新时代人大工作的若干措施，支持和保障区人大及其常委会充分履行监督、决定、任免等职责，聚焦乡村振兴、民生保障、生态环境等，开展调研、加强监督，保障开展调研视察活动17次，听取和审议“一府一委两院”专项工作报告13个，作出决议、决定和提出审议意见16项，任免国家机关工作人员64人次。

2. 全面发展协商民主。深入贯彻习近平总书记关于发展社会主义协商民主的重要论述，全面落实《中国共产党政治协商工作条例》，全力支持和保障政协依法履行政治协商、民主监督、参政议政等职能。围绕“五化”提升工程、抓开放招商促项目落地、工业园区标准化建设、文旅融合、乡村振兴、教育医疗等，开展10场高质量协商活动，组织委员视察调研21次，形成9期《协商意见》、8期社情民意，有效发挥协商民主重要渠道和专门协商机构作用。

3. 巩固和发展最广泛的爱国统一战线。召开区委统战工作会议，统筹推进港澳侨外、党外知识分子和新的社会阶层人士工作等，促进民族和睦、宗教和顺，获评2022年省民间信仰场所试点区，区工商联圆满完成换届工作。深化群团改革，工会、共青团、妇联等群团组织活力进一步迸发，联系服务群众的桥梁纽带作用充分发挥。坚持党管武装，落实双重领导、党委议军等制度，省级双拥模范城“六连冠”创建基础夯实夯牢。

政府工作报告

——2022年12月28日在区第六届人民代表大会第二次会议上

洛江区人民政府区长 郭 宁

各位代表：

现在，我代表洛江区人民政府向大会报告政府工作，请予审议，并请区政协委员和其他列席的同志提出意见。

一、2022年政府工作回顾

一年来，在区委的坚强领导下，区政府以习近平新时代中国特色社会主义思想为指导，认真学习宣传贯彻党的二十大精神，坚决落实中央、省市和区委的决策部署，高效统筹疫情防控和经济社会发展，统筹发展和安全，顺利完成区六届人大一次会议确定的主要目标任务，全方位推进高质量发展取得新成绩。

1. 经济运行稳中有进。全年预计完成地区生产总值355亿元、增长4%，一般公共预算总收入27.2亿元，加上增值税留抵退税后完成28.75亿元，同口径增长8%，一般公共预算收入16.38亿元，加上增值税留抵退税后完成17.13亿元，同口径增长9%。市场主体服务精准。落实省委“提高效率、提升效能、提增效益”行动，开展“百名干部进百企、一企一策促发展”专项行动，建立区领导、区直部门与重点企业结对挂钩联系服务机制，研究制定应对疫情纾困解难21条、支持民营企业高质量发展17条、稳经济增长70条等系列措施。落实新的组合式税费支持政策，全年退税减税缓税降费5.1亿元，兑现财政奖补资金2.9亿元。协调银行机构为51家企业提供超7.5亿元延期付息、贷款展期、调整结息周期等支持，帮助69家企业获得纾困增产增效专项贷3.4亿元。成立用工稳岗保障服务专班，举办招聘活动60多场，帮助企业新招聘员工4000多人，发放稳岗、稳就业奖补2126.6万元。引导企业开展市场采购贸易、跨境电商等新业态，帮助企业赴海外抢订单拓市场，全年完成外贸出口80亿元、增长10.6%。项目建设全面提速。组建“抓前期、促开工、保纳统”专班，开展“攻前期、快审批、促落地”活动，落实“红黑榜”晾晒机制，跟踪协调统管区申报建设工程审批事项，全年新增谋划项目70个、开工项目45个、竣工项目35个，在建重点项目完成投资109亿元，完成年度投资计划的102%，全社会固定资产投资增长10%。建立“首问即服务”责任制，上报并获批省政府审查农转用和土地征收项目5个批次、面积1020亩，处置批而未供和闲置土地949.3亩。持续开展“抓征迁交净地”行动，完成房屋征迁3.8万平方米、土地征收1352.9亩。多渠道筹融资，主动向上争取资金4.5亿元，新增政府债券资金2.6亿元。招商选资实现突破。开展“抓开放招商促项目落地”专项行动，成立全区开放招商领导小组，组建10个产业发展专项小组，新聘任招商引才顾问20人，掀起全员招商热潮。全年累计签约合同项目136个、总投资747.3亿元，分别完成年度目标的113.3%、124.6%。其中，20亿元以上项目9个、总投资276亿元；履约落地项目128个、开工项目97个，履约率、开工率均创历年新高。积极扩大利用外资，新增利用外资2085万美元、增长86.6%。科技创新增添动力。鼓励企业加大研发投入，推荐企业申报2022年福建省研发经费投入分段补助2285.8万元，全区规上工业企业研发经费增长23.9%，增速位居全市第3。培育科技创新主体，推荐42家企业申报国家高新技术企业，入库省科技型中小企业66家，新增省级科技“小巨人”企业11家。组织企业申报2022年省市级科技项目，获得立项11个、扶持经费310万元。

2.产业发展提质增效。农业生产稳定增长。全年完成农林牧渔业总产值10.9亿元、增长5%。稳定粮食生产，设立专项奖励扶持资金270万元补助种粮，发放耕地地力保护补贴、种粮补贴、农机补贴等500多万元，建成高标准农田2700亩。强化重要农产品市场供给，蔬菜种植面积超5000亩、日均产量81.3吨；加强生猪养殖调控，全年出栏9.1万头；鼓励扩大绿色健康水产品养殖，水产品年产量1650吨。第二产业迈向中高端。推动铁拓机械5G智能装备产业园、加来盟体育5G智慧工厂等“5G+制造”项目加快建设，全年新增“上云上平台”企业46家。组织企业实施重点技改项目，35个技改项目完成投资19.5亿元、增长32.5%。支持龙头企业增资扩产、做大做强，新增国家级、省级专精特新“小巨人”企业10家，福建省工业龙头培育企业5家，48个增资扩产项目总投资118.6亿元，建成投产后每年新增产值超100亿元。扶持优质企业上市，14家企业入选市级上市挂牌后备企业，铁拓机械在全国股权系统创新层挂牌。发展壮大数字经济，华南动力配套及试验工业园等28个省级数字经济项目累计完成投资超50亿元。落实全市工业（产业）园区标准化建设专项行动，“四个一批”项目完成投资11.5亿元，在全市率先采用“国有+民企”土地连片合作开发模式，洛江区数字经济产业园（一期）开工建设，云箭智能科技等9个项目签约入驻；推动土地集约利用、产业空间拓展，梳理城镇低效再开发试点片区5个、用地9.5平方千米，整合低效工业用地500多亩、闲置厂房12万平方米。出台《关于促进洛江区建筑产业高质量发展的若干措施》，新增建筑业企业12家，兑现奖励4955.8万元，建筑业总产值285.6亿元、增长24%。第三产业彰显活力。出台促进商贸服务业高质量发展措施，组织举办洛江乐购生活节、万虹路汽车走廊文化节、侨家乐·福建省华侨美食风情文化节等促消费活动，社会消费品零售总额增长10%，增速位居全市第一。加快发展电子商务，中聚电商园建成运营，中海联实业、阿里巴巴国际站服务商等40家企业进驻，全区网络销售额超120亿元、增长10%，3个镇、31个村上榜2022年“淘宝镇”“淘宝村”。生态旅游回暖向好，建成洛阳桥AR智慧旅游项目，改造提升俞大猷公园、虹山油菜花基地周边环境，“陈三五娘传说”文化园、“乡韵·鹿境”、陆歌滑翔伞等项目投入运营，全年接待游客202.2万人次，旅游收入21.8亿元。

3.城乡建设全面提速。城市能级持续提升。落实全市“强产业、兴城市”双轮驱动和“抓城建提品质”专项行动，研究制定《洛江区“抓城建提品质”2022年专项行动方案》，组建工作专班集中办公，策划生成项目156个、总投资268.7亿元，开工建设120个、完成投资44.6亿元。统筹推进阳江新城、中部功能区、小总部经济区、河市西片区等片区开发建设，17个片区更新项目完成投资7.3亿元。认真办理区六届人大一次会议1号议案，制定《洛江区“五化”提升工程工作方案》，策划生成“五化”项目104个、总投资9.4亿元，完成万安和双阳内沟河清淤整治、光纤网络改造等52个项目。完善市政基础设施，洛江西环路（朋虹街至经九路段）市政工程、经九路即将完工，万虹路国道324至河市中学改造提升工程开工建设，完成朝阳二路、安达路等改造提升。投资985万元建设城市公共停车场，新增停车泊位379个。乡村振兴亮点纷呈。实施乡村振兴“1+6+2”系列行动，113个乡村振兴项目完成投资2.8亿元。突出示范带动，建成19个乡村振兴省市区级试点示范村、4条市级示范线路。整镇推进“五好”乡镇创建，虹山乡在全市考评中获得农业生态型乡镇优秀等次。推进“五个美丽”创建行动，投资6000多万元建成美丽乡村庭院203户、微景观67个、小公园（小广场）15片、美丽田园5个、休闲旅游点4个。全域旅游推进全面振兴做法获国家乡村振兴局刊发，省领导批示推广。城乡供水一体化项目加快建设，完成年度投资计划的130%。生态环境稳定向好。蓝天、碧水、净土保卫战取得新成效，成功创建第六批国家生态文明建设示范区。投入5000多万元实施6个“碧水清源”项目，完成6个农村生活污水治理项目建设和20个村庄生活污水提升治理，主要流域和小流域水质优良比例达100%。加强臭氧污染联防联控，完成5个大气精准治理减排项目。抓好土壤污染治理，完成泉州大华蓄电池有限公司污染地块治理修复，组织开展重金属行业企业排查，规范危险废物管理。投入474.7万元治理水土流失9930亩。制定《洛江区区域突出生态环境问题清单》，持续推进第二轮中央生态环境保护督察报告共性问题整改。出台《洛江区深化集体林权制度改革推进林业高质量发展实施方案》，全面落实林长制，开展松材线虫病防治，完成植树造林3000亩，除治互花米草1442.6亩。

4.民生福祉持续增强。疫情防控科学精准。民生投入持续加大。扎实办好年度66件民生实事，完成率100%，全年民生支出13.5亿元，占一般公共预算支出七成以上。提高城乡低保标准，每人每月从775元提高到900元，发放低保金、特困人员生活补助金、临时救助金约2000万元。投入204万元新建8个农村居家养老服务站和3个长者食堂。做好城乡居民养老保险参保扩面工作，新增参保482人，发放养老金4651.1万元、被征地养老保障金1180.6万元。公共服务扩容提质。投入2.5亿元建设21个教育项目，建成后可新增学位2700个。市实小洛江第二校区加快建设，泉州十一中塘西校区、洛江区实验幼儿园开工建设，奕聪中学通过省一级达标高中现场考察。提升乡村医生保障水平，发放村级公共卫生服务补助271万元。区妇幼疾控综合业务大楼投入使用，区医院新院区开工建设，泉州宝璋肿瘤医院主体结构封顶。投入1150万元改造提升罗溪卫生院、万安社区卫生服务中心。丰富群众文体生活，新建13条全民健身路径、20个口袋健身公园，改造提升7个篮球场，俞大猷纪念馆重装开馆，蔡襄书院挂牌，区档案馆主体建筑封顶。建成并启用应急广播三级平台478个点位，在全市率先实现全覆盖。社会治理更加高效。加快平安洛江建设，获评省第四轮第二批“平安县（市、区）”。统筹推进安全生产专项整治三年行动、安全生产标准化提升，按照“红橙黄蓝”四色确定企业整体安全风险等级，蓝色等级达428家，分行业、分区域培植区级以上标杆企业30家。开展房屋结构安全排查整治“回头看”，排查隐患房屋227栋，全部分类处置到位，在全省自建房安全专项整治视频会议上作典型发言。推进阳光信访、责任信访、法治信访，受理率、按期办结率、满意率均位居全市前列，探索“心理＋信访”模式获省领导批示，在全省推广。强化金融信贷风险防范，通过清收、核销等方式化解不良贷款5500万元。深化军地双拥共建，实现省级双拥模范城“五连冠”。同时，工会、妇女儿童、青少年、民族宗教等工作取得新进展，国防动员、慈善救助、残疾人、科协、外事、史志、档案等工作取得新成效。

5. *政府建设全面加强*。依法行政落到实处。出台《法治洛江建设规划》《洛江区法治政府建设实施方案》《洛江区法治社会建设实施方案》，完善行政规范性文件工作机制，开展文件、合同合法性审查174件次。践行全过程人民民主，主动接受区人大及其常委会的法律监督、工作监督和区政协的民主监督，人大代表建议、政协委员提案办结率、满意率均达100%。加大力度推进政务公开和政府网站建设，主动公开政府信息1116条。审批服务高效简便。持续开展优化营商环境三年行动，“涉企审批上门服务日”获评全市优化营商环境“最具获得感”十大举措，首创设立综合金融服务专区列为全市典型经验做法，万洋众创城探索工业园区标准化用电试点列为全省优化营商环境典型经验，市场主体总量较2021年底增长8.6%。常态化开展“局长走流程”活动，压缩审批时限53个工作日、减少环节16个、推行告知承诺制事项7个，企业和群众办事更加便捷。管党治党从严从实。扎实推进政府系统党风廉政建设，深入排查重点领域廉政风险点，健全完善长效监管机制。筑牢意识形态主阵地，牢牢把握意识形态工作主动权。严格落实中央八项规定及其实施细则精神，深入开展“1+X”专项督查，严防公款吃喝、公车私用等问题，强化审计监督、财政监管。扎实推进作风建设三年行动，加强机关效能建设，深入整治形式主义、官僚主义，形成了真抓实干、比学赶超的良好氛围。

各位代表！过去一年取得的发展成就来之不易，这是省市和区委正确领导、科学决策、有力推动的结果，是全区干部群众团结拼搏、攻坚克难的结果。在此，我谨代表区政府向全区广大干部群众，人大代表、政协委员，各民主党派、工商联、无党派人士、各人民团体、离退休老同志，省市驻洛单位，企业界人士和来洛创业务工人员，表示衷心的感谢和崇高的敬意！

在看到成绩的同时，我们也清醒认识到，洛江的经济社会发展还面临着不少困难和挑战，主要表现为：宏观经济形势依然严峻复杂，保持经济平稳健康发展压力较大；产业转型升级任重道远，传统产业智能化改造、数字化转型力度还不够大；项目带动支撑作用发挥不够充分，大项目、好项目总体偏少；城乡基础设施等领域还存在短板，优质公共服务供给与人民群众的期待仍有差距；部分政府公职人员专业素养、担当精神、服务意识等方面有待进一步提升。对此，我们将高度重视，采取有力措施，认真改进和解决。

二、2023年政府工作目标任务

2023年是全面贯彻落实党的二十大精神的开局之年，也是实施“十四五”规划承上启下的关键之年，做好新一年政府工作至关重要、责任重大。政府工作总体要求是：高举中国特色社会主义伟大旗帜，坚持以习近平新时代中国特色社会主义思想为指导，深入学习贯彻党的二十大精神和习近平总书记对福建工作的重要指示批示精神，坚持稳中求进工作总基调，以推动高质量发展为主题，完整、准确、全面贯彻新发展理念，主动服务和融入新发展格局，全面落实中央、省市和区委的决策部署，更好统筹疫情防控和经济社会发展，更好统筹发展和安全，保持经济稳定发展，保持社会大局稳定，加快建设更高水平的智造洛江、生态新城。经济社会发展主要预期目标是：地区生产总值增长7%；农林牧渔业总产值增长5%；工业增加值增长7%；第三产业增加值增长7.5%；一般公共预算总收入增长8%，一般公共预算收入增长9%；实际利用外资（验资口径）2500万美元；出口商品总值增长10%；全社会固定资产投资增长10%；社会消费品零售总额增长10%；居民人均可支配收入增长和经济增长基本同步；完成节能减排任务。围绕实现上述目标，重点推进五方面工作：

1. 构建现代产业体系。做强做优智能制造。培育壮大龙头企业，深入推进“重龙头、强品牌、铸链条”专项行动，新增国家级、省级专精特新“小巨人”企业6家、高成长型高新技术企业及市级科创上市（挂牌）后备企业15家，引导支持企业升规纳统、增资扩营、技术创新、挂牌上市。落实国企改革三年行动方案，做强做优做大万投集团、国投集团。推动产业数字化，开展“5G+工业互联网”及智能制造试点示范建设，组织纺织鞋服、工艺制品、纸类卫生用品等产业实施智能化改造、数字化转型，建设5G全连接工厂、数字化车间、数字化生产线7个（条）以上，新增“上云上平台”企业42家以上。高标准推进工业（产业）园区标准化建设，以盘活利用低效用地试点为契机，提升改造万安—双阳片区、中部功能区、河市西片区，推动泉州智创科技城等“四个一批”新项目动工建设，洛江区数字经济产业园（一期）、智谷万洋高新技术产业园、华南动力配套及试验工业园建成投产。发展现代建筑业，推动三一筑工建筑科技产业园等建成达产，招引一批建筑业龙头企业。以侨架桥、以侨聚侨，实施“聚侨引侨和泉商回归”专项行动，招引优质项目。

加快发展数字经济。加强与中移物联网福建分公司合作，深化数字应用，推进数字经济、数字社会、数字政府统筹高效发展。探索构筑数字洛江城市大脑，建立数字底座，引进数据运维管家模式，培育数据要素市场，释放数据要素潜力，通过公共数据资源有序开发利用，带动数字经济蓬勃发展；搭建产业数字化转型促进中心，创新孵化一批数字经济服务企业，推动重点产业集群数字化转型；探索社会基层治理体系创新，打造网格员微治理管理系统，构建横纵贯通的网格员垂直管理体系，实现多维系统互通，海量数据回流，助力城市治理体系与治理能力现代化；探索提升城市数字化运营能力，推广数字化场景应用，建设数字化工业园区、洛阳江数字孪生流域平台、洛江侨胞数字会客厅、全域智慧旅游服务体系、产业融合分析系统、便民共享智慧驿站等。

繁荣现代服务业。促进扩大消费，丰富拓展“全闽乐购”促消费活动，深化“一月一活动”，培育家居建材、夜间美食等特色商圈，打造万安桥南古街、双阳印尼美食街夜间经济街区。推动信兴新能源汽车小镇、比亚迪汽车4S店等项目建设，支持新能源车消费，做大万虹路汽车走廊规模。集聚发展电子商务，抓好电商园区招商运营，发展直播带货、生鲜O2O、社区团购等电商新模式。培育酒店服务业，推动希尔顿欢朋酒店、美标美豪酒店等建成营业。加大万安商贸项目招商力度，填补区域大型商业综合体空白。推动服务业与制造业融合发展，发挥新宜泉州枢纽物流中心、省特检院国家特种机器人质检中心作用，发展现代物流、工业设计、机器人检验检测等制造型服务业。

提升科技创新能力。实施“四个倍增”科技赋能计划，引导企业加大研发投入、加快成果转化，力争全区规上工业企业研发经费投入增长20%。支持企业开展重大技术攻关，推动实施50个科技项目研究。加快创新要素聚集，强化创新主体培育，争取新增国家高新技术企业18家。引导企业与高校、科研院所共建科技创新平台，力争新建高水平科创平台2个。鼓励企业参与省市揭榜挂帅活动，支持龙头企业联合在泉科研院所和国内外知名高校、研究机构解决“卡脖子”技术难题。落实泉州市人才“港湾计划”和“涌泉”行动，引进各类人才200名以上，出台配套政策，让人才留得住、过得好。

2. 升级城市功能品质。高水平开展规划设计。融入泉州“两江一湾”海丝新城和中心市区一体化开发建设大局，配合开展国土空间总体规划编制，推进洛江区控制性详细规划编制。聘请高水平规划设计单位，完成中部功能区城市设计编制工作，优化阳江新城用地布局，组织开展智创科技城概念性建筑方案设计。聘请规划设计单位对规划实施情况进行监督，维护规划的严肃性和权威性。

高效率推进城市建设。打造更加宜居、富有韧性的城市，落实全市“抓城建提品质”行动，加快城市更新、新区拓展、聚城畅通，谋划实施项目120个、总投资305亿元，采用指挥部+专班运作模式推进。建设阳江活力新城，推动生态公园、体育场馆、中小学、水系治理等配套项目加快建设，引进大型商超、总部经济、文化创意等业态，促进产城融合。实施“绿满泉城”、照明提升、水系联排联调、电力设施补短板4个三年行动，持续推进“五化”提升工程，改造建筑立面、市政道路、夜间照明等，新建一批微景观、街头绿地、郊野公园，完成河市110千伏变电站、虹山35千伏变电站工程，建设200个5G基站。实施“聚城畅通”工程，加快推进洛江至丰泽高速（甬莞高速联络线）、国道324改线（泉梅高速洛江段）等干线、次干线工程建设，打通洛江外联“大动脉”；完成万虹路国道324至河市中学改造提升、河市中学至马甲新庵岭拓改工程，启动万虹路马甲新庵岭至罗溪客运站改造提升工程，打通经六路等“断头路”。

高效能实施综合治理。围绕打造智慧城市目标，依托“智慧城管”平台，严格落实城市综合管理“监测吹哨，管养（执法）报到”工作机制，加强市政设施、园林绿化养护和市容市貌整治，强化城镇燃气、渣土车运输、防洪排涝等安全管理，形成“网格统筹、上下联动”的工作格局，提升智能化、精细化管理水平。与市国有企业合作组建城市运营、水务、智慧出行公司，逐步推进环卫、市政、园林等一体化管理。

3. 全面推进乡村振兴。做大做精特色现代农业。全方位夯实粮食安全根基，全面落实粮食安全党政同责，遏制耕地“非农化”、防止耕地“非粮化”，新建、改造高标准农田3200亩，确保粮食播种面积2.83万亩、总产量1.16万吨。点线面推进特色现代农业发展，选育、推广一批种养业新品种，打造农业产业强镇，促进农业企业、生产基地、农户和社会化服务组织有机衔接。围绕蔬菜、畜禽、花卉等优势特色产业集群，培育“一村一品”示范村2个以上。实施农产品初加工、“三品一标”、乡村休闲产业发展提升工程，培育市级初加工中心，建设一批市级休闲农业示范点。

建设宜居宜业和美乡村。推动巩固拓展脱贫攻坚成果与乡村振兴有效衔接，组织实施51个巩固脱贫成果项目。深化农村人居环境整治提升五年行动、乡村建设“五个美丽”创建，实施乡村振兴建设项目99个、总投资38亿元、年度计划投资6亿元。深化整镇推进“五好”试点乡镇创建，推动河市、罗溪分别创建市级城乡融合型、农业生态型乡镇。强化示范带动，新创市级乡村振兴示范线1条，培育省级乡村振兴示范乡镇1个、示范村6个；推动罗溪后溪水上慢生活体验区、新东金水瑶+美丽田园、洪四红色荣耀旅游基地、翁山乡村记忆博物馆创建，打造市级精品示范线。提升乡村建筑风貌，整治镇区中心村庄存量裸房，实现重要通道沿线视觉范围内裸房清零。推动“四好农村路”建设，完成农村公路硬化改造10千米以上。实施农村饮水安全工程，完成城乡供水一体化项目建设。

持续增强农村发展活力。有效盘活农村集体资金、资产、资源，发展新型农村集体经济，培育新型农村经营主体，推动农业适度规模经营，力争新增市级以上示范家庭农场、示范合作社4家。落实科技特派员制度，鼓励科技特派员深入农村开展创业和技术服务，带领农民创办、领办、协办科技型企业、科技服务实体或合作组织。引导金融机构创新金融产品和服务模式，开展特色农业保险试点，扩大农业保险覆盖面。

4. 加强生态文旅建设。打造优美生态环境。落实全市碳排放碳达峰行动方案，开展低碳试点示范创建，推进清洁生产和能源清洁低碳高效利用。持续打好蓝天、碧水、净土保卫战，实施一批大气精准治理减排项目，加强污染天气监测预警体系建设；推进流域水质提升“碧水清源”专项行动，实施中心城区市政管网、入海排污口整治提升工程，启动阳江污水处理厂前期工作，加快16个污水收集处理提质增效及内沟河水质提升项目建设，新建、改扩建城镇污水管网20千米以上；开展农村生活污水提升治理五年行动，实施10个农村生活污水提升治理项目。持续推进区域突出生态环境问题整改，建立"回头看"制度，严防问题反弹回潮。积极创建国家生态园林城市，科学开展国土绿化提升行动，建设"三沿一环"森林景观带，推进互花米草和林业有害生物防治。

推动文旅深度融合。编制《洛阳桥文化遗产保护与利用规划》，活化利用洛阳桥历史建筑、名人故居、民居古厝，打造具有闽南地域特色的桥南旅游休闲街区。举办纪念俞大猷诞辰520周年文旅活动，实施俞大猷公园景区综合开发项目；举办"陈三五娘传说"文史研讨会，打造文旅沉浸式体验剧场；串联九品莲花园、彩蝶谷等景点，扩大河市北片区研学旅游知名度。整合仙公山、仰恩湖及周边文旅资源，突出"祈梦"主题，招商建设仙公山祈梦文化酒店、朝圣修学度假区，打造省内知名祈福康养旅游目的地。提升虹山乡"一馆、两节、五景区"优质旅游产品，做强乡村休闲度假旅游。

发展文化体育事业。深化"四传文化"工程，新建一批新时代文明实践示范站、基层"文化驿站"和"福"文化阵地，推进基层综合文化服务中心、文化场馆建设，常态化开展文化惠民活动。培育文体消费热点，谋划建设海丝文化交流中心、创意产业园、海丝特色小镇等文化产业集聚区。制定《洛江区全民健身三年行动计划》和体育公园建设指导意见，盘活城市闲置空间，用好公益性建设用地，新建、改扩建一批体育公园、全民健身中心、社区活动场地。

5.提高人民生活品质。扩容优质公共服务。加快健康洛江建设，深化区医院与泉州市第一医院联合办医，促成区妇幼保健院与泉州市妇幼保健院·儿童医院联合办医，推进区医院新院区、泉州宝璋肿瘤医院建设，提升万安社区卫生服务中心服务内涵，建设河市卫生院住院大楼。争创国家级慢性非传染性疾病综合防控示范区、全国基层中医药工作示范区、省级健康教育促进区。坚持教育优先发展，加快泉州十一中塘西校区、洛江区实验幼儿园、市实小洛江第二校区等12个项目建设，新增学位810个，力争引进优质教育资源。推进马甲中学创建省二级达标高中。加大"智慧教育"创建力度，推进"5G+专递课堂"建设，开展智慧校园试点工作。推动产教融合，做优做强中职、高职教育，加强职业技能培训，培育产业急需技能型人才。深入实施《优化营商环境三年行动计划》，加强政务服务中心规范化建设，开展水、电、气、广电"一站式"通办专项推广活动。推进"党建+"邻里中心政务服务标准化建设，打造"15分钟便民服务圈"。开展"社区涉企服务综合窗口"试点工作，将医保、社保、公司变更等审批服务事项前移至社区办理。

夯实社会保障基础。健全就业促进机制，组织开展"春风行动"现场招聘、"就业稳岗暖心服务"等活动，加强困难群体就业兜底帮扶，落实高校毕业生安居补助、社保补助等奖励政策，力争全年新增就业4000人以上。持续扩大社会保险覆盖面，引导新业态从业人员、灵活就业人员、被征地农民等参加企业职工基本养老保险。健全分层分类的社会救助体系，强化低收入人口动态监测和常态化救助帮扶，做好重要民生商品保供稳价，保障和改善困难群众基本生活。开展居家社区养老服务，推进医养结合发展，推动养老机构增加护理型床位和设施，新增养老床位100张以上。保障妇女儿童合法权益，建设一批"妇女援助中心""儿童之家"，完善残疾人关爱服务体系。

优化社会综合治理。因时因势优化疫情防控措施，着力保健康、防重症，最大程度保护人民生命安全和身体健康，最大限度减少疫情对群众生产生活秩序和经济社会发展的影响。坚决防止重特大事故发生，深化"安全生产标准化提升"专项行动，加强重点领域安全隐患排查整治，推进现场"5S"管理，实现"六有"可视化警示标志全覆盖；动态更新"四个清单"，蓝色等级企业提高到800家以上。推行“综治中心 + 网格化 + 信息化”模式，建设 20 个“综治 +”治理中心，推动区、镇两级综治中心标准化建设、实体化运作。坚持“房住不炒”定位，支持刚性和改善性住房需求，推动 10 个房地产项目、360 套保障性租赁住房建设，盘活闲置安置房，促进住房市场健康发展。强化金融风险防控，加大风险防范处置力度，守牢不发生系统性、区域性金融风险的底线。

三、切实加强政府自身建设

各位代表！重任千钧，唯有担当。面对新形势、新任务、新挑战，我们将深学笃用习近平新时代中国特色社会主义思想，坚定拥护“两个确立”，坚决做到“两个维护”，不断提高政治判断力、政治领悟力、政治执行力，在区委的坚强领导下笃定前行，全面提升政府治理能力，加快建设人民满意的“五型”政府。

坚持依法行政。深入学习贯彻习近平法治思想，扎实推进法治政府建设，争创省级法治政府建设示范区。坚持以法治思维和法治方式深化改革、推动发展，不断提高政府行政效率和公信力。严格执行“三重一大”集体决策制度，推行行政执法“三项制度”，自觉接受人大法律监督和工作监督、政协民主监督，高质量办理人大代表建议和政协委员提案。推进基层政务公开标准化建设，保障群众知情权、参与权和监督权。

勇于创新突破。坚持把创新创造作为做好政府工作的第一动力，发扬斗争精神，增强斗争本领，传承弘扬“晋江经验”，积极探索政府治理理念创新、服务模式创新、体制机制创新，推动政府系统干部队伍主动投身改革发展主战场、攻坚克难第一线，与时俱进研究新情况、探索新办法、解决新问题。顺应广大市场主体新期待，加快政府职能转变，推动行政运行机制和政府管理方式向规范有序、公开透明、便民高效转变。

倾心为民服务。始终牢记政府前面“人民”二字，把人民对美好生活的向往作为第一目标，发扬“孺子牛”“拓荒牛”“老黄牛”精神，紧紧抓住人民群众最关心最直接最现实的利益问题，坚持尽力而为、量力而行，深入群众、深入基层，采取更多惠民生、暖民心举措，用心用情用力办好 69 件民生实事，解决好人民群众急难愁盼问题，真正做到思想上亲民、行动上为民、发展上惠民。

埋头实干苦干。坚持以发展为第一要务，真抓实干，实行项目工作法、一线工作法、典型引路法，挂图作战、滚动推进、攻坚突破，高效率、快节奏落实好党中央决策部署和省委、市委、区委工作要求。加强调查研究，每位区政府领导班子成员、每个区政府组成部门确定 1 ～ 2 个调研课题，做到察实情、出实招、办实事、求实效。树牢过“紧日子”思想，强化财政预算、审计监督、绩效管理，将更多财力用于改善基本民生和支持市场主体发展，用政府的“紧日子”换取企业和群众的“好日子”。

全面从严治政。严格落实党风廉政建设“一岗双责”和意识形态工作责任制，深入推进政府系统党风廉政建设和反腐败斗争，锲而不舍落实中央八项规定及其实施细则精神，驰而不息纠治“四风”特别是形式主义、官僚主义。弘扬“马上就办、真抓实干”优良作风，加强政府机关效能建设，坚决整治有令不行、有禁不止、懒政怠政等行为，坚持激励和约束并重，健全容错纠错机制，进一步激励干部担当作为。

各位代表！使命催人奋进，实干成就未来。让我们更加紧密地团结在以习近平同志为核心的党中央周围，在省市和区委的坚强领导下，坚定信心、同心同德，踔厉奋发、勇毅前行，为谱写中国式现代化洛江篇章而努力奋斗！

《政府工作报告》附注

1.“百名干部进百企、一企一策促发展”专项行动：组织百名干部进百家企业，对全区规模以上企业、限额以上企业、高新技术企业实行全覆盖、全挂钩、全联系，精准服务企业发展。

2.“专精特新”：企业具有专业化、精细化、特色化、新颖化的发展特征。

3.“五化”：绿化、美化、照明化、净化、智化。

4. 乡村振兴“1+6+2”系列行动：乡村建设行动实施方案，村庄规划、基础设施、公共服务、人居环境、风貌管控、污水治理六项行动，宅基地管理、农房管理两个关键环节。

5.“五好”乡镇：富民产业发展好、乡村建设提升好、历史文化传承好、基层治理能力好、党建统领发挥好。

6.“五个美丽”：美丽乡村庭院、美丽乡村微景观、美丽乡村小公园、美丽田园、美丽乡村休闲旅游点。

7. 林长制：按照“分级负责”原则，由各级地方党委和政府主要负责同志担任林长，其他负责同志担任副林长，构建省市县乡村等各级林长体系，实行分区（片）负责，落实保护发展林草资源属地责任的制度。

8. 生鲜 O2O：电子商务的一种消费模式，消费者在线上购买，然后在线下提货，通过线上收集订单、线下分派货物的模式让消费者有更好的购物体验。

9.“四个倍增”：2021 年泉州市政府提出实施研发投入、高新企业、高端研发平台、高层次人才“四个倍增”计划。

10. 人才“港湾计划”：2017 年泉州市委、市政府提出实施人才“港湾计划”，打造人才“引得进、留得住、过得好”的梦想港湾、事业港湾、生活港湾。

11.“涌泉”行动：2022 年泉州市委、市政府提出开展“涌泉”行动，吸引和集聚国内外高校毕业生、泉州经济社会事业发展紧缺急需人才涌入泉州创业就业。

12.“两江一湾”：晋江、洛阳江和环泉州湾。

13.“监测吹哨，管养（执法）报到”：泉州市城管局为提升城市精细化管理水平，探索建立的城市管理工作机制。“监测吹哨”是指网格员遇到无法独立解决或非自己管理的事项，可通过手机端直接“呼叫”其他相关职能部门协助解决；“管养（执法）报到”是指涉及的部门及时响应，在第一时间共同解决问题。

14.“一村一品”：一个村拥有一个市场潜力大、区域特色明显、附加值高的主导产品和产业。

15.“三品一标”：无公害农产品、绿色食品、有机农产品和农产品地理标志产品。

16.“四好农村路”：习近平总书记在 2014 年 3 月 4 日提出，农村公路建设要因地制宜、以人为本，与优化村镇布局、农村经济发展和广大农民安全便捷出行相适应，进一步把农村公路建好、管好、护好、运营好。

17.“三沿一环”：沿路、沿江、沿海、环城。

18.“一馆、两节、五景区”：土楼民俗文化馆，油菜花节、地瓜节，石龙谷、樱梅园、油菜花基地、虹桥飞渡、虹山美景。

19.“四传文化”：诗歌传颂、英雄传承、书法传情、IP 传动。

20.“四个清单”：监督检查任务清单、隐患和问题清单、整改工作清单、复查验收清单。

21.“两个确立”：确立习近平同志党中央的核心、全党的核心地位，确立习近平新时代中国特色社会主义思想的指导地位。

22.“两个维护”：坚决维护习近平总书记党中央的核心、全党的核心地位，坚决维护党中央权威和集中统一领导。

23.“五型”政府：法治、创新、服务、实干、廉洁型政府。

24.“三重一大”：重大问题决策、重要干部任免、重大项目投资决策、大额资金使用。

25. 行政执法“三项制度”：行政执法公示制度、执法全过程记录制度、重大执法决定法制审核制度。

统计资料

2022 年泉州市洛江区国民经济和社会发展统计公报[1]

2022 年，全区上下坚持以习近平新时代中国特色社会主义思想为指导，深入学习贯彻党的二十大精神，坚决落实党中央国务院、省委省政府和市委市政府决策部署，高效统筹疫情防控和经济社会发展，加快建设更高水平的智造洛江、生态新城，全区经济运行稳中向好，人民生活持续改善，社会事业全面发展，全方位推进高质量发展取得新成效。

一、综合

地区生产总值（GDP）：初步核算，全年实现地区生产总值 3551064 万元[2]，增长 3.6%。其中，第一产业增加值 53701 万元，增长 6.0%，占 GDP 的比重为 1.5%，对 GDP 增长的贡献率为 3.1%；第二产业增加值 2233829 万元，增长 4.0%，占 GDP 的比重为 62.9%，对 GDP 增长的贡献率为 69.8%，拉动 GDP 增长 2.5 个百分点；第三产业增加值 1263534 万元，增长 2.6%，占 GDP 比重为 35.6%，对 GDP 增长的贡献率为 27.1%。三次产业比例为 1.5 ∶ 62.9 ∶ 35.6。

人口：年末常住人口 25.6 万人，比上年末增加 0.1 万人，人口出生率 7.5‰，死亡率 6.8‰，人口自然增长率 0.7‰，常住人口城镇化率为 61.9%，比上年末提高 0.4 个百分点。年末户籍人口 212889 人，比上年末增加 1840 人，其中：男性 110101 人，女性 102788 人，户籍人口城镇化率为 33.9%，比上年末提高 0.7 个百分点。

就业：全年城镇新增就业人员 2952 人，有 68 名城镇失业人员实现了再就业。

财政：全年一般公共预算收入 164420 万元，比上年增收 14595 万元，增长 9.3%，加上上划中央收入 108518 万元，一般公共预算总收入合计完成 272938 万元，比上年增收 21283 万元，增长 8.0%。一般公共预算支出 199592 万元，比上年增加 60051 万元，增长 36.1%。其中，一般公共服务支出 20547 万元，增长 19.6%；教育支出 57108 万元，增长 42.9%；科学技术支出 4894 万元，增长 20.3%；文化旅游体育与传媒支出 2410 万元，增长 71.9%；社会保障和就业支出 19353 万元，增长 19.2%；卫生健康支出 21000 万元，增长 41.0%。政府性基金收入 3998 万元，政府性基金预算支出 79892 万元。

对外经济：全年新设立外商投资企业 6 家，

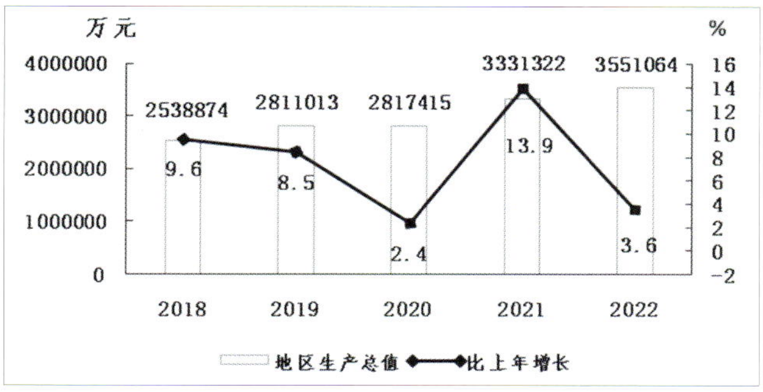

图1 2018—2022年地区生产总值（GDP）及其增长速度

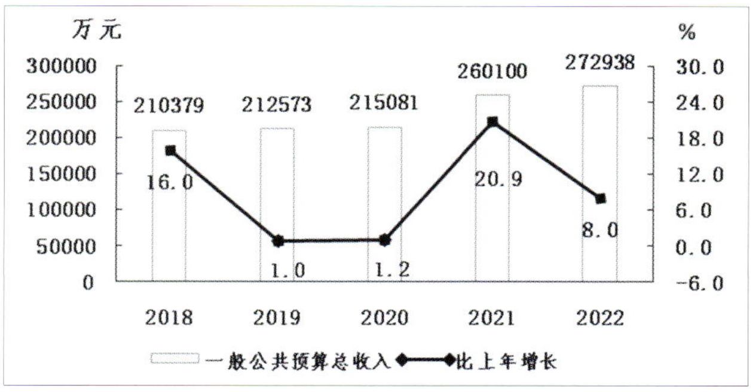

图2 2018—2022年一般公共预算总收入及其增长速度

按验资口径，外商实际到资 2085 万美元，增长 43.1%。外商投资企业当年累计开业投产 6 家。

二、农林牧渔业

全年农林牧渔业完成总产值 111107 万元，增长6.7%。粮食种植面积28311亩，比上年减少370亩，下降 1.3%；其中稻谷种植面积 11803 亩，减少 596 亩；玉米种植面积 4894 亩，增加 190 亩；油料种植面积9782亩，增加90亩；蔬菜种植面积19139亩，增加 385 亩。

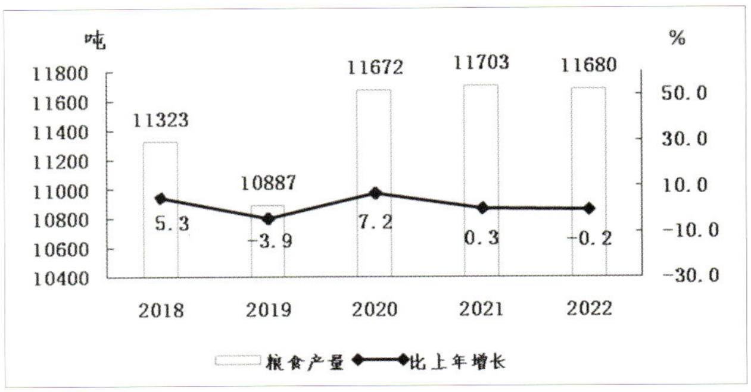

图3 2018—2022年粮食产量及其增长速度

2022 年主要农产品产量

表 1

产品名称	产量（吨）	比上年增长（%）
粮食	11680	-0.2
春收	434	1.6
夏收	3955	7.7
秋收	7291	4.1
油料	2414	1.3
其中：花生	1707	8.7
油菜籽	707	3.1
糖料	1869	0
其中：甘蔗	1869	0
茶叶	98	1.0
水果	4390	6.1
蔬菜	37087	3.9

全年粮食总产量 11680 吨，比上年减少 23 吨，下降 0.2%。其中，早稻产量 2814 吨，增加 221 吨，增长 8.5%；双季晚稻产量 2274 吨，减少 468 吨，下降 17.1%。全年谷物产量 6700 吨，下降 2.5%；其中稻谷产量 5088 吨，减少 247 吨，下降 4.6%；玉米产量 1612 吨，增加 77 吨，增长 5.0%。

全年植树造林总面积 3030 亩，增长 90.3%；年末实有封山（沙）育林面积 600 亩。全年商品材产量 22886 立方米，增长 200.3%。

全年肉蛋奶总产量 15570 吨，增长 3.5%。其中，肉类总产量 11918 吨，增长 2.6%；禽蛋 3527 吨，增长 6.8%。年末肉猪出栏数 86669 头，增长 2.3%，生猪存栏数 52332 头，增长 8.3%。

全年水产品总产量 1726 吨，增长 2.7%。其中淡水产品产量 874 吨，增长 4.2%；海水产品产量 852 吨，增长 1.2%。

年末全区拥有市级及市级以上农业产业化龙头企业 17 家；市级及市级以上农民专业合作社示范社 14 家。无公害农产品 6 个、绿色食品 3 个，农产品地理标志产品 2 个，福建名牌农产品 1 个。

三、工业、建筑业

工业：全年全部工业实现增加值 1931136 万元，增长 3.3%，工业对经济增长的贡献率达 49.8%。其中规模以上工业增加值增长 4.2%。在规模以上工业中，分经济类型看，国有控股企业增加值下降 16.8%，股份制企业增长 14.7%，外商及港澳台商投资企业下降 21.6%，私营企业增长 13.9%；分行业看，农副食品加工业增加值下降 44.2%，纺织业下降 29.2%，化学原料和化学制品制造业增长 16.2%，非金属矿物制品业增长 44.9%，黑色金属冶炼和压延加工业增长 56.9%，通用设备制造业下降 4.2%，专用设备制造业增长 17.9%，汽车制造业增长 11.8%，电气机械和器材制造业增长 12.7%，计算机、通信和其他电子设备制造业增长 6.6%。

2022 年规模以上工业增加值主要分类情况

表 2

指　标	比上年增长（%）
规模以上工业增加值	4.2
其中：机械装备	11.6
纺织鞋服	-3.3
工艺制品	-40.0
其中：国有控股企业	-16.8

续表 2

指 标	比上年增长（%）
股份有限公司	14.7
外商及港澳台投资企业	-21.6
私营企业	13.9
其中：轻工业	1.2
重工业	15.7

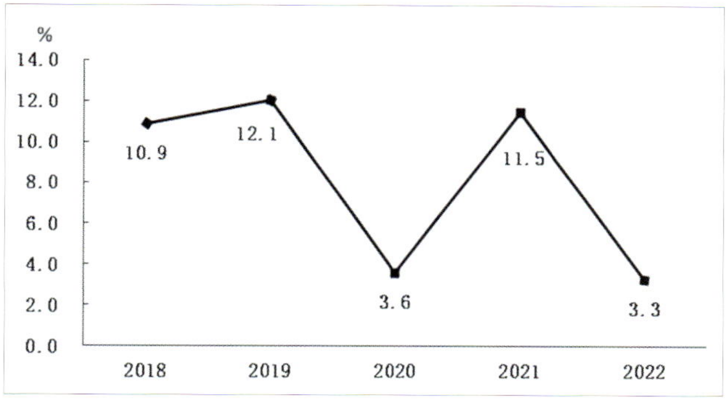

图4 2018—2022年全部工业增加值增长速度

全年规模以上工业企业利润总额 813200 万元，下降 2.9%。分经济类型看，股份制企业利润总额 486000 万元，下降 2.2%，外商及港澳台商投资企业 327000 万元，下降 3.8%。分行业看，农副食品加工业利润总额 12100 万元，下降 26.2%，食品制造业 32200 万元，下降 13.2%，纺织业利润总额 97300 万元，下降 3.0%，文教、体育和娱乐用品制造业 118300 万元，下降 28.6%，橡胶和塑料制品业利润总额 114400 万元，增长 47.6%；金属制品业利润总额 88600 万元，增长 29.2%，专用设备制造业利润总额 52200 万元，增长 6.5%。全年规模以上工业企业每百元营业收入中的成本为 80.46 元，下降 0.38 元；营业收入利润率为 11.25%，下降 0.63 个百分点。年末规模以上工业企业资产负债率为 33.34%，比上年末下降 0.73 个百分点。

2022 年规模以上工业企业主要工业产品产量

表 3

产品名称	单 位	绝对数	比上年增长（%）
纺织专用设备	台	2683	13.3
商品混凝土	立方米	164303	47.4

续表 3

产品名称	单 位	绝对数	比上年增长（%）
塑料制品	吨	15647	14.9
家具	件	118071	27.4
鞋	万双	4796	22.0
建筑工程用机械	台	5395	35.0
纸制品	吨	53590	39.8
金属切削工具	万件	6074	61.6
高压开关板	面	619	43.0
低压开关板	面	825	73.3
金属门窗及类似制品	吨	162	36.4
电子元件	万只	511	6.9
涂料	吨	15098	43.4
变压器	千伏安	1121000	87.0
灯具及照明装置	套（台、个）	3783771	73.1
服装	万件	366	-37.9
传感器	万只	196	11.0

建筑业：年末资质等级以上的建筑企业有 100 个，全年完成建筑业总产值 2638788 万元，增长 14.6%，在地建筑业总产值 894971 万元，增长 22.6%；在外省完成的产值 1743817 万元，增长 10.9%。全社会建筑业实现增加值 302693 万元，增长 8.9%。全年建筑房屋施工面积 642 万平方米，下降 25.4%；房屋竣工面积 365 万平方米，增长 34.3%。建筑业总产值达亿元及以上的企业 18 家，其中 5 亿元及以上的企业 11 家。

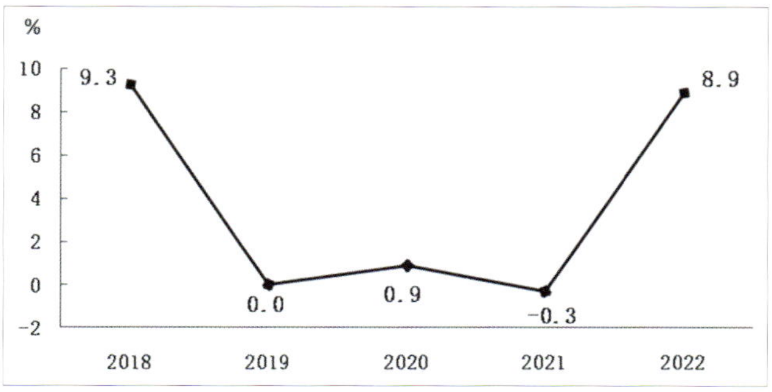

图5 2018—2022年全部建筑业增加值增长速度

四、固定资产投资

全年固定资产投资1341566万元，比上年增长10.6%。固定资产投资按构成分，项目投资1048102万元，增长64.8%，项目投资中基础设施投资增长230.1%，占固定资产投资的比重为29.0%；房地产开发投资293464万元，下降49.2%。固定资产投资按三次产业分，第一产投资增长100%；第二产业投资增长38.9%，其中，工业投资增长38.9%，占固定资产投资的比重为25.6%，工业投资中制造业投资增长30.6%，占固定资产投资的比重为24.0%；第三产业投资下降36.6%。

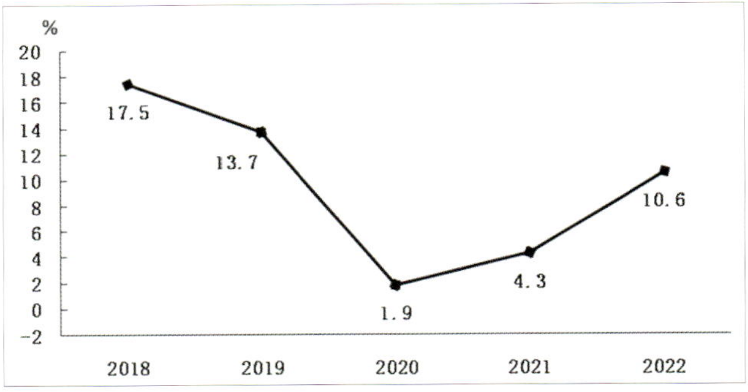

图6 2018—2022年固定资产投资增长速度

2022年固定资产投资情况

表4

指　标	比上年增长（%）
固定资产投资	10.6
按构成分	
项目投资	64.8
房地产开发	-49.2
按产业分	
第一产业	100.0
第二产业	38.9
第三产业	-36.6

2022年分行业固定资产投资情况

表5

行　业	比上年增长（%）
固定资产投资	10.6
农、林、牧、渔业	1944.1
制造业	30.6
其中：食品制造业	100.0
纺织业	-100.0
纺织服装和服饰业	295.5
皮革、毛皮、羽毛（绒）及其制品业	20.2
化学原料及化学制品制造业	140.7
非金属矿制品业	116.7
金属制品业	34.3
通用设备制造业	206.4
专用设备制造业	-38.5
计算机、通信及其他电子设备制造业	31.6
电力、热力、燃气及水的生产和供应业	1656.8
建筑业	
批发和零售业	94.9
交通运输、仓储和邮政业	19.7
住宿和餐饮业	402.1
信息传输、软件和信息技术服务业	100.0
房地产业	-49.2
租赁和商务服务业	13.0
科学研究和技术服务业	100.0
水利、环境和公共设施管理业	218.4
居民服务、维修和其他服务业	
教育	-43.5
卫生和社会工作	-69.7
文化、体育和娱乐业	82.8
公共管理、社会保障和社会组织	100.0

房地产开发投资额293464万元，按工程用途分，商品住宅投资245103万元，下降53.7%，商业营业用房投资12530万元，下降43.6%。商品房销售面积51.81万平方米，下降16.6%。商品房销售额462949万元，下降37.2%。

2022年房地产开发和销售主要指标完成情况

表6

指　标	单　位	绝对数	比上年增长（%）
投资完成额	万元	293464	-49.2
其中：住宅	万元	245103	-53.7
其中：土地购置费	万元	32674	-63.4
房屋施工面积	平方米	1807308	-27.7

续表 6

指　标	单　位	绝对数	比上年增长（%）
其中：住宅	平方米	1448986	-24.1
房屋新开工面积	平方米	182953	-42.4
其中：住宅	平方米	127900	-45.8
房屋竣工面积	平方米	214769	-30.4
其中：住宅	平方米	142128	-71.6
房屋销售面积	平方米	518134	-16.6
其中：住宅	平方米	406871	-30.0
本年资金来源	万元	367842	-45.8
其中：国内贷款	万元	3428	-84.8
个人按揭贷款	万元	97652	-8.8
本年购置土地面积	平方米	22177	-68.4
本年土地成交价款	万元	42780	173.9

全年 97 个在建重点项目全年完成投资 109 亿元。其中，28 个市在建重点项目完成投资 54 亿元，8 个省在建重点项目完成投资 32 亿元。洛江区数字经济产业园、台湾优良食品观光产业园、十一中塘西校区、万虹路（国道 324—河市中学）道路改造提升工程等 45 个项目开工建设，总投资 132 亿元；省道 S213（梅仙路）提升改造工程、经九路（西环路—万虹路）市政工程、宝马洛江 4S 店等 35 个项目建成（或部分建成），总投资 110 亿元；马甲镇区改造提升工程、河市卫生院住院综合大楼、罗溪卫生院医养结合大楼、安腾·洛阳桥文旅项目、双阳中学扩建工程 5 个项目进入方案设计阶段；琪鑫科技生产项目、高精密液压油缸研发生产项目、昌禾养生养老服务中心项目、和光悦湖二期、小区配套幼儿园二次装修工程、洛江西片区污水处理厂及配套管网工程、洛江中部功能区基础设施建设 7 个项目进行前期筹建准备工作。

五、国内贸易

全年社会消费品零售总额 962830 万元，增长 12.7%。按构成分，限额以上消费品零售额 583446 万元，占全社会零售额的 60.6%，增长 20.3%；限额以下消费品零售额 379384 万元，占全社会零售额的 39.4%，增长 1.6%。

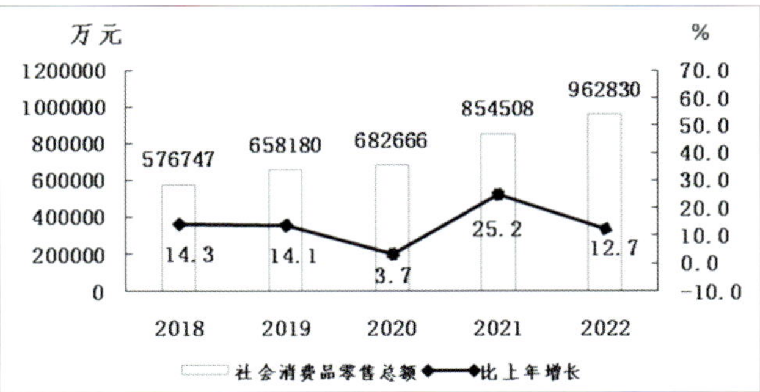

图7 2018—2022年社会消费品零售总额及其增长速度

在限额以上批发零售企业商品零售额中，粮油、食品类增长 42.3%，日用品类增长 277.8%，中西药品类增长 6.7%，汽车类增长 5.6%，家用电器和音像器材类增长 84.4%，建筑家居装潢材料类下降 16.3%。全区限额以上批零住餐业企业实现销售额 1514790 万元，增长 22.5%。

六、交通、邮电、旅游

交通：全年交通运输、仓储和邮政业实现增加值 38990 万元，与上年持平。全年新建公路 10.50 千米，全区公路通车总里程达 546.24 千米，比上年增加 27.55 千米。其中，二级及二级以上高级公路里程 46.57 千米，高速公路里程 17.37 千米，公路密度达 145.74 千米 / 百平方千米。年末，全区共有营运汽车 1205 辆，其中，客运汽车 243 辆（含公交车 208 辆，出租车 35 辆）；货运汽车 962 辆（含普通货车 658 辆，牵引车 124 辆，挂车 153 辆）。全区公交运营线路长度 471.35 千米，全年公交客运量 941.28 万人次。

邮电：全年完成邮电业务总量 41912 万元，增长 6.4%。其中，邮政业务总量 6938 万元，下降 6.9%；电信业务总量 34974 万元，增长 9.5%。年末全区电话用户总数 35.37 万户，比上年增加 0.09 万户，其中移动电话用户 31.93 万户，比上年增加 0.06 万户，移动电话中 4G 电话用户 16.35 万户；5G 电话用户 13.79 万户。全区互联网上网用户 44.37 万户，比上年增加 0.56 万户，移动互联网用户 30.69

万户。

旅游：全年共接待国内外游客201.53万人次，下降16.2%。全年实现旅游总收入16.91亿元，下降13.1%。积极开展文旅宣传，灵活举办“线上带你游洛江”、“大美洛江奇妙游”、“世遗大讲堂”洛阳桥公益讲座；“着汉服 说世遗”洛阳桥公益宣传活动暨洛阳桥讲解员发证仪式；洛江特色美食伴手礼展销、七夕伴手礼资源宣传；“喜迎二十大 永远跟党走”云上福游洛江健步行；侨家乐·福建省华侨美食风情文化节；“秋收献礼二十大 仙山洛水幸福来”丰收节；“福籽同心爱中华·喜迎党的二十大”民族团结进步宣传月；洛江区首届“汇聚青春力量·助力乡村振兴”青年人才创新创业大赛；“共话二十大 智慧游洛江”文旅分享会；“喜迎二十大，局长带你游洛江”探秘“四名”活动等文旅活动。

七、金融

年末全区金融机构本外币各项存款余额2468835万元，比上年末增长14.8%，其中，人民币各项存款余额2413015万元，比上年末增长14.0%。人民币存款中住户存款余额1407650万元，比上年末增长17.1%。全区金融机构本外币各项贷款余额2434995万元，比上年末增长7.8%，其中，人民币各项贷款余额2434984万元，比上年末增长7.9%。

2022年年末金融机构本外币存贷款余额及其增长速度

表7

指　标	年末数（万元）	比上年末增长（%）
各项存款余额	2468835	14.8
人民币存款余额	2413015	14.0
住户存款余额	1407650	17.1
各项贷款余额	2434995	7.8
其中：人民币贷款	2434984	7.9
其中：短期贷款	620781	13.9
其中：工业贷款	509532	9.8

八、居民收入消费、社会保障

居民收入消费：全年全区居民人均可支配收入38507元，比上年增长5.6%；人均消费支出24445元，增长5.2%；人均住房建筑面积82.8平方米。按常住地分，全区城镇居民人均可支配收入50599元，增长5.0%，人均消费支出30489元，增长5.0%，人均住房建筑面积81.8平方米；农村居民人均可支配收入23826元，增长6.7%，人均消费支出17258元，增长5.5%，人均住房建筑面积83.3平方米。

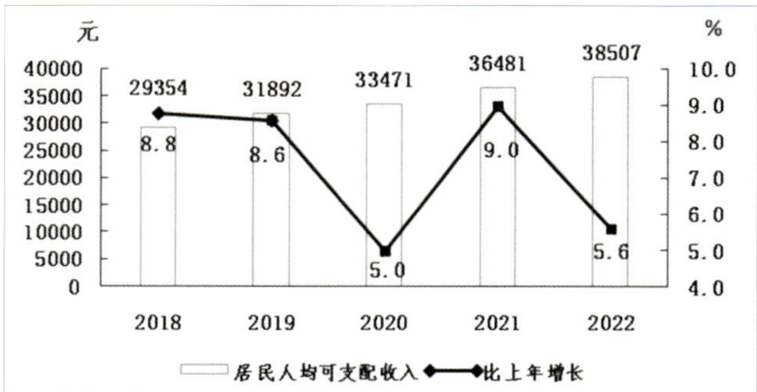

图8 2018—2022年居民人均可支配收入及其增长速度

年末城镇每百户家庭拥有彩色电视机78.9台、洗衣机135.2台、电冰箱（柜）92.1台、空调223.5台、计算机40.9台、家用汽车40.8辆、移动电话311.3部。年末农村百户家庭拥有彩色电视机86.5台、摩托车1.4辆、家用汽车40.6辆、洗衣机88.0台、空调176.7台、移动电话292.3部。

全区全年培育2个省级乡村振兴产业示范村、1个省级实绩突出村、1个市级实绩突出村、2个市级乡村振兴成效显著村、4条市级乡村振兴示范路线（其中培育1条市级乡村振兴精品示范线），试点建设2个市级乡村振兴整镇推进“五好”创建乡镇。共开展113个乡村振兴建设项目，下拨省市区级乡村振兴专项资金2907.61万元；巩固脱贫攻坚成果同乡村振兴有效衔接，投入区级衔接资金500万元，积极争取国家级、省级、市级衔接资金1199.49万元，累计实施帮扶项目71个。

社会保障：年末全区参加基本养老保险人数

162171 人，比上年增加 8871 人。其中，在职参加企业基本养老保险人数 66958 人，比上年新增 8911 人，企业离退休人员领取基本养老保险金 2407 人，其中当年领取 289 人；在职参加机关事业单位基本养老保险人数 3196 人，与去年持平，机关事业单位人员领取基本养老保险金 961 人，其中当年领取 73 人；参加城乡居民社会基本养老保险人数 92017 人，比上年减少 40 人，城乡居民领取基本养老保险金 25859 人，其中当年领取 1822 人，全部实现养老金按时足额发放。年末全区参加失业保险人数 34899 人，比上年新增 2614 人，领取失业保险金 627 人；参加工伤、生育保险人数分别为 48100 人和 37235 人，领取工伤、生育保险分别为 99 人、991 人。年末全区参加职工基本医疗保险人数 42893 人，其中退休人数 2956 人；参加城乡居民基本医疗保险 166792 人。

社会福利：年末全区共有各类提供住宿的社会服务机构 92 个，床位数 1682 张。其中，儿童收养性服务机构 1 个，床位 20 张，年末在院人数 4 人；老年收养性服务机构 5 个，床位 802 张，年末在院人数 155 人；居家养老服务中心（站）86 个，床位 860 张。城镇有 218 人、农村有 1956 人得到最低生活保障救助，确定低保标准为每人每月 900 元，80 周岁及以上低保老年人每人每月增发 100 元，全区城乡低保对象 1420 户 2174 人，累计发放低保金共 1496.89 万元。确定特困人员集中供养基本生活标准每人每月 1755 元，照料护理标准是：全自理的每人每月 294 元、半自理的每人每月 735 元、全护理的每人每月 1470 元；散居供养基本生活标准每人每月 1170 元，照料护理标准是：全自理的每人每月 196 元、半自理的每人每月 490 元、全护理的每人每月 980 元，全区特困人员 159 户 162 人发放特困人员救助供养资金 334.37 万元。2022 年春节前对低保对象等困难群体发放临时价格补贴 51.90 万元。全年累计发放临时救助金 1274 人次共 171.99 万元。实行残疾人两项补贴制度，累计发放残疾人两项补贴 473.10 万元。

实行高龄补贴制度，全年累计发放高龄补贴 210.88 万元，其中，80—89 岁 2797 人，每人每月 50 元，共发放 156.49 万元；90—99 岁 481 人，每人每月 100 元，共发放 51.31 万元；100 岁及以上 9 人，每人每月 350 元，共发放 3.09 万元。

九、教育、科学技术

教育：年末全区共有普通中学 10 所，其中公办中学 7 所，所有公办完中实现省级达标，其中，泉州第十一中学属省一级达标高中，奕聪中学属省二级达标高中，马甲中学属省三级达标高中；小学 34 所；幼儿园 48 所，其中省示范幼儿园 1 所、市示范幼儿园 3 所、区示范幼儿园 8 所；中职学校 1 所；教师进修学校 1 所。全区幼儿园至高中各类学校在校生 52285 人，各类学校专任教师 3310 人。小学适龄儿童入学率达 100%，初中适龄人口入学率 99.9%。全区特殊教育在校生 56 人。在洛就读外来务工人员子女义务教育阶段 8205 人。辖区内共有 2 所大专以上院校，其中本科高校 1 所、高职高专 1 所，普通高校本专科在校生 19009 人，招生 6965 人，毕业生 5054 人。

科技：年末全区拥有市级科技企业孵化器 1 家；国家级、省级、市级众创空间分别为 1 家、3 家、2 家；国家级、省级高新技术企业分别为 106 家、47 家；省级创新型企业 10 家；省级科技小巨人企业 30 家；省级重点实验室 1 家；省级、市级企业工程技术研究中心分别为 5 家、17 家；市级行业技术开发中心 6 家；省级、市级新型研发机构 2 家、4 家。全区拥有国家级、省级知识产权优势培育企业 5 家、12 家，省级、市级知识产权试点企业 3 家、22 家，市级知识产权工作示范单位 3 家。

全年共实施国家、省、市各级各类科技计划项目 50 项，其中省级 3 项、市级 8 项。全年共签订各类技术合同交易登记 21 项，合同成交总金额 1178.37 万元。全年专利授权数 1718 件（其中发明 107 件、实用新型 1121 件、外观设计 490 件）；年末每万人口发明专利拥有量达 17.17 件。

年末全区共有市场监督管理总局认定全国驰名

商标6件，国家地理标志保护产品2个。

十、文化、卫生、体育

文化：年末辖区内文化馆1个、公共图书馆1个、乡镇（街道）文化站6个；图书馆藏书总量34.69万册，电子图书5万册。全区广播节目17套，广播综合人口覆盖率100%；电视节目200套，电视综合人口覆盖率100%，有线广播电视覆盖用户10.80万户，实际用户3.63万户，有线广播电视传输干线总长1461.27千米。开展“我们的节日·春节、元宵主题街头文化艺术展演”、“‘洛’有你·更有福元宵文化专场活动”；举办我们的节日“元宵节”非遗花灯制作活动；开展常态化惠民演出展演活动；组织举办洛江区“赓续文化薪火 辉映时代光芒”俞大猷纪念馆重装开馆活动；举办洛江区全国第59个学雷锋纪念日活动暨深化第七届全国文明城市创建志愿服务动员大会；举办2022年泉州市文化科技卫生“三下乡”集中示范活动；组织开展2022年洛江区“文化和自然遗产日”宣传展示展演活动；组织举办申遗成功一周年系列宣传活动；举办洛江区非物质文化遗产巡回图片展；举办庆祝建军95周年主题晚会；组织开展我们的节日“七夕”文化志愿服务活动；举办“党建+”邻里中心系列文化宣传活动；组织创作抗疫系列精品，如《一米的阳光》《“洛”实战疫终“江”胜利》《记住你》《共赴美好明天》《你，是最美的》《逆行的光》，快板作品《齐心协力向前行》和朗诵作品《讨奥密克戎诗》；组织举办南音、舞蹈、声乐等公益艺术培训班；举办洛江区舞蹈公益培训班。

医疗资源：年末全区共有各级各类医疗卫生机构（不含社区、村卫生室）14个。其中，医院5个，在医院中公立医院1个，民营医院4个；乡镇卫生院4个；社区卫生服务中心2个；预防保健机构（含妇幼所、院）1个；专业公共卫生机构2个。基层医疗卫生机构143个。其中，门诊部12个，社区卫生服务站4个，乡村卫生所96个，个体诊所27个，医务室4个。年末共有卫生技术人员1019人，其中执业（助理）医师409人，注册护士360人。年末卫生机构拥有编制病床634张，开放床位745张。按常住人口计算，每千人拥有床位2.91张、卫技人员3.98人。全区农村100%有医疗点，乡村医生和卫生员126人。

疾病预防控制和妇幼保健：全年法定甲、乙类传染病报告发病508例（按发病日期统计），报告发病率205.53/10万，没有传染病报告死亡病例；县级以上医疗机构疫情报告网络直报覆盖率为100%，乡镇卫生院覆盖率为100%，儿童预防接种七苗接种率99.7%；乙肝疫苗接种率99.7%。

全年孕产妇系统管理率92.2%，高危孕产妇管理率100%，孕产妇死亡率0/10万，婴儿死亡率1.7‰；7岁以下儿童健康管理率95.5%，托幼机构管理率100%，新生入园体检13144人、口腔保健12949人次、眼保健12895人次；实行免费婚前医学检查与孕前优生健康检查“双检合一”“一站式”服务1069人次。

体育：全年提升改造7个塑胶篮球场。新建13条全民健身路径。现有30个灯光篮球场、30个塑胶篮球场、27个多功能运动场、9个笼式足球场、129条全民健身路径。2022年组队参加国家、省、市比赛，角逐7个项目，取得金牌14枚、银牌9枚、铜牌7枚。参加2022年全国武术套路锦标赛；2022年福建省第十七届运动会女子散打比赛；福建省第十七届运动会大学生部武术套路比赛；福建省第十七届运动会青少年部社会俱乐部组轮滑冰球比赛；2022年福建省青少年越野滑轮锦标赛暨第十七届运动会表演赛；2022年泉州市第一届冰雪轮滑锦标赛暨泉州市首届“冰雪特色校”冰雪轮滑公开赛；2022年泉州市少年儿童羽毛球锦标赛。

举办洛江区迎新春庆元旦排球赛；迎春杯羽毛球赛；迎新春围棋比赛；中小学生足球联赛；中小学生乒乓球比赛；全民健身篮球赛；第一届跆拳道比赛；全民健身羽毛球团体赛；“奔跑吧·少年”2022年闽台港澳青少年武术文化夏令营活动。

十一、资源、环境、安全生产

资源：全年中心市区建成区新增园林绿地5.98

公顷，总绿地面积达936.75公顷，绿化覆盖面积947.62公顷，绿化覆盖率达45.6%，人均公园绿地面积为15.82平方米

全区拥有省级林业自然保护区1个；省级森林公园1个，森林公园总面积1189公顷，占国土面积的3.2%。年末森林面积2.01万公顷，森林覆盖率为53.6%，森林蓄积量为149.12万立方米。

全年全区范围内未发生森林火灾。

环境：全年完成重点流域（含近海水域）水环境综合整治项目6个，累计完成总投资5426万元；审批环评报告表60份、报告书2份，办理排污许可证15份，变更排污许可证34份，延续7份；辖区环境质量总体保持良好，空气质量优良以上天数为346天，占全年总监测天数的94.8%；2类、3类、4类功能区声环境监测点位每季度昼间噪声监测结果均达标，但4类功能区声环境监测点位的夜间噪声无法稳定达标。全年主要流域省控断面惠女水库出口水期（每月月初监测）的监测结果达Ⅱ～Ⅲ类水质标准要求，惠女水库出口7月水期达Ⅳ类水质标准，超标因子为总磷；主要流域省控断面炉星桥水期的监测结果均达Ⅲ类水质标准要求；省重点考核小流域监测断面洛阳江西埭桥断面监测结果达Ⅲ类水质标准，后深溪口断面水期2、4、6、10月初的监测结果达Ⅲ类水质标准，8月监测结果为Ⅳ类水质标准，超标因子为总磷，后深溪口断面水期12月按断流情况上报。群众对环境满意度达87.7%。全区城市生活垃圾无害化处理100%。

11月，洛江区获得生态环境部“第六批国家生态文明建设示范区”命名。

安全生产：全区共发生生产安全事故1起，与去年持平，其中工矿企业（含消防火灾、建筑行业等）1起；死亡1人，与去年持平，其中工矿企业死亡（含消防火灾、建筑行业等）1人；直接经济损失105万元，增长5.0%，其中工矿企业（含消防火灾、建筑行业等）105万元。未发生较大及以上生产安全事故。亿元生产总值生产安全事故死亡人数0.003人，与上年持平。

注释：

①本公报中数据均为初步统计数。部分数据因四舍五入的原因，存在着与分项合计数不等的情况。

②地区生产总值、各产业增加值、农林牧渔业总产值绝对数按现价计算，增长速度按可比价格计算。

资料来源：本公报中广播电视数据来自区委宣传部；重点项目数据来自区发改局；教育数据来自区教育局、仰恩大学、医高专；科技数据来自区科技局；社会福利数据来自区民政局；财政收支数据来自区财政局；社会保障、就业数据来自区人社局；植树造林、林业资源数据来自区自然资源局；交通数据来自区住建局；乡村振兴、农业龙头企业、无公害农产品、绿色食品、水产品数据来自区农水局；对外经济数据来自区商务局；旅游、文化、体育数据来自区文体旅游局；卫生数据来自区卫健局；安全生产数据来自区应急局；驰名商标、地理标志、知识产权、专利数据来自区市场监管局；园林绿化数据来自区城管局；户籍人口数据来自区公安分局；环境监测数据来自区生态环境局；医保数据来自区医保分局；邮电数据来自邮政洛江分公司、电信洛江分公司、移动洛江营销中心、联通洛江分公司；其他数据均来自区统计局。

2022年经济和社会发展主要指标一览表

表9

指标名称	单位	实绩	比上年增长（%）
地区生产总值	亿元	355.10	3.6
固定资产投资	亿元	134.16	10.6
财政总收入	亿元	28.75	8.0
地方一般预算收入	亿元	17.13	9
地方财政支出	亿元	19.96	36.1
农业总产值	亿元	11.11	6.7
全部工业总产值	亿元	223.38	4.0
社会消费品零售额	亿元	96.28	12.7
出口商品总值（海关口径）	亿元	—	—
实际利用外资（验资口径）	万美元	2085	86.6
城镇居民人均可支配收入	元	50599	5.0
农村居民人均可支配收入	元	23826	7

洛江区非物质文化遗产代表性项目名录表

表10

项目序号	项目类别	项目名称	级别	申报单位
1	民间文学（Ⅰ）	陈三五娘传说	国家级	河市
2		仙公山传说	市级	马甲
3		洛阳桥传说	省级	万安
4		烧酒井	区级	万安
5		圣祖妈传说	区级	虹山乡
6	传统音乐（Ⅱ）	南音	区级	马甲
7		大鼓吹	市级	马甲
8		道教音乐（泉州）	省级	罗溪
9	传统戏剧（Ⅳ）	高甲戏	区级	马甲
10		泉州布袋木偶戏（洛江）	市级	罗溪
11		泉州提线木偶戏（洛江）	市级	罗溪

续表 10

项目序号	项目类别	项目名称	级别	申报单位
12	传统技艺（Ⅷ）	泉州南音乐器制作技艺（洛江）	市级	马甲
13		泉州十音铜锣锻制技艺（泉州）	省级	罗溪
14		酸茶制作技艺	市级	马甲
15		后溪桥头原味绿豆汤	区级	罗溪
16		虹山黄荆麦酱	区级	虹山乡
17		陈桥豆腐制作技艺	区级	罗溪
18		惟香堂金丝线香制作技艺	区级	双阳
19		罗溪鸡卷制作技艺	区级	罗溪
20		畲药六神追风骨通膏贴	区级	河市
21	传统体育、游艺与杂技（Ⅵ）	俞家棍	省级	河市
22		洛江五祖拳	市级	河市
23	传统美术（Ⅶ）	泉州妆糕人制作技艺（泉州）	省级	双阳
24		木雕	区级	河市
25		漆画	区级	万安
26	民俗（Ⅹ）	风栖七宝羹	区级	马甲
27		贞义姑信仰	区级	马甲
28		城东祭十班习俗（洛江）	省级	万安
29		圣祖妈信俗	市级	虹山乡
30	传统医药（Ⅸ）	岐三堂中医挑治疗法	区级	虹山乡

2022 年洛江区为民办实事项目完成情况表

表 11

项目	责任单位	目标任务	完成情况
一、教育提升方面			
落实义务教育“四免一补”与助学政策	区教育局	城乡义务教育免学杂费、免费提供教科书和作业本、免住宿费，进一步完善义务教育家庭经济困难学生生活补助政策；完善助学体系，对学前、高中、中职阶段贫困学生实行补助	已拨义务教育生均公用经费约 3530 万元
小学扩建工程	泉州市实验小学洛江校区 河市中心小学	泉州市实验小学洛江校区学术报告厅：占地约 1213 平方米，总建筑面积约 2433 平方米，包括学术报告厅及附属配套设施河市中心小学第四栋教学楼及连廊：占地约 667 平方米，总建筑面积约 3963 平方米，包括教学楼、连廊及附属配套设施	泉州市实验小学洛江校区学术报告厅已完工，河市中心小学第四栋教学楼及连廊已竣工验收投入使用
马甲中学扩建工程	马甲中学	建设科学实验楼	马甲中学科学实验楼已竣工

续表 11

项目	责任单位	目标任务	完成情况
公办幼儿园户外环境提升工程	相关幼儿园	对奕聪中心幼儿园、马甲第二中心幼儿园三新园区、河市中心幼儿园、河市第二中心幼儿园、万安第二中心幼儿园、世茂幼儿园等公办幼儿园办学条件及户外环境进行提升	奕聪中心幼儿园、马甲第二中心幼儿园三新园区等6所公办幼儿园办学条件及户外环境已完成提升改造
敬德职校大门及围墙、污水管网改造工程	敬德职校	对敬德职校大门及围墙、校园内污水管网进行改造	敬德职校大门及围墙、校园污水管网已完成改造
梧宅小学运动场	河市中心小学	建设1个250米环形塑胶跑道、1个足球场、2个篮球场	梧宅小学运动场已完成建设
奕聪中学校园环境提升改造	奕聪中学	对教学楼、实验楼、科学楼、办公楼墙裙贴砖，对校内道路进行改造	奕聪中学教学楼等校舍墙裙贴砖、校园道路已完成改造
义山小学运动场	马甲中心小学	进行运动场塑胶跑道及人工草足球场改造	义山小学运动场已完成建设
二、医疗健康方面			
万安社区卫生服务中心改造工程项目（一期）	万安社区卫生服务中心	改造洛江区万安社区卫生服务中心共3500平方米，新增床位数30张	已开工建设，其中主体结构检测加固正在施工；加装电梯及增设井道已动工；医用废水处理系统作招标前准备；完善改造工程加固检测设计及审图；智能信息化系统正在设计；同期推进其他配套设施及前期手续
提升全区核酸检测能力	区医院 区疾控中心	购置3套核酸检测设备	完成购置3套核酸检测设备并投入使用
罗溪卫生院住院病房、手术室改造提升	罗溪卫生院	住院病房及手术室装修，增添手术床、腹腔镜、无影灯等设备	住院病房及手术室场所完成装修；手术室设备已安装完成；病房设备及阴道镜已采购并安装完成
产品质量风险监控、食品药品满意率测评	区市场监管局	对全区流通、生产领域产品质量安全进行监督抽查及风险监测1220批次；对全区6个乡镇（街道）食品药品安全满意率分季度进行测评	食品抽检项目和生产领域产品质量安全抽检项目均已完成招标。工业产品已抽检130批次；食品已抽检1117批次，食品药品满意率测评已完成
村医及重点优抚对象补助	区卫健局 区退役军人局	为辖区乡村医生发放养老保险补助和生活补助；对7家“空白村”卫生所予以财政补助；对革命伤残军人，“三属”（烈士遗属、因公牺牲军人遗属、病故军人遗属），在乡老复员军人，带病回乡退伍军人，LC退役人员等进行医疗补助	完成乡村医生养老保险补助、生活补助和7家“空白村”卫生所补助发放，已发放补助资金70万元；已与中国人民财产保险股份有限公司泉州市分公司洛江营销服务部签订洛江区2022年度重点优抚对象医疗救助保险合约并完成支付，支付金额为257600元

续表 11

项目	责任单位	目标任务	完成情况
提升妇幼保健机构服务能力	区卫健局	围绕三孩生育政策实施，加强生育服务保障，提升妇幼保健机构基础设施设备，更新保健、康复、生殖健康等业务设备	已完成采购项目调研，按程序招标采购，完成安装调试，并投入使用
关爱女性健康	区卫健局 区妇联	为450名适龄妇女免费提供宫颈癌、乳腺癌检查、200名产前筛查诊断和200名适龄女性提供宫颈癌疫苗服务；为全区低保户16～60周岁健康女性以及“两癌”高发年龄段的单亲母亲购买“安康保险”	已为450名适龄妇女免费提供宫颈癌、乳腺癌检查、200名产前筛查诊断和200名适龄女性提供宫颈癌疫苗服务；完成全区1386名女性“安康保险”购买，投入资金13.86万元
完善建设“菜篮子”工程体系	区商务局	优化“菜篮子”调控基地项目2个，巩固提升“菜篮子”生产、供应、调控水平	丰田果蔬种植场：1. 完成350平方米包装场地投建，并购入部分配套包装设施；2. 完成排水、灌水设施清理、修复；3. 改良土壤面积10.34公顷；玉丰畜牧有限公司：完成道路硬化1700平方米
三、文化体育方面			
洛江区档案馆（一期）	区档案馆	建设地上8层，地下1层的档案馆	大楼主体已封顶，基本完成外墙装修和配套设施建设
打造“一点两馆一室”系列廉政文化项目	马甲镇	提升“仙公山廉政教育点”，对仙公山廉政教育警示基地内部环境进行优化，充分挖掘仙公山“出米岩”传说故事 在马甲镇新民村建设“廉政文化馆”，对400平方米的场馆进行布馆，收集洛江区优秀家风实例，以“忠、孝、廉”为主题，创新应用声光电媒介展示历史文化名人（道德模范）故事和洛江区6个乡镇（街道）主题文化 建设“清风茶室”，在各乡镇（街道）村居设立“清风茶室”，积极开展接访、约访，把矛盾纠纷化解在一线	已完成建设并可以开放参观 已完成建设并可以开放参观 已在6个乡镇、街道建设12间清风茶室并投入使用，相关工作已依托清风茶室开展
服务基层健身工程	双阳街道 南山社区 马甲镇 杏川村	南山社区：提升改造侨文化文体+功能室，配备1台移动商业魔盒（点唱设备）。 杏川村：建设全民健身中心（一期）主体框架	南山社区：完成侨文化文体+功能室规划及设备安装。 杏川村：已完成全民健身中心（一期）主体框架建设
完善城乡体育健身设施	各乡镇（街道）	新建13条全民健身路径、改造提升7个篮球场、新建2千米健身步道、新建一片七人制足球场	完成新建全民健身路径13条、篮球场改造提升7个、新建健身步道2千米、新建一片七人制足球场

续表 11

项目	责任单位	目标任务	完成情况
俞大猷公园改造提升	河市镇	改建公园厕所，增设纪念馆消防设施、空调设备，提升俞大猷公园景观，包括公园绿化、广场美化、道路提升等	完成公园环境改造设计，并对纪念馆周边进行环境整治。完成纪念馆空调安装和消防工程建设
洛阳桥遗产点保护利用提升	万安街道	在洛阳桥遗产点（含桥南古街、停车场）建设Wi-Fi（移动热点）全覆盖、AR全景沉浸式游览、活动中心、旅游厕所提升、便民“小木屋”摊点、电动车停车区于一体的智慧旅游项目，安装桥南古街56套智慧用电设备	完成集洛阳桥遗产点AR全景沉浸式游览、活动中心、旅游厕所提升、便民“小木屋”摊点、电动车停车区于一体的智慧旅游项目；完成桥南古街智慧用电设备安装
文体活动场所建设	各乡镇（街道）	在全区选取2个示范村（社区），建设占地700平方米的农村文化广场；建设2个社区未成年人文体活动场所	罗溪镇永生村、马甲镇杏川村农村文化广场已完成建设；万安街道万福社区、双阳街道阳江社区未成年人活动场所已完成建设并投入使用
持续推进新时代文明实践中心（所、站）建设	各乡镇（街道）	提升区新时代文明实践中心和2个新时代文明实践所建设，新建双阳街道新时代文明实践所，新建6个社区（村）新时代文明实践站，在4个乡镇分别建设文明实践“一镇一园”，依托阵地广泛开展新时代文明实践活动	完成区新时代文明实践中心一楼志愿服务台及其他配套设施提升；完成马甲镇、虹山乡新时代文明实践所提升工程；双阳街道新时代文明实践所已经全部完工并投入使用；完成6个村（社区）文明实践站建设。完成4个乡镇新时代文明实践“一镇一园”建设，并依托阵地开展新时代文明实践活动
陈三五娘主题园（一期）	河市镇	在陈三故里所在地河市镇打造国家级非物质文化遗产“陈三五娘传说”文化主题公园，创设沉浸式游览体验载体	完成“陈三五娘传说”文化主题公园（一期）建设及沉浸式游览体验载体创设
文物点保护建档	相关乡镇（街道）	对全区14家市级以上文保单位进行线路套管，为97处文物点建立文物档案	已完成97处文物建档、14家市级以上文保点线路套管
图书馆提升	区文体旅游局	2022年图书馆图书采购44万元、期刊报纸采购11万元，过期期刊装订6万元	已完成图书馆图书及期刊报纸采购工作，已完成过期期刊装订
新型公共文化空间	相关乡镇（街道）	选取2个乡镇（街道）建设新型公共文化空间，打造便民文化圈	已完成罗溪镇公共文化空间、区图书馆公共文化空间建设工作
四、城市品质提升方面			
5G网络与宽带覆盖双千兆建设工程	电信洛江分公司 移动洛江分公司	电信：建设2万个千兆网络端口、100个5G基站、10个5G智慧小区、3个5G智慧工业园区。 移动：建设2.5万个宽带端口、120个5G基站、20个5G智慧小区、5个5G智慧工业园区	电信：完成5G基站142个（其中室外站点72个，室内站点70个）；新建22000个千兆宽带端口；建成3个5G智慧工业园区、10个5G智慧小区； 移动：开通5G基站122个，完成新增2.5万个宽带端口

续表 11

项目	责任单位	目标任务	完成情况
洛江 2022 年城乡配电网建设改造工程包	洛江供电服务中心	新建 8 条 110 千伏塘西变 10 千伏线路，对多雷区 5 条线路进行防雷改造，新改建台区 30 处，满足 10 千伏新增业扩用电需求	完成新建 8 条 110 千伏塘西变 10 千伏线路，完成多雷区 5 条线路防雷改造，新改建 30 处台区
洛江区实验幼儿园（一期）	万投集团（洛江城建国投公司）	占地面积 0.54 公顷，建筑面积约 9600 平方米，建设教学楼、综合楼、厨房及其他附属配套设施等	完成桩基施工
洛江区品质提升项目	区住建局 区城管局	实施市政道路、园林绿化、水环境整治等品质提升项目	已完成朝阳二号路延伸工程、安达路（万福街至岩山公园段）、法院支路改造提升工程、中心城区雨污分流排查整治、万安、双阳内沟河清淤整治、界桩设置、河市霞溪污水管网配套工程、洛江城区见缝插绿工程、丰海路路侧边坡绿化、陈三坝留公陂休闲小公园项目、桥南花苑前口袋公园、万安中心小学西侧街头绿地喷灌智慧升级改造、在建房屋管理监督平台软件开发项目、城管智能智慧中心语音系统项目、万安中心城区公安监控线路下地、城乡公厕新建改造等项目建设
建设人行天桥、改造老旧小区、修缮历史建筑	区万投集团 区城管局	建设河市中学人行天桥 1 座；改造老旧小区 6 个；修缮历史建筑 2 处	完成河市中学人行天桥项目建设、6 个老旧小区改造、2 处历史建筑修缮
省道 S213 线（梅仙路）提升改造工程	罗溪镇	对省道 S213 线提升改造，包括水泥路面病害修复、沥青路面改造、边沟排水沟修复及交安设施修复	已完成建设
安吉路照明提升项目	区城管局	对安吉路沿线道路、建筑、绿化等照明进行提升改造	完成安吉路沿线道路、建筑、绿化等照明提升改造
完善提升城市安全信息系统（2022 年）	洛江 公安分局	通过加强前端感知设备智能化建设，提升全区人员密集场所、大型活动安保场所、重点景区、非景区、临水临崖、城市公园、网红打卡地等区域的智能化采集设备覆盖率及占比率	完成新增 656 路监控点位勘测及安装调试
打通断头路	区城管局 双阳街道	打通法院支路和朝阳二路等 2 条断头路	完成法院支路、朝阳二路等 2 条断头路打通建设
背街小巷整治提升	万安街道 双阳街道	实施万安、双阳背街小巷整治提升，对道路路面硬化，配套建设雨水管线，硬化整治面积 2 万平方米	已完成全部工程施工

续表 11

项目	责任单位	目标任务	完成情况
洛江区应急广播系统项目建设	区新闻出版局	建设区应急广播综合平台、乡镇（街道）级适配平台（6个）、行政村（社区）级适配平台（86个）；改造提升162个点位、新建316个点位	区应急广播综合平台、乡镇（街道）级适配平台（6个）、行政村（社区）级适配平台（86个）已完工；改造提升162个点位、新建316个点位已完工并投入使用
洛江城区智慧停车项目（二期）	区国投集团	新增智慧停车车位400个	已完成建设，共新增智慧停车车位420个
口袋公园建设	区城建国投公司	建设及改造万福街与丰海路交叉口、经五路旁、洛江第二实验小学旁等3处口袋公园	已完成全部工程施工
杏宅停车场一期	区国投集团	在洛江第三实验小学西侧规划建设60个停车位	已完成建设，共建设80个停车位
公共场所急救能力提升工程	区卫健局	购置10台自动体外除颤器用于全区大型商场、景区、行政服务中心等公共场所	设备已全部安装并进行实操培训
五、乡村振兴方面			
洛江城乡供水一体化项目（二期）	福建省水务发展集团洛江水务有限公司	建设罗溪第一水厂、后深溪水厂、乌关水厂、马顶池水厂、青蛇水厂、路源水厂、车岸水厂，改造马甲第二水厂、就南水厂	罗溪至马甲隧洞、罗溪第一水厂，就南水厂及输水管道，路源水厂、车岸水厂及配水管道，后深溪水厂、马顶池水厂、青蛇水厂、乌关水厂及配水管道，马甲第二水厂管道提升、中部配水管道等均已完成年度目标任务
乡村振兴试点示范建设项目	马甲镇	新庵村：梦马庄园综合提升（招商引资）、绿化及配套设施提升、万虹路两侧裸房整治、人居环境整治提升； 永安村：建设花卉产业研学阵地、建设革命老区村文化公园及系列配套设施、开展新时代文明实践活动； 蔡内村：促进产业发展、古官道文化公园（三期）项目扩建、村基础配套设施提升、人居环境整治提升；后坂村：建设花卉无菌培育车间、村基础配套设施综合提升	梅岭村礼堂修缮、后坂村花卉无菌培育、玉叶山公园露营、UTV穿越运动体验、蔡内村老人活动中心光伏项目、蔡内村古官道文化公园（三期）项目扩建、杏川村乡村科技馆、永安村建设花卉产业研学阵地、后坂村基础配套设施综合提升等27个项目已全部完成建设
马甲镇库区后扶示范区绿道项目	马甲镇	建设全长8.9千米的架空栈道、悠闲步道	完成全长8.9千米自行车道栈桥及挡墙建设、管涵埋置和绿植喷播，实现全线贯通

续表 11

项目	责任单位	目标任务	完成情况
道路交通安全隐患整治项目	洛江交警大队	建设交叉路口预警系统、电警卡口系统、交叉口信号灯以及电子警察项目，提升交叉路口电子警察，完善校园周边交通安全设施、更新水泥墩护栏	已完成全部项目建设
农村公路硬化改造	各乡镇	硬化改造农村公路 10 千米	已完成公路改造约 10.5 千米
农村饮水安全工程	相关乡镇	建设 6 个村级通水工程	已完成 6 个村农村饮水安全工程建设
山围塘除险加固	相关乡镇	对 5 座山围塘进行除险加固	已完成 5 座山围塘除险加固任务
城乡公厕建设	双阳街道 河市镇 马甲镇	新建或改造 2 座城市公厕、1 座乡镇公厕、2 座农村公厕	城市公厕：双阳街道 2 座公厕均已完工；乡镇公厕：河市 1 座已完工；农村公厕：马甲 2 座均已完工
推进“厝边守望”项目建设	各乡镇（街道）	在 2021 年“厝边守望 1.0”的基础上继续深化应用，打造多场景全覆盖的“厝边守望 2.0”工程	建成 8 个村级“厝边守望”项目平台，并对“厝边守望”项目平台进行升级
推进二类视频监控项目	洛江公安分局	将前端视频监控延伸至村居公共区域、重点部位和场所，建设二类视频监控，接入“雪亮工程”视频汇聚平台	已完成二类视频监控
危桥改造	马甲镇	新坝仔桥危桥改造	完成新坝仔桥危桥改造
“一镇一品”近邻评理室	相关乡镇（街道） 信访联席会议	在万安、双阳、河市、马甲等选取试点，打造“一镇一品”项目，提高乡村治理能力	项目全面建设完成，全区共评定三星级近邻评理室 6 个、两星级近邻评理室 6 个
巩固提升自然灾害避灾点	各乡镇（街道）	巩固提升 6 个自然灾害避灾点	确定 6 个符合条件的自然灾害避灾点进行项目提升；已组织区级实地检查验收并通过市级抽查检查
六、民生公益方面			
城乡居民养老保险	各乡镇（街道）	推进参保扩面，落实特殊群体社会保障扶持政策，按时足额兑现养老保险待遇	全面完成各项发放、兑现、代缴任务：为特殊人群代缴保费 49.48 万元；兑现基础养老金补助 6692.79 万元，兑现个人缴费补贴 449.53 万元，落实群众城居保账户 1459.95 万元，兑现丧葬金补助 255 万元

续表 11

项目	责任单位	目标任务	完成情况
虹山乡环境整治工程	虹山乡	建设污水处理设施、管理系统、林业线虫整治、清洁家园行动和常态化环境整治行动、河长制主题公园及河道清淤、木兰溪绿道（苏山段）两侧绿化及夜景提升（虹山段）、辖区主干道及河道夜景工程	完成阳光堆肥房运行项目、庵尾蔗山围塘拦水坝及机耕路工程、苏山村皮劳区拓宽硬化、河道（虹山村段）清淤、木兰溪（苏山段）绿道及照明、污水处理设施及管网系统建设；完成道路安保工程、新时代文明实践主题公园、党建智慧公交系统、苏山村线杆整治管网铺设、木兰溪（虹山段）两侧绿化及夜景提升工程、河长制公园建设
继续实施关爱女孩“五项工程”和“计生特殊家庭关爱行动”	区卫健局	计划帮扶成才工程 100 人、致富工程 10 户、保障工程 9000 人、亲情工程 150 人，为计生伤残、失独家庭免费办理意外伤害保险、医保以及提供“4+1”帮扶等服务	成才工程已帮扶 132 人，致富工程已帮扶 10 人，保障工程已帮扶 9452 户，亲情工程已帮扶 198 人；两节期间，投入 39000 元慰问伤残、失独家庭 37 户；投入约 13000 元组织开展免费健康体检活动，投入 3600 元为 36 户计生特殊家庭购买意外伤害保险，下拨“4+1”工作经费 1800 元，下拨 2022 年失独家庭“关爱小组”服务经费 18500 元
购买居家社区养老基础服务	区民政局	为 3400 名老年人提供基础信息服务，并提供每月 2000 人次的实体服务	常态化开展服务，完成全年服务次数
关爱残疾人生活	区残联	为“一户多残”家庭残疾人发放生活补贴；为低保重度肢体残疾人发放居家养护补助；为全区持证残疾人购买每年 30 元的意外伤害保险	已发放“一户多残”家庭生活补贴 74.44 万元、低保重度肢体残疾人居家养护补助 21.8 万元；为全区 4115 名持证残疾人购买意外伤害保险共 12.35 万元

续表 11

项目	责任单位	目标任务	完成情况
提升建设“妇女援助中心”和儿童之家	区妇联	提升“妇女援助中心”服务能力，构建“党委领导、政府主导、群团参与、社会协同”的“大维权”工作格局；新建或提升1～2个市级儿童之家，提升原有8个区级儿童之家，新培育1个区级儿童之家公益社工服务示范点	提升建设平安家庭智慧网格平台，提升打造西头、三合、琯头等村、社区家事调解室，开展线上线下普法宣传活动85场次、“守护花蕾”行动入校园6场次，网格员入户摸排685户，调解婚姻家庭纠纷57件；完成阳江社区市级儿童之家建设，开设周末课堂，开展特色主题教育活动50多场次；完成河市浮桥村、罗溪双溪村等8个区级儿童之家提升，新建河市炉田村儿童之家
婴幼儿照护服务机构示范点建设	区卫健局	新建1家80个托位的婴幼儿照护服务机构	完成1家80个托位的婴幼儿照护服务机构建设并投入使用
建设长者食堂和老年远程教育提升工程	有关乡镇（街道）	建设1个长者食堂、3个基层老年远程教育示范点	完成双阳街道南山社区长者食堂项目建设。河市镇坛顶村老年学校、罗溪镇翁山村老年学校、虹山乡虹山村老年学校均已完成项目建设，并通过市级验收
村（社区）青少年综合服务平台	相关乡镇（街道）	建设3个村（社区）青少年综合服务平台，打通联系和服务基层青少年“最后一公里”	完成白洋村、洋坑村、后溪村三个青少年综合服务平台建设，依托平台开展系列活动100余场，已召开2022年洛江区村（社区）青少年事务综合服务平台建设考核评比，并结合评比结果分档下发平台奖励补助
流动人员人事档案信息化、数字化建设	区人社局	完成约7500份流动人员人事档案信息化、数字化建设	已完成7500份档案信息化、数字化工作，并做好2022年新增档案的信息化、数字化工作

2022 年洛江区纳税前 100 名企业一览表

表 12

序号	单位	序号	单位
1	泉州市鑫湖至真投资有限公司	34	泉州居然之家购物中心有限公司
2	福建和诚鞋业有限公司	35	泉州市正等商贸有限公司
3	中建力天集团有限公司	36	福建省华策建设集团有限公司
4	泉州宝荣置业有限公司	37	中国农业银行股份有限公司泉州洛江支行
5	泉州启泰置业有限公司	38	福建恒祥卫生用品有限公司
6	泉州天娇妇幼卫生用品有限公司	39	福建省亿方建设工程有限公司
7	中建富林集团有限公司	40	泉州众志新材料科技有限公司
8	泉州南璟置业有限公司	41	泉州洛江力标地产开发有限公司
9	泉州洛江区万晟置业有限公司	42	泉州加来盟体育科技有限公司
10	泉州嘉瑞置业有限公司	43	泉州天运房地产开发有限公司
11	泉州市嘉华卫生用品有限公司	44	福建华大环保工程有限公司
12	方圆建设集团有限公司	45	泉州维盾电气有限公司
13	泉州鹭燕医药有限公司	46	中国银行股份有限公司洛江支行
14	信和新材料股份有限公司	47	泉州美裕置业有限公司
15	泉州市正恒房地产开发有限公司	48	泉州永欣体育用品有限公司
16	泉州市洛江区物流建设发展有限责任公司	49	中建富泉股份有限公司
17	福建新源重工有限公司	50	福建五星建设有限公司
18	泉州远城兴房地产开发有限公司	35	泉州市正等商贸有限公司
19	泉州市恒毅卫生用品有限公司	36	福建省华策建设集团有限公司
20	泉州市世创机械制造有限公司	37	中国农业银行股份有限公司泉州洛江支行
21	福建省铁拓机械股份有限公司	38	福建恒祥卫生用品有限公司
22	隆恩建设工程有限公司	39	福建省亿方建设工程有限公司
23	福建峻茂建设有限公司洛江分公司	40	泉州众志新材料科技有限公司
24	泉州利宏盈置业有限公司	41	泉州洛江力标地产开发有限公司
25	泉州市琪祥电子科技有限公司	42	泉州加来盟体育科技有限公司
26	福建拉雅户外用品有限公司	43	泉州天运房地产开发有限公司
27	泉州市万龙置业发展有限公司	44	福建华大环保工程有限公司
28	泉州豪嘉酒业有限公司	45	泉州维盾电气有限公司
29	嘉泰数控科技股份公司	46	中国银行股份有限公司洛江支行
30	中国工商银行股份有限公司泉州洛江支行	47	泉州美裕置业有限公司
31	泉州钰乘礼品有限公司	48	泉州永欣体育用品有限公司
32	中国人民财产保险股份有限公司泉州市分公司洛江营销服务部	49	中建富泉股份有限公司
33	中国建设银行股份有限公司泉州洛江支行	50	福建五星建设有限公司

续表 12

序号	单位	序号	单位
51	福建省蓝天能源技术有限公司泉州分公司	76	福建省华普股份有限公司
52	福建省诚毅工程建造有限公司	77	泉州建文艺品有限公司
53	国建华中建设有限公司	78	泉州万洋众创城科技有限公司
54	泉州市洛江双阳华侨经济开发区开发建设有限公司	79	福建省泉州海峡制药有限公司
55	泉州泉港工艺有限公司	80	泉州东华百希达发展有限公司
56	福建省绿能环保科技有限公司	81	福建省华远建工集团有限公司
57	福建省恒远建工发展有限公司	82	泉州五金机电商城房地产开发有限公司
58	泉州华大超硬工具科技有限公司	83	泉州金田电子线路板有限公司
59	福建省泉州市曜振州房地产投资有限公司	84	福建培新机械制造实业有限公司
60	泉州兆悦置业有限公司	85	泉州鹭燕医疗器械有限公司
61	福建泉州凹凸精密机械有限公司	86	福建乐家诺家居用品有限公司
62	福建北峰通信科技股份有限公司	87	泉州洛江远东凸轮轴厂
63	泉州精镁科技有限公司	88	泉州多彩云仓城际物流有限公司
64	福建省南安市第一建设有限公司洛江分公司	89	博亚（福建）建筑设计有限公司
65	福建省电力有限公司泉州电力技能研究院	90	泉州众志金刚石工具有限公司
66	东华（泉州）洋伞有限公司	91	福建泉成勘察有限公司
67	泉州市露泉卫生用品有限公司	92	泉州联宇房地产有限责任公司
68	泉州世茂融信新领航房地产有限责任公司	93	福建省汉和护理用品有限公司
69	福建省德源智能科技有限公司	94	福建翰宏科技有限公司
70	泉州禾伦织造有限公司	95	泉州金陵房地产开发有限公司
71	泉州市中宁投资管理有限公司	96	泉州华川鞋服有限公司
72	华城建设集团有限公司	97	泉州荣祺食品有限公司
73	泉州腾达精铸有限公司	98	福建新铭豪建设工程有限公司
74	泉州市世为鞋业有限公司	99	泉州市洛江华奥汽车有限公司
75	福建金山人防设备制造有限公司	100	福建省东安交通工程有限公司

2022 年洛江获中级以上专业技术职务一览表

表 13

序号	姓名	性别	出生年	籍贯	工作单位	技术职称
1	张益乡	男	1972	宁德寿宁	泉州第十一中学	正高级教师
2	庄竞扬	男	1975	泉州泉港	泉州市洛江区马甲中心卫生院	正高级基层主任医师
3	蒋志强	男	1975	泉州惠安	洛江区财政国库支付中心	副高级经济师
4	黄丽萍	女	1979	泉州洛江	泉州市洛江区罗溪卫生院	副主任医师

续表 13

序号	姓名	性别	出生年	籍贯	工作单位	技术职称
5	黄鲤龙	男	1979	泉州洛江	泉州市洛江区罗溪卫生院	副主任医师
6	王金凤	女	1978	泉州南安	泉州市洛江区罗溪镇社会事务服务中心	副主任医师
7	张　屏	女	1980	宁德古田	泉州市洛江区疾病预防控制中心	副主任医师
8	吴渊艺	女	1977	泉州洛江	泉州市洛江区疾病预防控制中心	副主任医师
9	林艺容	男	1982	泉州安溪	泉州市洛江区马甲中心卫生院	中医副主任医师
10	黄早治	女	1984	泉州洛江	泉州市洛江区罗溪卫生院	副主任护师
11	董丽萍	女	1974	泉州洛江	泉州市洛江区河市卫生院	副主任护师
12	朱　栎	女	1985	莆田仙游	泉州市洛江区疾病预防控制中心	基层副主任医师
13	王良通	男	1983	泉州泉港	洛江区虹山卫生院	基层副主任医师
14	尤杉莉	女	1978	泉州南安	泉州第十一中学	高级教师
15	陈能相	男	1982	泉州德化	泉州第十一中学	高级教师
16	刘文峰	男	1977	泉州洛江	泉州市河市中学	高级教师
17	李琴梅	女	1970	湖南娄底	泉州市河市中学	高级教师
18	詹庆荣	男	1981	泉州洛江	泉州市马甲中学	高级教师
19	林南昌	男	1977	泉州洛江	泉州市马甲中学	高级教师
20	李海燕	男	1977	龙岩长汀	泉州市马甲中学	高级教师
21	黄细金	男	1980	泉州洛江	泉州市奕聪中学	高级教师
22	黄雪龄	女	1976	泉州洛江	洛江区实验小学	高级教师
23	黄双治	女	1978	泉州洛江	洛江区实验小学	高级教师
24	彭培峰	男	1974	泉州洛江	泉州市实验小学洛江校区	高级教师
25	任红艺	女	1980	泉州惠安	泉州市实验小学洛江校区	高级教师
26	彭刺金	男	1974	泉州洛江	洛江区第二实验小学	高级教师
27	许美丽	女	1980	泉州洛江	闽南师范大学泉州市洛江区附属小学	高级教师
28	赖　扬	女	1977	泉州洛江	洛江区河市中心小学	高级教师
29	王忻榕	男	1969	泉州洛江	洛江区河市中心小学	高级教师
30	彭建足	男	1973	泉州洛江	洛江区虹山中心小学	高级教师
31	赖子为	男	1971	泉州洛江	洛江区罗溪中心小学	高级教师
32	赖雪评	女	1975	泉州洛江	洛江区罗溪中心小学	高级教师
33	吴丽永	女	1978	泉州洛江	洛江区马甲中心小学	高级教师
34	杜桂珍	女	1980	泉州洛江	洛江区马甲中心小学	高级教师
35	黄小越	女	1981	泉州洛江	洛江区万安第二中心幼儿园	高级教师
36	谢欢芳	女	1988	宁德柘荣	泉州第十一中学	一级教师
37	李　芬	女	1988	泉州安溪	泉州第十一中学	一级教师
38	林春兰	女	1986	泉州洛江	泉州第十一中学	一级教师
39	李启宝	男	1991	龙岩长汀	泉州第十一中学	一级教师
40	陈开揽	男	1982	泉州洛江	泉州市河市中学	一级教师
41	柯漳霞	女	1986	福建漳州	泉州市河市中学	一级教师

续表 13

序号	姓名	性别	出生年	籍贯	工作单位	技术职称
42	林凤婷	女	1983	福建泉州	泉州市马甲中学	一级教师
43	吴伟民	男	1982	泉州洛江	泉州市马甲中学	一级教师
44	吴淑晶	女	1982	泉州泉港	泉州市马甲中学	一级教师
45	郭飞洪	男	1973	江西宁都	泉州市马甲中学	一级教师
46	杜碧凤	女	1982	泉州洛江	泉州市马甲中学	一级教师
47	赖乌端	女	1981	泉州洛江	泉州市马甲中学	一级教师
48	杨亚培	男	1978	泉州洛江	泉州市马甲中学	一级教师
49	王潇剑	男	1972	江西上饶	泉州就南中学	一级教师
50	赖开发	男	1978	泉州洛江	泉州就南中学	一级教师
51	王田宾	男	1982	泉州洛江	泉州就南中学	一级教师
52	杜春水	男	1977	泉州洛江	泉州就南中学	一级教师
53	赵小琳	女	1983	泉州南安	泉州市奕聪中学	一级教师
54	林建霞	女	1987	泉州惠安	泉州市奕聪中学	一级教师
55	赖亮治	女	1976	泉州洛江	泉州市奕聪中学	一级教师
56	廖小锋	男	1974	江西龙南	泉州市奕聪中学	一级教师
57	詹培霞	女	1984	泉州安溪	泉州市奕聪中学	一级教师
58	陈应琴	女	1988	宁德福安	泉州市实验小学洛江校区	一级教师
59	王芳琪	女	1991	泉州南安	泉州市实验小学洛江校区	一级教师
60	黄锦路	女	1990	泉州南安	泉州市实验小学洛江校区	一级教师
61	李小婷	女	1990	泉州惠安	泉州市实验小学洛江校区	一级教师
62	苏玉宝	女	1985	泉州南安	泉州市实验小学洛江校区	一级教师
63	杜慧如	女	1988	泉州洛江	泉州市洛江区实验小学	一级教师
64	黄静华	女	1985	龙岩古田	泉州市洛江区实验小学	一级教师
65	蒋春兰	女	1989	南平延平	泉州市洛江区第三实验小学	一级教师
66	杜冬梅	女	1991	泉州洛江	泉州市洛江区第三实验小学	一级教师
67	庄舒婧	女	1985	福建泉州	闽南师范大学泉州市洛江区附属小学	一级教师
68	林鲤莉	女	1987	泉州丰泽	泉州市洛江区河市中心小学	一级教师
69	蒋志彬	男	1991	泉州鲤城	泉州市洛江区河市中心小学	一级教师
70	胡小芳	女	1989	泉州惠安	泉州市洛江区虹山中心小学	一级教师
71	洪育纯	女	1990	泉州晋江	泉州市洛江区虹山中心小学	一级教师
72	彭秀珍	女	1990	泉州洛江	泉州市洛江区虹山中心小学	一级教师
73	赖婷婷	女	1990	泉州洛江	泉州市洛江区虹山中心小学	一级教师
74	陈辉芳	女	1991	福州福清	泉州市洛江区虹山中心小学	一级教师
75	颜一萍	女	1989	泉州安溪	泉州市洛江区万安中心幼儿园	一级教师
76	黄虹瑜	女	1990	泉州洛江	泉州市洛江区万安中心幼儿园	一级教师
77	杜雅兰	女	1991	泉州洛江	泉州市洛江区第二实验幼儿园	一级教师
78	赖虹茹	女	1990	泉州洛江	泉州市洛江区河市中心幼儿园	一级教师

续表 13

序号	姓名	性别	出生年	籍贯	工作单位	技术职称
79	王念恩	女	1985	泉州洛江	泉州市洛江区河市中心幼儿园	一级教师
80	王佳玉	女	1992	泉州南安	泉州市洛江区河市第二中心幼儿园	一级教师
81	黄荣金	男	1990	泉州洛江	泉州市洛江区马甲第二中心幼儿园	一级教师
82	蔡少玲	女	1991	泉州洛江	泉州市洛江区罗溪奕聪第二中心幼儿园	一级教师
83	黄伟阳	男	1972	泉州惠安	洛江区安全生产应急救援中心	水利水电工程师
84	刘源灿	男	1990	泉州永春	洛江区燃气管理站	化学工程工程师

《洛江年鉴（2023）》参编单位、主撰和主审人员一览表

表 14

单位	主撰	主审
区委办	骆思明	王庆军
区委组织部	张瑞琲	黄杜英
区委宣传部	萧桂英	林少白
区融媒体中心	郭婧思	林少白
区委统战部	江　敏	林康前
区委政法委	翁冠豪	林伯强
区委编办	庄婷婷	叶　菁
区直机关工委	李丽芬	杜永会
区委巡察办	陈含朴	谢凛凛
区委老干局	刘盛珠	陈白静
区委文明办	周倩倩	魏初鑫
区档案馆	林　朗	黄权兴
区委史志室	吴文守	杜天生
区委党校（行政学校）	卢雅婷	林足水
区人大办	温　桦	吴长沙
区政府办	彭伟雄	庄金宝
区发改局	柯银华	谢思勤
区教育局	黄春霞	许蓉如
区科技局	赖宝程	刘永水、赖世芬
区工信局	吴元福	杜荣文
区金融办	尤虹茹	倪浩松
区民政局	林亮艺	杜丽卿
区司法局	李蓉蓉	黄焕彩
区财政局	蒋志强	林小龙
区人社局	黄培真	洪建全

续表 14

单位	主撰	主审
区自然资源局	陈宝琳	黄　岚
区住建局	阮琳彦	蔡心婕
区农水局	黄志贤	林亚妹
区商务局	骆熠群	林志斌
区文体局	李超、庄美莲等	吕培基、薛朝军
区卫健局	林超慧	陈森鸿
区退役军人事务局	张淯敏	杜宝国
区应急局	王惠锋	万恺恺
区审计局	杜官兰	兰伟文
区市场监管局	杜雪颖	林速辉
区统计局	黄阿斗、王小云	洪天配、潘英崇
区信访局	钟燕珑	彭加珩
区城管局	林辉斌	林新闻
区行政服务中心	黄　溦	林侨芳
洛江经济开发区	柯春华	尤全到
区政协办	郭漩琳	李　骏
区纪委监委	许伟祥、赖森玮	杜金基
区人武部	陈启梁	王　震
区法院	赖昕晟	王梓榕
区检察院	陈根英	郭晓晖
区总工会	林小红	黄克航
团区委	张晓云	王发生
区妇联	林　微	黄快治
区科协	戴聪玲	戴燕华
区社科联	陈小芳	沈诗敬
区侨联	陈惠婷	林怡飞
区文联	林伊可	王永泰
区贸促会	倪玲萍	庄　源
区残联	刘钰铃	戴志东
区红十字会	林冬丽	黄群沙
慈善总会	叶景春	谢定昌
区计生协会	陈晓霞	谢世谊
区新阶层联合会	江　敏	林康前
区工商联	王佳晶	林永和
民革洛江支部	陈璇璇	杨文格
民盟洛江支部	郑　忠	庄　勇
民建洛江基层委	胡祖原	林少槐

续表 14

单位	主撰	主审
民进洛江支部	吴启滨	曾素红
农工党洛江支部	史鼎三	罗　雄
致公党洛江支部	陈冰莹	陈云华
九三学社洛江支社	管佩佩	罗春珍
洛江区公安分局	李璐灵	颜毅强
洛江生态环境局	庄小彬	陈秀海
泉州医保洛江分局	谢玲玲	杨挽蓉
洛江区税务局	徐　丹	连　文
洛江交警大队	林慧珺	洪新峰
洛江消防救援大队	林亚美	潘伟烽
洛江邮政分公司	江航海	王荣艺
中国电信洛江分公司	杨　楚	陈锦华
洛江供电服务中心	肖怀英	陈　钢
中国移动洛江营销中心	高丹丹	吕海燕
洛江区烟草专卖局	西贾玮	卢　松
仰恩大学	游秀玲	许　总
泉州医高专	陈洁琼	陈旭东
工商银行洛江支行	王能霞	张荣大
建设银行洛江支行	何逸群	郑志良
中国银行洛江支行	黄怡庭	杜德立
农业银行洛江支行	黄返清	杜新乐
泉州农商银行洛江支行	朱燕霞	吴金财
泉州银行洛江支行	庄志鸿	陈　喆
招商银行洛江支行	张丽丽、何清波	雷雨珍
中信银行洛江支行	冯智远	杨　昕
民生银行洛江支行	吴玲彬	曾宝华
兴业银行洛江支行	姜子瑜	杨少聪
万安街道	赖梓锌	康向阳
双阳街道	洪汉泽	杜民服
河市镇	杜燕铃、杜婷娥	刘景阳
马甲镇	朱仁平	杨　威
罗溪镇	黄国木	刘混尘
虹山乡	陈　颖	颜华玲

索　引

说　明

一、本索引采用主题词分析法，按主题词首字汉语拼音字母顺序排列。

二、类目、分目标题用黑体字。“专记”“大事记”“荣誉 人物”“附录”内容不作索引。

三、索引主题词后的数字表示页码，数字后的a、b、c表示栏别左中右。

四、空一字起排的款目为上一主题词的多个“附见”，并依据该款目在具体主题词下的实际位置标注abc栏。

Y

Z